FALÜ JIN SHEQU CONGSHU

·法律进社区丛书·

刘知函 ‖ 主编

二手房买卖纠纷
处理实务

樊利琴 ◎ 著

ERSHOUFANG
MAIMAI JIUFEN CHULI SHIWU

中国政法大学出版社

2017·北京

图书在版编目（ＣＩＰ）数据

二手房买卖纠纷处理实务 / 樊利琴著. —北京 :中国政法大学出版社，2016.11
ISBN 978-7-5620-7130-3

Ⅰ．①二… Ⅱ．①樊… Ⅲ．①房地产－交易－民事纠纷－处理－中国 Ⅳ. D922.181

中国版本图书馆CIP数据核字(2016)第263647号

出 版 者　　中国政法大学出版社

地　　址　　北京市海淀区西土城路 25 号

邮寄地址　　北京 100088 信箱 8034 分箱　邮编 100088

网　　址　　http://www.cuplpress.com（网络实名：中国政法大学出版社）

电　　话　　010-58908437(编辑室) 58908334(邮购部)

承　　印　　保定市中画美凯印刷有限公司

开　　本　　710mm×1000mm　1/16

印　　张　　30.75

字　　数　　550 千字

版　　次　　2017 年 6 月第 1 版

印　　次　　2017 年 6 月第 1 次印刷

定　　价　　59.00 元

衣食住行是老百姓的基本需求。安居方能乐业，自古以来，我国人民都有着对房屋深沉的感情，置业也都是百姓的头等大事。近年来，随着房地产市场的蓬勃发展，二手房买卖也出现了前所未有的繁荣。但立法、司法及行政管理方面的措施与实践相比还存在滞后的情况。不少购房者在购房的过程中，由于信息不对称和房屋买卖知识的欠缺，稍有不慎，就会落入购房陷阱，造成巨额财产的损失。

本书以二手房为介绍对象，在帮助购房者全面掌握购房知识的同时，通过案例方便读者了解购房过程中的种种陷阱和疑难问题，尽可能完备地为购房者提供一套可操作的技巧和方法。本书共分三篇，采用案例介绍法律知识的形式，选取了101个典型的真实案例，将枯燥难懂的法律知识呈现给读者。

第一篇主要是对二手房买卖相关基础知识的介绍，并分别从卖方和买方两个角度对二手房买卖过程中的相关知识进行指导。

第二篇主要对二手房买卖过程中常见的典型纠纷进行梳理，根据不同的类型分为11个章节加以阐述分析。每个案例都分为案情介绍、案例评析、风险提示、法条依据、知识链接五个部分。案情介绍部分主要是用通俗的语言将案件事实和法院的审理裁判介绍给读者；案例评析部分主要是对案例的阐述分析，将法理、法规内容结合案情进行叙述，以期借助对案例的分析，让广大读者轻松了解法律，学会用法律维权；风险提示部分，是就案例所涉及的相关法律风险向广大读者进行提示，避免发生案例中的相关纠纷，做到防患于未然；法条依据部分主要是在每个问题介绍结束后附上与此相关的法律法规条文以方便读者查找和强化理解；知识链接部分主要是对相关法律概念及维权技巧的介绍。

第三篇主要收录了房屋买卖、住房贷款、房屋买卖税收、房屋权属登记、房地产经纪服务方面的法律法规及二手房买卖相关的合同范本，方便读者快速查询与自己相关的法律依据及法律文书。

本书主要是针对日常生活中遇到的疑难问题而编写的，内容贴近实际生活，通过案例结合读者的日常生活对二手房的相关法律知识做了诠释。读者通过阅读本书，能够在面对二手房的相关利益纷争时有据可查、有章可循。本书在写作过程中阅读了许多学者的论文，也参考了很多网络资料，在此对这些作者致以深深的谢意。由于二手房涉及的法律知识较为广泛，由于笔者能力及写作水平有限，本书难免有遗漏和不尽完善之处，敬请广大读者批评指正。

樊利琴

2017 年 1 月

CONTENTS 目 录

第二篇_____
二手房买卖典型案例评析

第一篇

二手房买卖纠纷基础知识

第一章
二手房买卖概述

第一节 二手房买卖的概念及特征

二手房的含义，可以从广义和狭义两个层面阐述。从广义上讲，二手房交易包括二手房买卖、租赁、抵押、保险等。从狭义上讲，二手房交易仅指二手房的买卖。本书仅讨论狭义概念下的二手房买卖的相关法律问题。

事实上，"二手房"不属于规范的法律词汇，而是与一手房相区别的一种习惯称谓。在正式文件中，二手房通常也被称为"存量房"。《住宅与房地产辞典》将二手房界定为"房地产三级市场中买卖的存量房屋"。这种习惯称谓可以简明地区分交易房屋的新旧程度，通俗且易于表达。习惯上，我国的房地产市场分为三级：房地产一级市场是指土地市场；房地产二级市场是指新建商品房即增量房交易市场（或叫一手房交易市场）；房地产三级市场是指存量房交易市场（即二手房交易市场）和房屋租赁市场。由此可见，房地产市场将新建房屋的首次交易称为一手房交易，经过首次交易的房屋，再交易或多次交易，都可称为二手房交易。与一手房相比，二手房有着自己的特征：

首先，二手房交易中的房屋必须是现房，一手房交易中，业主购买的房屋有可能是现房，也有可能是期房。但是在二手房交易中，其标的物只能是现房。即使业主购买期房后，在实际取得该房产前再次转让的，也不能称之为二手房交易。现房交易就决定了可以对房屋的实际情况和优缺点一目了然，避免了期房交易中可能存在的开发商篡改规划、擅变建筑用途或者增加房屋面积等问题。

其次，二手房是已经取得房产证的房产，房屋产权一般是明晰的，业主可以自由地进行支配。也就是说，市场上流通的二手房，必须没有任何限制流通的条件存在。但实际上，很多诸如经济适用住房、农村宅基地房屋等政策性房屋都是限制流通的房产，其要想上市进行交易，需要满足一定的条件，比如达到一定的居住年限、补缴土地出让金之后才能上市交易。总之，从总体上看，二手房作为已经多次进入房产交易市场的房屋，其权利状态的复杂和纠纷发生的频繁是可想而知的。即便如此，二手房相较于一手房来讲，仍然有其明显的优势：

第一，房源选择面广。当前旧住房体制与住宅商品化改革进程相交替的过程，决定了二手房来源及范围存在多样性，主要包括允许转让、交换承租权的共有房屋；新建商品房的再次交易；通过房改政策购买取得产权的售后公房；除新建商品房之外，原先自有并拥有合法凭证的各类可交易产权和使用权房等（如落实政策后恢复产权的私房、商品住宅开发制度实施之前通过买卖、交换、受赠、继承等方式取得的各类房屋）。

第二，价格弹性大。不降价甚至不断提价是过去一两年楼市火爆时卖家的普遍做法。新房的出售方因为有种种顾忌，不会轻易降价；而二手房市场中由于有投资客的存在，降价的空间则十分明显。对于那些因资金链紧张而急于脱手的投资客卖家，房屋价格可协商的空间很大。

第三，小区质量可见。在购买新房时，小区内的环境只能依据开发商的广告宣传或是模糊的口头或书面承诺想象，而等到交房时，实际环境往往会和购房者想象的有较大的出入。而购买二手房就没有这个问题，购房者完全可以在对小区内部考察清楚后再做决定。

第四，房屋质量可控。购买二手房时，完全有条件仔细查看室内各处，确保房屋符合居住要求，比如可以从现成的户型和面积上考察"健康指标"。世界卫生组织规定的"健康住宅标准"中，有两点受房屋户型的直接影响：其一，健康住宅应满足每天日照3小时以上；其二，从户型设计上确保私人空间。二手房相较于一手房而言，在房屋质量的控制上具有明显优势。

第五，同等价位地段配套更佳。虽然次新二手房与新房价格相差无几，但5~10年房龄的商品房及时间更久的售后公房的价格相对来说更易为人所接受。对于上班族来说，途中节省的时间和精力相当重要。离市区越近，医疗、教育等配套也更优。而且，二手房的价格更加多元化，不同楼龄的二手房价格不同，随着各地政府对安居房的上市条件进一步放宽，二手房的价格层次再次细分，经济实力一般的买家可根据自己的需求选择二手房。可以说二手房的价格多元化更适合不同经济实力的买家的需求。

第六，可以随意选择邻居。古有"孟母三迁"，足以证明选择邻居的重要性。

在一个投资客云集的小区，周边邻居可能经常在变换。如果同一幢楼里有房子被租出去开公司，则意味着住宅的私密性和安全性都大打折扣。购买二手房之前，购房者完全可以一一了解周边环境，而不会像买新房时那样一切都是未知数。

第七，节省装修费用。对于那些购二手房用作过渡的年轻人而言，毛坯房的性价比并不高。特别是那些早已习惯于租房的购房者，对装修的要求也不会很高。部分二手房的装修还是相当到位的，可以让购房者省心、省力、省时间。

第八，充分了解物业管理水平。购买新房时，物业管理是没法选择的，一般都由开发商指定，购房者心中完全没有数。在购买二手房时，购房者则可以实地考察，并结合询问小区其他业主来了解其服务内容、服务水平、服务质量和收费情况以及是否建立公共设施设备维修专项基金等情况，帮助自己作出正确的选择。

第九，性价比高。其实"二手"两字的真正含意是第二次转手，当然二次转手后的房子旧的占多数，但也有新房子。有些高质量的外销房、优质商品房，即使根本没有住过人，再转手时也是二手房。在购买一手房时，有的人由于某些原因购买了期房，当购房者拿到现房时，又由于某些原因要把房子卖掉，这样的房子完全是新房。在价格相差不大的情况下，相较于期房状态的新房，购买二手房即买即住，可省去等待的烦恼和焦虑。

第十，交易公开透明。目前，我国很多地方都在采取不同的措施增加二手房交易的透明度。比如北京、上海都陆续推出了"网上二手房"这一存量房交易服务体系，逐步将二手房出售出租信息纳入公开管道，购房者通过网上查询可直接联系卖家，减少了房产中介投机和暗箱操作的可能性，购房资金也得到了最大限度的安全保障。

第二节　二手房的种类及交易规则介绍

一、二手房交易的种类

随着土地开发程度的加深，在一定的区域内，新盘数量会不可避免地减少。因此，二手房在当前及可以预见的未来是房地产市场最重要的组成部分。目前二手房住宅市场上的房产存在多种多样的称呼，如商品房、经济适用住房、集资房、房改房、危改回迁房等。但规范地讲，从居民所拥有的房屋产权证来看，二手房主要包括以下三种：商品房、经济适用住房、房改房。这三种房屋产权证书都是购房人的合法购房所有权凭证，也都受法律的保护，但在具体的交易方式上，还是存在一定的差别。

(一) 商品房

商品房是指在市场经济条件下,具有经营资格的房地产开发公司(包括外商投资企业)通过出让方式取得土地使用权后经营的住宅,均按市场价出售。从法律角度分析,商品房拥有完整的所有权,包括占有、使用、处置和收益四项权利。在不违反法律法规的前提下,可以自由转让、出租或赠与,不受任何单位或个人的限制和干涉,其收益也全部归个人所有。房屋产权性质的不同,决定了其销售对象的差异。商品房产权的房屋,其价格是由市场的供求关系决定的,在销售上较为自由,在销售对象上一般也没有什么限制。但这并不等于商品房的销售不受任何限制,各地方政府都会根据本地方的实际情况出台相应的限购限贷政策,以保证本地区房产市场平稳、健康、有序地发展。

(二) 两限房

两限房全称为限房价、限套型普通商品住房,也被称为"两限"商品住房。两限房指经当地人民政府批准,在限制套型比例、限定销售价格的基础上,以竞地价、竞房价的方式,招标确定住宅项目开发建设单位,由中标单位按照约定标准建设,按照约定价位面向符合条件的居民销售的中低价位、中小套型普通商品住房。限价房可以上市销售,而且价格由卖房人自己确定,不再受政府的约束。

(三) 经济适用住房

经济适用住房是指政府提供优惠政策,限定建设标准、供应对象和销售价格,向低收入住房困难家庭出售的具有保障性质的政策性住房,具有经济性和适用性的特点。经济性是指住宅价格相对于市场价格比较适中,能够适应中低收入家庭的承受能力;适用性是指在住房设计及其建筑标准上强调住房的使用效果,而非建筑标准。经济适用住房是国家为解决中低收入家庭住房问题而修建的普通住房,这类住宅因减免了工程报建中的部分费用,其成本略低于普通商品房,故称为经济适用房。相对于商品房,经济适用住房虽然可以取得房屋所有权,但不同于完全意义上的商品房屋所有权,在出售时受到一定条件的限制,有其特殊的规定。以上海市为例,同时符合下列标准的上海市城镇居民家庭才可以申请购买经济适用住房:①家庭成员在本市实际居住,具有本市城镇常住户口连续满 3 年,且在提出申请所在地的城镇常住户口连续满两年;②家庭人均建筑面积低于 15 平方米;③3 人及以上家庭人均年可支配收入低于 6 万元;④家庭成员在提出申请前 5 年内未发生过住房出售行为和赠与等。此外,经济适用住房在出售时,原购买人要按经济适用房标的的 10% 缴纳土地出让金。

(四) 集资房

一般由国有单位出面组织并提供自有的国有划拨土地用作建房用地,国家予以减免部分税费，由参加集资的职工部分或全额出资建设，房屋建成后归职工所有，不对外出售。产权也可以归单位和职工共有，在持续一段时间后过渡为职工个人所有。

通过集资建房拥有的房屋产权有两种，一种是经济适用房产权，另一种是房改房产权。当房屋的出售价格高于当年的房改房成本价时，其产权界定为经济适用房产权；房屋出售价格低于当年的房改成本价的，归入房改成本价房的范畴。

（五）房改房

又叫作已购公房，是指城镇职工根据国家和县级以上地方人民政府有关城镇住房制度改革政策规定，按照成本价或者标准价购买的已建公有住房。该类房屋来源一般是单位购买的商品房、自建房、集资建房等。房改房的房屋产权可分为三种：以成本价购买的房改房、以标准价购买的房改房、以优惠价购买的房改房，由此对应三种产权证书，即成本价、标准价和优惠价类型。每种类型的房屋交易方式、税费也都不尽相同。

（六）危改回迁房

危改回迁房是指按照城市危旧房改造的政策，将危改区内的私房或承租的公房拆除，然后按照回迁或安置的政策标准，被拆迁人通过回迁取得的改造后新建的房屋。危改回迁房产权性质复杂，一般归入经济适用住房或商品房。

（七）已购公有住房

已购公有住房，是指城镇职工根据国家和县级以上地方人民政府关于城镇住房制度改革政策的规定，按照成本价（或者标准价）购买的原产权属于单位的公有住房，或者依照地方人民政府规定的住房保障政策购买的经济适用住房。由概念可知，已购公房按照不同的类型可以归入经济适用房和房改房的范围。

（八）央产房

央产房全称为"中央在京单位已购公有住房"，一般是指职工按房改成本价或标准价购买的中央在京单位建设的安居工程住房和集资合建住房，也视为已购公房。"中央在京单位"主要包括：党中央各部门、全国人大机关、全国政协机关、最高人民法院、最高人民检察院、国务院各部委、各直属机构、各人民团体及其所属单位。

（九）农村宅基地房

农村宅基地房是指农村的农户或个人用作住宅基地而占有、利用本集体所有的土地建造的房屋。农村房屋不得出售给集体经济组织以外的人，即外村农民或城市居民。也就是说，农村房屋买卖受到严格限制，其并不属于严格意义上的二手房。

二、二手房交易限制的规则介绍

由于以上各类型的二手房来源、性质各不相同，为了保证房地产市场的健康、有序发展，我国二手房市场试行准入制度。二手商品房，个人在购买商品房后可以取得完整产权，可以自用、出租、抵押、出售，其交易权利一般不受限制。但是购买二手经济适用住房、房改房等特殊房产，却存在着限制交易的情形。因此，我们有必要对二手房交易中的各种限制和禁止情形予以了解，做到防患于未然。

（一）经济适用住房的交易规则

经济适用住房与普通商品房一样，是可以在市场上进行交易的，但是经济适用住房具有一定的社会保障性特点，这决定了其与普通商品房存在一定差别。《经济适用住房管理办法》第30条规定："经济适用住房购房人拥有有限产权。购买经济适用住房不满5年，不得直接上市交易，购房人因特殊原因确需转让经济适用住房的，由政府按照原价格并考虑折旧和物价水平等因素进行回购。购买经济适用住房满5年，购房人上市转让经济适用住房的，应按照届时同地段普通商品住房与经济适用住房差价的一定比例向政府交纳土地收益等相关价款，具体交纳比例由市、县人民政府确定，政府可优先回购；购房人也可以按照政府所定的标准向政府交纳土地收益等相关价款后，取得完全产权。上述规定应在经济适用住房购买合同中予以载明，并明确相关违约责任"。

那么，如何计算满5年的时间呢？根据法律规定，是以购房家庭取得契税完税凭证的时间或者经济适用住房发证的时间来确定的。此外，符合条件的家庭购买经济适用住房面积原则上不得超过核准面积。购买面积在核准面积以内的，按核准的价格购买，超过核准面积的部分，不得享受政府优惠，由购房人按照同地段同类普通商品住房的价格补交差价。此外，还有关于已购买经济适用住房的家庭不得再购买经济适用住房的相关限制规定。

（二）房改房的交易规则

房改房按照不同的情况，在交易时存在不同的限制。

1. 成本价型房改房。成本价的产权证说明该房屋的使用、占有、处置的权利全部归产权人所有，不需经过原产权单位同意就可处置。但是，由于其房产证上有未缴纳土地出让金和以成本价购买的记载，因此在进行转让时，买卖双方应根据各地不同的规定补交一定的费用，否则不能办理过户手续。按照现行规定，成本价的产权人可选择两种交易方式：

（1）直接上市进行交易，由购买人补交土地出让金或相当于土地出让金的价款。

（2）产权人先将成本价房变为商品房，然后再上市交易。具体操作是由评估部门对房屋进行评估，然后按照市场评估价的一定比例到房管部门补交土地出让金，再凭补交手续到房管局权属登记部门办理变更手续。这样，成本价产权证就变成商品房产权证了，这种情况下，售房款除税费外，收益全部归产权人所有。

另外，成本价房改房不能进行赠与。如要赠与，只有通过房地产交易部门履行完所有手续并补交相关费用后才能进行。

2. 标准价型房改房。标准价（价格低于成本价）的产权证说明该房屋的使用、占有权归产权人所有，而在处置权和收益权上就受到很大的限制了。标准价的房屋也不能赠与。首先，标准价的产权证只能说明产权人对该房屋拥有部分产权，原产权单位拥有其中部分价值份额，产权人要想上市交易，原产权单位拥有优先购买权。如果原产权单位放弃优先购买权，交易后，售房款在扣除税费后，由产权人和原产权单位按照房屋所有权份额比例进行分成。产权人也可以向原产权单位补齐标准价和成本价的差额，将标准价变成成本价，就可以拥有房屋全部产权。特别要注意的是，已经按照标准价出售的公房，原产权单位无权按照原价格收回。产权人告知原产权单位是否履行优先购买权而原产权单位不表态，并且在交易管理部门致函敦促后超过10天时限的，视为单位放弃优先购买权，房屋可直接上市交易。

3. 优惠价型房改房。优惠价是比标准价更为优惠，按照优惠价购买的房改房，其产权人要想上市交易，条件与标准价型房改房是一样的。

（三）二手房禁止上市交易的情形

根据2009年修订后的《中华人民共和国城市房地产管理法》（以下简称《城市房地产管理法》）第38条及相关法律、司法解释的规定，下列二手房不得转让：

1. 未依法取得房屋所有权证的房屋。权属证书一般是指房屋所有权证。根据《城市房地产管理法》的规定，我国房屋所有权的取得以登记为准，房屋所有权证是房屋所有权人享有房屋所有权的唯一合法证明。因此，在取得房屋所有权证之前，法律上还不能确定房屋的合法所有权人，这样的房屋是不能进行转让的，即使签订了有效的房屋买卖合同，也将面临无法办理过户的法律风险。

2. 所有权为共有，未取得其他所有人同意而转让的房屋。房屋所有权共有人和房屋所有权人不是一个人，例如夫妻共有房屋等，共有人之一要卖这套房子，必须征得其他共有人的书面同意，否则，即使进行了交易，这种交易也是无效的。

3. 违章建筑的房屋。违章建筑是指未经主管部门许可而擅自动工新建的各种建筑物。这里的违章建筑是指房屋。从违章建筑有无土地使用权的角度上讲，违章建筑可以分为两种情况：一是建造人未合法取得土地使用权就擅自建造的房屋；二是在已经取得土地使用权，但是尚未取得建设规划许可证等相关批准文件的情况下擅自建造的房屋。这两种情况下，违章建造的人都不能取得房屋的合法所有权，购房者购买此类房屋是没有任何权利保障的。

4. 在农村集体土地上兴建的房屋。根据《中华人民共和国土地管理法》（以下简称《土地管理法》）有关规定，我国土地所有权包括两种方式，即国家所有土地和集体所有土地。城市居民从事建设应当依法使用国有土地，农民房皆建立在集体土地上，是不允许上市交易的。集体所有土地上的居住房屋未经依法征用，只能出售给房屋所在地集体组织内具备居住房屋建设申请条件的个人。非居住房屋只能出售给房屋所在地的集体经济组织或者个体经营者，即村里建的农民房只能出售给本村村民，否则买卖合同无效。

5. 已经被列入拆迁公告范围的房屋。通常情况下，被列入拆迁范围的户口是被冻结的，而且已经列入拆迁公告的房屋，房地产交易管理部门不予办理过户登记手续。因此，如购买了此种房屋，会面临相当大的法律风险。

6. 已经抵押，并且未经抵押人同意而出售的房屋。房屋抵押是指债务人或者第三人不转移对抵押财产的占有，而将该房屋作为债权的担保，债务人不履行债务时，债权人按照法律规定享有优先受偿的权利。《中华人民共和国物权法》（以下简称《物权法》）明确规定，抵押期间，抵押人未经抵押权人的同意，不得转让抵押财产，但受让人代为清偿消灭抵押权的除外。

7. 被司法和行政机关依法查封、扣押或者依法以其他形式限制权属转移的房屋。国家司法机关主要是指法院、检察院，行政机关如公安、海关等。上述机关代表国家行使司法权力和行政权力，对房屋的查封和扣押就是上述机关行使权力的表现，其目的在于限制所有权的转移。因此，房屋所有权的转移是不能对抗此种公权力的。

8. 被鉴定为危楼的房屋。房屋一旦属于危楼，不但居住没有安全感，而且也没有了其他的利用价值。因此，购房时一定要了解房屋的房龄、结构等情况，做出是否属于危楼的初步判断，或者直接交给评估机构评估。

9. 已经出租给他人，出卖人未按规定通知承租人、侵害承租人优先购买权等权益的房屋。根据《中华人民共和国合同法》（以下简称《合同法》）第230条，出租人出卖租赁房屋的，应当在出卖之前的合理期限内通知承租人，承租人享有以同等条件优先购买的权力。因此，在出售房屋存在出租的情形下购买，也会有相应的法律风险。

10. 未满 5 年的经济适用住房、限价商品住房。经济适用住房是政府给特定对象的政策性优惠住房，因此在转让的时候是有一定的限制的，未满 5 年不得以市场价格转让。同样，由于限价商品住房属于政策性商品房，在二次转让时也要受到一定的限制。

11. 集资房。集资房一般是单位房，大多是在国有企业早些年划拨的土地上建造的房屋，可以办到房产证。现在有些也可以转所有权，但需要补交地价，使该房从无偿划拨转换为有偿使用。如为安居房的，需取得房改部门上市批复并办理安居房换证后方可进入市场；如为安居房外的其他非商品房，需补地价后方能换证进入市场。

12. 军产房。军产房是指军队享有房屋所有权（即产权）的房屋。这类房产土地是划拨的军事用地，个人只是拥有房产的使用权。

13. 期房。从商品房的整个开放过程来看，商品房的形态有两种，即期房和现房。所谓期房就是指开发商取得商品房预售许可证后到完成商品房初始登记为止的房屋，现房与此相对，是指已经完工的房地产项目。在期房成为现房之前，很容易形成投机性炒房和投资性购房，从而产生经济泡沫，因此转让蕴含着巨大的风险。2005 年 5 月 11 日，国务院办公厅转发了由原建设部、发改委、财政部、国土资源部、人民银行、税务总局、银监会等七部委联合制定的《关于做好稳定住房价格工作的意见》。该意见第 7 条规定："禁止商品房预购人将购买的未竣工的预售商品房再行转让。在预售商品房竣工交付、预购人取得房屋所有权证之前，房地产主管部门不得为其办理转让手续；房屋所有权申请人与登记备案的预售合同载明的预购人不一致的，房屋权属登记机关不得为其办理房屋权属登记手续。实行实名制购房，推行商品房预销售合同网上即时备案，防范私下交易行为。"该条确立了"期房禁止转让"的基本原理和精神。

第三节　二手房买卖现状及相关政策

一、我国二手房的发展概况

随着我国房产业的快速发展，二手房市场的发展也备受关注。二手房已经成为市场交易的主力。近年来，二手房交易规模迅速扩大，尤其在中心城区的二手房交易量已经远远超过了一手房交易量。在我国住房制度改革下诞生的二手房交易市场，发展前景十分广阔。二手房相对于新房的价格低廉、地段较好、社区成熟等优势得到了广大购房者的青睐。城市中心等地段新房价格长时间居高不下，城市拆迁工程使得很多相关人员需要二次置业，外来人口不满足于原先的租赁而购买房屋，城市交通改善带动相关区域价值上升和其他因素增加，使二手房的需求逐年增加。

二、我国二手房市场存在的问题及解决

随着住房制度不断改革，全国各地二手房市场日渐活跃。但是，随着二手房市场成交量的不断上升，交易市场更加复杂化，在发展过程中存在着许多问题，影响和制约了市场的健康有序发展。

（一）主要问题

1. 供给和需求不平衡。一个完善的房产市场，其二手房的销售量应该是一手房销售量的 5～7 倍，但我国现在远远没有达到这个要求。这表明，中国房地产市场处于不健康状态，存在结构变形。我国房产市场分为投资型市场和消费型市场，房产市场发展迅速，促使投资型房产交易增加。但房产的二级市场受一级市场的影响，在整个结构比例中消费型房地产投资太大。现在一级住房市场供需失衡，使得二级市场受到更多的关注。二手房市场存在巨大潜力，只有积极挖掘其潜力，才能满足购买者的住房需求。因为利润巨大，二手房市场充斥着大量投机行为。房地产二级市场需求主要分为居住需求、投资型需求、投资混合型需求。所以，不合理的供给和需求的存在极大地抑制了二手房市场的蓬勃发展。

2. 产权不规范。因为我国特殊的体制，市场上二手房有着多种形式，如已购公房、直管公房、商品房、经济适用住房等产权形式，产权的确立情况十分复杂。很多大城市二手房交易完成以后，产生了很多的产权纠纷，因而无法进入下一步交易环节。这是由于买家理解的信息有限，交易双方的信息不对称，从而影响到了产权交易。信息不对称严重影响了二手房的交易信誉，阻碍了二手房交易市场的发展。

3. 中介市场的问题。二手房市场的中介行为不规范等问题已经严重制约了二手房市场的交易效率。

（1）中介机构鱼龙混杂。很多非专业的机构或个人在利益的驱使下，纷纷加入了房地产中介的行列之中，致使中介机构的人员水平低，素质也不高，操作不规范以及胡乱收费等现象出现。甚至有一些中介公司都没有房地产价格评估资格，违规从事房地产估价业务等。在这些中介市场中，一些中介公司甚至直接从二手房主手中收购房产，违规炒房谋利。

（2）虚假信息、不诚信现象充斥着二手房市场，主要表现为：发布的房地

产广告信息不真实；不及时更改过时的无效信息；已经卖出或者租出的房产信息不及时撤销；有些中介组织冒充个人出售出租房产，无证无照经营等。还有些房主为了能够卖出高价格，隐瞒自己房屋的重大缺陷或潜在隐患。

（3）管理不够完善。由于房屋中介是新兴行业，在专业化、规范化管理上还存在着很多缺陷，让一些利欲熏心的中介公司钻了空子，侵害了消费者权益，使得消费者投诉不断上升。

（二）解决方法

"安居乐业"，不能"安居"，如何"乐业"？"安居"是保证社会稳定发展的基本因素。政府应该积极采取措施，促进二手房产市场健康、有序地发展。

1. 平衡二手房的供求矛盾。由于我国人口的不断增加，对新增住房的需求越来越大，但是我国房产还处在增量型发展时期，房屋市场整体无法满足不断新增的住房需求。同时，受到房地产市场环境的影响，大量的存量房屋无法流入市场。存量房屋在市场中容量过小，反而使得增量房屋市场容量相对变大。所以，政府要采取多种有效的措施来解决问题，如调整总量、弱化供给和需求、平衡供给和需求矛盾，使存量房屋和增量房屋市场维持恰当的比例，为房地产市场的健康发展提供一个合理的空间。

2. 完善房地产业法律体系。完善二手房贷款发展格局，形成一个合理化、规范化，以住房公积金抵押贷款为主，商业二手房贷款为辅的模式。要积极开发贷款品种，合理降低二手房贷款条件，使二手房贷款业务更加满足中低收入者的需要。提高个人信用制度，改进住房信贷体系。审查借款人的住房信贷，为银行提供依据，从而降低银行进行二手房贷款业务的金融风险；建立住房置业担保制度，保证在一定期限内，借款人承担支付欠款、化解个人贷款的违约风险，消除银行住房贷款业务的顾虑，从而促进二手房贷款的发展。

3. 发展规范中介组织。对从事二手房交易的房屋中介公司进行监督和管理，对二手房市场制定统一的收费标准，核算中介机构的成本和收益。进一步完善相应的交易细则。确立健康的中介市场运行规则，防止发生违规操作，规范整个中介服务市场。中介组织不仅能够搞活二手房市场，而且能够连接客体和主体，是主要的房地产信息来源，在二手房市场上起着很大的作用。随着房地产市场的发展，二手房市场对中介的依赖性更加强烈。有序的行业管理、诚信的经营理念、健全的中介管理立法，都是中介市场发展的关键所在。政府部门应该加强对中介市场的管理监督，提升人员素质，树立行业道德意识，规范行为，实施行业品牌战略，指导中介组织向积极健康的方向发展。此外，增强信息透明度，建立退款和惩罚机制能够有效规范中介机构行为。

第四节 二手房买卖的流程

二手房本身的优势在于价格低、质量可靠、选择范围大，但是二手房通常几经转手，一旦涉及抵押、贷款等程序，交易起来较为繁杂。很多二手房买卖双方对交易流程较为陌生，在交易时忽略了很多细节，为日后纠纷的发生埋下了隐患。因此，无论对于出卖人还是买受人而言，弄清楚二手房的交易流程都具有重要的意义。

一、二手房买卖交易流程示意图

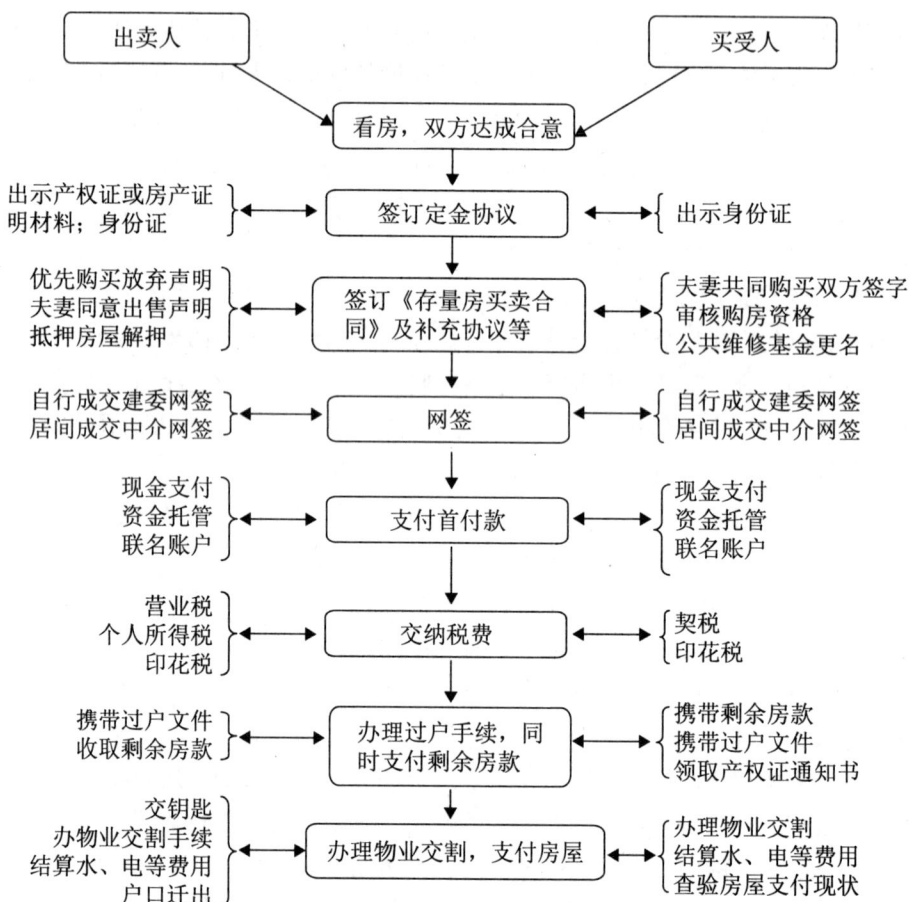

出卖人	流程	买受人
	看房，双方达成合意	
出示产权证或房产证明材料；身份证	签订定金协议	出示身份证
优先购买放弃声明 夫妻同意出售声明 抵押房屋解押	签订《存量房买卖合同》及补充协议等	夫妻共同购买双方签字 审核购房资格 公共维修基金更名
自行成交建委网签 居间成交中介网签	网签	自行成交建委网签 居间成交中介网签
现金支付 资金托管 联名账户	支付首付款	现金支付 资金托管 联名账户
营业税 个人所得税 印花税	交纳税费	契税 印花税
携带过户文件 收取剩余房款	办理过户手续，同时支付剩余房款	携带剩余房款 携带过户文件 领取产权证通知书
交钥匙 办物业交割手续 结算水、电等费用 户口迁出	办理物业交割，支付房屋	办理物业交割 结算水、电等费用 查验房屋支付现状

全款交易二手房流程

```
                出卖人                              买受人

                    ↘           看房，双方达成合意           ↙

                              看房，签订定金协议

                         签订《北京市存量房屋买卖
                         合同》及补充协议等

                                    网签

                            申请办理贷款资料报送

        商业贷款                                  公积金贷款

      交易房屋现值评估                          交易房屋现值评估

      买受方支付首付款                          买受方支付首付款

      贷款银行面签、批贷                        公积金管理中心初审

      完税过户、物业交割                        完税过户、物业交割

      办理抵押登记                              贷款银行发放贷款

      领取他项权利正                            办理抵押登记

      领取抵押后房产证                          领取抵押后房产证

      贷款银行发放贷款                                完成

          完成
```

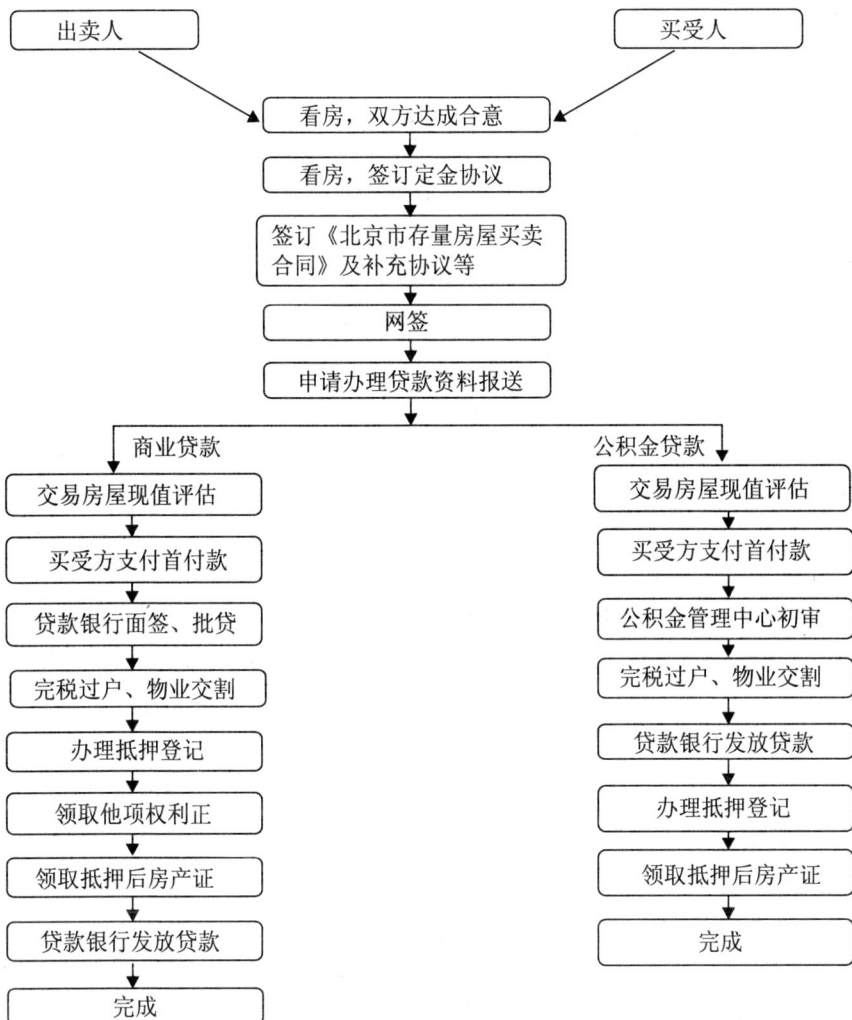

贷款交易二手房流程

二、二手房交易流程介绍

二手房买卖一般要经过如下程序：

（一）**看房并了解房屋相关情况**

1. 了解确认房屋权属状况。首先，要仔细查看业主的房产证及身份证件。注意房产证上有几个人的署名，如果有两个人，在签订之后的合同时就需要有两个人的名字。查看购房时的相关凭证，比如购房发票、契税发票等，作为辅助证据，以初步确认房屋产权归属。如果房屋属于共有产权，则还要查看所有

房屋共有产权人同意出售房屋的书面证明。在签订房产买卖合同时，共有人如不能到场，需出具经过公证的委托书及代理人身份证件，由代理人代为签合同。其次，把好夫妻共有财产关。《中华人民共和国婚姻法》（以下简称《婚姻法》）第17条规定，凡是夫妻婚后因购买、继承取得的房屋属于双方共有财产，购房人应要求出卖方出具夫妻双方同意出售房屋的证明。

2. 了解房屋的质量状况。在签订购房合同之前，确认房屋质量状况极为必要。二手房不同于期房，原来的房屋建造方可能因为超过保修期、单位变更等各种原因承担不再变更保修责任，在这种情况下，房屋质量问题需要买受人自行承担。所以，购房人需要参照商品房买卖的方式查看原来的房屋买卖合同、房屋平面图纸等相关材料，确认房屋质量状况。购房者可以到小区内了解房屋整体的质量情况，了解房屋的历史、有无发生过刑事案件等可能影响生活的购买因素。

3. 考察周边环境及配套设施。

（二）达成购房合意，签订定金合同

看好房子，确定房屋产权后，接下来应该交定金。房子动辄上百万，以5%计算定金额度也能达到5万元。所以当交易进行到这个环节时，请多留个心眼。如果你看中的房子还在按揭中，定金最好不要直接交到业主手中，而应该交由第三方监管。如果买卖双方都有可以信赖的第三方，注明"交给监管第三方则视为卖家收讫，卖家以未收到定金为由拒绝履行合同的，视为违约"。如果没有可信赖的第三方，定金最好交由银行监管。具体做法是：买卖双方到银行去签一份监管协议即可，约定在交易中心完成递件手续后，划拨到卖家账户上。

（三）签订购房合同

买卖双方就价格问题进行协商，价格、房屋交付时间等主要事项确定后即可开始签订二手房买卖合同。签订书面协议时，最主要要关注四个方面，即产权情况、房产总价、交易税费及日期，其中最重要的是书面协议里面要明确交易税费双方如何分担。日期也非常重要，像交定金、过户、交楼时间，确定日期才能够保证交易顺利进行。以北京市为例，自2008年10月15日起，已取得房屋所有权证书的存量房进行买卖的，当事人在申请转移登记前均需进行存量房买卖合同网上签约。购房者在签订购房合同前可以了解本地有无类似的要求。北京市建委、市工商局联合提供的《北京市存量房屋买卖合同》示范文本的条款内容基本涵盖了一般二手房的相关事项，购房者如无特殊要求，可以直接使用，有特殊要求的，可在合同中增加补充条款。

（四）支付前期购房款

合同签订后，买方即需要按照合同约定的时间、数额支付购房款。如需要贷款的，可参照前图。价款支付方式上，既可采用现金支付，也可采用资金托管或联名账户等形式来确保资金安全。后者的具体操作是：买卖双方到银行签订一份资金监管协议，然后各自在银行开一个账户，约定在买家过户完毕、拿到新出的房产证之后，首期款打给卖方。如果交易顺利完成，银行会把款项打给卖方；如果中间出现问题，交易终止，则把首期款再打回给买方。银行提供此项服务，一般会收取单笔 500 元左右的监管费，但如果你是通过要按揭的银行办理资金监管，则可以省去这笔费用。

（五）缴纳税、办理过户

买卖双方按照合同的约定，按照房管部门的要求到房管部门或税务部门缴纳过户产生的税费。

（六）房屋交割

交房一般就涉及物业、水电、有线电视、燃气等的交接，如果房产内部还有家具家电，还要核实清楚是否有被更换或搬走，最终业主才交钥匙，正式完成交易。而上述的水电等交接，就要分别到管理处、水务局、有线电视台、供电局等部门去办理，双方应准备好房产证复印件、身份证等。二手房买卖交易完成后，可以办理物业业主换名手续。

第五节　二手房买卖中的交易方式

一、手拉手式交易

这种交易方式最省钱，但风险也最大。一般来说，交易要分为四步：

第一步，了解和寻找房源或客源。了解和寻找房源有以下两种途径：一种是通过亲朋介绍；另一种是通过报纸、网络信息或刊登求购信息进行了解和寻找。第一种方法的信息面较窄，成功的概率较低；第二种方法的选择面很宽，但很多广告内容非常混杂。因此，买卖双方都必须认真识别相关信息的真实性，以避免盲目或受到无谓打扰。

第二步，实地看房。作为买方，选择好目标房源后，一定要亲自到现场查看，最好要与产权所有人亲自面谈，落实好房屋的产权性质以及是否已具备上市交易条件。对已装修的房屋，要查看水、电、天然气、暖气等设施是否能够正常使用，房屋有无明显质量问题等；作为卖方，也最好了解一下买方的实际付款能力和资信情况等。

第三步，协商和签约。这一部分很关键，一般来说，在合同中应根据双方协商的内容，详细、清楚地写明买卖双方及有关第三方的权利和义务，明确付款方式，办理产权过户的时间，房屋交付的时间、方法以及安全交易条款，合同中还应明确规定对违约行为所应承担的责任和发生纠纷后的法律解决途径。

（4）产权交易。签订房屋买卖合同后，交易双方即可携带相关手续到房屋所属区、县房地产交易部门办理产权交易手续。一般来说，交易部门先要经过相应的审查程序，确定房屋产权是否具备转让条件；然后，买方按照合同规定的付款方式付清购房款，房地产交易部门正式受理转让申请；最后，买卖双方缴纳相关税费后，买方可以申领到房屋所有权证。另外，如果具有土地使用权证的问题，还要到土地管理部门办理土地使用权变更手续。当然，购房者如需银行贷款，还应在办理产权过户手续前办理银行的申请贷款手续。

二、通过房地产中介公司交易

我国二手房通过房地产中介公司的交易方式经过了三次转折性的改变。

二手房交易市场的起步阶段，属于一般的居间代理。此阶段，由于各个中介公司的规模有限，客户、房源量都较少，因此属于普通的居间服务形式，即买卖双方各自登记，由中介公司进行配对，并单独面向其中一方（买方或卖方）进行交易。这种服务的缺点是，接受这种服务方式的卖方在等待成交的时间里得不到任何的时间补偿，且业主为了快速出售，盲目地在多家中介公司登记，这无形中加大了遭遇不法中介的风险，同时又要忍受不同中介公司多个经纪人的频繁打扰，让想出售房屋的业主头痛不已。

二手房交易的第二阶段便是独家代理的崭露头角。随着中介公司数量的增多和实力的壮大，一些成立时间长并初显规模的中介公司脱颖而出，得到了许多卖家的青睐。亦即，卖方只需在一家最认可、品牌知名度较高的中介公司登记并签署"独家代理协议"即可，无须多家公司登记。因为这种中介公司已经拥有了一定规模的门店数量，并基本覆盖当地二手房交易热点地段，因此，选择这样的中介公司不仅避免了第一阶段中业主时常被打扰的困惑，且品牌意识逐渐深入人心，也规避了由于接触多家公司而带来的不确定性风险。销售方式从"一般的居间"到"独家代理"是二手房交易方式的第一次转折性的改变。

二手房交易的第三阶段即是限时出售。顾名思义，"限时出售"即中介公司与业主商定委托时限（一般为一个月），若超时未售出，中介公司承诺赔付业主一定金额。这样的补偿对业主的利益是极大的保障，同时，对中介公司的经营行为也是一种约束，杜绝了其拖欠卖方房款、占用买方资金挪作他用的违规操作，从交易方式的层面牵制了中介公司。而且，"限时出售"不仅可以给业主带来满意的收益补偿，同时也制约了中介公司的操作行为，达到了一箭双雕之效果。可以说，这种服务方式不仅秉承了透明交易的正规操作，同时也保证了消费者收益的最大化。有关市场专业人士认为，二手房交易方式在经历了两次转折和不断完善的过程中，在透明交易的大环境下，"限时出售"这一二手房交易方式既符合现实需要，也是公平、公正、公开的交易市场的需要。

这里需要说明的是，通过中介公司进行二手房交易，既有优点，也有缺点。优点是：①在交易的全过程中，有正规中介公司专业经纪人的参与和协助，交易双方在安全性方面的保障程度较大。尤其是在进行标的较大的交易时，委托一家信誉好的中介公司代理交易，会令人感到放心、安全；②交易双方规避纠纷的难度较小，专业经纪人对房地产合同条款、相关法规等知识比较熟悉，在他们的参与指导下，交易双方能比较有效地规避纠纷；③中介公司的信息数量大、范围广，可供选择的余地比较大；④在定金、押金等具体细节上出现矛盾或纠纷时，中介公司的工作人员是以中间人的身份站在中立的立场出面协调，许多矛盾和纠纷能够得到恰当解决；⑤在房客租住期间，双方就某些具体问题产生了分歧或矛盾，中介公司的工作人员还能协助调解。不足之处是：①交易双方通过中介交流信息，增加了中间环节，信息交流的速度放慢；②成交后，交易双方需要按规定向中介公司交纳中介费用，会增加费用开支。

三、通过拍卖行交易

目前，来自拍卖会的房源大约有以下几个渠道：一是来自法院、行政执法机关罚没的房产；二是来自银行抵押期满、抵押人无力偿还债务的房产；三是私人委托拍卖的旧房等。这些二手房（大多数是房改房）由于地段不太好或比较陈旧，业主急于出手，于是便拿出来拍卖，以便实现换楼计划。一般来说，通过拍卖行交易房产，虽然价格比普通二手房交易价低，但却比较方便，出手快，手续透明度高。其实，拍卖行也是另一种中介方式，它与其他中介的区别主要在于交易的处理方式不同：拍卖场上集中了所有感兴趣的买家，进行一次性竞拍；而一手中介则多以单对单的方式进行交易。一套房屋从拍卖成交到过户大约需20天时间，而二手中介的时间则没有规律可循。更重要的是，拍卖会上的标的，其产权一定是明确的，不会存有任何手续上的问题，这点令不少买家觉得买得放心。

四、网上交易

这是一种新型的交易方式。通常情况下，二手房上网挂牌主要分为三个步骤，即网上挂牌申请——资格审核——确定交易撮合方式。

1. 网上挂牌申请。市民选择网上挂牌，要前往设立在各区、县交易中心的网上房地产服务受理处提出上网挂牌申请，签订《上网买卖挂牌申请及承诺书》。申请上网挂牌的时候，应递交《上网买卖挂牌申请及承诺书》以及身份证明复印件、房地产权证书。

2. 资格审核。根据《上网规则》的规定，有下列情形之一的，受理处将不会受理上网挂牌买卖的申请：①未依法登记取得房地产权证书的；②共有房地产，未经其他共有人书面同意的；③权属有争议，尚在诉讼、仲裁或者行政处理中的；④司法机关或者行政机关依法裁定，决定查封或者以其他形式选择监管、中介服务限制房地产权利的；⑤依法收回土地使用权的，重大工程配套商品房在限制转让期限内的等。资格审核通过之后，交易中心将准予上网挂牌并向申请人出具挂牌凭证。

3. 确定交易撮合方式。二手房通过网上交易，无论是买房、卖房还是出租、承租，市民既可以自行寻找交易对象，也可以仍通过房产中介来成交。如果市民选择"手拉手"的方式，整个交易过程如谈判、看房、砍价等将"自助"进行。如果选择通过房产中介来撮合交易，那么先要确定 1~3 个候选房产中介公司，或者在网上房地产的会员机构中选定特定的房地产经纪人。这些候选的房产中介全都是经过房地产交易中心审核，并符合相关规定的。选定了中介公司之后，交易中心将相关信息发布到中介公司的数据库中，申请人与中介公司签订经纪合同，并在网上备案，然后再由中介公司负责买卖双方的撮合、看房，直到确认交易。

第六节　二手房买卖中涉及的相关机构

二手房交易中一般会涉及很多机构，买卖双方可能会与很多机构都有接触的机会。不同的机构有不同的功能和价值，在做出决定之前事先对这些机构加以交接，可以在接下来的房屋交易中起到事半功倍的效果。

一、中介机构

（一）中介机构的概念和特点

房屋中介也即房地产中介，是指为当事人提供房屋信息咨询、价格评估、经纪代理等服务的专门机构。房屋中介服务是当前房地产行业的重要组成部分，对房地产行业的繁荣发展起着积极的推动作用，其主要是通过提供各种信息和咨询，依靠房地产中介机构的专业人员所拥有的各种专业知识，以及他们特有的组织机构、特殊的活动方式和方法，为房地产市场的各种主体提供专业服务，因此它与一般的房地产开发与经营、房地产交易活动有很大区别。房屋中介具体有如下特点：

1. 内容的服务性。房地产中介是提供各类信息、咨询、估价、代理服务的经营活动。这个行业的产品就是服务，服务的质量、水平标志着产品的质量、水平。在整个服务过程中，中介机构既不占有商品，也不占有货币，主要是依靠自己的专业知识、技术、劳务等为房地产各种部门提供中介代理和相关服务。

2. 活动的非连续性和流动性。房地产中介机构在为客户提供服务时，就形成了中介人与委托人的关系，即服务和被服务的关系。这种关系不是长期的和固定的，而是就某一事项达成的一种契约关系，这种服务一旦完成，原有的契约关系也就解除，即委托服务终止，房地产中介机构就再去与其他的委托人建立新的服务与被服务的关系。房地产中介服务的这种特点容易引发两类问题：一是导致部分房地产中介机构忽略自身的责任，在提供短期服务的过程中以获取佣金作为唯一目的而采用欺骗、误导等手段故意损害委托方的利益；二是在中介行业竞争激烈的情况下，由于中介方与委托方通常缺乏长期合作的可能而导致委托方故意损害中介方的利益。

3. 灵活性。因为房地产中介服务机构与服务对象之间没有固定的联系和关系，不受交易对象的限制，也不受交易主体的制约，从而使它具有极大的灵活性。也就是说，它可以不受时间、地点、交易对象和交易方式的限制。

2009 年修订后的《城市房地产管理法》第 57～59 条对房地产中介服务机构做出了相应的规定。按照第 58 条之规定，房地产中介服务机构应当具备下列条件："（一）有自己的名称和组织机构；（二）有固定的服务场所；（三）有必要的财产和经费；（四）有足够数量的专业人员；（五）法律、行政法规规定的其他条件。设立房地产中介服务机构，应当向工商行政管理部门申请设立登记，领取营业执照后，方可开业。"此外，第 59 条规定："国家实行房地产价格评估人员资格认证制度。"

（二）中介机构的服务范围

房地产中介服务的范围比较广泛，具体来说，房地产咨询、房地产评估、房地产经纪是目前三种比较重要的形式。

1. 房地产咨询，是指为房地产活动当事人提供法律法规、政策、信息、技术等方面咨询服务的经营活动。从事房地产咨询活动的组织，即为房地产咨询机构。按照相关规定，相关人员必须获得房地产咨询考试合格证书才能上岗工作。房地产咨询的内容主要有：①房地产信息咨询，包括提供各地的地价、房价、房地产租赁价格以及它们的动态走势，待出让地块和待出卖、出租、交换、抵押房地产情况，以及投资招商、购房、换房等信息的咨询；②房地产法律、业务咨询，对房地产法规、政策问题以及办理房地产交易、租赁、抵押业务手续等问题的咨询；③代理，代理研制房地产方面的可行性报告、投资开发方案、项目规划设计方案等方面的业务。

2. 房地产评估，是指对房地产进行测算，评定其经济价格的经营活动。房地产评估机构，即从事房地产价格评估活动的机构。

3. 房地产经纪，是指为委托人提供房地产信息和居间代理业务的经营活动。房地产经纪机构，即从事房地产经纪活动的机构。房地产经纪机构为房地产交易提供洽谈协议、交流信息、展示行情等服务，主要功能在于为房地产交易双方牵线搭桥，提供服务，促成交易。

二、房屋评估机关

在二手房交易流程当中，有一个重要环节就是对房屋价格进行评估。一方面，购房人可以通过价格评估了解到房屋的成交价格是否合理；另一方面，如果购房人需要从商业银行或者住房公积金管理中心办理房屋按揭贷款，也需要通过评估来确定申请人所获贷款额度，这就涉及一个重要部门，即房地产价格评估机构。

房地产价格评估机构是指从事房地产价格评估业务的组织，而房地产价格评估是指对房地产进行测算，评定房地产经济价值和价格的经营活动。二手房交易中，评估并非必须程序。按照《房地产估价机构管理办法》的规定，房地产估价机构资质等级分为一、二、三级，评估公司应当依法取得房地产估价机构资质，并在其资质等级许可范围内从事估价业务。比如，暂定期内的三级资质房地产估价机构就不能从事城镇房屋拆迁房地产估价业务。所以，购房人在挑选时除了要查看备选评估公司是否具有相应资质证书外，还应要求其出示等级资质证书。特别需要注意的是，资质证书是有期限的，要注意是否失效等问题。下面就二手房交易中需要进行评估的情形、评估的程序及收费等情况加以介绍。

（一）涉及评估的情形

1. 二手房价格明显过低时需要房地产评估。二手房交易价格的多少与所缴纳的税费是相关的，买卖双方当事人为了少缴税费，向房地产管理部门申报其成交价格时往往低报、少报。房地产管理部门如果认为该价格明显低于房地产价值，交易双方又不愿意调整的，就会委托具有一定资质的专业评估机构对交易的二手房进行评估，并以评估的价格作为缴纳税费的依据。

2. 买卖双方认为有必要时需要评估。交易双方为确定合理的交易价格，也可以委托评估事务所进行评估，作为交易价格的参考。一般情况下，买卖双方都能自行确定交易价格。但如果有一方或双方对交易的二手房的价格没有概念，如境外人士或外地人，对国内或当地的房地产市场不了解，又不相信对方的报价或中介机构的评估，也往往要自行委托或双方共同委托有资格的评估事务所进行评估，然后参考评估价格确定双方的交易价格。

3. 申请抵押贷款时需要房地产评估。向银行申请房地产抵押贷款时，抵押人以抵押物作为还款的担保。有些购房人为了少付首付款而多报二手房交易价格，高于实际价值的价格对贷款银行来说有很大风险，因此，银行为确定抵押物的担保价值，需要对抵押人的房地产进行估价。有些借款人为了能比较顺利地贷到款项，证实其拥有的房地产价值，确定其可能获得的贷款金额，也会提前委托评估机构对自己的房地产价值进行评估。申请公积金贷款的借款人和银行会要求其进行评估。

4. 发生房地产纠纷时可能要进行评估。例如二手房买卖合同签订后，因价格过高或过低而发生纠纷，一方或双方或仲裁机构、法院可委托专业评估机构对纠纷案件中涉及的争议房地产进行评估，为协议、调解、仲裁、诉讼等方式解决纠纷提供参考依据。

5. 进行房地产保险时需要房地产评估。房地产保险评估，分为房地产投保时的保险价值评估和保险事故发生或损失程度评估。

（二）二手房交易中评估主要考虑因素

影响二手房价格的因素有以下两种：房屋的区域因素与个别因素。而二手房的评估主要是运用市场比较法，所以在评估过程中，主要是对这两方面的情况进行比较修正。

1. 区域因素。区域因素在二手房评估中起到了决定房屋价格的主要作用。这些区域因素主要包括如下方面：基础设施与公益设施是否成熟；交通条件如出行是否方便；购物、娱乐是否方便；物业所在社区的环境如小区的绿化率、物业管理情况；人文环境如小区内居民的构成结构、人员素质、周围治安等状况如何。

2. 个别因素。个别因素主要是指物业的结构、房型等，具体有：房屋的结构不同，房屋的造价就不同，使用年限也不同，当然就影响房屋的价格；房屋朝向、房屋开间、面积分配合理性、房间的采光情况，也要考虑小区幢与幢之间的距离是否开阔；房屋已使用年限的长短及房屋的保养情况，房屋内是否有裂缝、渗水等质量问题。

以上列举的区域因素和个别因素都会在一定程度上影响二手房的价格，因此成为评估过程中需要考虑的因素。在这里有必要提醒广大购房者注意的是，二手房交易中需要评估的情形既包括客观需要，也包括主观需要，因而在一定程度上，二手房交易的评估并非完全由客观决定。在某些情况下，如果购房者认为必须评估，才能知道其真实的价格，可以和卖房者进行协商，确定评估的具体事项。这是购房者争取主动权的一种很好的方式。

（三）评估的程序

估价程序一般包括：接受估价委托；明确估价基本事项；拟定估价作业方案；搜集估价所需资料；实地查勘估价对象；选定估价方法进行计算；确定估价结果；撰写估价报告；估价资料归档。

（四）评估的收费标准

房地产评估的收费实行政府定价，其收费标准按照标的总额采取差额定率分档累计制，各地的收费情况不尽相同。以北京举例，根据《北京市物价局北京市房屋土地管理局关于房地产中介服务收费的通知》（京价房字〔1997〕第398 号）的规定，具体收费标准如下图所示：

档次	标的总额（万元）	累进计费率（‰）
1	100 以下（含 100）	5
2	101 以上至 1000	2.5
3	1001 以上至 2000	1.5
4	2001 以上至 5000	0.8
5	5001 以上至 8000	0.4
6	8001 以上至 10 000	0.2
7	10 000 以上	0.1

例如标的总额 40 000 万元，计算评估收费额应采取如下方法：100 万元 × 5‰ = 0.5 万元；（1000 − 100）万元 × 2.5‰ = 2.25 万元；（2000 − 1000）万元 × 1.5‰ = 1.5 万元；（5000 − 2000）万元 × 0.8‰ = 2.4 万元；（8000 − 5000）万元 × 0.4‰ = 1.2 万元；（10 000 − 8000）万元 × 0.2‰ = 0.4 万元；（40 000 − 10 000）万元 × 0.1‰ = 3 万元；收费总金额为（0.5 + 2.25 + 1.5 + 2.4 + 1.2 + 0.4 + 3）万元 = 11.25 万元。

三、房屋登记机关

在我国，房屋所有权证是表明合法享有房屋所有权的唯一合法凭证，为此，专门设立了进行房屋登记的政府职能部门，也就是房屋权属登记机关。具体来说，房地产权属登记，是指房地产行政管理部门代表政府对房地产所有权和使用权以及由上述权利产生的房屋他项权利进行登记，从而依法确认房地产权归属关系的行为。

（一）房地产登记的种类

根据2015年3月1日起施行的《不动产登记暂行条例》的规定，登记主要有首次登记、变更登记、转移登记、更正登记、异议登记、抵押登记、注销登记这几种。

1. 首次登记，指新建房屋的权属登记。新建房屋，于竣工后的三个月内办理房屋所有权登记。房屋所有权的登记应按照申请、审查、登记入册、颁发证书等环节进行。

2. 变更登记，指权利人名称变更或服务现状发生以下四种情形之一的房屋所有权登记：房屋坐落的街道、门牌号或房屋名称发生变更；房屋面积增加或减少的；房屋翻建的；法律法规规定的其他情形。

3. 转移登记，指因房屋买卖、交换、赠与、继承、划拨、转让、分割、合并、裁决等原因致使其权属发生转移后所进行的房屋所有权登记。

4. 更正登记。根据《物权法》的规定，权利人、利害关系人认为不动产登记簿的事项错误时，可以申请更正登记。不动产登记簿记载的权利人书面同意更正或者有证据证明登记有错误的，登记机构应当予以更正。

5. 异议登记，指利害关系人对不动产登记簿记载的权利提出异议并记入登记簿的行为，是在更正登记不能获得权利人同意后的补救措施。根据《物权法》第19条"不动产登记簿记载的权利人不同意更正的，利害关系人可以申请异议登记。登记机构予以异议登记的，申请人在异议登记之日起十五日内不起诉，异议登记失效"的规定，若利害关系人在异议登记事项受理后，不向人民法院提起诉讼或者向仲裁机构申请仲裁，异议登记的有效期从受理之日起算为15日。

6. 抵押登记，指设定房屋抵押权，当事人申请房屋抵押进行的登记。登记后抵押情况发生变更的，当事人可以申请抵押变更登记。

7. 注销登记，指房屋灭失、抵押关系终止、房屋权利灭失的，权利人申请撤销登记的行为。

（二）房产登记的程序

1. 共同申请和单方申请的情形。《不动产登记暂行条例》第 14 条规定，因买卖、设定抵押权等申请不动产登记的，应当由当事人双方共同申请。属于下列情形之一的，可以由当事人单方申请：①尚未登记的不动产首次申请登记的；②继承、接受遗赠取得不动产权利的；③人民法院、仲裁委员会生效的法律文书或者人民政府生效的决定等设立、变更、转让、消灭不动产权利的；④权利人姓名、名称或者自然状况发生变化，申请变更登记的；⑤不动产灭失或者权利人放弃不动产权利，申请注销登记的；⑥申请更正登记或者异议登记的；⑦法律、行政法规规定可以由当事人单方申请的其他情形。

2. 应当提交的材料。申请人应当提交下列材料，并对申请材料的真实性负责：①登记申请书；②申请人、代理人身份证明材料、授权委托书；③相关的不动产权属来源证明材料、登记原因证明文件、不动产权属证书；④不动产界址、空间界限、面积等材料；⑤与他人利害关系的说明材料；⑥法律、行政法规以及本条例实施细则规定的其他材料。不动产登记机构应当在办公场所和门户网站公开申请登记所需材料目录和示范文本等信息。

3. 如何进行登记。不动产登记机构收到不动产登记申请材料，应当分别按照下列情况办理：①属于登记职责范围，申请材料齐全、符合法定形式，或者申请人按照要求提交全部补正申请材料的，应当受理并书面告知申请人；②申请材料存在可以当场更正的错误的，应当告知申请人当场更正，申请人当场更正后，应当受理并书面告知申请人；③申请材料不齐全或者不符合法定形式的，应当当场书面告知申请人不予受理并一次性告知需要补正的全部内容；④申请登记的不动产不属于本机构登记范围的，应当当场书面告知申请人不予受理并告知申请人向有登记权的机构申请。不动产登记机构未当场书面告知申请人不予受理的，视为受理。

不动产登记机构受理不动产登记申请的，应当按照下列要求进行查验：①不动产界址、空间界限、面积等材料与申请登记的不动产状况是否一致；②有关证明材料、文件与申请登记的内容是否一致；③登记申请是否违反法律、行政法规规定。

属于下列情形之一的，不动产登记机构可以对申请登记的不动产进行实地查看：①房屋等建筑物、构筑物所有权首次登记；②在建建筑物抵押权登记；③因不动产灭失导致的注销登记；④不动产登记机构认为需要实地查看的其他情形。

对可能存在权属争议，或者可能涉及他人利害关系的登记申请，不动产登记机构可以向申请人、利害关系人或者有关单位进行调查。不动产登记机构进行实地查看或者调查时，申请人、被调查人应当予以配合。

4. 登记的时限。不动产登记机构应当自受理登记申请之日起 30 个工作日内办结不动产登记手续，法律另有规定的除外。登记事项自记载于不动产登记簿时完成登记。不动产登记机构完成登记，应当依法向申请人核发不动产权属证书或者登记证明。

5. 房产登记的记载事项。不动产登记簿应当记载以下事项：①不动产的坐落、界址、空间界限、面积、用途等自然状况；②不动产权利的主体、类型、内容、来源、期限、权利变化等权属状况；③涉及不动产权利限制、提示的事项；④其他相关事项。

6. 不予登记的情形。登记申请有下列情形之一的，不动产登记机构应当不予登记，并书面告知申请人：①违反法律、行政法规规定的，如违章建筑、临时建筑等；②存在尚未解决的权属争议的；③申请登记的不动产权利超过规定期限的；④法律、行政法规规定不予登记的其他情形。

（三）房屋登记的收费标准

根据《国家发展改革委、财政部关于规范房屋登记费计费方式和收费标准等有关问题的通知》（发改价格〔2008〕924 号）的相关规定，房屋登记的计费方式和收费标准按照下列规定进行：

1. 计费方式。

（1）房屋登记费，是指县级以上地方人民政府房地产主管部门对房屋权属依法进行各类登记时，向申请人收取的费用。

（2）房屋登记费按件收取，不得按照房屋的面积、体积或者价款的比例收取。

（3）住房登记一套为一件；非住房登记的房屋权利人按规定申请并完成一次登记的为一件。

（4）房屋登记费向申请人收取。但按规定需由当事人双方共同申请的，只能向登记为房屋权利人的一方收取。

（5）房屋权利人因丢失、损坏等原因申请补领证书，只收取房屋权属证书费。

（6）农民利用宅基地建设的住房登记，不收取房屋登记费，只收取房屋权属证书工本费。

2. 收费标准。

（1）住房登记收费标准为每件 80 元；非住房房屋登记收费标准为每件

550 元。

（2）房屋登记收费标准中包含房屋权属证书费。房地产主管部门按规定核发一本房屋权属证书免收证书费。向一个以上房屋权利人核发房屋权属证书时，每增加一本证书加收证书工本费 10 元。

（3）房屋查封登记、注销登记和因登记机关错误造成的更正登记，不收取房屋登记费。

（4）房屋权利人因丢失、损坏等原因申请补领证书，只收取房屋权属证书费。

（5）农民利用宅基地建设的住房登记，不收取房屋登记费，只收取房屋权属证书工本费。

（6）经济适用住房登记，以及因房屋坐落的街道或门牌号码变更、权利人名称变更而申请的房屋变更登记，收费标准减半。

四、住房公积金管理中心

根据《住房公积金管理条例》第 2 条规定，住房公积金是指国家机关、国有企业、城镇集体企业、外商投资企业、城镇私营企业及其他城镇企业、事业单位、民办非企业单位、社会团体（以下统称单位）及其在职职工缴存的长期住房储金。住房公积金的目的和作用在于职工购买、建造、翻建、大修自住住房时使用。职工个人缴存的住房公积金和职工所在单位为职工缴存的住房公积金，都属于职工个人所有。住房公积金管理中心会为每个职工在受托银行设立专户存储住房公积金，每个职工只能有一个住房公积金账号。职工和单位有权查询本人、本单位住房公积金的存缴、提取情况。

（一）组织机构及职责

1. 组织机构。按照《住房公积金管理条例》第 8 条、第 10 条的规定，直辖市和省、自治区人民政府所在地的市（地、州、盟）以及其他设区的市应当按照精简、效能的原则，设立一个住房公积金管理中心，负责住房公积金的管理运作。同时应当设立住房公积金管理委员会，作为住房公积金管理的决策机构。住房公积金管理委员会的成员中，人民政府负责人和建设、财政、人民银行等有关部门负责人以及有关专家占 1/3，工会代表和职工代表占 1/3，单位代表占 1/3。住房公积金管理委员会主任应当由具有社会公信力的人士担任。

2. 职责范围。按照《住房公积金管理条例》第 9 条的规定，住房公积金管理委员会在住房公积金管理方面履行下列职责：①制定和调整住房公积金的具体管理措施，并监督实施；②拟订住房公积金的具体缴存比例；③确定住房公积金的最高贷款额度；④审批住房公积金归集、使用计划；⑤审议住房公积金增值收益分配方案；⑥审批住房公积金归集、使用计划执行情况的报告。

按照《住房公积金管理条例》第 11 条的规定，住房公积金管理中心履行下列职责：①编制、执行住房公积金的归集、使用计划；②负责记载职工住房公积金的缴存、提取、使用等情况；③负责住房公积金的核算；④审批住房公积金的提取、使用；⑤负责住房公积金的保值和归还；⑥编制住房公积金归集、使用计划执行情况的报告；⑦承办住房公积金管理委员会决定的其他事项。

（二）住房公积金的提取和适用

按照《住房公积金管理条例》第 24 条的规定，职工有下列情形之一的，可以提取职工住房公积金账户内的存储余额：①购买、建造、翻建、大修自住住房的；②离休、退休的；③完全丧失劳动能力，并与单位终止劳动关系的；④出境定居的；⑤偿还购房贷款本息的；⑥房租超出家庭工资收入的规定比例的。依照第②、③、④项规定提取职工住房公积金的，应当同时注销职工住房公积金账户。

职工死亡或者被宣告死亡的，职工的继承人、受遗赠人可以提取职工住房公积金账户内的存储余额；无继承人也无受遗赠人的，职工住房公积金账户内的存储余额纳入住房公积金的增值收益。

（三）住房公积金贷款的条件、额度、期限、利率

1. 贷款条件。借款人及其家属亲属缴存的公积金总额至少达到新购建（大修）住房支出的 30%；贷款人有稳定的经济收入和偿还本息的能力；借款人同意办理住房抵押登记的保险；提供当地住房资金管理中心及所属分中心同意的担保方式；同时提交银行要求的相关文件，如购房合同或房屋预售合同、房屋产权证、土地使用证、公积金缴存的证明等。

2. 贷款额度。公积金贷款额度的计算，要根据还贷能力、房价成数、住房公积金账户余额和贷款最高限额四个条件来确定，四个条件算出的最小值就是借款人最高可贷数额。购买政策房或套型面积在 90 平方米（含）以下的首套自住住房，贷款最高额度为 120 万元。购买套型建筑面积在 90 平方米以上非政策性住房或第二套住房的，贷款最高额度为 80 万元。

3. 首付成数。自 2015 年 9 月 1 日起执行，对拥有 1 套住房并已结清相应购房贷款的居民家庭，为改善居住条件再次申请住房公积金委托贷款购买住房的，最低首付款比例由 30% 降低至 20%。北京、上海、广州、深圳在国家统一政策基础上，可结合本地实际，自主决定申请住房公积金委托贷款购买第二套住房的最低首付款比例。

4. 公积金贷款利率。自 2015 年 8 月 26 日起，中国人民银行下调金融机构人民币贷款和存款基准利率。个人住房公积金存贷款利率相应调整。调整后的个人住房公积金贷款年利率是，五年期（含五年期）以下为 2.75%，五年期以上为 3.25%。

（四）住房公积金的优势

住房公积金贷款不仅广泛应用于新房的购买，在二手房购买方面的使用也十分普遍。由于公积金贷款年利率仅为 3.25%，比现行的商贷利率 4.9% 低了 1.65 个百分点，因此在大多数购房者脑海里已经形成普遍的观念：使用公积金贷款比使用商业贷款省钱。公积金贷款的优势不仅仅只限于其利率优惠，还有贷款额度高、年限长、还款灵活方便等多种优势。

五、税务机关

我国的征税体制分为国税和地税，相应的税收机关也分为国税局和地税局，按照税收收入归属和征管管辖权限的不同，可以分为中央税和地方税，分别由国税系统和地税系统征收。二手房按照不同的类型主要涉及以下几种税费：

契税：指由于土地使用权出让、转让、房屋买卖、交换或赠与等发生房地产权属转移时向产权承受人征收的一种税赋。契税主要适用范围是商品房、公房、经济适用房、按照经济适用房管理的房屋。

营业税：指对销售房地产的单位和个人，就其营业额按率计征的一种税。适用范围是商品房、公房、经济适用房、按照经济适用房管理的房屋。

个人所得税：指个人将拥有合法产权的房屋转让、出租或用于其他活动并取得收入，就其所得计算征收的一种税赋。

土地增值税：指转让国有土地使用权、地上的建筑物及其附着物并取得收入的单位和个人，以转让所取得的收入包括货币收入、实物收入和其他收入为计税依据向国家缴纳的一种税赋，不包括以继承、赠与方式无偿转让房地产的行为。

印花税：指对在经济活动中或经济交往中书立的或领受的房地产凭证征收的一种税赋。

营业税附加：指对交纳营业税的单位和个人，就其实缴的营业税为计税依据而征收的城市维护建设税与教育费附加。

至于二手房交易时如何缴纳的问题，我们会在其他章节予以介绍。总之，以上介绍的税种统一由地方税务局负责征收，目前普遍采用的方式是一站式征收，即公民在办理二手房交易手续时，进行税务缴纳的统一办理，而不必就某项税种进行单独申报，这样一来，既方便了公民纳税，税务部门也可以节省人力、物力。

六、公证机关

根据《中华人民共和国公证法》（以下简称《公证法》）的规定：公证是根据自然人、法人或者其他组织的申请，依照法定程序对民事法律行为、有法律意义的事实和文书的真实性、合法性予以证明的活动。公证机构是指依法设立，不以营利为目的，依法独立行使公证职能、承担民事责任的证明机构。公证机构在办理公证时，应当遵守法律，坚持客观、公正的原则。公证制度是国家司法制度的组成部分，是国家预防纠纷、维护法制、巩固法律秩序的一种司法手段。

二手房交易中经常会涉及对房屋买卖合同等相关法律文件的公证。许多人对公证存在误解，认为只要经过公证，权利就可以得到全面保障，甚至片面认为经过公证就可规避法律相关规定。2015年4月24日第十二届全国人民代表大会常务委员会第十四次会议对《公证法》加以修正。结合法律规定，在这里对二手房买卖中涉及公证的相关法律知识加以澄清。

（一）公证机构设立的条件

设立公证机构，应当具备下列条件：①有自己的名称；②有固定的场所；③有二名以上公证员；④有开展公证业务所必需的资金。此外，公证机构可按照统筹规划、合理布局的原则，在县、不设区的市、设区的市、直辖市或者市辖区设立且无需按行政区划层层设立。但是，设立公证机构，需要由所在地的司法行政部门报省级人民政府司法行政部门批准并颁发公证机构执业证书，其负责人应当在有三年以上执业经历的公证员中推选产生。

（二）二手房交易中涉及的公证事项

二手房交易涉及一系列复杂的程序和手续，某个环节稍有不慎，就有可能产生风险。二手房交易中，可能涉及的公证事项如下：

1. 买卖合同公证。这主要针对房屋买卖当中交易一方为境外人的情况。根据有关政策规定，在房屋买卖过程当中如一方为境外人，则买卖合同必须经过公证后方生效，否则将无法送交易中心交易。

2. 继承和析产协议公证。如果卖方出售的房屋是通过继承或者赠与的方式取得的，且还未办理房屋产权登记变更手续，那么卖方就未真正获得房屋的产权，只有将房产证的产权人变更为自己后，才能将房屋进行出售。要办理产权变更时，就可能涉及继承公证，以证明卖方继承人身份和所继承的财产份额，才能去房屋登记部门进行过户登记。此外，出卖方所卖房屋的其他共有人不同意出卖房屋时，可以通过办理析产协议公证将房屋划分好份额，由出卖人购买其他共有人的份额后，再将房屋出卖。

3. 委托公证。主要指买卖双方无法亲自办理相关房产过户手续，只能委托其他人或中介公司办理相关公证手续。由于手写委托书无法确认其真实性，交易中心一般会要求无法亲自到场的当事人出具公证后的委托书方能为其办理相关的过户手续。由于现在二手房大多通过中介公司来交易，中介公司为方便交易，一般会要求客户办理委托公证手续。

4. 贷款合同公证。如果交易一方是境外人且需贷款，则其贷款合同必须经过公证处公证才能生效。只有经过公证后的贷款合同，交易中心才会受理并办他项权利证明。

5. 赠与公证。赠与行为需要进行公证。有的人可能会认为将房屋赠与他人，费用会比出售房屋少。其实，在不考虑房屋价格的情况下，赠与所产生的税费有可能比买卖产生的税费还要高。

6. 提存公证。在二手房买卖实际履行过程中，房屋的交付是一个突出的问题。因为从购房合同的签订到产权证的变更可能需要一段时间，交房并不等于房屋产权的变更。为避免交了房款，房屋的实际使用人不腾房的情形发生，买方可以办理提存公证，将房款提存于公证处，这在法律上视为已经履行了交款义务，出卖人可在此基础上按合同要求履行腾房、交房义务。若双方都按照约定履行了自己的义务，则公证处会按照双方的指示将房款交给出卖人，如发生违约，可将房款退还买受人。

（三）公证的程序

根据《公证法》第 25 ~ 30 条的规定，一项公证需要经过以下流程：

1. 公证申请。自然人、法人或者其他组织申请办理公证，可以向住所地、经常居住地、行为地或者事实发生地的公证机构提出。申请办理涉及不动产的公证，应当向不动产所在地的公证机构提出。自然人、法人或者其他组织可以委托他人办理公证，但遗嘱、生存、收养关系等应当由本人办理公证的除外。

2. 公证受理。公证处对当事人的公证申请，经过审查符合公证条件的，予以受理。

3. 公证审查。公证机构办理公证，应当根据不同公证事项的办证规则，分别审查下列事项：①当事人的身份、申请办理该项公证的资格以及相应的权利；②提供的文书内容是否完备，含义是否清晰，签名、印鉴是否齐全；③提供的证明材料是否真实、合法、充分；④申请公证的事项是否真实、合法。公证机构对申请公证的事项以及当事人提供的证明材料有疑义的，应当进行核实，或者委托异地公证机构代为核实。

4. 出具公证书。公证机构经审查，认为申请提供的证明材料真实、合法、充分，申请公证的事项真实、合法的，应当自受理公证申请之日起十五个工作日内向当事人出具公证书。但是，因不可抗力、补充证明材料或者需要核实有关情况的，所需时间不计算在期限内。

（四）办理二手房买卖合同公证需要提交的材料

申请人的居民身份证件及复印件；委托代理人代办的，代理人应提交身份证件和授权委托书；卖方要提供房屋所有权证书及复印件；出卖共有房屋，卖方应提交其他共有人同意出卖的书面意见；房屋买卖合同文本；当事人可以请公证机关代为草拟；单位购买私房的，买方应当提交房屋管理部门批准买房的批准文件；公证机关认为需要提供的其他证明材料，如房屋蓝图、房屋管理部门对房屋的估价报告等。

（五）不予办理公证的情节

有下列情形之一的，公证机构不予办理公证：无民事行为能力人或者限制民事行为能力人没有监护人代理申请办理公证的；当事人与申请公证的事项没有利害关系的；申请公证的事项属专业技术鉴定、评估事项的；当事人之间对申请公证的事项有争议的；当事人虚构、隐瞒事实，或者提供虚假证明材料的；当事人提供的证明材料不充分或者拒绝补充证明材料的；申请公证的事项不真实、不合法的；申请公证的事项违背社会公德的；当事人拒绝按照规定支付公证费的。

（六）公证机构及公证员的法律责任

《公证法》第41条规定："公证机构及其公证员有下列行为之一的，由省、自治区、直辖市或者设区的市人民政府司法行政部门给予警告；情节严重的，对公证机构处一万元以上五万元以下罚款，对公证员处一千元以上五千元以下罚款，并可以给予三个月以上六个月以下停止执业的处罚；有违法所得的，没收违法所得：（一）以诋毁其他公证机构、公证员或者支付回扣、佣金等不正当手段争揽公证业务的；（二）违反规定的收费标准收取公证费的；（三）同时在二个以上公证机构执业的；（四）从事有报酬的其他职业的；（五）为本人及近亲属办理公证或者办理与本人及近亲属有利害关系的公证的；（六）依照法律、行政法规的规定，应当给予处罚的其他行为。"第42条规定："公证机构及其公证员有下列行为之一的，由省、自治区、直辖市或者设区的市人民政府司法行政部门对公证机构给予警告，并处二万元以上十万元以下罚款，并可以给予一个月以上三个月以下停业整顿的处罚；对公证员给予警告，并处二千元以上一万元以下罚款，并可以给予三个月以上十二个月以下停止执业的处罚；有违法所得的，没收违法所得；情节严重的，由省、自治区、直辖市人民政府司法行政部门吊销公证员执业证书；构成犯罪的，依法追究刑事责任：（一）私自出具公证书的；（二）为不真实、不合法的事项出具公证书的；（三）侵占、挪用公证费或者侵占、盗窃公证专用物品的；（四）毁损、篡改公证文书或者公证档案的；（五）泄露在执业活动中知悉的国家秘密、商业秘密或者个人隐私的；（六）依照法律、行政法规的规定，应当给予处罚的其他行为。因故意犯罪或者职务过失犯罪受刑事处罚的，应当吊销公证员执业证书。"第43条规定："公证机构及其公证员因过错给当事人、公证事项的利害关系人造成损失的，由公证机构承担相应的赔偿责任；公证机构赔偿后，可以向有故意或者重大过失的公证员追偿。当事人、公证事项的利害关系人与公证机构因赔偿发生争议的，可以向人民法院提起民事诉讼。"第44条规定："当事人以及其他个人或者组织有下列行为之一，给他人造成损失的，依法承担民事责任；违反治安管理的，依法给予治安管理处罚；构成犯罪的，依法追究刑事责任：（一）提供虚假证明材料，骗取公证书的；（二）利用虚假公证书从事欺诈活动的；（三）伪造、变造或者买卖伪造、变造的公证书、公证机构印章的。"

（七）公证费用的收取标准

根据《公证法》第46条的规定，公证费的收费标准由省、自治区、直辖市人民政府价格主管部门会同同级司法行政部门制定。

第二章
二手房买卖实务指导

第一节　买方购房指导

一、房源的获取

想要买到合心意的房子，最先面临的问题，恐怕就是如何获取房源了。房源是交易的前提和基础，良好的房源条件可以为买方提供较大的选择空间和余地，减少途中的奔波和劳累。因此，有针对性地选择房源极为重要。

（一）房源信息获取的渠道

房源信息一般可通过以下几种渠道获取，对于时间充裕的购房者而言，最好自己先通过以下渠道收集房源的相关信息。

1. 网络信息。随着互联网的发展，从网上获取信息正在成为人们获取信息的主要方式。常见的网站有以下几种：

（1）政府类网站。通过此类网站，市民可以了解房产市场政策、法律法规、土地管理政策、开发商信息、产品和交易信息等。

（2）专业房产信息网站。此类网站房源数据丰富，信息量大，可方便查询二手房买卖等各类信息，功能强大而实用。

（3）房地产开发商网站。此类网站数量较多，主要进行企业品牌宣传、楼盘推广、售后服务、物业管理等内容的介绍。这类网站一般使用比较方便，购买者可以搜索到开发商在建、在售、已售等楼盘的信息。

（4）房地产中介公司网站。一般中介公司都建有自己的房产网站，提供房源查询功能，部分网站还能提供在线交易功能，但其局限性是只提供自己公司的房源。

2. 各种传统媒体。

（1）报纸杂志。通过报纸杂志获得房源信息较为方便快捷，但存在更新不及时、信息迟延等缺点。报纸杂志作为一种传统的房源信息发布渠道，使用仍较为广泛。

（2）电视。通过电视获取房源信息较为直观、便捷，且涵盖范围大，但成本较高，因此不是主要渠道。

3. 中介机构。中介公司掌握着大量的房源信息，一般情况下，中介公司会在小区、公司门前显著位置设立标牌，张贴房源信息以备有需要的公众查阅。此外，中介公司也会在网上不定期发布各类房源信息。

4. 其他非中介渠道。

（1）社区信息栏。如果你关注过一些小区的业主信息栏，就一定可以发现在这里会不定期地出现一些出租、出售本小区房产的信息。此外，一些小区内的房子窗户上也会张贴一些类似的信息，通过这些渠道，可以收集到一些有价值的信息。

（2）业主论坛。与社区信息栏的功能相似，各个小区的业主论坛也是发现在租、在售房源的好地方。当然在这些信息中，有很大一部分是小区周边的二手房中介公司张贴上去的，但还是有相当一部分是由业主本人发布的信息，如果你对哪个小区的房子心仪已久，不妨通过这种方法先对该小区房源进行一次大概的摸底。

（3）朋友介绍。通过朋友介绍的二手房转让信息一般都是比较可靠的。如果提供信息的朋友与准备转让房产的业主也是朋友或是同一个小区的邻居就更好了，你完全可以通过这样的关系对该房产进行一次深入的了解，这对最终顺利完成交易是非常有帮助的。

（4）拍卖市场。出于一些特定的原因，一些本来不错的房产会被法院查封后推向市场进行拍卖。这种房子通常售价会低于市场价格，只要时机把握得好，通常可以以低于市场价格5%～20%的价格拍得房产，所以，有时间和精力的买家在平时应该多多关注此类房产拍卖信息的发布。

这些渠道的信息各有侧重，也各有利弊，购房者一般要综合进行收集，并且要对每一种渠道所获的信息仔细鉴别，去伪存真，尽可能地按前面所述内容全面了解。

（二）房源信息收集中的注意事项

由于市场环境的不完善、法律法规的不完备、社会诚信体系的不健全，在二手房交易之前，也即在房源收集阶段就存在诸多风险，在此提醒广大购房者注意以下几点事项：

1. 注意个人信息的保护。在二手房房源获取阶段，极易泄露个人信息，尤其是在收集信息的同时，往往也会发布求购信息。此时应特别注意保护个人信息，以免被不法分子利用，造成不必要的损失。现实中存在好多因泄露个人信息，陷入他人精心设计的卖房骗局的案例，因此，购房者一定要注意保护自己的个人信息，如确实需要发布信息，务必选择正规可靠的发布平台。

2. 辨别信息真假。现实生活中大多的房源信息是通过网络获取的，网络获取到的房源信息，范围广、更新快，但同时存在很多的虚假信息，购房者应加以区别，特别注意其中的广告陷阱。所谓的最低价，可能是只有极少几套位置、户型有缺陷的房子低价出售，以其价格作为"最低价""起价"。所谓的"均价"听上去很优惠，可实际去购买时，基本都是"均价"以上价格的房子，销售人员会告诉购房者"均价"以下的都卖完了。目前有很多城市已实行网上签约、网上公示制度，购房者可以在购房前先去政府相关部门网站查询真实信息后再做出判断。

3. 选择正规中介公司。如果是通过中介公司获取到的信息，首先应查明该中介公司是否正规合法，要注意查验其营业执照、房地产经纪机构或分支机构备案证书、房地产经纪从业人员资格证书等。因为根据有关规定，上述证照均应在经营场所公示。其次，应查验房地产经纪信用档案，后接洽经纪业务。一些非正规中介公司经常变换经营地址，以逃避法律的追责。购房者如果选定了中介公司，可连续几周购买同一份报纸，比较该家公司所打出的公司名称、地址、电话等信息是否变化频繁。此外，有些中介公司为了吸引消费者，往往会在所发布的广告中投放一些非常有吸引力的房源。购房者可连续查看多期该公司广告，看房源有无变化。如果一直没有变化，购房者就需要高度谨慎。最后，注意那些打着某某集团字样的中介公司。这些公司可能是独立的，仅仅是挂靠该集团的名字，一旦发生纠纷，所挂靠的集团根本不承担任何法律责任。

（三）**房屋调研**

买房前，一定要做好前期的调研工作，切不可冲动，买了让自己后悔的房子。一般来说，在看到比较合适的房子后，买家应该先冷静地从房子的产权、目前业主的居住状况和市场价格等几个方面进行调查。过程看似烦琐，但其实是极为必要的。

1. 查清房屋是否"清白"。房屋产权证是业主对物业拥有占有、使用、收益等权利的证明，具有清晰明确的法律效力。此外，买家买房，以及卖方卖房的税费缴纳的标准，更与房产证登记的时间紧密关联。所以市民在购房前，不仅要向业主提出查看房产证原件及共有权证的要求，还可到市国土房管局查询该物业相关情况，以保障自身的利益。

2. 旁敲侧击，避免买到"凶屋"。买家在看中某套房屋之前，可向该小区附近的邻居了解之前房主居住时的状况，也可向小区的保安了解该单位的情况。如果是作为婚房使用的房产，到头来却是"凶宅"，纠纷发生后，出卖方定会以房屋质量没有问题或买受人没有过问为由抗辩。经过调查了解，如发现卖家身份不清，而且经常有可疑人等出入该物业的话，建议买家还是多留个心眼，三思后再行"交易"。

3. 充分了解行情，三思后行。要了解该地段或者该小区的二手房价格，买家可以先在报纸广告中对比各个中介所有该地段或者该小区的相似房屋的价格，在已经有了心理预期价格后，再向该房屋周围的邻居以及社区物业管理公司了解之前卖出的房屋价格，就可以明确自己看中房屋的大约价位了。一般来说，和中介公司砍价是绝对必要的，而且，一定要要求中介公司带卖家一起来谈价格，有些中介公司千方百计不让买卖双方见面，结果，用高过卖方开出的价格卖给买方，自己取得中间的差价。虽然二手行业竞争越来越激烈，但吃差价这种行为还会时常发生。为了避免买贵房屋，买家一定要事先了解清楚该地段、该社区房屋的均价。

二、房屋的考察

（一）房屋质量

房屋质量是买二手房十分重要的考量因素，新建商品房因为技术和材料优势，质量一般不会有什么问题，但是由于二手房的房源状况较为复杂，使用时间一般也较长，可能会存在诸如主体结构遭到破坏、管线老化、卫生间和厨房的防水防火性能差等问题，这些都需要购房人在购房前细细了解。具体来说，需要注意以下问题：

1. 渗水漏水的问题。通称"五漏一渗"，是指屋面漏水、水箱漏水、楼地面漏水、上下水管道漏水、卫生洁具漏水和墙面渗水的情况，这类问题约占质量问题总数的70%。因此在看房时要特别注意屋面天沟积水、阳台和卫生间地坪倒泛水、阳台雨后积水等情况，这些都会造成楼地面渗漏。不小心买到这类房子后，居住麻烦就大了，装修改造也要费大功夫。最简单的检查方法是在卫生间和阳台处做一个排水试验，即在此处浇上一些水，看其是否能畅通无阻地流向出水口。

2. 房屋开裂。检查房屋有无裂缝，首先仔细察看房屋的地面和墙上有无裂缝，如有裂缝，要看是什么样的裂缝。如果是与房间横梁平行的裂缝，虽属质量问题，但基本不存在危险，修补后不会妨碍使用。若裂缝与墙角呈 45 度斜角或与横梁垂直，说明该房屋有可能存在结构性质量问题。其次，看承重墙是否有裂缝，若裂缝贯穿整个墙面且穿到背后，表示该房屋存在安全隐患。对这类存在严重隐患的房屋，购买者一定不能抱侥幸心理。

3. 门窗质量。建议将房屋门窗分别开关检验。铝合金门窗渗水、锈蚀，钢门窗零件脱落、损坏多，木门开启不灵活、关闭不密封，这类问题都会给后期居住带来不必要的麻烦。

4. 市政配套设施。供水，打开水龙头观察水的质量、水压；供电，确认房子的供电容量，观察户内外电线是否有老化的现象；有线电视，打开电视看一看图像是否清楚，能收多少台的节目；煤气，煤气的接通情况，是否已经换用了天然气。

5. 房屋结构问题。屋顶搭建小阁楼、房屋内外部结构改动，可能会涉及房屋面积的测算及搭建是否合法问题，要谨慎考虑。

6. 房屋装修。如果房屋刚刚装修，这种粉刷往往掩盖了房屋本身的一些瑕疵或缺陷，比如墙壁上的裂缝、天花板渗水的水印和返潮发霉的痕迹。在电器安装问题上要尤为注意，如安装粗糙、缺件、凌乱、脏污、裂纹、透缝、松动、短路、漏电、烃损等问题，都容易形成安全隐患，应开启电器仔细检查。

（二）房屋的户型及布局

购买二手房时，对房屋户型的选择和房间的布局是至关重要的，选择一个舒心的户型，二手房交易就已经成功了一半。户型主要是关于平面功能分区、房间面积分配、通风、透气、采光、厨厕安排等问题的规制。户型千差万别，需要在选购时格外关注。户型是否能满足购房者居住的需要，还要看购房者的生活、心理状况。具体来说，有以下注意事项：

1. 房间的区分功能。一般来说，要注意房屋的公共空间和私密空间是否既保持了良好的关系，又能做到相互不打扰；客厅四周房门不能多，多了影响客厅的使用；阳台是否与客厅相连，若相连，那么尽量不要选择，因为客人进入客厅内即可看到阳台上晾挂的衣物和堆放的杂物，很不雅观；实践中多数二手房是单位福利分房时代的产物，户型不合理，要么通风采光不好，要么室内空间浪费严重，这样的房子可能购买时会相对便宜几万元，但住着不舒服，出租也无法获得一个好价钱。

2. 配套设施的性价比。购买二手房时，屋内的部分配置（沙发、衣柜、空调、床、燃气灶、热水器、电话等），通常情况下业主都会折价或半卖半送给购房者。这时，购房者切不可贪图小利，一定要仔细查看这些物品是否能用，再考虑购买与否。

（三）房屋面积

房屋有多种面积，不同的称呼，可能含义也不尽相同。房屋面积包括建筑面积、使用面积和户内的实际面积，产权证上一般标明的是建筑面积，很多购房者在二手房买卖计价过程中会因诸多难以辨别的模糊概念而产生纠纷。

1. 建筑面积。建筑面积大于使用面积，它在使用面积的基础上还加上了墙体所占用的面积，专业的说法是指住宅建筑外墙勒脚以上外围水平面测定的各层平面面积之和。建筑面积、套内建筑面积和套内使用面积这三者当中最大的就是建筑面积。

2. 套内面积。套内面积全名套内建筑面积，由以下三部分组成：套内使用面积＋套内墙体面积＋阳台建筑面积。

3. 使用面积。使用面积从字面意思上即可理解为户主真正使用的面积，专业的说法是指建筑物各层平面中直接为生产或生活使用的净面积之和。计算住宅使用面积，可以比较直观地反映住宅的使用状况，但在住宅买卖中一般不采用使用面积来计算价格。你可以理解为，把房子里所有房间墙到墙的面积相加就是使用面积。

确认房屋面积，最保险的办法是测量一下房屋内从墙角到墙角的面积。现在的房屋买卖大部分是以建筑面积计价的，实践中房屋面积也是极易产生纠纷的地方。房产证上一般标明的是建筑面积。购买二手房时，除了要查看权属证明书上标明的建筑面积外，最好带上工具再实际测量一下，以方便在接下来的议价中有讨价还价的余地。

（四）房屋的位置

二手房所处的地理位置是影响购房者决策的一个重大事项，需要提前好好考察。将来房子能否顺利租出去或转手，关键看其有没有升值潜力。对于新房来讲，一个好位置并不能代表一切，还要看房子的综合素质如何，但是二手房建成年代比较早，无法追求生活舒适度，只能提供生活方便，好地段就意味着拥有完善而成熟的周边配套设施，不用为购物、交通、医疗、教育等发愁。

1. 投资考虑。对于纯投资型的购房者来说，应该选择在中心商圈购房。对于先自住再投资的购房者来说，未必要去几个圈中扎堆。尤其是现在家庭积蓄不多的年轻人，虽然几年后随着经济收入的好转会把小房子换成大房子，但至少还要住几年。考虑到孩子入托、上学的问题，学区房应该是首选。

2. 交通考虑。近郊的二手房源虽然相比没有太大环境优势，但在交通条件方面得天独厚；远郊的二手房屋由于刚落成不久，成熟的交通网络需要一定的时间，但其居住环境相对良好。

（五）周边邻居及环境

一套房产并不是孤立存在的，是与周边的环境紧密联系在一起的，其中任何一些变化，都有可能对人们对此处房产居住的适宜性及价值的判断产生影响。因此需要注意以下几个方面：

1. 区域规划。本区域在规划时是住宅区、商务区、文教区还是工业区，是高档住宅区还是普通住宅区。周边建筑景观和公共园林也会关系到居民的居住质量。此外，与市级中心商务区、区级商务区的距离、交通情况等也是影响房价高低的因素。买主还应注意小区周边污染的情况。就经济适用性而言，一般情况下，老年人多选择靠医院较近，便于就医看病的城区或郊区地段，那里有利于老年人生活起居；青年人多选择闹市区的黄金地段，那里便于互相之间交往及上下班；有小孩子上学的家庭大多选择靠近学校的地段，以便于孩子就近入学。

2. 房屋噪音。在观察小区周边环境时，一定要注意隔音对小区的影响。噪声对人的危害是多方面的，它不仅干扰人们的生活、休息，还会引起多种疾病。《住宅设计规范》规定，卧室、起居室的允许噪声级白天应小于 50 分贝，夜间应小于或等于 40 分贝。购房者虽然大多无法准确测量，但是应当注意，住宅应与居住区中的噪声源如学校、农贸市场等保持一定的距离，临街的住宅为了尽量减少交通噪声，应有绿化屏幕、分户墙，楼板应有合乎标准的隔声性能，一般情况下，住宅内的居室、卧室不能紧邻电梯布置，以防噪音干扰。

3. 邻居关系。邻里之间是否和睦关系到购房者日后的居住生活状态，好的邻居会让你生活愉快。通过衣着和生活规律判断在此居住人们的社会层次，拜访楼上、楼下、左左、右右的邻居，了解他们在此居住是否顺心。这样，不但能够提前与邻里之间打好关系，还能知晓购房者所购买房屋的整体居住氛围与自身需求是否相符。

（六）物业

良好的物业管理不仅可以弥补房子上的一些不足，还能给生活、工作、学习带来诸多便利。购房者可以提前估算居住费用如水、电、气的价格，观察这些费用如何收取，是上门代收还是自己去缴；看看所购买房屋的物业管理费收取标准是多少；小区是否封闭，保安水平怎样，观察一下保安人员的数量和责任心；小区绿化工作如何；了解物业管理公司提供哪些服务。同时，自驾车族还要查看其车位的费用；如果是高层塔楼，还需观察电梯的品牌、速度及管理方式，如何收费等，将这些杂七杂八的费用搞清楚才能够安心购买。

一个好的物业，会把小区打理得井井有条，使你居住舒心，但如果是一个信誉不高的物业公司管理所在的小区，有可能会平添许多不必要的麻烦甚至冲突。虽然以后成立的业主委员会有解聘和重新聘请物业公司的权利，但注意了解前期物业管理公司的名称、基本情况、收费情况，各种硬件设施是否到位、治安、清洁状况是有必要的。

（七）二手房购买顶层和底层的注意事项

顶楼和底层曾经是人们避之不及的房源，而在现在的购房过程中，购房者不难发现，楼盘顶层和底层的标准单位售价基本都比其他楼层低。在同一个小区中，大家享受着同样的绿化、户型、物业管理、配套设施，买顶层的每平方米单价却要比其他楼层少5%～10%。优惠的价格吸引了那些初次置业，尤其是考虑价格因素比较多的二手购房者们。但在购买顶层或者是底层的时候，需要注意以下几个方面：

1. 顶层的漏水问题。检查漏水问题最好是在下雨天，在大雨过后1小时到顶楼看看积水多不多，这个办法可以在春、夏季使用。如果是秋冬季节，可以让发展商提供水源，在屋顶泼上较多的水，看是否有渗漏现象，排水是否畅通。

2. 看屋顶的设计结构和用材。坡式屋顶是现在国际健康住宅提倡的屋顶设计，对隔热、防水有较好的效果。如果想享受住顶楼的"一览众山小"，那最好选择坡式屋顶的顶层住宅。但是坡式屋顶在目前的楼房设计中不太多见，不像以前的多层住宅，本身房子楼层不高，所以加上一个坡顶，就改造成一个小阁楼。

3. 不少顶楼因楼层高，水压不足，造成自来水流量小，影响煤气热水器的点火，严重影响居住的方便，所以水压问题一定要关注。

4. 注意底层住房是否正对着交通要道。应尽量避开交通主干道，正对马路、娱乐区或小区大门的房子慎选，以避免尘埃、噪声的干扰和夜间汽车灯光的闪动及鸣笛。并且这些正对着大门的主干道房子的隐私性也不是很好，有老人和小孩的二手购房者需要慎重。

5. 底层的防潮工作。底层墙身与地面的防潮问题在雨季是最大问题，若底层下面架空半层或1米～1.5米做停车库或半地下室，对防潮就较好。以前的一层一到梅雨季节，家里的东西经常会长霉点点，所以，选择有地下车库的一楼会更好一些。

6. 污水返溢。这是最令住户头痛的事，因此在挑选底层时一定要看各排水管道系统是否独立。如果一层的厕所管道、下水管道不接受来自上面各层的排水，自成系统，那么就不会堵塞、返溢。如果底层的管道与上面各层是相连的，那就看一下其管道在底层是否变粗、变大。另外，如果底层独立排水系统下面没有地下室而与主排污干管直接连接，也会有返味和生虫现象。

由于价位的特殊性，购房者在选择这些特殊楼层的时候，一定要权衡好利弊，以便在下一阶段的签约过程中获得一定的议价空间。不是说底层和顶层一定不好，现在的小区设施齐全，各类便民设施都设计得非常成熟，由于建筑工艺的进步，顶层楼盘加厚，使得顶层住户的漏水现象得到了很好的规避，因此，在价格上比较在意的二手购房者们购买顶层或者底层的房源也是个不错的选择。

（八）看房原则

一般情况下，在确定购房前，大家都会实地勘查一番，避免买下有缺陷的住房而遗憾。总结来看，购房者看房可以时刻参考以下十大原则：

1. 不看白天看晚上。入夜后看房，能考察小区物业管理是否安全、有无定时巡逻、安全防范措施是否周全、有无摊贩产生的噪音干扰等。这些情况在白天是无法看到的，只有在晚上才能得到最确切的信息。

2. 不看晴天看雨天。下过雨后，无论业主先前对房屋进行过怎样的装饰，都逃不过雨水的"侵袭"，这时房屋墙壁、墙角、天花板是否有裂痕，是否漏水、渗水，就能一览无余。尤其要留意阳台、卫生间附近的地板，看看是否有潮湿发霉的现象。

3. 不看建材看格局。购买二手房时最好是看空房子，因为空房子没有家具、家电等物遮挡，可以清晰地看到整个房子的格局。比较理想的格局是，打开大门先进入客厅，然后是餐厅，厨房，卫生间，再到卧室。如果客厅的门直接面对卧室，则私密性较差。各种功能区最好能有效区分开来，如宴客功能、休息功能等。

4. 不看墙面看墙角。查看墙面是否平坦，是否潮湿、龟裂，可以帮助了解是否有渗水的情况。而墙角相对于墙面来说更为重要，墙角是承接上下左右结构力量的，如发生地震，墙角的承重力是关键，如墙角出现严重裂缝，漏水的问题也会随时出现。

5. 不看装潢看做工。好的装潢都会让人眼前一亮，有时高明的装潢可以把龟裂的墙角，发霉、漏水等毛病一一遮掩。因此，必须要注意做工问题，尤其是墙角、窗沿、天花板的收边工序是否细致，这些地方很容易被忽视。如果发生问题，对这些细小处进行修缮是很麻烦的，挑出这些小毛病，可以增加和业主讨价还价的筹码。

6. 不看窗帘看窗外。要注意房子的通风状况是否良好，房屋是否有潮湿、霉味，采光是否良好。检查一下房屋的窗户有无对着别家的排气孔。

7. 不看冷水看热水。如果想要知道水管是否漏过水，可以看水管周围有没有水垢。检验浴缸时，要先打开水龙头，看流水是否通畅，等到蓄满水后再放水，看排水系统是否正常。如果房子没有热水供应，一般有两种情况，一是已经很久没人住了，二是可能卖了很久都没卖出去。

8. 不看电梯看楼梯。市区内许多二手次新房大都是电梯房，电梯的功能固然重要，但楼梯也不容忽视。看一下楼梯间是否有住家的堆积物，消防通路是否通畅，这对日常生活也很重要。

9. 不看地上看天上。除了看客厅的地板、浴厕的瓷砖、厨房外，还要看看灯饰的路线，看一下天花板上是否有水渍或是漆色不均匀等现象，如果有，表示有可能漏水。可能的话，不妨带上螺丝刀，卸下灯具，打上手电筒，看一下吊顶四角是否有油漆脱落、漏水等现象。

10. 不看屋主看警卫。可以和小区管理员或警卫聊聊天，因为他们是最了解该小区基本状况的人，有时甚至比业主更能客观、准确地告知买家房屋的相关情况，从他们口中获得所需要的信息，有时还能成为买房与否的决定性因素。

三、房屋产权的调查

（一）产权的调查

买房属于重大选择，房子的位置、房子的价格、房子的大小、小区的环境、开发商的品牌等等，是每个购房者关注的，但最重要的还要了解房子的产权状况。买房产要投入相当大的一笔资金，因此投资的安全性极为重要。

第一步，要了解房屋的产权状况，购房人第一步做的是要求卖方提供合法的证件，包括产权证书、身份证件、资格证件以及其他证件。产权证件是指"房屋所有权证"和"土地使用权证"。身份证件是指身份证、工作证和户口簿。资格证件是指查验交易双方当事人的主体资格，例如：二手商品房出售的，要查验出售方房屋开发经营资格证书；有代理人的，要查验代理委托书是否有效；共有房屋出售，需要提交其他共有人同意的证明书等等。其他证件是指：出租房产，要查验承租人放弃优先购买权的协议或证明；共有房产，要查验共有人放弃优先购买权的协议或证明；中奖房产，要查验中奖通知单和相应的证明等。

第二步是向有关房产管理部门查验所购房产产权的来源，查验的具体方式是查验产权记录。

第三步是查验房屋有无债务负担。房屋产权记录只登记了房主拥有产权的真实性以及原始成交情况，至于该房屋在经营过程中发生的债务和责任，则必需查验有关的证明文件，包括抵押贷款的合同、租约等，还要详细了解贷款和偿还额度、利息和租金的来源，从而对该房产有更深的了解。另外，购房者还需了解的内容有：所购房有无抵押，房屋是否被法院查封等。总之，要了解房屋产权的真实情况，购房者除了要向卖房方索要一切产权文件，还要到房屋管理部门查询有关房产的产权记录，两相对照，才能清楚地知道该房的一切产权细节，不至于有所遗漏。

第四步：应提醒购房人注意房屋的性质，购买二手楼房尤其要搞清楚所购房源是否属于房改出售的房屋。因为按照房改的有关规定，城市职工以标准价或成本价购买的房屋，在购房后5年之内不得上市交易；5年之后，如果出售房屋，原产权单位也有优先购买的权利。如果购买的是这样的房屋，就有可能出现问题。

（二）查验房本的真伪

1992年建设部就曾要求全国各城市使用统一标准、格式的房屋产权证。但当时，并没有对房屋产权证的封皮及内页颜色、尺寸、材质和所表注的字体、字样、字号做统一要求，只是对所发放的房屋产权证的内容重点做了要求。因此，直到1998年1月以前，全国各个城市所发放的房屋产权证的颜色、大小、格式都不尽相同。那么，我们应该如何正确区分房屋产权证的真伪呢？1998年1月起，北京、上海、天津等全国各大城市率先使用由国家建设部统一制作的房屋权属证书，而其他的城市也于2000年7月1日前陆续使用。为维护房地产权利人的合法利益，维护房地产市场秩序及房改工作的顺利进行，国家建设部决定采用统一的房地产权属证书，由中国人民银行北京印钞厂独家印制，分为《房地产所有权证》《房地产共有权证》和《房地产他项权证》。《房地产所有权证》的特征如下：

1. 建房注册号：由于新证由建设部监制，建设部对每个能够发证的市、县发证机关都进行了注册登记并予以编号。购房者在辨别时要注意该产权证是否有编号，编号是不是建设部公告的全国统一的编号。

2. 发证机关盖章：法定的发证机关是各市、县房地产管理局，且房产证上所盖的发证机关印章均是机器套印，印迹清晰、干净，印色均匀。

3. 团花：在封面里页有土红、翠绿两色细纹组成的五瓣叠加团花，线条流畅，纹理清晰。

4. 暗印、水印：宋体"房屋所有权证"底纹暗印，将纸对着光线处可见高层或多层水印房屋。

5. 用纸：浅粉色印钞纸。

6. 编号：在"注意事项"页的右下角，有印钞厂的印刷流水编号，同一发证机关的权证号码是连续的。

7. 发证编号：在首页花边框内上端有由发证机关编制的权证号码。此号码与发证机关的登记簿册、档案记载是否相一致，业主可电话查询。

8. 花边：在首页即发证机关盖章页上有上下左右均等宽对称的咖啡色花纹边框，花纹细腻、清晰。

9. 封皮：材质为进口涂塑纸，封面上部印有中华人民共和国国徽，下部第一行字"中华人民共和国"是用圆体字印制，第二行字"房屋所有权证"是用黑体字印制。据权威人士介绍，北京市从1998年8月15日起，统一使用建设部统一标准并监制的房屋权属证书。由于采用的是"一级发证，二级管理"的方式，在产权证首页下"发证机关"处均盖有某市国土资源和房屋管理局的红色公章。在第二页的"填发单位"处应盖有区、县填发单位的公章。另外，在首页页眉上所填写的第一个字，均应为发证机关所在区、县名称的第一个字的字头。例如：朝阳区发放的房屋所有权证取"朝"字，西城区发放的房屋所有权证取"西"字等。在首页页眉上所填的第二个字则代表房屋产权的性质。常见的有"标"字，表示此房屋是按标准价购买的；"成"字表示此房屋是按成本价购买的；"私优"，表示私产按优惠价格购买的。如购房者所购买的是经济适用房或房改房，都会在"附记"栏中有所注明。

反观假证，往往有规格不符、用纸粗糙、花纹歪斜不清、证章大小不一、着色不均匀、编号混乱、无水印等问题，稍加留意，很容易区分。如果您对手中的房屋产权证还心存疑虑，您可以持证到发证机关进行鉴定。

四、订立房屋买卖合同

（一）谈判与砍价

购二手房之前，与出卖方谈判、议价是重要的一环。购房者如何讨价还价，才能最大限度地获取利益，同时又不致使谈判陷入僵局？

首先，确定自己所能承受的最高房价。出卖方在售房时，会有一个心理价位。因此，挂牌价往往高于出卖方的心理价。如果购房者在看房过程中，不经意地通过语言、表情等流露出对此宗房产有极大兴趣，出卖方往往会抓住这点乘胜追击，咬住价格不放松。

其次，摸清出卖方的底细和心态。了解出卖方出售房屋所得款项拟作何用途。如果出卖方急于出售换取现金，或者，出卖方必须在几天之内卖房，越接近出卖方的卖房期限，出卖方就越急于出售。在此时议价，将对购房者杀价非常有利。否则，价格很难谈拢。总之，一定要抓住抛房者的心理状态，要直接与房主沟通，因为房主是最急需抛房的人，如果房主为了尽快销售出他的房子，你通常可以砍掉20%左右的房价。

最后，注意多收集相关资料。购房者在谈判前可以先做实地考察，详细了解物业的建筑和装修质量、小区的交通、物业管理、配套设施是否齐全，房屋在设计或规划中是否存在不足和缺陷等问题。等到正式与出卖方谈价格时，购房者可以将该物业的不足之处不失时机地亮给出卖方。此举能让出卖方明白，你已经为此做了最充足的准备，只有他让出多少个"点"，才有把你留住的可能。

（二）二手房买卖中常见的合同种类

1. 中介的居间合同。所谓居间合同，是指居间人向委托人报告订立合同的机会或者提供订立合同的媒介服务，委托人支付报酬的合同。在民法理论上，居间合同又称为中介合同或者中介服务合同。向他方报告订立合同的机会或者提供订立合同的媒介服务的一方为居间人，接受他方所提供的订约机会并支付报酬的一方为委托人。在二手房买卖中，买方寻求中介的目的是寻找到合适的房源，然后与卖主达成买卖房屋的协议。中介所起的作用是媒人的作用，至于买卖是否成交，主要看双方能否协商一致。

2. 房屋买卖合同。房屋买卖合同是一种特殊的买卖合同，它是指出卖人将房屋交付并转移所有权于买受人，买受人支付价款的合同。房屋买卖合同的法律特征既有买卖合同的一般特征，也有其自身固有的特征。这主要表现为：出卖人将所出卖的房屋所有权转移给买受人，买受人支付相应的价款；房屋买卖合同是诺成、双务、有偿、要式合同，因此双方需要订立书面的买卖合同，口头协议是不可取的；房屋买卖合同的标的物为不动产，其所有权转移必须办理登记手续；转移所有权的一方为出卖人或卖方，支付价款而取得所有权的一方为买受人或者买方。房屋买卖合同是买卖双方最重要的一份合同，买卖双方的具体权利义务都应在其中体现，因此双方在签订协议之前，一定要充分进行协商，条款尽量详细、具体、明确，以便合同具有可操作性。

3. 委托代理合同。委托代理是指代理人依据被代理人的委托，以被代理人的名义实施的民事法律行为，其效力直接归属于被代理人的行为。二手房买卖过程中，基于中介方的专业水平和经验，买方会将产权过户和物业交接等事项委托给中介办理，买方图个省心，当然买方会承担一笔中介代理费用，这种情况下，双方就可能签订委托代理协议。

4. 担保合同。为了保证产权安全过户和物业的安全交接，买方可要求中介提供担保，双方可能订立专门的担保合同。

5. 定金合同。定金是当事人约定一方在合同订立时或在合同履行前预先给付对方一定数量的金钱，以保障合同债权实现的一种担保方式，在二手房买卖中较为常见，不过大多数买卖双方当事人并不会订立专门的定金合同，而会将其作为房屋买卖合同的条款加以说明。

以上介绍的合同，在房屋买卖的订立过程中都较为常见，不过，上述五种合同都签订的情况还是比较少见的。多数时候，是有一份买卖双方的房屋买卖合同和买方、卖方、中介三方订立的房屋居间合同。而委托代理合同、担保合同、定金合同约定的事项都可以作为居间合同的条款加以约定。此外，还可以订立补充合同条款，对房屋买卖合同中未来得及约定的事项加以补充规定。

（三）签订房屋买卖合同时买方的注意事项

1. 审查卖房人主体资格，具体分为以下几种情节：

（1）买房人应要求房屋所有权证上登记的所有人在合同上签字。

（2）如房屋为夫妻共同财产，应同时要求夫妻双方在合同上签字，房屋所有权证登记为一人的，另一方也可以另行出具同意出售证明。如夫妻一方不能到签约现场，最好要求卖房人出具公证委托书。辨别是否为夫妻共同财产，不能只看房屋所有权证。我国《婚姻法》规定，婚后所得属夫妻共同财产。实践中虽属夫妻共同财产，但房产证上可能只登记了夫或妻一方的名字，因此，买房人要询问卖房人的婚姻状况以及房屋购买的时间，才能辨别是否属于夫妻共同财产。

（3）购买继承房屋应注意：房屋所有权登记人去世，出售继承房屋的，应当先将房屋过户至继承人名下，才能办理产权过户。夫妻共有房屋，房屋登记在一方名下，另一方去世的，其子女、父母作为第一顺序继承人对房屋的权属为共同共有。购买这样的房屋，购买人应注意让被继承人的父母、子女（未成年人由其监护人代理）等合法继承人在合同上署名，或签署同意出售证明，不能到签约现场的最好出具公证委托书。

（4）购买拆迁安置的房屋，如房屋尚未获得房屋所有权证，为避免日后纠纷，应要求拆迁安置协议中所有被安置人签字同意。

（5）未成年人、精神病人，即限制民事行为能力人、无民事行为能力人出售房屋，购买人应注意，处分此类房屋应当是为了限制民事行为能力人、无民事行为能力人的利益，并且应当由其法定代理人在合同上签字。

2. 弄清二手房的房屋性质。具体分为如下几种：

（1）购买房屋为商品房。如购买的房屋为商品房，卖房人尚未取得房屋所有权证，不影响存量房屋买卖合同的效力；如商品房尚未交付卖房人，在开发商交付房屋时，有可能存在面积的误差，因此，买房人应注意与卖房人在合同中约定清楚，如需补交面积差的房款，应由哪一方补交，补交数额应为向开发商交纳的数额，还是存量房屋买卖合同约定的价格。如房屋实际面积减少，开发商退还房款，应约定退还房款归哪一方。

（2）购买房屋为房改房（已购公有住房）。购买此类房屋应注意如房屋原产权单位为中央在京单位，即我们通常所说的"央产房"，应办理《中央在京单位已购公房上市出售登记表》，否则无法办理过户。买房人在购买此类房产时，还有要注意"超标款"。大部分卖房人在未办理过户或央产房上市出售登记前自己都不知道出售房屋是否需要交纳超标款，所以买卖双方就会对此不做约定。为了避免日后产生争议，买房人有必要和卖房人在存量房屋买卖合同中约定如需交纳超标款，应由哪一方交纳，同时约定逾期或拒交应承担的违约责任。

（3）购买房屋为向社会公开销售的经济适用住房。购买此类房屋的买房人应注意：购买已满五年的经济适用住房，应在合同中约定土地收益款应由哪一方交纳；购买尚未满5年，但卖房人在2008年4月11日前购买的经济适用住房，应在存量房屋买卖合同中约定，符合条件后为买房人办理过户，此类合同，依据《北京市高级人民法院关于审理房屋买卖合同纠纷案件适用法律若干问题的指导意见（试行）》第6条的规定，法院可以认定有效；购买尚未满5年，卖房人在2008年4月11日之后购买的经济适用住房，法院判决房屋买卖合同无效。

（4）购买房屋为按经济适用住房管理的房屋。危改回迁房、安居房、康居房、绿化隔离地区农民回迁房等房屋，一般都是按经济适用住房管理。此类房屋不受未满5年不得出售的限制，但买房人应注意此类房屋交易可能需要补交土地出让金，为避免纠纷，买卖双方应在合同中约定交纳主体。另外，辨别是否属于按经济适用住房管理的房屋，不能只看房屋所有权证注明的性质，有的房屋所有权证注明为"经济适用住房"，但实际是未按经济适用住房管理的房屋。为避免房屋交易纠纷，最安全的方法是携带房屋所有权证咨询所在区县的房屋交易管理部门。

3. 查看房屋是否有抵押。交易房屋的抵押问题在实践中极易产生纠纷，卖房人可能在收到首付款后，将款项用于其他用途，导致交易无法按期进行。因此，如果买房人支付部分房款是为了办理房屋解押，应在协议中约定此部分房款直接存入卖房人的还款专用账户。

4. 约定好房款的支付数额和时间，分为以下两种：

（1）买房人以现金形式购买房屋，一般支付房款的方式为：购房定金不高于房屋总价的20%，首付款数额和支付时间可由双方协商，并无强制性规定，双方还可以协商预留几万元作为物业交割时，结清卖房人尚欠水电等款项，剩余房款一般于过户当日支付。实践中容易产生争议的是，房款的支付数额和时间未在合同中约定清楚，一方履行或要求对方配合履行时没有依据可循，因此买卖双方应在合同中约定清楚。

（2）买房人以贷款的方式支付房款，一般先行支付购房定金，购房定金不高于房屋总价20%，首付款数额为贷款以外的款项，当然双方也可以约定，在首付款中预留几万元作为物业交割时结清卖房人尚欠水电等款项。另，如果双方对贷款事项已商定好，最好将拟贷款的数额、首付款的数额及支付时间在合同中约定清楚。

5. 约定好二手房交易的税费。二手房交易的税费有：契税、营业税、个人所得税、印花税、土地增值税、登记费。其中大额的费用为契税、营业税、个人所得税。以北京的房价为例，二手房的交易税费少则几万元，多则达几十万元。因此，买卖双方有必要在合同中对税费的承担主体约定清楚。实践中，通过居间方购买房屋，居间方会为双方计算以地区的政府指导价为准的税费，但在过户时如双方配合可以完成，如在过户前任何一方反悔，都可以要求按成交价格办理过户和交税。因此，如合同约定由买房人承担全部费用，应在合同中注明买房人承担税费的具体数额。

6. 注意房屋过户和户口迁移条款。办理房屋过户是合同履行的重大事项，买卖双方应在合同中约定具体的过户时间。如双方约定批贷函下发后几日内双方办理过户，请注意公积金贷款没有批贷函，双方办理贷款申请后初审通过即可，双方如约定以公积金贷款的方式支付房款，就不能适用批贷函下发后几日内双方办理过户。司法审判实践中，要求卖房人迁出户口的诉讼请求不属于法院处理范围，当事人只能要求对方按合同约定承担违约责任，赔偿违约金，因此买房人应在合同中注明户口逾期迁出的违约责任。另，如购买房屋是为了获得中小学的名额，应在合同中注明。

7. 约定好交付房屋条款。对房屋交付的约定应包括房屋交付时间、交付条件和程序。对房屋内的装修有要求的，应注意在合同中约定整体装修保持良好状态，房屋价款中包括家具、家电的，应在合同中约定家具、家电的数量、型号，并约定房屋交付时一并交付。

（四）房屋款项交付方式的选择

实践中，买卖双方有时会选择通过中介转交房款，殊不知其中存在巨大的法律风险，一些不法中介携购房款逃跑的案件比比皆是。二手房交易市场的资金安全问题一直没有得到有效解决，对此，二手房卖方在款项交割时需特别留心，具体可参考以下四种安全的钱款交割方式：

第一种，买卖双方直接交接。就是购房人与房主谈妥成交价格并签好买卖合同后，购房人将钱存在存折上，在约定时间同房主到房地局办理房产过户手续；在完成房产过户之后，购房人与房主一同到开户银行将钱存入房主的账户。

第二种，通过公证处交接，这种方式也称为公证处提存。交易双方共同到公证机关办理房款公证，买方将房款交由公证处代管，卖方在与买方签约登记后，依有关凭证到公证处取款。由于公证处是较有公信力的部门，在公证处的监督下，交易双方的权利都会得到很好的保护。

第三种，通过律师事务所交接，即交易双方通过律师所签署合同，然后购房人将钱款存入律师事务所，待办完过户手续后，再由律师事务所将钱转付给房主。

第四种，通过银行托管交易资金或由银行为个人出具履约保函。这种方式是通过银行作为居间担保方托管交易资金，或为交易双方出具履约保函来负责二手房交易过程中的钱款安全；如因购房人没有履行合同义务，房主可按履约保函约定索赔，经由银行确认后，由银行直接支付索赔金。

后三种欠款交割方式通常需要承担一定的费用，双方权衡利弊选择适用。此外，买卖双方在进行二手房交易过程中一定要到能进行"透明交易"的品牌中介公司进行交易。买卖双方见面有效杜绝了中介公司"欺上瞒下"行为，并且签署三方居间合同，杜绝了中介公司"囤积现金""赚取差价""携款逃跑"现象的发生，可以有效保证二手房交易的安全可靠性。

五、贷款的办理

（一）贷款的种类

房屋买卖合同的价款支付方式主要有一次性支付和贷款支付两种方式，由于目前房屋属于重大购买事项，通常需要支付较大的购房款，因此，贷款成了多数人的首选。具体来说，购买二手房可以申请以下三种贷款：

1. 个人住房商业性贷款。个人住房商业贷款是中国公民因购买商品房而向银行申请的一种贷款，是银行用其信贷资金所发放的自营性贷款，又称"按揭贷款"，具体指具有完全民事行为能力的自然人在购买本市城镇自住住房时，以其所购买的产权住房为抵押，作为偿还贷款的保证而向银行申请的住房商业性贷款。

个人住房商业性贷款有三种担保方式：住房抵押、权利质押和第三方保证。

购房者可以根据自己的实际情况从中选择。较为常用的是住房抵押贷款担保，即借款人以所购住房或现已拥有住房作抵押向银行借款。如果借款人以所购住房作抵押，按贷款银行的规定，则无须对抵押物进行评估，对借款人来说，可以节省一笔评估费用；但如果以已经拥有产权的住房作抵押，则需经过银行指定的评估机构进行评估。

2. 住房公积金贷款。住房公积金贷款是指由各地住房公积金管理中心运用职工以其所在单位所缴纳的住房公积金，委托商业银行向缴存住房公积金的在职职工和在职期间缴存住房公积金的离退休职工发放的房屋抵押贷款。住房公积金是指国家机关、国有企业、城镇集体企业、外商投资企业、城镇私营企业及其他城镇企业、事业单位及其在职职工缴存的长期住房储金。职工缴存的住房公积金和职工所在单位为职工缴存的住房公积金，是职工按照规定储存起来的专项用于住房消费支出的个人储金，属于职工个人所有。职工离退休时本息余额一次付偿，退还给职工本人。

3. 组合贷款。组合贷款是指符合个人住房商业性贷款条件的借款人又同时缴存住房公积金的，在办理个人住房商业贷款的同时还可以申请个人住房公积金贷款，即借款人以所购本市城镇自住住房（或其他银行认可的担保方式）作为抵押可同时向银行申请个人住房公积金贷款和个人住房商业性贷款。

（三）三种贷款方式的比较

1. 住房公积金贷款。公积金贷款具有利率最低，还款方式灵活，首付较低等优点，但是贷款对象仅限于参加住房公积金制度的职工，对于其他人，住房公积金贷款就没有实际意义。但是，公积金贷款具有申请手续烦琐、审批时间较长的缺点，效率不如商业贷款及组合贷款高。对于已参加交纳住房公积金的居民来说，贷款购房时，应该首选住房公积金低息贷款。住房公积金贷款具有政策补贴性质，贷款利率低于同期商业银行贷款利率。同时，住房公积金贷款在办理抵押和保险等相关手续时收费也要低很多。

2. 商业贷款。商业贷款利率高，对首付的要求最高，对于手中积蓄不多的人来说，这是一个很高的门槛，限制了一批人入内，而且它要求抵押、质押或保证，使很多人受到限制。它的优点在于便捷迅速。未缴存住房公积金的人无缘申贷，但可以申请商业贷款，只要在贷款银行存款余额占购买住房所需资金额的比例符合规定，并以此作为购房首期付款，且有贷款银行认可的资产作为抵押或质押，或有足够代偿能力的单位或个人作为偿还贷款本息并承担连带责任的保证人，就可申请。此外需要注意，由于各银行优惠政策不同，每个银行商业房贷的首付和利率也有不同程度的上浮和下调，在申请商业房贷时，对贷款银行也要"货比三家"，择优选之。

3. 组合贷款。组合贷款综合了两者，既中和了住房公积金贷款对主体的限制，也解决了商业贷款利率高的难题。住房公积金管理中心可以发放的公积金贷款一般规定了最高限额，如果购房款超过这个限额，不足部分要向银行申请住房商业性贷款。组合贷款利率较为适中，贷款金额较大，因而较多地被贷款者选用。

（三）二手房贷款的步骤

如果要顺利并成功取得二手房按揭贷款，购房人一般要经过以下步骤：

第一步：先找好意欲购买的房屋，但是该房屋必须是产权明晰（已办理《房屋所有权证》），并具备政府规定的进入房地产市场流通条件的房屋。

第二步：借款人向银行提出借款申请，选择一家银行指定的能办理按揭贷款业务的房产交易代理机构并在该机构完成房产价值评估工作，交纳房产评估费。

第三步：申请二手房抵押贷款时应填写借款申请表，并向贷款银行提交下列资料：①身份证明（居民身份证、户口簿或其他有效居留证件）、学历证明、婚姻状况证明；②经济收入证明，并可有选择性地提供包括存款证明、有价证券在内的其他财产证明，以上证明资料越全面，银行在放贷评审中的评分越高，享有贷款金额及时间的条件越优越；③买卖双方签订的购房协议书；④同意以所购房屋作抵押的证明；⑤贷款银行要求提供的其他文件或材料。而售房人须提供如下资料：①售房人（含共有人）身份证明及复印件、婚姻状况证明；②房屋共有权人同意出售的书面文件；③所售房屋的房屋所有权有效证件及复印件；④如房屋已出租，须提供承租户同意出售的证明文件；⑤保证所售房屋符合上市出售条件的证明。

第四步：银行对买卖双方送交资料的真实性、合法性、合规性及借款人的资信进行审查，审查合格后，出具《贷款承诺函》给买方，银行会注明提供几成，几年按揭贷款。反之，银行会将申请人的材料退回。

第五步：买方将购房的首期款存入银行指定的房产交易代理机构，在该行的账户，由银行冻结，售房人于首期款交付、《贷款承诺函》签订后，到房地产交易管理所办理房屋交易手续。

第六步：房屋交易手续及新《房屋所有权证》办理完毕后，买房人与贷款银行签订借款合同，办理抵押、保险等有关担保手续。

第七步：在签订住房抵押合同后，银行会协同借款人到公证机关办理合同公证手续。公证后，银行会和借款人一起到房屋所在地的房屋权属管理部门办理抵押物登记手续，抵押登记证明文件交银行收押保管。

第八步：借款人还需按照规定到贷款银行认可的保险公司购买抵押物财产保险和贷款保证保险，并明确贷款银行为本保险的第一受益人，保险期不短于贷款期，保险金额不低于贷款的全部本息，抵押期间保险单由银行保管，保险费用由借款人承担。当然，借款人也可委托银行代办抵押物保险。

第九步：借款合同生效，银行发放贷款，资金划入买方的指定账户，然后买方将贷款和首期款一并交付给售房人。

（四）贷款中的注意事项

贷款买房成为很多人购房的必然选择，已成为时代趋势。很多人由于不清楚贷款流程和细节，很多事项处理不当，很容易带来一些不必要的麻烦。总结来看，贷款买房时需要注意以下事项：

1. 申请贷款前不要动用公积金。很多人贷款购房都会想到动用公积金，这样有利率优惠，然而如果在贷款前提取公积金储存余额用于支付房款，那么您公积金账户上的公积金余额即为零，您的公积金贷款额度也就为零，这就意味着您将申请不到公积金贷款。

2. 申请贷款额度要量力而行。在申请个人住房贷款时，借款人应该对自己目前的经济实力、还款能力做出正确的判断，同时对自己未来的收入及支出做出正确的、客观的预测。

3. 要选定合适的还款方式。目前基本上有两种个人住房贷款还款方式：一种是等额还款方式，另一种是等额本金还款方式。等额还款方式的优点在于，借款人可以准确掌握每月的还款额，有计划地安排家庭的收支。而等额本金还款方式较适合于还款能力较强并希望在还款初期归还较大款项以减少利息支出的个人。

4. 提供真实的贷款材料。申请个人住房商业性贷款，银行一般要求借款人提供经济收入证明，对于个人来说，应提供真实的个人职业、职务和近期经济收入情况证明。因为如果你的收入没有达到一定的水平，没有足够的能力还贷，却夸大自己的收入水平，很有可能在还款初期发生违约，并且经银行调查证实你提供虚假证明，就会使银行对你的信任度大大降低，从而影响到自己的贷款申请。

5. 提供的住址信息要准确。提供给银行的地址准确，就能方便银行与您的联系，每月能按时收到银行寄出的还款通知单。遇人民银行调整贷款利率，您就可在年初时收到银行寄出的调整利率通知。此外，特别提醒借款人注意的是，当您搬迁新居时，一定要将新的联系地址、联系方式及时告知贷款银行。

6. 在借款最初一年内不要提前还款。大部分贷款购房者都会考虑提前还款，不过提前还款是有要求的。比如说按照公积金贷款的有关规定，部分提前还款应在还贷满一年后提出并且您归还的金额应超过个月的还款额，其余的商业房贷若是需要提前还款的话，也必须认真去看银行相关要求。

7. 每月按时还贷。每月约定的还款日前要注意自己的还款账户上是否有足够的资金，防止由于自己的疏忽造成违约而被银行罚息，千万不要因为自己的一时疏忽而造成资金损失，同时在银行留下不良信用记录。

8. 还贷有困难不要忘记寻找身边的银行。当您在借款期限内偿债能力下降还贷有困难时，不要自己硬撑，可向银行提出延长借款期限的申请，经银行调查属实且未有拖欠应还贷款本金利息，银行就会受理您的延长借款期限申请。

9. 出租住房不要忘记告知义务。当您在贷款期间出租已经抵押的房屋时，您必须将已抵押的事实书面告知承租人。这是一个很容易忽视的细节，但是若是真涉及一些事情的话，可能会引起一些不必要的麻烦。因为在有些情况下可能会导致租房权益受损，尤其是打算出售房产的时候会比较麻烦。

10. 贷款还清后不要忘记撤销抵押。当您还清了全部贷款本金和利息后，可持银行的贷款结清证明和抵押物的房地产其他项权利证明，前往房产所在区县的房地产交易中心撤销抵押。这个时候，房产才是彻底属于自己的。若是忘记了撤销抵押，那么房子从法律意义上来讲依旧是处于抵押状态的。

六、税费的缴纳

（一）二手房交易税费种类

1. 卖方：

营业税：税率为5%，按房屋转让收入全额计算缴纳。

城市维护建设税：纳税人所在地为市区的，税率为7%；纳税人所在地在县城、镇的，税率为5%；纳税人所在地不在市区、县城或镇的，税率为1%。计税依据为上述缴纳的营业税税额。

教育费附加：附加率为3%，计税依据为上述缴纳的营业税税额；与营业税同时缴纳。

个人所得税：税率为20%，以按房屋转让收入额减除财产原值和合理费用后的余额为应纳税所得额，计算缴纳个人所得税。

土地增值税：土地增值税实行四级超率累进税率，税率为30%、40%、50%、60%，纳税人按转让房地产所取得的收入减除扣除项目金额后的余额为增值额计算缴纳。

印花税：税率为 0.05%，按房屋转让合同金额计算缴纳。

2. 买方：

契税：税率为 3%～5%。契税的适用税率，由省、自治区、直辖市人民政府在前述的幅度内按照本地区的实际情况确定，并报财政部和国家税务总局备案。计税依据是房屋买卖的成交价格，即土地、房屋权属转移合同确定的价格，包括承受者应交付的货币、实物、无形资产或者其他经济利益。

印花税：税率为 0.05%，按房屋转让合同金额计算缴纳。

（二）税费缴纳优惠政策

1. 卖方：

营业税。《财政部、国家税务总局关于个人住房转让营业税政策的通知》（财税〔2015〕39 号）第 1 条规定："个人将购买不足 2 年的非普通住房对外销售的，全额征收营业税；个人将购买 2 年以上（含 2 年）的非普通住房对外销售的，按照其销售收入减去购买房屋的价款后的差额征收营业税；个人将购买 2 年以上（含 2 年）的普通住房对外销售的，免征营业税。"

个人所得税。2006 年 7 月 18 日《国家税务总局关于个人住房转让所得征收个人所得税有关问题的通知》（国税发〔2006〕108 号）第 5 条第 2 款规定："对个人转让自用 5 年以上、并且是家庭唯一生活用房取得的所得，免征个人所得税。"

土地增值税。《财政部、国家税务总局关于调整房地产交易环节税收政策的通知》（财税〔2008〕137 号）第 3 条规定："对个人销售住房暂免征收土地增值税。"

印花税。《财政部、国家税务总局关于调整房地产交易环节税收政策的通知》（财税〔2008〕137 号）第 2 条规定："对个人销售或购买住房暂免征收印花税。"

2. 买方：

印花税。财税〔2008〕137 号第 2 条规定："对个人销售或购买住房暂免征收印花税。"

（三）二手房税费缴纳相关规定

总结以上规定，目前在个人二手商品房交易中，综合考虑税法规定和税收优惠政策的规定，买卖双方应当缴纳的税收如下：

1. 卖方：

（1）卖方的房产属于普通住房的：

第一，购买不足 2 年对外销售应当缴纳：①营业税，税率 5%，按照其销售收入减去购买房屋的价款后的差额征收；②城市维护建设税；③教育费附加；④个人所得税：税率为20%，以按房屋转让收入额减除财产原值和合理费用后的余额为应纳税所得额。

第二，若购买超过2年（含2年），对外销售应当缴纳个人所得税。但是对卖方转让自用5年以上、并且是家庭唯一生活用房取得的所得免征个人所得税。

（2）卖方的房产属于非普通住房的：

第一，购买不足两年对外销售应当缴纳：①营业税，税率5%，按房屋转让收入全额计算缴纳；②城市维护建设税；③教育费附加；④个人所得税。

第二，若购买超过2年（含2年）对外销售应当缴纳：①营业税，税率5%，按照其销售收入减去购买房屋的价款后的差额征收；②城市维护建设税；③教育费附加；④个人所得税，但是对卖方转让自用5年以上、并且是家庭唯一生活用房取得的所得免征个人所得税。

2. 买方：

（1）买方购买的房产属于普通住宅的，应当缴纳契税，税率为3%～5%。个人购买自用普通住宅，减半征收契税；个人首次购买90平方米及以下普通住房的，契税税率为1%。

（2）买方购买的房产属于非普通住宅的，应当缴纳契税，税率为3%～5%。按房屋买卖的成交价格全额征收。

上述规定列出的税费缴纳标准、优惠条件仅仅是一般情况，购房者在购房前应当咨询当地税务部门确定税种和税额，并同出卖方协商确定税款的负担情况。有些税种虽然按照规定应由卖方缴纳，但是卖方在同买方协商价格时，通常习惯要求计算净得售房款数额，全部税收都按照由买方缴纳计算。如果买方要求卖方按照规定缴纳税款，则卖方要将税款数额增加到房款中。所以，购房人应在购房合同中明确约定税费数额和承担方式。

七、房屋过户及交接

（一）房屋过户

房产过户是指去房屋权属登记中心办理房屋产权变更手续的行为。除了签订房屋买卖合同外，房产过户是很重要的程序，因为按照法律规定，只有完成过户，房屋的所有权才发生转移。

1. 办理房产过户手续的程序如下：

第一步，双方当事人在房屋买卖合同签订后30日内，持房地产权属证书、当事人的合法证明、转让合同等有关文件向房地产管理部门提出申请,并申报成交价格。

第二步,房地产管理部门对提供的有关文件进行审查,并在15日内作出是否受理申请的书面答复。

第三步,房地产管理部门核实申报的成交价格,并根据需要对转让的房屋进行现场勘查和评估。

第四步,房地产转让当事人按照规定缴纳有关税费。

第五步,由房地产管理部门核发过户单。

第六步,在办理上述手续后,双方当事人应凭过户手续,并依照《城市房地产管理法》的规定领取房地产权属证书。

2. 房产过户注意事项:①若单位购买私房,还需提交单位法人或其他组织资格证明(营业执照或组织机构代码)原件及复印件(加盖公章),单位法定代表人办证委托书(收件窗口领取),受托人身份证原件及复印件;②若非住宅转移,还需提交土地使用权证书;③若当事人不能亲自办理,需出具委托书或公证书,受委托人需出具身份证原件及复印件;④房屋若已出租,且承购人非承租人的,需提交承租人放弃优先购买权证明;⑤若有共有权人,需出具共有权人同意出售证明和共有权证书;⑥若经法院判决的,需出具法院判决和协助执行通知书。

3. 应当提交下列材料:①登记申请书;②申请人身份证明;③房屋所有权证书或者房地产权证书;④证明房屋所有权发生转移的材料;⑤其他必要材料。第4项材料可以是买卖合同、互换合同、赠与合同、受遗赠证明、继承证明、分割协议、合并协议、人民法院或者仲裁委员会生效的法律文书,或者其他证明房屋所有权发生转移的材料。

(二)房屋交接中的注意事项

二手房买卖中因交房问题极易产生纠纷,主要表现于水、电、煤气及其附属设施和房屋装修等方面。如果在买卖双方的《房地产买卖合同》中,对上述情形予以关注,那么在实际的房屋交接过程中,这样的矛盾会在很大程度上被避免。

1. 结清水表账单。自来水公司目前实行的是户名住宅地址制度,大多数的房产上购房者不需要办理水表过户手续。但在交房时,根据买卖合同的约定,双方须要进行抄表读数,并按实际的抄表数由业主结清所欠费用。按自来水公司的规定,不论是谁使用的,凡发生逾期未缴的,按日加收2‰的滞纳金,如经30日催缴后仍未缴清水费和滞纳金的住户,则停止供水。建议购房者在交房前询问出卖方是否已付清水费，交房当日要求出卖方携带好近期的水费账单。

2. 告知电表状况。按电力公司规定，私自装拆电表箱、私自开启封印、擅自改变计量装置等行为均属违章行为，违者按违章用电处理。因此，在交房时建议购房者亲自查验电表是否有移动改装的痕迹。在实际操作中，现新建商品房的电表户名基本为业主本人或是开发商名字。因此，在办理交房手续时除双方核对电表读数外，还须双方携带本人身份证件、房产证、私章等前往所在地电力营业厅办理电表过户更名手续，并结清该电表的所有欠费。

3. 协助煤气过户。按照煤气公司的规定，购房者必须凭《房屋买卖合同》，其中须写明本房价已包含煤气设施费或该煤气设备无偿转让的证明文字，以及购房者的身份证，出卖方近期的煤气费账单，双方亲自到燃气部门办理过户更名手续。更名手续费 10 元由购房者承担。对于没有约定或约定不清的，燃气部门将拒绝办理。

4. 协助有线电视过户。有线电视实行一户一卡制，如遇出卖方拖欠费用的情况，时间一长，有线站会作封端处理。因此，购房者可在交房时要求出卖方提交交房当日上月的有线电视费收据凭证及有线电视初装凭证。购房者凭上述两样资料和新的房地产权证，即可到房屋所在地的街道有线电视站办理过户手续。

5. 结清电话、宽带费用。如果购房者无须延用出卖方的电话号码，则出卖方可以去电信公司注销或迁移该号码，然后购房者另外自行申请安装电话。如果购房者需要延用出卖方的电话号码，则出卖方与购房者一起到电信部门办理过户手续，并以交房当日为准结算话费账单。至于宽带费用，以交房当日为准并以上月账单结算。

6. 结算维修资金。按照房地产管理部门的规定，住宅转让时，维修资金账户中余款是不予退还的，因此出卖方凭《商品住宅维修资金结算交割单》绿色联可向购房者按实结算或赠送给购房者。同时，维修资金的所有人更名为购房者。

7. 物业更名及结算物业管理费用。建议购房者到房屋所在地的物业管理处办理，以交房当日为准结算物业管理费。同时，购房者办理物业进户手续。

8. 迁移户口。在交房时出卖方的户口没有及时迁出是引发纠纷最多的因素之一。因此购房者在交房当日前一天可以到房屋所在地的警署查阅出卖方的户口是否已经迁出。如果出卖方户口要在交房后才可迁出，则购房者一定要与出卖方就此问题约定清楚并做好书面确认。

第二节　卖方购房指导

一、房屋出售前的准备

（一）弄清房屋产权性质及交易规则

出售房屋，首先要保证自己的房产可以在市场上销售，排除限制交易和禁止交易的情形。这需要对手头房产的性质有准确的认识。根据手头房屋产权证上的记载事项，了解房产的性质也是很容易的。根据本章第一节的内容可知限制交易和禁止交易的二手房的具体规定，可据其确定自己的房产是否可以上市。如果可以上市，有没有特殊规定等等。

（二）房产信息的收集及发布

信息准备包括对二手房买卖法律、法规、政策等的咨询和对手头房源信息的发布、对求购信息的收集等准备。

1. 知识储备。二手房交易，程序繁杂，手续烦琐，涉及较多的专业知识（比如某些建筑方面的知识）、法律法规（比如某些税法知识），涉及较多的风险环节（比如产权过户和资金监管），出售前可通过亲朋、报纸广告、网络广告、经纪公司等相关信息渠道，了解所要出售的房屋是否具备上市条件，了解房屋所在区域二手房的平均出售价格；个人出售和委托房地产经纪公司代理出售有何差别；了解交易流程、相关税费和必须提供的所有相关手续等。做到心中有数，在交易中有的放矢。

2. 发布房源信息途径。一般来讲，可以从以下渠道发布房源信息：

（1）网上发布。随着互联网的发展，从网上获取信息正在成为人们获取信息的主要方式。例如，上海、天津分别在网上设立了二手房交易平台，人们通过网络平台可以便捷地发布有关二手房的房源信息，可以登录相关网站，发布个人房源信息。

（2）各种传播媒体。通过报纸或业内期刊发布房源，方便快捷，连续性强，但有效性差，是目前发布房源的主渠道，同时可能需要支出一定的版面费。

（3）中介公司。到中介公司登记，借助中介公司在公司的显著位置张贴房源信息以备公众查阅，或由中介公司在网上或各种传播媒体上定期发布。

（4）熟人、朋友的介绍。把有房产出售的消息告诉可信的熟人、朋友，他们可能会介绍到可信的买家。打算出售二手房的人在发布房源信息时，应注意保护个人信息以免被别有用心之人利用。为此，要注意选择可信度高、能保密的信息发布平台。

（三）房屋出售前的美化

投资型卖方在出售二手房时会使用"美楼计"，其目的是提升房屋素质，叫响卖价。这一点值得一般的卖方学习。一个外观靓丽的房屋让人赏心悦目，既能增加成交概率，又可能提升卖价，何乐而不为呢？或许，以下的一些行为可以在一定程度上提升房产的价值。

1. 腾出空间，让房屋更开阔清爽。腾出空间有两种方式：其一，收纳堆放在台面或地面上的生活用品，最大限度上减少视线范围内的杂物，这样不仅让你的家显得更为整洁、干净，也能让房屋的空间显得更大、更开阔；其二，推倒非结构支撑墙面，或者移除厨房工作台，这样的做法相对来说会有一定的成本，但这笔小开销会让买家对房屋的第一印象发生实质性的改变。如今绝大部分买家对于开放式的结构更为热衷，老房相对封闭的房型和格局有时会在一定程度上影响买家的购买欲望。

2. 美化屋内外环境。大多数卖家在出售二手房时都会想到给房屋"美容"，但往往是只顾室内干净亮堂，哪管屋外破烂肮脏，很少有人想到美化楼道里的屋外环境。既然已经决定不要"败絮其中"，何不再接再厉，让你的房产也"金玉其外"。其实，改变屋外环境是"美容"很重要的一步，买家往往第一眼就已形成了对房屋的初步印象。二手房大都是老建筑，楼道墙壁肮脏不堪，堆满了杂物，楼道灯也坏了很久。对于讲究生活质量、人文素质的购房者，这些都是难以忍受的，因此，卖房者第一要做的是清洁外墙，打扫走廊，将多余的东西扔掉，置换破碎的玻璃和破了好多洞的窗纱，要求物业公司换掉坏了的灯泡，有必要的话还可以适当粉刷一下墙面。然后，装点室内乾坤，干净整洁的房间让人看着舒服。如果卖房者已经从房子里搬了出去，不要认为房子反正也要卖了，就犯懒让它保持着搬家后的肮脏、零乱状态。二手房本来就"旧"，再加上脏、乱，就更显老朽破败了。人毕竟第一眼的印象最为深刻，你的房子装修再好、质量再好，零乱之下也不可能给购买者留有什么好的第一印象，别说卖不出好价钱，可能人家都不会买！因此，室内环境不可掉以轻心。一定要把多余的东西丢掉，垃圾清除干净；零乱的东西归置到一起，放进箱子；地板、家具擦干净；不要积一层厚厚的尘土；墙壁需要粉刷的就为它略施"粉黛"；在屋内门口放上一块干净的踏脚布；房间里明显损坏的地方修补好；电器、电路也要归置，将该修的开关修好，该换的灯泡换掉。

3. 提升采光，让明亮充斥房屋。无论是自然光还是灯光，都需要格外注意。相信大部分人都喜欢亮堂有氛围的房屋，暗无天日的房屋会让人感觉阴森恐怖，还会带来负面的心情。当买家踏入你房屋的第一刻，如果房屋采光和灯光色调不佳，会对房屋提不起兴趣。如果你的房屋本身采光并不好，想要给房屋加分，那么你就得格外留意了，善用灯光能使房屋增色不少，高瓦数的灯泡能使小空间感觉更大，柔和的灯光能带来更多家的温暖，可调节亮度的灯光更容易满足各种采光需要，这些成本较低的改变会给你带来意想不到的收益。

4. 保养与维护，延长其使用寿命。在考虑大动干戈的房屋升级之前，首先要做好维护和保护的工作，有时这些简单且花费可控的工作更被人欣赏。绝缘阁楼，修理水管漏水，更换生锈的雨水槽，检查锅炉和污水处理系统，更换或修理漏水的窗户，安装暴风门，剔除花坛杂草等都必不可少。这些即使是成本不高的小事，也会让买家心生许多烦恼，他们并不知道维修的准确成本，一般只会直观感觉是笔不小的开销，还不如索性买个稍贵但状态健康的房屋。

5. 环保路线，可节省能源开销。节能环保的家电不仅能够为你省下不少日常开销，也会是未来卖房时的一大亮点。老旧的空调或供暖系统消耗的能源潜移默化地加重了你每月的开销，选购新的环保家电最多能节约30%～40%的能源，这是一个令人吃惊的数字。环保家电一般都比较新，也提供了更久的保修和维护时效，让不少买家倾心，因为聪明的买家懂得他所花费的成本会在日后渐渐"省"出来。

6. 修饰家的前门，让家更温馨实用。别小看家门的力量，进入房子的头七秒钟，人们就已经有了初步的买卖决定。家不仅需要美观，更应该具有实用性和温暖感。一个装饰优美、设计人性化的前门肯定会让买家在踏入折扇门前就倍感回家的舒畅。打扫干净前门区域，采用美观和优质的步道材料，摆上花卉植物，再进行合理的装饰，一定能为房屋加分。

7. 简单升级卫浴，让空间迅速舒适升级。厨房和卫生间也很重要，不容忽视。很多年轻人是告别租房生涯之后购买二手房的，租房时可能有自己的卧室，但通常是与别人共用厨房、卫生间，而有了自己的房子，有了"自己"的厨、卫空间，无疑会是生活质量提升的重要心理指标。中国人的饮食习惯使得厨房成为买方最关注的区域之一，厨房的好坏对房屋价格的影响不容小觑。如果厨房过于陈旧，可以考虑请专业的家政服务人员稍做翻新；另外，将操作台面上零碎的厨房用具和配件移入柜内，以创造整洁的外观；检查煤气灶具、抽油烟机是否工作正常、厨房上下水是否通畅。卫生间已不单单是人们解决新陈代谢问题的场所，好的布置会产生事半功倍的效果。用磨砂玻璃替换透明玻璃、清理泥浆、去除铁锈污渍、用新的填缝材料重新填缝、更新门把手、更换水龙头、安装一个新的冲水马桶，有时哪怕只是购买新的马桶座圈也会有非常明显的差别。上下水道要通畅，卫生洁具要擦洗干净，空气要保持清新。想要低成本地对房屋售前进行改造，改造卫浴间将是一个明智的选择，因为一个高品质的卫浴间会吸引不少买家多驻足观看一番。

8. 地面材料升级，减少日后整修。千万不要低估你脚下的材料。94% 的房地产专业人士强烈建议人们不要吝啬在地板上花一些钱。不过，这并不意味着这会是一笔昂贵的开销。此外，其他小整修也会产生很大的售价区别，包括修复断瓦，修补受损的地板，清洗地毯。当然，在更换地板或瓷砖时，切记迎合大众口味，不要选购那些个性鲜明的颜色或材质。地板和瓷砖的选择面非常广泛，搭配好家居颜色再货比三家，想必一定能找到价廉物美的材料。

9. 中性色调的墙壁，打造完美视觉效果。如果你准备把房子挂牌上市，谨记不允许出现墙壁有无人维护而掉漆的迹象。并且，如果你准备重新粉刷墙面，请选择中性色调。剔除你鲜明的个人品位，让更多人接受你的房屋才是售房的王道。房屋的墙面颜色很大程度上影响了买家的布置想法，因为购房者希望能够将自己对家的想法投射在空间内，期待房屋的布局和色彩能够符合心中的景象。粉刷墙面并不是一件费时费钱的事，但却是公认最有效、回报率较客观的一种售前投资方式。

10. 营造"整洁、美观、舒适、省心"的房屋，清除买家疑虑。整改房屋，不给潜在买家留下"那是什么？"的疑问，不管它是 50 年代的墙纸、破裂的门槛还是绿色和蓝色的塑胶地板，请尽可能的修复或拆除它。这种强烈体现房屋年龄的时代记号会让许多人困惑不解，这是一种非常负面的感受，会大大降低人们对房屋的兴趣，因为普世审美观还是比较时髦和前卫的。较多的疑问和顾虑会让人排斥这间房屋，将会拉长售房时间，这也是许多卖家不想看到和不愿承担的。想要快速售出房屋，强烈建议每个卖家重新审视自己的房屋，或者请三五好友提些意见。

11. 美化绿化环境，带来四倍回报。杂乱的树枝和蓬乱的花园会给人带来负面的印象，尤其对于许多买家来说，他们前来看房看的不仅是"房"本身，也是来看房屋整体的"景"。绿色植物和花园常常容易在卖房过程中被卖家忽视。但精明的卖家知道，美化房屋绿化环境是带来最大投资回报的要素之一。有数据表明，花费一定资金进行绿化的布置和修剪，能带来成倍的回报。

12. 房屋做好隔音减噪处理。二手房出售前营造良好的"听觉"效果往往被人们忽视。有些二手房其他条件不错，但由于身处闹市、毗邻马路，令人居住其中不堪噪音之扰，在出租、出售时，前来看房的人也会对噪音闻而生畏，不愿久留。有这种房屋的卖方，不妨先考察一番，花几千块钱为房屋做个"美听"手术，通过吸音地毯、隔音玻璃等手段降低噪音，给看房人以"结庐在人境，而无车马喧"的信心。劝说他们买下房子后采用这些方法减噪，远不如亲自营造一个相对安静的空间有说服力。

（四）确定房屋出售价格及方式

可根据您的房屋位置、楼层、朝向、装修状况等综合条件，确定您的出售价格。该报价应为您的销售总价，如果有要求买方另行支付的费用，应在报价中声明。出售二手房选择销售方式，有两种可供选择：其一是自行寻找买方销售；其二是委托房地产经纪公司代理销售。如果选择第一种方式，您必须完全熟悉整个交易流程，并确保交易安全。此种方法避免了经纪公司的代理成本，使您的销售过程全部在自己的掌握中。第二种方式，省时、省力、安全，只需您选择一家具有代理资质的房地产经纪公司并签署委托代理协议，所有工作全部由经纪公司办理。经纪公司将向您收取一定的代理佣金，所以，会增加您的交易成本。

二、谈判签约

（一）定价技巧

1. 用成本说话。购房者之所以对房子的售价有所质疑，无非就是因为他们觉得你的房子根本不值这个价钱，这个时候最好用的办法就是用成本说话。将房子原先的购买价、附赠物品的价格、装修的价格、税费、增值部分以及折旧率等数据一一列举出来，并且计算清楚，这样有力又清晰的证据摆在面前，购房者自然不好意思再讨价还价了。

2. 巧用非整数法。用整数来定价的话，很容易就让购房者计算出结果，并在心里产生比较，如果用非整数法进行定价的话，购房者即使想亲自计算，也需要一定的时间，这样你就可以抓住机会劝服他购买。此外，用非整数法定价可以让购房者在心理上更容易接受，比如一份甜点标价 30 元跟标价 29.8 元的效果就会是不一样的，所以想要卖出好价钱就要巧用非整数法。

（二）通过中介出售房屋的注意事项

1. 选取大中介较可靠。虽然随着二手房市场的日渐发展，中介交易正在一步步走向规范，但目前现实存在的种种交易纠纷还是令买房者和购房者不胜其烦。市民在选择购房时，一般应以大公司作为第一选择，一方面，其操作比较规范，另一方面，其房源也比较充裕。卖方将房屋委托给一些比较大的中介公司，除了能够保证比较多的客源外，最重要的是能够保证交易的安全性，避免带来后顾之忧。

2. 两种代理方式各有利弊。目前委托中介销售二手房一般有两种方式：独家代理方式和一般方式。选取独家代理方式的客户不应当将同一套房源委托给另一家中介，而一般方式可将同一套房源同时委托几家中介代理销售。目前比较大的公司一般都倾向于同客户签署独家代理合同，小型中介则比较倾向于一般合同。两种方式各有利弊：一般而言，独家代理合同更能保证交易的安全性；一般合同则能提供更多的客源、促成交易早日达成，但在交易过程中可能会存在一定的风险。

3. 代理有效期宜短不宜长。如果签了一份独家代理合同，但是房子迟迟不能脱手怎么办？这就需要在签订合同的时候约定一个有效期，在有效期内未能达成交易就可以自动解除合同。代理有效期的时间宜短不宜长，一般以一个月为宜。因为如果一个月内房子未能脱手，但你对中介公司的服务还比较满意，还可以选择续约，中介公司一般也乐意。

4. "跳过"中介有风险。有一些"精明"的卖房者通过中介与购房者碰头后，为了省却一笔中介费，就会"跳过"中介与购房者直接进行交易。这种行为一方面是卖房客户有违诚信的表现，另一方面也增大了交易的风险，有时反而还会降低交易的效率。二手房交易是一个烦琐的过程、需要许多的证明和手续。一旦跳过中介，买卖双方就必须亲自去处理这些事务，将消耗极大的精力和时间，反而会降低交易的效率。

5. 不能签"到手价"。许多客户在委托中介卖房的时候，由于嫌合同上各款项细则太过麻烦，要求只与中介公司签一个"到手价"，即直接到手的钱有多少签多少。对此，中介公司颇感为难，因为只同客户签"到手价"属于中介公司违规操作行为。二手房交易过程中，除了房屋本身的房款外，还涉及契税、交易手续费、中介费等多笔费用，如果只签一个"到手价"，必然给中介留下很大的操作空间。碰到一些不法中介的话，等于制造了"暗箱操作"的温床，最后受到损失的还是交易双方。因而专家建议，签约过程中，一定要把各款项弄清楚，千万不要只签一个"到手价"。

6. 心平气和报房价。二手房房价持续上涨，造成不少屋主对物业期望值太高，出现了盲目开价的情况，陷入物业难以成交的窘境。屋主在报价的时候一定要心平气和，客观地估计自己物业的价格。如果不放心，可以多跑几家中介去问问，然后综合一下报价。

7. 交钥匙要谨慎。许多二手房房主同中介公司签订了合同后，为了避免一次次看房的麻烦，将自己的钥匙交给中介公司。专家提醒，二手房交易中，交钥匙还需谨慎。许多中介公司也并不主张屋主交钥匙的做法。虽然交钥匙方便了中介公司看房，但是，万一发生失窃等意外情况，责任归属问题就十分麻烦。

因此，许多大型中介对交钥匙也持谨慎态度。

8. 不要轻易提前交房。在交易过程中，有些购房者可能会提出各种理由要求在办妥过户手续前入住。专家提醒，即使签了购房合同，在过户手续办妥之前，对于提前交房的要求，屋主还需思量。虽然现在办理产权过户的时间已经大大缩短，但是仍需要 15 天左右的时间，在这段时间里还有可能产生一些纠纷。纠纷发生后，由于现行法律以"保护现居住者"的权益优先，因此可能会给屋主带来一些不必要的损失。

9. 合同细节要讲清。有时买卖双方在成交入住后仍会有纠纷。这些纠纷主要集中在一些细节问题上，诸如维修基金、有线电视费、电话费等等。由于买卖双方缺乏房屋交易的经验，在交易过程中往往比较注意房款、中介费等比较大的费用，但在某些细节问题上则不甚关注。如果这些细节问题在签订合同前事先约定好了，就不会产生这些"后遗症"了。

（三）签约中的注意事项

出售房屋对于普通市民来讲是一件重要但陌生的事。实践中多数出卖人因为没有售房经验，不会签订房屋买卖合同而导致房屋无效。总体来看，出卖人容易与第三人产生争议的事项主要有以下几种：

1. 出卖人应要求买受人本人在合同中签字，否则买受人可以随时否认代理人代为签字的行为，并有权拒绝履行合同。如买受人确因特殊原因无法亲自到场签字，应要求代理人出具买受人代为购买房屋的公证委托书。

2. 现行住房限购的政策，需审核买受人的购房资格。一般审核资格是在签订房屋买卖合同之后进行，如果买受人购房资格未能审核通过，将导致合同无法履行，或是购房资格未能按原双方约定的时间审查通过，导致履行合同的时间迟延，出卖人可能会非常被动。对此，我们建议：在签订房屋买卖合同时应在其中注明买受人多长时间通过资格审核，如不能通过资格审核，导致合同解除，买受人如何承担责任；如资格审核通过时间迟延，买受人履行支付房款的义务应最迟指向一个具体的时间。

3. 如出售房屋有抵押贷款，出卖人需收取买受人的首付款解抵押的，出卖人应在房屋买卖合同或补充协议中注明买受人支付首付款数额、支付时间，以及支付首付款用于解抵押的说明，否则只注明了出卖人解抵押的时间，未对解抵押的资金来源特别说明的，极易产生争议。

4. 出卖人如出售已出租的房屋，首先应要求承租人签订放弃优先购买权的声明，并应在房屋买卖合同中注明房屋交付的条件，比如房屋过户当天应视为出卖人交付房屋，租金转由买受人收取等。

5. 如买卖双方约定，交易税费应由买受人承担，双方在约定总成交价时，最好注明房屋的总成交价为出卖人的净得价，以避免在税费承担主体约定不清或不全的情况下产生争议。

6. 对购房首付款的问题。如果买受人为全款现金购买房屋，首付款的数额、支付时间应在房屋买卖合同中注明，否则，在履行过程中容易产生争议。如买受人为贷款购买房屋，除应在合同中约定首付款数额、支付时间外，还应注明如银行批贷额度低于申请额度，买受人应在多长时间内补齐首付款。

7. 买受人以贷款方式购买房屋，如果因买受人自身原因未获得贷款的，有三个选项：①以现金形式补齐；②继续向其他银行申请贷款，至贷款批准；③合同终止，双方互不承担责任。实践中通过中介公司成交签订的房屋买卖合同大多选择第二项。其实第二项根本不具可操作性，尤其对出卖人不利，因为出卖人出售房屋是想尽快拿到房款，如此约定，出卖人想拿到房款就遥遥无期了。对此，出卖人可以要求在合同中注明买受人最迟获得批贷函的时间；如果不能，出卖人可以选择让买受人现金支付剩余房款，或是解除房屋买卖合同。

8. 在办理房屋过户手续的时间上，出卖人应当注意，办理房屋过户的最后期限不宜过长。否则，买受人以未过户为由拒绝支付剩余房款，可能会导致出卖人长时间无法拿到全款。如果因特殊原因不可避免地延长过户时间，可以提前与买受人协商，由买受人先期支付大部分房款。

第二篇

二手房买卖典型案例评析

第一章
二手房买卖合同效力认定问题

房屋买卖合同属于买卖合同的一种，按照《合同法》第13条和第130条之规定，双方采取要约、承诺的方式即可订立。合同效力的问题是房屋买卖合同案件审判中首先要审查的内容，其判断的依据为《合同法》第52条规定的五项条件。在房屋买卖合同领域，我国法律、行政法规、部门规章对房屋买卖的当事人、交易的标的、合同的形式都有强制性的要求，因此对合同效力都会产生不同程度的影响。由于房屋买卖合同在当事人、标的、意思表示和合同形式上均存在特殊性，横跨公法与私法两个领域，连接物权与债权两项制度，因此房屋买卖合同的效力判断在实践中存在较大争议。下面结合案例，通过对司法实践中合同效力认定中的典型问题加以梳理，来探讨二手房买卖合同的效力问题。

第一节　涉产权证书类房屋买卖纠纷

1. 未取得产权证时所签订房屋买卖合同有效

▎案情介绍

2009年4月22日，马某、赵某二人通过扬州市兴扬房地产中介有限公司订立了扬州市绿杨新苑28幢602室房屋及车库的买卖合同，合同中约定："双方于本小区统一办理房产证时再委托中介方办理房地产转让过户手续"，到时马某再支付余款1万元。之后，马某按合同支付了房款26万元，2009年5月15日，赵某将上述房屋依约交付给马某。现该小区早已被通知办理房产证了，而赵某却提出各种无理要求拒绝办证。马某多次通过中介公司与其沟通，要求尽快办理，并主动给付余款1万元，但被告不予配合。现请求判令被告立即协助马某办理房地产登记过户手续。

赵某辩称：其与马某签订房屋买卖合同且马某给付了 26 万元房款属实，涉案房屋也已交付给马某。但签订合同时没有见到马某本人，不知道最后的买主是不是马某。且签订合同时，尚未领取房产证、土地使用权证，因此签订的这份房屋买卖合同是无效合同，被告不应当协助马某办理房地产过户手续。

扬州市邗江区人民法院经过审理认为：本案被告赵某对涉案房屋享有实质上的处分权，房屋买卖合同系合同双方真实意思表示。马某与被告赵某签订房屋买卖合同时，赵某未依法登记领取权属证书，属于我国《城市房地产管理法》所规定的不得转让情形。但《城市房地产管理法》第 38 条之规定一般认为属于管理性强制性规定，不属于决定合同效力的效力性强制性规定，故双方签订的房屋买卖合同并不违反强制性法律规定，应当认定为有效。[（2012）扬邗民初字第 0154 号]

▋案例评析

在现实生活中，出让人在尚未取得权属证书时将房屋出卖的情形时有发生，此时合同效力的认定就成为难题。本案中，原被告双方于 2009 年 4 月 22 日就诉争的房屋签订了房地产买卖合同，并约定被告办好涉案房屋的权属证书后，由被告协助中介公司将该房屋的权属证书办至马某名下。该合同系双方当事人真实的意思表示，内容不违反强制性法律规定，是合法有效的，双方当事人应当依照合同约定履行己方的义务。合同签订后，马某已经向被告履行了支付房款 26 万元的义务；且马某起诉时，该涉案房屋已经具有办理权属证书的条件，此时赵某拒绝办理涉案房屋的权属证书，违反了双方的约定。赵某应当按照合同约定全面履行自己的义务。马某要求赵某协助将涉案房屋过户至马某名下的诉讼请求有事实和法律依据，应当予以支持。

▋风险提示

在二手房买卖交易市场中，此类问题较为频发。卖方签订买卖合同时尚未领取权属证书，在合同签订后，因履行期间较长，期间房价上涨，此时卖方可能又以房屋未领取权属证书为由要求确认房屋买卖合同无效来达到反悔的目的。对于此类行为，买方需提高警惕。根据《中华人民共和国民法通则》（以下简称《民法通则》）第 55 条，有效的合同主要应具有以下条件：①行为人具有相应的民事行为能力；②意思表示真实；③不违反法律或者社会公共利益。也就是说，只要涉案房产的产权是明晰的，在领取权属证书前就是可以转让的。出卖人在取得房地产证之前与他人订立房屋买卖合同，房屋买卖合同的当事人以出卖人未取得房地产证为由主张合同无效的，法院不予支持。卖方违反诚实信用原则，以《城市房地产管理法》第38条第6项规定主张房屋买卖合同无效的，难以得到法律认同。该项规定，未依法登记领取权属证书的房地产不得转让。这里所谓的转让是指房地产权利人通过买卖、赠与或者其他合法方式将房地产转移给他人的行为。该条之所以做出这样的规定，从立法目的上看，主要是为了保护房地产交易的安全，防止权属不清的房地产进入市场交易或者非法进行房地产交易损害被转让人和房地产真正所有人的合法权益。在性质上，该条的规定属于管理性禁止性规定，而非效力性禁止性规定。对合同效力发生影响的一般是效力性禁止性规定，也即法院不会仅以此项规定阻却交易双方所订立的房屋买卖合同的效力。

▌法条依据

《民法通则》

第55条：民事法律行为应当具备下列条件：

（一）行为人具有相应的民事行为能力；

（二）意思表示真实；

（三）不违反法律或者社会公共利益。

《合同法》

第8条：依法成立的合同，对当事人具有法律约束力。当事人应当按照约定履行自己的义务，不得擅自变更或者解除合同。

依法成立的合同，受法律保护。

第60条：当事人应当按照约定全面履行自己的义务。

当事人应当遵循诚实信用原则，根据合同的性质、目的和交易习惯履行通知、协助、保密等义务。

第110条：当事人一方不履行非金钱债务或者履行非金钱债务不符合约定的，对方可以要求履行，但有下列情形之一的除外：

（一）法律上或者事实上不能履行；

（二）债务的标的不适于强制履行或者履行费用过高；

（三）债权人在合理期限内未要求履行。

《城市房地产管理法》

第38条：下列房地产，不得转让：

……

（六）未依法登记领取权属证书的；

……

▌知识链接：管理型强制型规定与效力型强制性规定的厘清

在二手房买卖市场中，未取得房产证之前便将房屋出卖的现象极为常见。该类问题的主要类型包括：①房屋已进行权属登记，但是房屋所有权人还未取得房屋所有权证书，将房屋进行转让；②房屋的所有权初始登记还未办理，但房屋竣工验收并具备办理房屋所有权初始登记的条件，可以办理房屋权属登记；③房屋为在建工程或者房屋不具备办理房屋初始登记的条件，此时房屋的买受人将房屋转让。我们知道，由于房屋未取得相应证书，合同能否履行或者按期履行以及是否可以办理房屋过户手续都存在较大的风险，以上几类情况的交易风险程度依次递增。

房价上涨时，卖方常以《城市房地产管理法》第38条为由，主张房屋买卖合同无效，该条第6项规定，未依法登记领取权属证书的房地产不得转让。该条规定，导致了多年的司法实践中，对此类情形下房屋买卖合同效力认定上的困扰。那么对于该条规定，到底应该如何正确理解呢？

（1）该规定属于警示性规定。我们知道，《城市房地产管理法》制定于1994年，该条法律规定的出台，有其特定的历史背景。国家主要考虑到如果允许此类房产自由流转，将极易产生纠纷，不利于市场稳定，且当时处于计划经济时期的我国是严禁房屋炒卖行为的。随着市场经济的发展，我国相关法律随之变动。《物权法》第9条规定，房地产权属变动须以办理变更登记为要件。又依据国土资源部发布的《土地登记办法》和建设部发布的《房屋登记办法》，当事人提交权属证书是申请办理变更登记等手续的法定文件，如果当事人未依法登记领取权属证书，即无法办理房地产变更登记等手续。因此，《城市房地产管理法》第38条第6项也应理解为旨在提醒当事人注意变更登记在房地产权属变动中的作用，否则即可能导致合同无法得到履行而须承担违约责任。

（2）该规定属于管理性而非效力性强制性规定。《最高人民法院关于适用〈中华人民共和国合同法〉若干问题的解释（二）》第14条已经明确规定《合同法》第52条第5项所称"法律、行政法规的强制性规定"仅指效力性强制性规定。而《城市房地产管理法》38条的规定属于管理性强制性规定。人民法院不能根据《合同法》第52条第5项认定当事人违反《城市房地产管理法》第38条而签订的房屋买卖合同无效。

（3）物权变动与原因行为相区别。《物权法》确立了物权变动与其原因行为相区分的原则，《城市房地产管理法》第38条第6项所称的转让，其内在含义为不得使物权发生变动，而非不得订立房屋买卖合同，故当事人订立的房地产转让合同本身并不因违反《城市房地产管理法》第38条第6项而无效。

我国《城市房地产管理法》《城市房地产开发经营管理条例》以及《土地管理法》中存在大量的强制性法律规定。实践中，各地法院在解释此类规定时不统一，导致同案不同判现象较多。实践中如何区分管理性强制性规定与效力性强制性规定仍然较为困难，在房屋买卖合同领域需要对其予以具体化分析。对于《城市房地产管理法》《城市房地产开发经营管理条例》以及建设部《商品房销售管理办法》中强制性法律规定的梳理，可以将违反经济公序即房地产经济秩序的行为归结为效力性强制性规定，而将对经济公序影响不大的事项归结为管理性规定。具体按其性质作如下区分：

（1）涉及房地产市场准入的事项属于效力性规定。房地产市场是国家管制力度较为严格的市场，准入门槛相对较高。比如《城市房地产开发经营管理条例》第9条规定：房地产开发主管部门应当根据房地产开发企业的资产、专业技术人员和开发经营业绩等，对备案的房地产开发企业核定资质登记。房地产开发企业应当按照核定的资质登记，承担相应的房地产开发项目。

（2）涉及强制许可的事项属于效力性规定。房地产市场实行许可证制度，未经许可的属于违法建设或违法销售。比如《城市房地产管理法》第39条规定："以出让方式取得土地使用权的，转让房地产时，应当符合下列条件：（一）按照出让合同约定已经支付全部土地使用权出让金，并取得土地使用权证书；……"第45条规定："商品房预售，应当符合下列条件：（一）已交付全部土地使用权出让金，取得土地使用权证书；（二）持有建设工程规划许可证；（三）按提供预售的商品房计算，投入开发建设的资金达到工程建设总投资的25%以上，并已经确定施工进度和竣工交付日期；（四）向县级以上人民政府房产管理部门办理预售登记，取得商品房预售许可证明。……"

（3）涉及土地用途管制的事项属于效力性规定。房屋的买卖同时伴随土地的买卖，未经批准对土地用途的变更将导致合同效力受到影响。比如《城市房地产管理法》第39条关于转让划拨土地的规定。

（4）涉及被公权力机关限制流通的事项属于效力性规定。公权力机关所为的行为具有公信力，其对房地产的限制流通具有较强的效力。比如《城市房地产管理法》第38条第2项关于司法机关和行政机关依法裁定、决定查封或者以其他形式限制房地产权利的，第3项依法收回土地使用权的规定。

（5）涉及房屋买卖合同履行的事项属于管理性规定。对于合同履行中的事项可以通过合同的解除或者追究违约责任解决，无须否定合同的效力。比如《城市房地产管理法》第 38 条第 4 项关于共有房产的规定，第 44 条合同履行中改变用途的规定；《城市房地产开发经营管理条例》第 17 条和第 18 条关于竣工验收的规定，第 26 条关于虚假宣传广告的规定；《商品房销售管理办法》第 11 条关于一房两卖的规定。

（6）涉及房地产管理机关行政管理的事项属于管理性规定。房地产管理机关基于行政管理目的作出的规定属于公法的义务，不影响当事人之间的权利义务关系。比如《城市房地产管理法》第 39 条第 1 项关于投资总额达到 25% 的规定；《城市房地产开发经营管理条例》第 30 条关于价格的规定，第 31 条关于提供住宅质量保证书和住宅使用说明书的规定，第 33 条关于登记的规定；《商品房销售管理办法》第 28 条关于溢价款收费的规定。

（7）涉及房屋买卖合同形式的事项属于管理性规定。《城市房地产管理法》第 41 条规定，房地产转让应当签订书面转让合同；《城市房地产开发经营管理条例》第 28 条规定，商品房销售应当签订书面合同。法律对房屋买卖合同作出要式性要求，系从合同管理和控制的角度出发，并不影响当事人权利义务的确定。因此，欠缺书面形式要件的，不影响房屋买卖合同的效力。实践中，除一般的商品房买卖形式外，开发商还采取售后包租的形式，对此是否应承认其效力？《商品房销售管理办法》第 11 条规定，禁止采取售后包租或者变相售后包租的方式销售未竣工商品房。该规定属于对商品房交易市场的管理性规定，不影响买卖合同的效力。

2. 已办房产证未办土地证，转让合同有效

▌案情介绍

2008 年 11 月 23 日，徐明与李辉签订借款合同，约定徐明向李辉借款 80 万元。同时约定徐明将一栋四层房屋抵押给李辉，但双方没有办理抵押登记手续。2010 年 3 月 8 日，徐明以物抵债将该栋房屋转让给李辉，以偿还其中 50 万元借款。李辉同意后，给徐明开具了还借款 50 万元的收据，并到房产管理部门办理过户手续。同年 6 月份，李辉领取了新的房地产权证并使用该房屋。后来李辉要求徐明协助其办理该房屋的国有土地使用权证，徐明则要求李辉再支付 30 万元，李辉不同意，遂向法院提起诉讼，请求判令徐明将该房屋占有的土地使用权过户到其名下。

法院认为：徐明写给李辉的收据中注明了所购房屋为 50 万元，该房屋的所有权证亦已办至李辉名下，故法院确认双方转让房屋行为合法有效，价格为 50

万元。依照房地产交易的有关规定，房地产转让，房屋的所有权和该房屋所占用范围内的土地使用权同时转移。因此，徐明要求李辉协助其办理所转让房屋的国有土地使用权证的过户手续，理由充分，应予支持，判决徐明应协助李辉将房屋的国有土地使用权证办理至李辉名下。

▌案例评析

本案中，如果双方签订的房屋买卖合同合法有效，那么买卖房屋范围内的土地使用权应当随房屋所有权一起转移给买方。目前，各地的房屋土地管理部门对房屋买卖过户的做法不一致，有的只需要办理房屋产权过户手续，领取新的房屋所有权证，有的还需要办理土地使用权过户手续，领取新的土地使用权证。但是无论如何，根据房屋和土地不分离的原则，房屋范围内的土地使用权应当随着房屋的买卖一起转让。

房屋抵押必须办理抵押手续，否则不发生法律效力。如果没有办理抵押登记，那么债权人对房屋并没有优先受偿权。本案中，由于房屋抵押未办理抵押登记，李辉对房屋的抵押权实际上依法不存在，但是李辉以一部分借款冲抵购房款，且徐明已经出具购房款收据，双方又办理了房屋产权过户手续，应当认定李辉取得了房屋的所有权。

▌风险提示

《城市房地产管理法》第 32 条规定：房地产转让、抵押时，房屋的所有权和该房屋占用范围内的土地使用权同时转让、抵押。所以，如果双方签订的房屋买卖合同有效，且房屋的所有权证已经变更，即使没有办理土地使用权的变更登记，房屋买卖合同仍然是有效的。此外，二手房买卖交易中，如果需要设定对房屋的抵押，应按照约定进行登记，抵押权才能够设立。司法实践中，房屋买受人对此应予以注意。

▌法条依据

《城市房地产管理法》

第 32 条：房地产转让、抵押时，房屋的所有权和该房屋占用范围内的土地使用权同时转让、抵押。

《物权法》

第 180 条：债务人或者第三人有权处分的下列财产可以抵押：

（一）建筑物和其他土地附着物；

（二）建设用地使用权；

（三）以招标、拍卖、公开协商等方式取得的荒地等土地承包经营权；

（四）生产设备、原材料、半成品、产品；

（五）正在建造的建筑物、船舶、航空器；

（六）交通运输工具；

（七）法律、行政法规未禁止抵押的其他财产。

抵押人可以将前款所列财产一并抵押。

第 187 条：以本法第一百八十条第一款第一项至第三项规定的财产或者第五项规定的正在建造的建筑物抵押的，应当办理抵押登记。抵押权自登记时设立。

第二节　未经其他共有人的同意转让共有房产纠纷

1. 一方擅自处分共有房产时，善意买受人可取得房屋所有权

▌案情介绍

殷某与张某曾经是同事关系，张某与费某是夫妻关系。1997 年 7 月，张某根据房改政策购买了无锡市五河新某房屋，并于同年 8 月取得了房屋所有权证。房屋所有权证的附记注明"此房在 2002 年 7 月 31 日之前不得进入市场"。1998 年 8 月 24 日，张某与殷某签订了售房协议。协议约定：张某以 35 000 元的价格将诉争房屋出售给殷某，产权过户中的各种费用由殷某承担；同日，殷某向张某给付了房款人民币 35 000 元，张某也向殷某交付了房产证件及房屋。2002 年 4 月 14 日，张某将该房屋内的户口移至无锡市荣巷街道龙山村陆井 47 号，殷某与张某办理了房屋过户手续。现费某主张，1997 年 7 月，其与张某因夫妻关系不和而分居，同年张某一人搬入诉争房屋居住。在此期间，张某未经其同意私自处分了属于夫妻共同财产的诉争房屋，故请求判令殷某与张某所签订的协议无效。

无锡市北塘区人民法院经过审理认为：本案中，殷某于 1998 年 8 月 24 日向张某购买了房屋，并支付相应的价款。张某在同日将房屋及相应房产证明交付给殷某。该房屋所有权证上所有权人登记为张某一人，且费某在诉讼前一直未提出过异议，故可以推定殷某在主观上是善意的、无过失的，其有理由相信张某有权处理整个房屋。依诚实信用原则及善意取得制度的规定，对费某基于共有权提出房屋买卖无效的主张不予支持。[（2005）锡民终字第 0952 号]

▌案例评析

根据不动产登记的法律规定及物权公示公信原则的基本原理，不动产物权依法登记之后即具有法律上的公信力，交易相对人基于对不动产登记的信赖而从事交易，其交易安全应当受到公信力的保护。本案争议房屋的所有权证上记载的所有权人是张某，共有人一栏没有记载，因此张某是公示的所有权人。本案的关键在于殷某是否是善意第三人。如果殷某属于善意第三人，则费某无权主张房屋买卖合同无效。本案中，殷某作为交易相对人，其基于对房屋所有权登记的信赖与张某签订房屋买卖合同，合同主要义务均已履行完毕，房屋交付至今也已有多年，且费某并无充分的证据证明殷某并非善意第三人，其交易安全应得到公信力的保护，双方所签买卖合同应认定为合法有效。

▌风险提示

共有人对其共有份额的支配受其他共有人的限制，对共有物的支配也受其他共有人的限制。但共有人没有代理权擅自处分整个共有物的，其行为并不当然无效。买受人可以善意取得房屋。再次提醒广大购房者，购房时一定要仔细审核房屋所有权状况，弄清楚房本登记的所有权人是否属于卖方及其他所有权人，以防止此类房屋买卖合同无效，避免不必要的纠纷。

▌法条依据

《物权法》

第106条：无处分权人将不动产或者动产转让给受让人的，所有权人有权追回；除法律另有规定外，符合下列情形的，受让人取得该不动产或者动产的所有权：

（一）受让人受让该不动产或者动产时是善意的；

（二）以合理的价格转让；

（三）转让的不动产或者动产依照法律规定应当登记的已经登记，不需要登记的已经交付给受让人。

受让人依照前款规定取得不动产或者动产的所有权的，原所有权人有权向无处分权人请求赔偿损失。

《最高人民法院关于贯彻执行〈中华人民共和国民法通则〉若干问题的意见（试行）》

第89条：共同共有人对共有财产享有共同的权利，承担共同的义务。在共同共有关系存续期间，部分共有人擅自处分共有财产的，一般认定无效。但第三人善意、有偿取得该财产的，应当维护第三人的合法权益，对其他共有人的损失，由擅自处分共有财产的人赔偿。

《最高人民法院关于适用〈中华人民共和国婚姻法〉若干问题的解释（一）》

第 17 条：婚姻法第十七条关于"夫或妻对夫妻共同所有的财产，有平等的处理权"的规定，应当理解为：

（一）夫或妻在处理夫妻共同财产上的权利是平等的。因日常生活需要而处理夫妻共同财产的，任何一方均有权决定。

（二）夫或妻非因日常生活需要对夫妻共同财产做重要处理决定，夫妻双方应当平等协商，取得一致意见。他人有理由相信其为夫妻双方共同意思表示的，另一方不得以不同意或不知道为由对抗善意第三人。

▌知识链接：善意取得法律制度

善意取得制度是现代民法中的一项重要制度，其合理限制所有权，保护交易安全，对维护正常的经济秩序具有重要的作用。法律通过善意取得制度对无权处分情形下的受让人加以保护，实源于对交易中的第三人信赖利益的保护以及由此展开的价值衡量。保证一个本着诚信行为的交易主体能在一个社会公认的正常交易环境下依法实现其交易目的，乃是市场经济对法律提出的最基本要求。这里交易中的第三人实际上并非某一个单独的人，而是稳定的社会经济秩序的化身。当原所有权人与信赖不动产登记或者动产占有为主的公示制度所反映的权利状态的不特定第三人之间发生利益冲突时，如果否认不动产登记或者动产占有的公示权利状态而由第三人承受交易风险，必然导致的结果就是交易人将花费大量的时间和费用进行调查，以确保其欲与之交易的物权状态的正确，如此一来，不仅对维护安全无益，也将导致交易效率的低下。因此，善意取得制度解决的正是无权处分下善意第三人（受让人）的信赖利益保护问题。在所有权人与善意第三人的利益发生冲突时，法律偏向了善意第三人信赖利益保护的一边，这显然是价值衡量的结果。对这种信赖利益的保护，正是对交易安全、秩序及效率的保护。

我国《物权法》第 106 条规定了善意取得制度。具体来说，构成善意取得需要满足以下构成要件：

（1）受让人需为善意，即受让人在与无权处分人就某物发生法律行为时，不知道无权处分人对该物没有处分权。需要注意的是，这里的不知情是指法律行为发生时的不知情，事后知情与否并不影响善意取得的构成。实践中，判定受让人在法律行为发生时是否不知情，要结合转让时的价格及交易的场所、环境等因素综合考虑。

（2）行为具有有偿性。受让人取得财产的法律行为应该具有财产交易的性质，受让人应该支付一定的对价。实践中，对于动产，善意取得的适用应以动产以合理的价格转让为前提；对于房屋等不动产，由于其公示的方式为登记，而登记在我国具有很强的公信力，受让人因信赖登记所记载的权利人有处分权利而与其发生了法律行为，即使不动产转让的价格较低，也不应影响善意取得的构成。

（3）依法进行了公示，即动产依照规定进行了交付，而房屋等不动产则依照法律规定进行了登记。

满足以上几个构成要件的，善意取得将发生以下法律后果：

（1）受让人取得物权。善意第三人依照善意取得制度取得了受让物的物权，原权利人对该物所享有的相关权利消灭，原权利人不得要求善意第三人返还该物。就房屋买卖合同而言，即房屋其他所有权人不得向买受人要求返还房屋。

（2）原权利人得以向无权处分人主张侵权责任、违约责任以及不当得利请求权。原权利人的物权因无处分权人的处分行为而消灭，其可以基于侵权行为的规定向无权处分人主张损害赔偿请求权。体现在房屋买卖合同中，也即房屋共有权人只能向其他共有人主张承担相应的损害赔偿责任。

2. 一方擅自处分共有房产，"恶意"买受人所签房屋买卖合同无效

▌**案情介绍**

安某与王某于1984年登记结婚，王某于2004年10月1日购买了位于北京市海淀区某房屋并于2005年9月15日取得该房屋的房屋所有权证，在房屋所有权人一栏中登记为王某，在共有情况一栏中登记为单独所有。2009年5月14日，王某、郭某与中介公司签订房屋买卖居间合同，王某以380万元的价格将上述房屋卖与郭某，郭某向王某交纳定金20万元，并为王某办理了偿还抵押贷款的手续，但380万元的房款尚未付清。安某得知后认为，王某在未得到共有人同意的情况下，擅自处分该房屋的行为，已经严重侵害了共有权人的合法权益，故起诉请求判决王某、郭某、中介公司之间签订的房屋买卖居间合同无效。

北京市海淀区人民法院判决认为：共同共有人对共同财产享有共同的权利，承担共同义务。在共同共有关系存续期间，部分共有人擅自处分共有财产的，一般认定无效。但第三人善意、有偿取得该财产的，应当维护第三人的合法权

益，对其他共有人的损失，由擅自处分共有财产的人赔偿。本案中，王某与郭某签订房屋买卖居间合同时，郭某审查了王某的所有权证及购房发票，而王某未向郭某披露房屋共有人的情况，郭某据此认定王某对该房屋系单独所有，并支付部分房款。由此认为郭某在房屋买卖过程中并无过错。但郭某尚未付清房款，亦未取得房屋所有权，故郭某不具备相关法律规定的"善意第三人"的条件。王某处分其与安某的夫妻共有财产，侵犯了安某的权益，其与郭某签订的房屋买卖合同应属无效，对安某的诉讼请求予以支持。[（2010）一中民终字第14502号]

▌案例评析

本案中，郭某虽然缴纳了定金，但由于其未付清全款，还没有办理过户登记的相关手续，因此是不满足善意取得的条件的。我国《物权法》106条对善意取得的规定，不仅要求受让人受让该不动产或者动产时是善意的且以合理的价格转让，更重要的是，对于类似房屋买卖的不动产交易，必须按照法律规定进行登记才行。因此，法院认为郭某不具备相关法律规定的"善意第三人"的条件，王某处分其与安某的夫妻共有财产，侵犯了安某的权益，判决其与郭某签订的房屋买卖合同无效的处理是合法公正的。

▌风险提示

夫或妻在处理共同财产上权利是平等的，对房屋等重要的共同财产的处分应由夫妻共同决定。夫或妻任何一方与第三人恶意签订房屋买卖合同对房产进行转让的，夫或妻的另一方可以请求确认该房屋买卖合同无效。在此，提醒广大购房者，如果所购买的房屋处在夫妻关系存续期间的，应当要求出卖人出示其配偶委托出卖房屋代办房屋交易手续的证明，或者应要求出卖人提供配偶同意出售房屋的书面证明，以确保交易安全。如若出卖人拒绝出示该类证明，双方可在合同中约定房屋部分尾款在办理过户登记后交付。否则，一旦此类纠纷涉诉，买受人会因为没有办理过户登记而没办法被认定为善意第三人。一旦发生纠纷，购房人虽支付了大部分款项，但房屋买卖合同将会有被认定为无效的风险。因此，双方签订房屋买卖合同后，一定要尽快办理房屋过户手续，避免购房人发生不必要的损失。

▌法条依据

《合同法》

第 51 条：无处分权的人处分他人财产，经权利人追认或者无处分权的人订立合同后取得处分权的，该合同有效。

第 52 条：有下列情形之一的，合同无效：

（一）一方以欺诈、胁迫的手段订立合同，损害国家利益；

（二）恶意串通，损害国家、集体或者第三人利益；

（三）以合法形式掩盖非法目的；

（四）损害社会公共利益；

（五）违反法律、行政法规的强制性规定。

《物权法》

第 95 条：共同共有人对共有的不动产或者动产共同享有所有权。

第 97 条：处分共有的不动产或者动产以及对共有的不动产或者动产作重大修缮的，应当经占份额三分之二以上的按份共有人或者全体共同共有人同意，但共有人之间另有约定的除外。

第 106 条：无处分权人将不动产或者动产转让给受让人的，所有权人有权追回；除法律另有规定外，符合下列情形的，受让人取得该不动产或者动产的所有权：

（一）受让人受让该不动产或者动产时是善意的；

（二）以合理的价格转让；

（三）转让的不动产或者动产依照法律规定应当登记的已经登记，不需要登记的已经交付给受让人。

受让人依照前款规定取得不动产或者动产的所有权的，原所有权人有权向无处分权人请求赔偿损失。

当事人善意取得其他物权的，参照前两款规定。

第三节　房屋买卖合同主体资格瑕疵纠纷

1. 监护人非为未成年人利益，出卖未成年人房产的买卖合同无效

▌案情介绍

2013 年 12 月 12 日，李辉、甲方李某某、乙方张某签订了一份二手房买卖

合同。合同主要条款为甲方将坐落在中央大城的住房卖给乙方，每平方米1585.12 元，总价款 15 万元，合同签订之日乙方向甲方支付定金 10 万元，甲方于收到乙方全额房款之日起 3 天内交易的房产全部交付给乙方使用，并在当日结清水、电、气等费用。在合同最后一页格式条款下方手写约定"房屋过户时间定于 2013 年 12 月 22 日"，合同签订当天，张某将 10 万元现金交于李辉、李某某，李辉、李某某出具收条，条上载明剩余房款于 2013 年 12 月 22 日过户后付清。李辉外出失去联系，原告只好于 2013 年 12 月 23 日将剩余房款 5 万元一次性给被告存入银行。现张某起诉请求确认房屋买卖合同效力。

诉讼中被告辩称原告从李辉手上买房是上当受骗，虽持有房产证，李辉处理的房产是其女李某某的，这种买卖法律是不认可的，李某某 2014 年 2 月 16 日才 6 岁，是不可能签字卖房给原告的，房子原本属于全权代理人李开胜，属于开发拆迁的安置房，由于李辉不争气，才把房产办理给了孙女李某某。

法院经过审理认为本案事实清楚，争议的焦点是合同的效力的认定，即未成年人依法取得的财产，监护人能否处理的问题。本案中合同约定的交易标的物属于年近 6 周岁的未成年人所有。且审理中原、被告均未提到第一被告李辉的卖房行为是为了第二被告李某某的生活、学习。李某某现在生活、学习不需要卖房维持，若涉案合同实际履行，即原告方给付购房款，被告方交付房屋并过户，就必然要损害第二被告李某某的合法权益，综合全案考虑，法院认定此二手房买卖合同应被认定为无效。[（2014）盐民初字第 239 号]

▌案例评析

近年来，随着经济发展，人们的生活水平不断提高，家庭财产日益增多。有的人出于种种原因，如对子女的关爱、夫妻感情不稳定担心离婚、准备再婚、为逃避债务、规避未来开征遗产税等，出钱购买房屋，将所有权登记在未成年子女名下，或将自己房屋变更到未成年子女名下。此外，未成年人也可以通过继承、受赠等方式取得房屋所有权。因此，未成年人拥有房屋在现实生活中越来越普遍。相应的，父母处分未成年子女房屋引发的纠纷也与日俱增。我国《民法通则》第 18 条规定："监护人应当履行监护职责，保护被监护人的人身、财产及其他合法权益，除为被监护人的利益外，不得处理被监护人的财产。监护人依法履行监护的权利，受法律保护。监护人不履行监护职责或者侵害被监护人的合法权益的，应当承担责任；给被监护人造成财产损失的，应当赔偿损失。人民法院可以根据有关人员或者有关单位的申请，撤销监护人的资格。"监护人对被监护人的合法财产应当妥善保管和管理。为了被监护人的日常生活和其他需要，可以合理利用被监护人的财产。非为被监护人的利益，监护人不得处分其财产。就本案来看，某市坐落在中央大城的住房属李某某所有，李辉作为李某某的监护人，不是为了李某某的利益，处分未成年人的财产，严重侵害了李某某的合法财产权利。法院据此认定此二手房买卖合同无效的做法是公正合法的。

▌风险提示

二手房买卖合同订立过程中，需要特别注意签约主体资格的问题。按照法律规定，未成年人、精神病人等无民事行为能力或限制民事行为能力人与他人签订房屋买卖合同进行房屋交易的民事行为，未征得其法定代理人的同意或事后追认，该民事行为无效。也就是说，虽然出售房屋的出卖人与产权证上的房屋产权人一致，出售价格也相对合理，但若卖房人为限制民事行为能力人或无民事行为能力人，买卖合同效力依然受到影响，乃至无效。具体有以下注意事项：

（1）虽然房屋买卖合同的签订再正常不过，买卖双方主体具备交易资格、无其他违法行为，交付房款并办理了过户，但因前面的买卖合同瑕疵，即便所有的交易均办理登记手续，在最初的产权人出卖房屋并过户后，因其无民事行为能力或限制民事行为能力，最后取得房屋的登记产权人，依善意、依合法成立的房屋买卖合同要求该民事行为能力欠缺之人腾退房屋，依然存在不能获得法院支持的风险。所以，买受人对交易房屋居住现状及居住人身份、与该房屋关系的了解非常必要。

（2）签订房屋买卖合同因主体资格不适导致无效后，受让人将房屋另行转给善意第三人，第三人因获取房屋所有权或使用权目的不能实现的，受让人并不因其与第三人的善意取得而免于承担违约责任。

（3）购房合同的发票和装修房屋的票据应长时间留存，不仅是作为房屋所有权的证明，且在嗣后合同因各种原因导致无效时，可作为主张经济损失的凭据。

（4）买卖合同一方主体的民事行为能力直接影响合同效力。就以往的行为能力鉴定，应当提供过去一段时间内的就诊治疗情况。如不能证明签约当时的行为能力，仅以现时的鉴定结论，有可能难以使法院作出买卖合同无效认定。

（5）虽然未成年人的法定代理人可代未成年人为民事行为，但未成年人作为房屋共有人的出卖合同，买受人依然需要在合同签订和履行中对代理权的合法性尽到审核义务，对未成年人一方的法定代理人与委托代理人权源均需注意。

与未成年人签订房屋买卖合同，应有其法定代理人在场并在合同上作为当事人一方签字。未成年人作为非登记在册的房屋共有人，虽依继承或依约定享有房屋所有权，但买受人仍可依善意取得其房屋。

法条依据

《合同法》

第52条：有下列情形之一的合同无效：

（一）一方以欺诈、胁迫的手段签订合同，损害国家利益；

（二）恶意串通、损害国家、集体或者第三人利益；

（三）以合法形式掩盖非法目的；

（四）损害社会公共利益；

（五）违反法律、行政法规的强制性规定。

第58条：合同无效或者被撤销后，因该合同取得的财产，应当予以返还，不能返还或者没有必要返还的，应当折价补偿。有过错的一方应当赔偿对方因此所受到的损失，双方都有过错的，应当各自承担相应的责任。

《民法通则》

第18条：监护人应当履行监护职责，保护被监护人的人身、财产及其他合法权益，除为被监护人利益外，不得处理被监护人的财产。

监护人依法履行监护的权利，受法律保护。

监护人不履行监护职责或者侵害被监护人的合法权益的，应当承担责任；给被监护人造成财产损失的，应当赔偿损失。人民法院可以根据有关人员或者有关单位的申请，撤销监护人的资格。

《未成年人保护法》

第50条：公安机关、人民检察院、人民法院以及司法行政部门，应当依法履行职责，在司法活动中保护未成年人的合法权益。

第55条：公安机关、人民检察院、人民法院办理未成年人犯罪案件和涉及未成年人权益保护案件，应当照顾未成年人身心发展特点，尊重他们的人格尊严，保障他们的合法权益，并根据需要设立专门机构或者指定专人办理。

知识链接：为被监护人利益的认定

《民法通则》第18条规定，监护人除为被监护人的利益外，不得处理被监护人的财产。根据该条规定，在处分未成年人房屋时，如何判断为被监护人的利益就成为一个核心问题。对此，我国法律、法规及司法解释没有具体规定。

被监护人的利益主要是指为未成年人的生活、健康、成长等必须、合理、必要之费用。未成年人的房屋被处分后，该未成年人必须获得大于现状的利益。只为被监护人设定权利而没有设定义务的或义务小于权利的，属于为被监护人的利益；只为被监护人设定义务而没有设定权利或者权利小于义务的，不属于为被监护人的利益。

具体来讲，主要包括以下几类：

（1）父母为了未成年人的教育，比如子女求学花费巨大，需要处理未成年人房屋。

（2）父母为了未成年人的健康，比如子女患重病需要巨额医疗费用，需要处理未成年人房屋。

（3）未成年人因侵权而承担赔偿责任，需要处理未成年人房屋。

（4）父母需要出售旧房来为未成年人购买新房改善居住条件，且购买的新房价值等于或大于旧房价值，或新购房屋价值虽不是明显大于原房屋，但新房屋所在地区的教育、就医、成长环境等条件明显优于原房屋所在地区，而处理未成年人房屋。

（5）未成年人的房屋被依法征收，父母与房屋征收部门签订《房屋征收补偿协议》，处理未成年人房屋。

（6）父母为未成年子女购房而以未成年子女的该房屋抵押向银行申请办理按揭贷款。

（7）未成年子女随父母迁出本地不再回迁，需要处理未成年人房屋。

《婚姻法》第21条规定，父母对子女有抚养教育的义务；父母不履行抚养义务时，未成年的或不能独立生活的子女，有要求父母付给抚养费的权利。《最高人民法院关于适用〈中华人民共和国婚姻法〉若干问题的解释（一）》第21条规定，《婚姻法》第21条所称"抚养费"，包括子女生活费、教育费、医疗费等费用。据此，未成年子女的学费、医疗费一般不是父母处理未成年人房屋的正当理由，除非父母确实无力负担。《中华人民共和国侵权责任法》（以下简称《侵权责任法》）第32条规定，有财产的无民事行为能力人、限制民事行为能力人造成他人损害的，从本人财产中支付赔偿费用。不足部分，由监护人赔偿。未成年人侵权应承担赔偿责任时，如未成年人有房屋而无其他财产，可以处理其房屋。购买新房改善未成年人居住条件、被依法征收得到补偿或办理按揭贷款，应是为被监护人的利益。因随父母迁出本地处理未成年人房屋的情况，应妥善保管出卖房屋所得款项，不得挪作他用。

总体上看，认定处理未成年人的房屋属于为被监护人利益应符合下列条件：

一是，如果不处理，被监护人的房屋将会遭受损失，或者被监护人的成长发展将会受到影响；二是，处理结果客观上使被监护人获得利益，而不只是主观上认为被监护人能获得利益。

2. 限制行为能力的精神病人所签房屋买卖合同无效

▌案情介绍

原告吴某是限制行为能力的精神病人，系独生子，未婚，父母、祖父母和外祖父母均已去世。吴某的二姨刘丽玲是其监护人。2008 年 2 月 18 日，原告吴某、被告黄某签订房地产买卖合同，合同约定主要内容为：吴某将其位于梅州市城北环市北路富奇综合楼 B 栋 405 房的房地产转让给黄某，双方议定房地产交易总金额为人民 38 000 元整，房款在办理好转让手续并核发新的房地产权证时付清等。双方在合同上签名并按上指印。合同签订当天，吴某受诱骗出具了收款收据给黄某收执，收款收据内容为："今收到黄某购房款 38 000 元"。吴某在该收款收据上按上指模。同年 3 月 20 日，被告通过银行转账方式，付给原告 2 万元。随后，双方到房管部门办理了房屋过户手续，将上述房屋过户到被告名下。

同年 6 月 13 日，被告将上述房屋转让给第三人温某，签订房屋买卖合同，约定：①黄某自愿将坐落在梅州市城北环市北路富奇综合楼 B 栋 405 房卖给温某。买方对该房地产已作了充分了解，并愿意买受。②交易总额为 48 000.00 元。③温某在签订合同之日一次性将购房款付清给被告黄某，被告黄某也于同日将房屋及有关证件交付给温某、邓某。④黄某必须保证上述房地产产权清楚，在该房地产未办理产权过户手续前，如因黄某的原因被查封、扣押、冻结等，被告黄某应承担及赔偿损失，合同签订后，双方到梅县公证处办理公证书，黄某将房屋及房地产权证原件交付给第三人，第三人温某此后一直居住在房屋内。同年年底，原告的亲戚得知原告将房屋转让后，向公安机关报案，黄某（另案）因犯诈骗罪被梅州市梅江区人民法院于 2010 年 10 月 29 日判处有期徒刑三年，缓刑三年，并处罚金二万元。吴某于 2011 年 2 月向法院提起民事诉讼，请求：确认原、被告签订的房地产买卖合同无效；被告将位于梅州市城北环市北路富奇综合楼 B 栋 405 房返还给原告。

法院经过审理最终认定房屋买卖合同无效，驳回了房屋返还的诉讼请求。
[（2015）梅中法民二终字第 53 号]

▌案例评析

本案涉及的是精神病人买房的相关问题。就争议焦点来看，主要有两个：一是限制行为能力人缔约的合同效力问题；二是原告要求被告返还房屋能否得到支持的问题。

关于合同效力问题。原告在签订房地产买卖合同时，原告的行为能力经梅州市第三人民医院法医精神病司法鉴定所鉴定为：被鉴定人患有无法归类的精神病性障碍（现病期）。根据《民法通则》第 13 条"不能完全辨认自己行为的精神病人是限制民事行为能力人，可以进行与他的精神健康状况相适应的民事活动；其他民事活动由他的法定代理人代理，或征得他的法定代理人的同意"及第 58 条"下列民事行为无效：……（二）限制民事行为能力人依法不能独立实施的……"的规定，本案中，原告作为限制民事行为能力人，只能进行与其健康状况相适应的民事活动。其作为出卖人与被告签订房屋买卖合同进行房屋交易的民事行为，属于不能独立实施的较大的民事法律行为，未经得其监护人的同意或事后追认，该民事行为应为无效行为，故原告与被告签订的房地产买卖合同应认定为无效。

关于原告要求被告返还房屋能否得到支持的问题。原、被告签订房地产买卖合同后，双方到房管部门办理了过户登记手续，被告即取得了本案讼争房屋的房地产权证。后被告又于同年 6 月 13 日将该房以 48 000 元转让给第三人，第三人付清房款后，被告将该房屋及有关房地产权证交付给第三人，并由第三人一直居住至今。第三人向被告购买该房产时，房产证权属人为被告黄某，第三人有理由相信该房产权属清楚，购买后第三人一直占有使用居住，事实上已取得了房屋的所有权。根据《合同法》第 58 条，原、被告之间的合同无效，无效合同自始没有法律约束力，合同无效后，因该合同取得的财产，应当予以返还，不能返还或者没有必要返还的，应当折价补偿。现原告要求被告返还房屋，事实上已形成不能返还的情形，经法院释明有关法律法规，原告仍坚持其要求返还房屋的诉讼请求，理由不足，法院最终没有予以支持。但鉴于该房屋不能返还的事实存在，为了避免双方之间出现遗留问题，经评估该房屋在同一时期、同一地段价值为 48 402 元，被告应以该折价价值补偿给原告，扣除被告已支付的房款 38 000 元，被告仍须补偿 10 402 元给原告。原告称其只收到被告购房款 20 000元，未提交相关证据证实其主张，法院不予认可。

▌法条依据

《民法通则》

第13条：不能完全辨认自己行为的精神病人是限制民事行为能力人，可以进行与他的精神健康状况相适应的民事活动；其他民事活动由他的法定代理人代理，或征得他的法定代理人的同意。

第58条：下列民事行为无效：

……

（二）限制民事行为能力人依法不能独立实施的民事行为无效；

……

《合同法》

第58条：合同无效或者被撤销后，因该合同取得的财产，应当予以返还；不能返还或者没有必要返还的，应当折价补偿。

3. 未征得房屋所有人同意的房屋买卖合同效力待定

▌案情介绍

2008年8月1日，王某的孙女蕊某未经其授权，与李某签订北京市房屋买卖合同，将王某所有的北京市海淀区某小区5号楼1单元101号的房屋出售给李某，并于同年11月12日办理过户登记手续。2009年3月下旬，王某得知其房屋被蕊某擅自出售。原告王某遂将被告蕊某、李某诉至北京市海淀区人民法院，要求法院确认蕊某与李某于2008年8月1日签订的北京市房屋买卖合同无效。

王某诉称，蕊某未经授权与李某签订房屋买卖合同的行为属于无权代理行为，属于无效合同，对其不发生法律效力。此外，被告蕊某在未经其授权的情况下，擅自签订合同将其所有的房屋出售并办理过户登记手续，严重侵害了其合法权益，应当承担相应法律责任。

蕊某辩称，其出卖该房屋的行为是经王某授权过的，故其才与李某签订买卖合同。此外，其已经取得了房屋所有权证，故不同意原告诉请。

法院经过审理后认为，合同的订立是当事人意志的结果，是否发生法律效力应依法取决于合意是否成立。本案诉争的101号房屋原产权人为王某，后该房屋产权虽经买卖合同变更在李某名下，但根据法律的相关规定，对101号房屋的处分、收益应经王某本人同意或授权。经过司法鉴定中心出具的鉴定意见书可以认定蕊某提交的王某所写委托书上的签名并非是王某本人的真实签字，故法院认为李某与蕊某所签买卖合同出售该套房屋非产权人王某的真实意思表示，合同应认定为无效。

▌案例评析

本案中，孙女蕊某未得到其奶奶王某的授权，伪造授权委托书签名与李某签订房屋买卖合同，该份合同在法律上属于效力待定的合同。在房屋买卖合同签订及履行完毕后，王某不同意出售此房屋，未对该份房屋买卖合同进行追认，因此该份合同是无效的，李某因此所受的损失只能由产权人的孙女蕊某来赔偿。另外，本案中，根据相关事实情节，李某在与蕊某订立房屋买卖合同之时并没有尽到相应的审查义务，且房屋交易价格明显低于市场价格，故不能依据相关法律规定获得房屋的所有权。

▌风险提示

对于盗卖房屋的法律效力，根据合同法的相关规定，属于效力待定，需要代理人的追认。被代理人同意的，房屋买卖合同有效；被代理人不同意出卖房屋的，合同无效。此外，按照法律规定，擅自将他人房屋转让给第三人，第三人以合理价格善意受让该房屋并办理产权过户登记的，该房屋买卖合同有效。具体来看：

（1）卖房人非产权人，但持有房屋及产权人的所有合法证件并通过中介售房，可能还有（伪造的）公证委托书，购房人依然有审核授权委托的义务，就公证委托书的真实性进行查实；委托书未公证的，不能交易，以防范可能产生的无权处分导致合同无效的风险。

（2）无权处分导致合同无效，买受人已交定金是否能获得双倍返还？实务中，基于买卖主合同无效，作为从合同的定金担保合同亦无效的理论，不失为法律依据。笔者倾向于从缔约过失角度看待出卖人行为，或从立约定金性质处理该案，判决主要过错人即出卖人承担双倍返还之责，似更符合公平原则。

（3）房屋所有权证、身份证等重要证件应妥善保管，丢失后及时挂失或备案。在无权处分发生时，出卖人的过错可能影响到买受人能否构成善意取得。

（4）房屋作为赃物同样适用善意取得，但"合理的价格受让""已办理过户登记"是构成善意取得的必要条件，且在实践中对构成要件的审查更为严格。

▌法条依据

《合同法》

第9条：当事人订立合同，应当具有相应的民事权利能力和民事行为能力。

当事人依法可以委托代理人订立合同。

第 48 条：行为人没有代理权、超越代理权或者代理权终止后以被代理人名义订立的合同，未经被代理人追认，对被代理人不发生效力，由行为人承担责任。

相对人可以催告被代理人在一个月内予以追认。被代理人未作表示的，视为拒绝追认。合同被追认之前，善意相对人有撤销的权利。撤销应当以通知的方式作出。

第 51 条：无处分权的人处分他人财产，经权利人追认或者无处分权的人订立合同后取得处分权的，该合同有效。

第四节　房屋买卖合同欺诈、重大误解、显失公平纠纷

1. 未及时披露"凶宅"信息构成欺诈，房屋买卖合同可撤销

▌案情介绍

2011 年 3 月 2 日，洪某与王某、金某、中介公司签订代理合同一份，约定王某、金某将位于杭州市滨江区某房屋转让给洪某，房屋总价款为 678 万元。合同载明洪某对该房屋的所处位置、权属、用途、环境、建筑年代、性质及内部设施（含设备）情况均已了解。3 月 16 日，王某、金某、洪某三方签订房屋转让合同一份，约定王某、金某将位于杭州市滨江区某房屋出卖给洪某，房屋总价款为 678 万元。事后，洪某支付了全部房款，取得了涉案房屋的产权证，花费了税费 707 520 元、中介费 122 040 元，办理三证费用 11 964.60 元，共计 841 524.60 元，并按照贷款合同的约定按月支付房屋按揭贷款本息。

原告洪某诉称：被告王某、金某在出售房屋前完全清楚所出售的别墅内发生过重大凶杀案件的事实，却故意隐瞒遮盖，造成洪某在不明真相的情况下购买该房屋，致使购置价款与其实际房产价值严重不符，且最重要的是使得原告花费巨资购置高档住宅为全家老少安享生活的购房初衷和愿望化为泡影，购买房屋的使用目的无法实现。王某、金某的行为严重违反诚实信用的民法原则，已经构成了欺诈。请求人民法院撤销洪某与王某、金某之间就杭州市滨江区某房屋签订的房屋买卖合同，王某、金某归还洪某购房款 678 万元并赔偿洪某所支付的税费及利息费用。

被告王某、金某辩称：案涉房屋并不存在"购置价款与其实际房产价值严重不符"的事实。王某、金某并未故意隐瞒涉案房屋内发生过刑事案件这一事

实，王某、金某从第三人购得该房屋并居住，并未觉得该刑事案件对生活居住有任何不良影响，而且该案件发生在 8 年之前，没有隐瞒的必要。中介公司对该案件是完全知情的，王某、金某将该房屋的交易委托给中介公司，并未要求中介公司帮助隐瞒，且洪某并未对房屋中有人亡故表示相当介意，亦未进行过任何询问，故王某、金某没有特意明确说明，而非故意隐瞒，不能认定存在欺诈行为。王某、金某没有法定义务告知洪某案涉房屋曾发生过刑事案件，且房屋内的凶杀案件影响很大，知者甚多，即使中介公司未告知，洪某稍加打听即可知晓，而其未尽到谨慎注意、合理审查的义务。洪某购买的是涉案房屋本身，而非房屋的历史。合同上并未写明买方对房屋的历史问题已作全面了解，房屋的历史不影响房屋的使用功能，买方不需要全面了解房屋历史，卖方也没有义务将房屋的历史全面告知买方。综上，请求人民法院驳回原告洪某的诉讼请求。

法院生效判决认为，《中华人民共和国合同法》第 54 条第 2 款规定："一方以欺诈、胁迫的手段或者乘人之危，使对方在违背真实意思的情况下订立的合同，受损害方有权请求人民法院或者仲裁机构变更或者撤销。"本案中王某、金某于 2007 年购买案涉房屋的价格明显低于市场价格，而洪某于 2011 年从王某、金某处购买该房屋的价格与当时的市场价格相当；王某、金某购买涉案房屋时知晓其中曾发生凶杀案件，而洪某在购买该房屋时对曾发生凶杀案件并不知情。故而，王某、金某是否披露案涉房屋曾发生凶杀案件的信息对其与洪某之间的合同能否订立或者订立的条件产生了实质性的影响，按照诚实信用原则，王某、金某应向洪某披露该信息。现王某、洪某未予披露，并因此取得以几乎相当于市场价格的转让价格出售该房屋的利益，其行为已非单纯沉默，应认定构成欺诈。洪某据此提出撤销案涉房屋买卖合同的请求应获支持。[（2012）浙杭民终字第 360 号]

▎案例评析

我国法律规定了诚实信用原则和公序良俗原则，在中国的传统习俗中，发生过非正常死亡的房屋被认为是"凶宅"。受民俗文化影响，人们普遍认为"凶宅"不吉利而不愿意购买。该类信息对于房屋买卖交易而言显属重大信息，虽不影响房屋的价值，但对是否购买房屋起决定性作用。隐瞒此类信息剥夺了买受人的知情权、选择权，也与诚实守信原则相悖。本案中，王某、金某是否披露案涉房屋曾发生凶杀案件的信息对其与洪某之间的合同能否订立或者订立的条件产生了实质性的影响，按照诚实信用原则，王某、金某应向洪某披露该信息。现王某、洪某未予披露，并因此取得以几乎相当于市场价格的转让价格出售该房屋的利益，其行为已非单纯沉默，应认定构成欺诈。法院最终撤销案涉房屋买卖合同是公正合法的。

▌风险提示

出卖人对足以动摇缔约意思的"凶宅"信息负有信息披露义务。在订立合同时，单纯沉默不构成欺诈，但若负有信息披露义务，并因未披露获得利益，则构成欺诈，买受人可申请撤销签订的房屋买卖合同并要求出卖人赔偿相应损失。为了避免不必要的麻烦，购房者在购房时可以从以下几个方面有效避免凶宅：首先，当事人在买房时可以向周边的邻居打听，多了解一些房屋的信息。其次，双方在签订房屋买卖合同时，可以约定相关信息的披露条款及其相应的法律责任，这样可以有效约束卖方。如若不慎购得凶宅，可以和卖方协商或采用诉讼的方式维护自身的合法权益。

▌法条依据

《合同法》

第6条：当事人行使权利、履行义务应当遵循诚实信用原则。

第42条：当事人在订立合同过程中有下列情形之一，给对方造成损失的，应当承担损害赔偿责任：

（一）假借订立合同，恶意进行磋商；

（二）故意隐瞒与订立合同有关的重要事实或者提供虚假情况；

（三）有其他违背诚实信用原则的行为。

第54条：下列合同，当事人一方有权请求人民法院或者仲裁机构变更或者撤销：

（一）因重大误解订立的；

（二）在订立合同时显失公平的。

一方以欺诈、胁迫的手段或者乘人之危，使对方在违背真实意思的情况下订立的合同，受损害方有权请求人民法院或者仲裁机构变更或者撤销。

当事人请求变更的，人民法院或者仲裁机构不得撤销。

第61条：合同生效后，当事人就质量、价款或者报酬、履行地点等内容没有约定或者约定不明确的，可以协议补充；不能达成补充协议的，按照合同有关条款或者交易习惯确定。

第111条：质量不符合约定的，应当按照当事人的约定承担违约责任。对违约责任没有约定或者约定不明确，依照本法第六十一条的规定仍不能确定的，受损害方根据标的的性质以及损失的大小，可以合理选择要求对方承担修理、更换、重作、退货、减少价款或者报酬等违约责任。

第 155 条：出卖人交付的标的物不符合质量要求的，买受人可以依照本法第一百一十一条的规定要求承担违约责任。

▌知识链接：欺诈构成要件的认定

所谓欺诈，是指以使人发生错误认识为目的的故意行为。当事人由于他人故意的错误陈述，发生认识上的错误而为意思表示，即构成因受欺诈而为的民事行为。为了保护受欺诈的当事人的合法利益，使其不受因欺诈而为的意思表示的约束，在法律中损害国家利益的欺诈也是致使民事行为无效或可撤销的行为。

构成欺诈需要满足以下条件：

（1）从欺诈人来看，需要欺诈人故意且实施了欺诈行为。欺诈故意是指行为人具有故意欺诈他人的意思，即行为人明知自己的行为会使被欺诈人陷入错误认识，并且希望这种结果发生的一种心理状态。欺诈行为，指欺诈人语言、文字或活动有隐瞒事实而告知虚假情况的行为，即为使被欺诈人陷于错误、加深错误或保持错误而虚构事实、变更事实或隐瞒事实的行为。欺诈行为可体现为作为和不作为两种方式。

（2）从被欺诈人来看，是被欺诈人因欺诈而产生错误认识并作出错误的意思表示。被欺诈人的错误非因自己疏忽大意之故，而是因欺诈人的欺诈所致。所谓错误，是指对合同内容及其他重要情况的认识缺陷。而意思表示，是表意人将欲成立法律行为的意思表示于外部的行为。诚信原则是民事法律的最基本原则，其要求当事人应当以善意的、诚实的、自觉的方式行使权利和履行义务，欺诈行为是违反法律、违反诚实信用原则的。

2. 噪音并非影响房屋买卖合同订立事项，不可以重大误解为由撤销

▌案情介绍

2010 年 3 月 30 日，柴某与吕某经由北京我爱我家公司居间签订北京市存量房买卖合同及补充协议。合同约定由吕某购买柴某位于北京市海淀区西钓鱼台某房产一处；房屋成交价格为 820 万元人民币。合同签订后，柴某按照约定向吕某履行了产权过户登记手续并将上述房屋交付给吕某。吕某向柴某支付了部分房价款 500 万元人民币。该笔剩余价款经柴某多次催要后，吕某以房屋质量问题、签约当时存在重大误解为由拒绝支付购房尾款。2010 年 9 月 8 日，柴某

将吕某诉至北京市海淀区人民法院要求吕某支付剩余尾款 320 万元人民币并承担违约责任。同年 9 月 9 日吕某提起反诉，以房屋及附属设施存在重大质量问题，签约当时存在重大误解为由请求法院判决撤销柴某与吕某所签订的北京市存量房屋买卖合同并赔偿损失。

柴某认为，依法成立的合同对原告、被告有法律拘束力，受法律保护。柴某已经按照合同约定积极、全面地履行其合同义务。吕某拒绝支付购房尾款 320 万元的行为侵犯了其合法权益。

吕某认为，其发现所购买房屋内有持续性噪音，主卧地区伴随地面震动，经查噪声来源于该房屋楼下 BZ 层空调主机，经吕某委托噪声检测机构检测，噪声严重超标。柴某对噪声超标问题早已明知，在售房时并未向吕某告知此严重房屋质量问题，柴某未向吕某如实陈述房屋及配套设施存在重大质量瑕疵，致使吕某在存在重大误解的情况下与之订立房屋买卖合同，该合同应当予以撤销。

海淀区人民法院经审理认为，柴某与吕某所签订的房屋买卖合同系双方当事人真实意思表示，且合同内容未违反法律、行政法规的强制性规定，故合同合法有效。吕某与柴某就房屋买卖交易的合同行为性质（买卖误解为租赁）、合同当事人、买卖标的品种（商品房误解为经济适用房、央产房等）、产品质量（未经验收合格、不符合交付条件误解为开发商经验收合格并符合交付条件）、规格（不符合合同约定或者房产证载明面积）、数量（将一套误解为两套）等并没有产生错误认识。柴某与吕某之间订立的存量房屋买卖合同不符合重大误解的情形。该噪音问题并非影响合同订立的重大误解事项，可与其开发商或者物业部门另行解决。判决双方按照合同约定履行自己的义务。

▎案例评析

这是一起典型的存量房屋买卖合同纠纷案件。随着房地产市场的如火如荼，一般该类房屋买卖合同纠纷案件因房屋价格上涨过快、超出出卖人的心理预期，出卖人反悔而发生纠纷的情况比较常见。房屋买卖合同纠纷一般涉及合同效力诉讼、撤销权诉讼、义务履行诉讼等合同纠纷诉讼。我们发现，存量房屋买卖合同中，柴某与吕某就买卖标的物已经作出明确约定，其本身并不包含地下中央空调这一设施，该空调实际上是房地产开发商在楼宇建造过程中安装的为该楼宇全体业主提供夏冬季制冷、采暖作用服务的设备，不属于柴某本人所有，不能随房屋一并转卖出售。参照《最高人民法院关于审理商品房买卖合同纠纷案件适用法律若干问题的解释》第 12 条、第 13 条规定，因房屋主体结构质量不合格不能交付使用，或者房屋交付使用后，房屋主体结构质量经核验确属不合格，或者因房屋质量问题严重影响正常居住使用的，买受人可以请求解除合同和赔偿损失。但是，本案中中央空调噪声问题不属于房屋主体结构质量问题或者因房屋质量问题严重影响正常居住使用的情形，因此吕某以房屋及附属设施存在严重质量问题为由主张撤销买卖合同不符合法律规定，不会得到法院的支持。

▌风险提示

购房后，买受人发现噪音问题该如何处理呢？根据《中华人民共和国噪声污染防治法》第 61 条第 1 款规定，受到环境噪声污染危害的单位和个人，有权要求加害人排除危害；造成损失的，依法赔偿损失。根据该规定，噪声污染问题应当由噪声发声装置的所有权人或者管理人采取噪声污染防治措施，造成受害人损害的，承担相应的赔偿责任。本案房屋噪声来源于地下二层空调主机，并非上述房屋本身质量所致。就本案噪声问题，吕某可以与房地产开发商或者物业部门协商解决，协商不成的，可以通过民事诉讼方式向人民法院依法提起诉讼，从而主张自身的合法权益。

▌法条依据

《民法通则》

第 59 条：下列民事行为，一方有权请求人民法院或者仲裁机关予以变更或者撤销：

（一）行为人对行为内容有重大误解的；

（二）显失公平的。

被撤销的民事行为从行为开始起无效。

《最高人民法院关于贯彻执行〈中华人民共和国民法通则〉若干问题的意见》

第 71 条：行为人因对行为的性质、对方当事人、标的物的品种、质量、规格和数量等的错误认识，使行为的后果与自己的意思相悖，并造成较大损失的，可以认定为重大误解。

《合同法》

第 54 条：因重大误解订立的合同，当事人一方有权请求人民法院或者仲裁机构变更或撤销。

▌知识链接：重大误解构成要件的认定

重大误解是指行为人因对行为的性质、对方当事人、标的物的品种、质量、规格和数量等发生错误认识，使行为的后果与自己的意思相悖，并造成较大损失的行为。重大误解是基于当事人依法享有的撤销权而产生的，是可撤销行为的一种。

因重大误解而订立的房屋买卖合同一般具有以下构成要件：

（1）误解一般是因受害方当事人自己的过错造成的，而不是因为受到他人的欺骗或不正当影响造成的。这类合同多是由于当事人缺乏必要的知识、技能、信息或交易经验而造成的，从而导致合同与当事人自己的真实意思相悖。

（2）当事人的误解必须是对合同的主要内容构成重大误解。如果仅仅是对合同的非主要条款发生误解且并不影响当事人的权利义务关系，就不应作为重大误解。同时，对订约动机的判断错误也不应构成重大误解。本案中，噪音就是房屋买卖合同的非主要条款，因此法院没有认定其为重大误解。误解必须是对合同的内容发生误解，并导致了合同的订立；同时，误解还必须是重大的。所谓重大的确定，既要考虑误解者所误解的不同情况，考虑当事人的状况、活动性质、交易习惯等几个方面的因素，又要考虑因此给当事人造成的不利后果。

（3）误解直接影响到当事人所应享受的权利和承担的义务。合同一旦履行，将会使误解方的利益受到损害。

（4）重大误解与合同的订立或合同条件存在因果关系。如果没有这种误解，当事人将不会订立合同或虽订立合同但合同的条件将发生重大改变。与合同订立和合同条件无因果关系的误解，不属于重大误解的合同。

3. 显失公平的房屋买卖合同，受损一方可行使撤销权

▌案情介绍

原告盖世金是美国公民，长期生活在美国，被告霍文红是中国公民。2004年10月10日，盖世金与北京怡禾房地产开发有限公司签订商品房买卖合同，以总金额155万的价款购买了位于北京市朝阳区光华西里怡禾国际中心C座11层G号房屋（以下简称涉案房屋）一套并于2010年9月14日取得房屋所有权证。2009年10月11日，霍文红就购买涉案房屋向盖世金支付4万美元定金。同年12月17日，盖世金为案外人范国荣出具授权委托书，委托范国荣代其办理房屋买卖事宜。2010年10月15日，范国荣与霍文红签订了存量房屋买卖合同，约定盖世金将涉案房屋出售给霍文红，成交价格为人民币132万元，定金人民币26万元，支付日期为2010年9月10日。同日，范国荣与霍文红办理了涉案房屋过户手续。2010年11月，盖世金以霍文红恶意利用其长期生活在国外，对北京房地产市场行情的无知，乘人之危，故意隐瞒房屋价格上涨的事实，

造成涉案合同显失公平为由，请求依法撤销其与霍文红于2010年10月15日签订的存量房屋买卖合同。北京市朝阳区人民法院经审理认为，该房屋买卖合同显失公平，应当予以撤销，支持了原告盖世金的诉讼请求。[（2012）二中民终字第4783号]

▌案例评析

显失公平的合同是指一方当事人利用优势或对方缺乏经验，在订立合同时致使双方的权利和义务明显违反公平、等价有偿原则的合同。本案中，盖世金出售给霍文红的房屋价格为132万元，而该房屋在2010年10月15日市场价值为4 033 001元，之间相差2 713 001元，霍文红主张双方合同形成时间为2009年10月11日，但此一年之间北京市的房地产市场并未出现较大波动，故132万元的价格远远低于正常的市场价值。仅从价格上看，该合同明显违反了等价有偿的原则。因此，该合同是否构成显失公平，主要应考察在合同签订过程中盖世金对合同售价明显低于市场价值的情况是否知晓，是否存在一方当事人利用优势以及对方缺乏经验的情形。据本案查明情况看，盖世金系美国公民，长期在美国生活，其对涉案房屋的出租管理系委托范国荣进行，其对涉案房屋的相关信息也主要来自于霍文红的陈述，霍文红利用了双方在信息掌握上的不对称，属于利用盖世金对北京房地产市场缺乏了解以及其信息掌握主要来源于霍文红介绍的劣势地位，明显违背了合同交易过程中的诚实信用原则，故涉案合同构成显失公平，对于该份房屋买卖合同应当予以撤销。

▌风险提示

提醒广大买卖双方当事人，房屋买卖合同缔结时如果存在显失公平，一方当事人可以据此主张行使撤销权。显失公平的构成要件包含两个方面：一是客观要件，即客观上存在当事人之间的利益不平衡；二是主观要件，即一方存有利用其优势或另一方的轻率、无经验等牟利的故意。

▌法条依据

《合同法》

第54条：下列合同，当事人一方有权请求人民法院或者仲裁机构变更或者撤销：

（一）因重大误解订立的；

（二）在订立合同时显失公平的。

一方以欺诈、胁迫的手段或者乘人之危，使对方在违背真实意思的情况下订立的合同，受损害方有权请求人民法院或者仲裁机构变更或者撤销。

当事人请求变更的，人民法院或者仲裁机构不得撤销。

▌知识链接：显示公平构成要件的认定

显失公平的合同是指一方在紧迫或缺乏经验的情况下而订立的明显对自己有重大不利的合同。显失公平的合同往往是当事人双方的权利和义务极不对等，经济利益上不平衡，因而违反了公平合理原则。法律规定显失公平的合同应予撤销，不仅是公平原则的具体体现，而且切实保障了公平原则的实现。

显失公平的合同主要具有以下法律特征：①此种合同对双方当事人明显不公平。合同，尤其是双务合同，应体现平等、等价和公平的原则，只有这样，才能实现合同正义。然而，显失公平的合同，一方要承担更多的义务而享受极少的权利或者在经济利益上要遭受重大损失，而另一方则以较少的代价获得较大的利益，承担极少的义务而获得更多的权利。②一方获得的利益超过了法律所允许的限度，如标的物的价款大大超出了市场上同类物品的价格或同类劳务的报酬标准等。③受害的一方是在缺乏经验或紧迫的情况下实施的民事行为，即对一方当事人明显有利而不利于另一方当事人的民事行为。

显失公平认定的考量因素：①一方获得的利益或另一方所受损失是否违背法律或者交易习惯；②一方是否利用其优势或者对方轻率、没有经验，具体看利益受损一方是否无经验，或对合同的相关内容缺乏认识的能力，或者因为某种急迫的情况，并非出自真正的意愿而接受了对方提出的合同条件。

合同的有失公平究竟到何种程度才能称之为"显"失公平呢？司法实践中可从以下方面加以考量：应该明确的是合同显失公平制度只适用于双务合同之中，没有支付对价的单务合同，如赠与合同等，则不适用显失公平。因供求等因素导致价格适当偏离价值或者由于市场的固有风险而带来的利益和损失则应该排除在外。除需政府定价的特殊行业以外的由政府有关部门制定的价格标准和合同约定的价格对比，如果合同定价高于政府有关部门制定的价格数倍之多，就可以认定为显失公平的合同。

对于显失公平的认定，在参考以上标准的基础上由人民法院或仲裁机构裁量。当然，如果能做到量化的，法律应尽量做到量化。例如《最高人民法院关于适用〈中华人民共和国合同法〉若干问题的解释（二）》第 19 条规定："对于合同法第 74 条规定的'明显不合理的低价'，人民法院应当以交易当地一般经营者的判断，并参考交易当时交易地的物价部门指导价或者市场交易价，结合其他相关因素综合考虑予以确认。转让价格达不到交易时交易地的指导价或者市场交易价百分之七十的，一般可以视为明显不合理的低价；对转让价格高于当地指导价或者市场交易价百分之三十的，一般可以视为明显不合理的高价。"

4. 为实现赠与约定以低价签订的房屋买卖合同有效，并非显失公平

▌案情介绍

2013 年 10 月，程一起诉至原审法院称：我 84 岁，是程某的祖父。2012 年，程某要购买我名下北京市丰台区 401 号房屋。2012 年 11 月 6 日，程某及其父亲带我前往丰台交易中心，程某要求我签署一系列房屋买卖过户的材料，我没有交易经验且年事已高，同时基于对程某父子的信任，没有阅读材料内容，即按照程某要求一一签署。之后，我发现自己没有任何材料，方通过丰台房管局查询当日签署的合同，发现买卖合同记载的房屋成交总价只有 1.2 万元。我与程某所签署的合同已经严重显失公平。后我与程某协商，但程某既不支付公平的价款，也不同意将房屋过户回我，并且最近已经将该房屋在链家地产中介登记，欲出售该房屋。现请求判令撤销我与程某签署的存量房屋买卖合同。

程某辩称：程一与我于 2012 年 11 月 6 日共同赴丰台区房产交易中心就房产过户事宜进行咨询，该中心工作人员在了解到程一欲将房产赠与过户到我名下并审查应交材料后，告知程一其手续不全，应补充相关公证文件。程一表示可采取其他成本低的方法，故双方商定采用买卖方式将房屋过户到我名下。双方当场签订合同并进行网上登记，同时我缴纳相关税费。2012 年 11 月 13 日，程一与我又一同赴丰台区房产交易中心办理权证过户手续。涉案房屋的处置基于真实意思表示，故不同意程一的诉讼请求。

法院审理认为：程一与程某就涉案房屋虽然签订了存量房屋买卖合同，但结合买卖合同签订、履行情况以及遗嘱内容，可以认定房屋买卖非双方当事人真实意思表示，仅是为了完成赠与房屋过户的手段，该赠与行为不违反法律规定，且已履行完毕。现程一以双方所签合同显失公平为由要求撤销房屋买卖合同，将房屋产权登记过户回程一名下，缺乏事实及法律依据，法院不予支持。

［（2015）二中民终字第 01935 号］

▌案例评析

本案的争议焦点在于，为实现赠与而约定以低价签订的房屋买卖合同的效力如何认定。具体到本案，并不能认定该份仅 1.2 万元价款的房屋买卖合同显

失公平而应予以撤销。我们经过研究发现程一与程某签订的涉诉房屋的买卖合同仅就成交价格作出约定，房款的支付日期、涉诉房屋的交付、违约责任、权属转移登记等重要合同项目均为空白，且涉诉合同签订后程某并未实际支付合同款项，涉诉房屋也已过户至程某名下。纵观涉案房屋买卖合同签订地点、内容及履行的过程，同时考虑到程一与程某之间的近亲属关系，应认定涉案房屋买卖非双方当事人真实意思表示，仅是为了完成赠与房屋过户的手段，并无不当。程一主张涉诉合同显失公平，请求法院予以撤销的诉求不应得到法院的支持。

▌风险提示

房屋买卖交易中应注意，如房屋买卖合同的签订仅是为了实现赠与，合同本身约定的低价并不能说明合同显失公平。

▌法条依据

《合同法》

第 54 条：订立合同时显失公平的，当事人一方有权请求人民法院或者仲裁机构变更或者撤销。

《民法通则》

第 59 条：对重大误解或显失公平的民事行为，一方当事人有权请求人民法院或仲裁机构予以变更或撤销。

《最高人民法院关于贯彻执行〈中华人民共和国民法通则〉若干问题的意见（试行）》

第 72 条：一方当事人利用优势或者对方没有经验，致使双方的权利与义务明显违反等价有偿原则的，可以认定为显失公平。

5. 恶意串通损害他人利益的买卖合同无效

▌案情介绍

2007 年 2 月 3 日，马某以 21 万元的价格将位于南京市栖霞区的房产出让给熊某，并签订房地产买卖契约。合同签订后，熊某按约定支付了 19 万元房款，孙某也将房产交付熊某、陈玲使用。此后，熊某、陈玲多次询问马某能否办理产权过户手续，马某总是推脱。2010 年 12 月底，熊某、陈玲接到中国邮政储蓄银行一份欠款人为孙某的催款通知书。经查询，熊某、陈玲才得知马某、陈某于 2010 年 3 月 29 日就该房产与孙某签订了一份南京市经济适用住房买卖合同，办理了过户手续，并以该房产为抵押，从银行贷款40万元。熊某、陈玲认为马某、孙某恶意串通，损害熊某、陈玲合法权益，据此诉至法院，请求判令马、孙二人所签订房屋买卖合同无效并赔偿损失。

被告马某辩称：熊某和其签订的房屋买卖合同是无效的，因为我卖的房子是经济适用房，当时我购买该房不满5年，按规定不得上市交易。对于合同的无效，双方都有责任，我愿意将购房款19万元退给熊某、陈玲，并按银行同期贷款利率的一半承担利息，其与孙某之间不存在恶意串通。

南京市栖霞区人民法院一审认为：熊某、陈玲与马某之间签订的房屋买卖合同合法有效，南京市政府相关政策允许此类住房购买后满5年上市交易，马某已将诉争房产过户给了孙某，说明此类房屋的交易已具备政策条件，不存在障碍。马某已按约定领取了购房款，应向熊某、陈玲继续履行合同其他义务。

南京市中级人民法院认为：当事人行使权利、履行义务应当遵循诚实信用原则。熊某与马某签订的房屋买卖契约是双方真实意思表示，合法有效。孙某向银行贷款提供虚假的社会保障资料及马某与陈玲的通话记录反映，孙某在与马某签订房屋买卖合同时知道陈玲已经购买了涉案房屋。在马某和孙某不能提供充分反证抗辩的情况下，应当认定马某与孙某签订房屋买卖合同的行为属于恶意串通的行为，损害了在先购买人熊陈二人的合法权益，判决马某与孙某房屋买卖合同无效。[（2012）宁民终字第02656号]

▌案例评析

关于"恶意串通"的问题，在《民法通则》和《合同法》中都有所规定。《民法通则》第58条规定了七种无效的民事行为，其中第四种就是"恶意串通，损害国家、集体或者第三人利益"。《合同法》第52条规定了五种合同无效的情形，其中之一就是恶意串通。两部法律都是将恶意串通作为一种认定民事行为无效或认定合同无效的条件来规定的。

本案主要涉及对马某、孙某之间所签订的房屋买卖合同是否存在恶意串通情形的认定。从孙某对签订房屋买卖合同前有无看房问题的陈述看，一审中，孙某陈述其在2008年看过房，马某当时住在里面。而事实上马某在2007年就已经将涉案房屋卖给了熊某、陈玲，并交付了房屋，马某在2008年已经不住在涉案房屋内，可以看出孙某的陈述是虚假的。此外，从孙某支付购房款及归还银行贷款的情况看，孙某既未能提供证据证明其支付了首付款，也未提供证据证明其与马某之间存在债权债务关系。孙某的银行贷款有马某归还的记录，与常理不符，且马某至今未向孙某交付房屋，孙某也未向马某主张要求交付房屋。

就本案现有证据来看，孙某并非善意第三人，其与马某签订房屋买卖合同存在恶意串通，损害了熊陈二人的利益。根据《合同法》第52条之规定，恶意串通，损害国家、集体和第三人利益的合同无效。法院的判决是正确的。

▌风险提示

恶意串通主要是当事人的主观的心理状态。而主观心态属个人内心活动的范畴，除当事人自行承认外，难以直接予以证实或查实。若仅按照"谁主张、谁举证"的规则分配举证责任，要求主张权利的当事人承担举证责任，因其不能对恶意串通的双方的内心活动及合谋行为举出证据，故其败诉的可能性较大，并不公平。因此，对于此类案件，一般采取推定方式完成举证，即在当事人提交的证据或已查明事实的基础上，由法官依照日常习惯经验，推理、判断恶意串通的行为是否存在。司法实践中，只要有证据能够初步证明当事人存在恶意串通的情况，相对方即有举证反驳的义务，如果其不能提供有效反证，应承担不利后果。这既不属推定，亦不属举证责任倒置，而是属于诉辩对抗的举证责任分配范畴。

▌法条依据

《最高人民法院关于审理商品房买卖合同纠纷案件适用法律若干问题的解释》

第10条：买受人以出卖人与第三人恶意串通，另行订立商品房买卖合同并将房屋交付使用，导致其无法取得房屋为由，请求确认出卖人与第三人订立的商品房买卖合同无效的，应予支持。

▌知识链接：恶意串通构成要件的认定

《民法通则》和《合同法》都未对恶意串通的含义进行过明确的界定。从法理上讲，恶意串通是指在买卖活动中，双方以损害他人利益为目的，弄虚作假的违法行为，具体表现为串通掩盖事实真相，在应价过程中串通一气，有意压价，损害他人的利益。

认定恶意串通依据以下标准：

（1）恶意串通首先需要有双方损害第三人的恶意。恶意是相对于善意而言的，即明知或应知某种行为会造成国家、集体或第三人的损害而故意为之。如果双方当事人或一方当事人不知或不应知道其行为的损害后果，不构成恶意。

（2）恶意串通需要恶意串通的双方事先存在着通谋。这首先是指当事人具有共同的目的，即串通的双方都希望通过实施某种行为而损害国家、集体或第三者的利益，共同的目的可以表现为当事人事先达成一致的协议，也可以是一方作出意思表示，对方或其他当事人明知实施该行为所达到的非法目的，而用默示的方式表示接受。其次，当事人互相配合或共同实施该非法行为。

第五节　买卖违章建筑、被查封房产和签骗贷款纠纷

1. 双方订立的房屋买卖被认定为违章建筑的，所签合同无效

▌案情介绍

2006 年方某和卢某合伙开发住房一栋，同年 8 月份，丁某与方某、卢某二人签订合伙建房公约，以 70 000 元的价格购买房屋一套，首付 65 000 元，其余 5 000 元待拿到房产证后付清，并约定由方卢二人负责办理房产证。事后，由于该栋房屋属于违章建筑，至今仍无法办理任何手续，取得许可证。丁某与方、卢二人因产权证办理费用等协商未果，丁某诉至江西省修水县人民法院，要求确认双方签订的房屋买卖合同无效。

江苏省修水县人民法院认为，土地的使用必须依法取得，房产开发必须依法向政府有关职能管理部门办理相关审批手续并取得相关许可证件，现两被告在未办理相关审批并取得相关许可证的合法手续情况下合作开发建房，已违反相关法律之规定。因此，两被告开发的该房屋应属违章建筑，其行为应当认定为违法行为。原、被告双方虽签订合伙建房公约，但实为房屋买卖合同关系，且该合同建立在违法开发房地产基础上，故该合同属无效合同。2012 年 9 月 12 日，法院判决驳回丁某的诉讼请求。

▌案例评析

本案中，方某和卢某私自开发的住房是违章建筑，丁某在与其签订房屋买卖合同的过程中对此事实是明知的，在此情况下，双方签订的房屋买卖合同因违反法律的禁止性规定而应当被认定为无效。按照合同无效的处理规定，方、卢二人应返还购房款，丁某在购房时由于对房屋是违章建筑的事实是明知的，因此也存在过错，也应承担一部分责任。

▌风险提示

违章建筑，从严格意义上讲，是指违反《土地管理法》《城乡规划法》《村

庄和集镇规划建设管理条例》等相关法律法规的规定动工建造的房屋及设施。以违章建筑为合同标的所签订的房屋买卖合同无效。违章建筑主要包括：①未申请或申请未获得批准，并未取得建设用地规划许可证和建设工程规划许可证而建成的建筑物；②擅自改变建设工程规划许可证的规定建成的建筑物；③擅自改变了使用性质建成的建筑物；④临时建筑建设后超过有效期未拆除成为永久性建筑的建筑物；⑤通过伪造相关材料向主管部门骗取许可证而建成的建筑物。违章建筑的买卖是不受法律保护的，而且涉及征收也得不到补偿款，广大购房人对此应予以注意。

▌法条依据

《合同法》

第 52 条：有下列情形之一的，合同无效：

（一）一方以欺诈、胁迫的手段订立合同，损害国家利益；

（二）恶意串通，损害国家、集体或者第三人利益；

（三）以合法形式掩盖非法目的；

（四）损害社会公共利益；

（五）违反法律、行政法规的强制性规定。

2. 被查封房产买卖纠纷的处理

▌案情介绍

2011 年 12 月 22 日，李某与裴某签订房屋买卖合同，约定裴某购买李某位于江苏省南通市崇上区某处的房屋，房屋总价款为 480 万，裴某先支付了两万元定金。事后，2011 年 12 月 31 日，裴某又将部分款项打入李某账户。但后来李某在查询对方房屋产权状况时才发现该房屋已于 2010 年 9 月被江苏省南通市崇上区人民法院查封。由于对方没有告知涉诉房屋已被查封的事实，裴某的购房愿望已经破灭，遂起诉要求解除房屋买卖合同，李某双倍返还定金，并退还部分房款。

法院审理后认为，由于该房产已于 2010 年 9 月被江苏省南通市崇上区人民法院查封，被告明知这一事实的存在而与原告签订商品房预约合同，后未履行与原告订立商品房买卖合同的义务，被告已构成对房屋买卖合同的违约行为。法院最终判决解除原告与被告签订的房屋买卖合同，被告李某返还原告双倍定金 4 万元及剩余房款。

▌案例评析

该案件虽涉案标的不大且事实简单清楚，但其中蕴含的法律关系却值得分析。本案中，裴某的购房意愿已经破灭，此时裴某应如何维护自身的权利呢？裴某此时有三个选择，即撤销合同、解除合同、主张合同无效。如果选择第一种方式撤销合同，裴某需要证明李某存在欺诈；选择第二种解除合同，则存在是否通知对方的问题；主张合同无效，则可能存在无法要求双倍返还定金的风险。本案裴某若主张房屋买卖合同无效，则无法请求李某双倍返还定金，若请求撤销房屋买卖合同，在证明欺诈的问题上有一定的难度。最终裴某选择了解除房屋买卖合同，该行为也得到了法院的认可。

▌风险提示

二手房买卖中，在签订正式的房屋买卖合同前，一定要对房屋权属的情况进行调查。购买被查封的房产存在极大的法律风险，购房者需要格外注意。如果房价明显低于市场价值，则要查询涉诉房屋是否被查封。经过确认，发现房屋已经被查封的，建议放弃购买。如果已经签订了房屋买卖合同且支付了定金的，可以要求解除合同并追究出卖人的违约责任，如双倍返还定金、支付违约金等。

▌法条依据

《合同法》

第 93 条第 1 款：当事人协商一致，可以解除合同。

第 94 条：有下列情形之一的，当事人可以解除合同：

（一）因不可抗力致使不能实现合同目的；

（二）在履行期限届满之前，当事人一方明确表示或者以自己的行为表明不履行主要债务；

（三）当事人一方迟延履行主要债务，经催告后在合理期限内仍未履行；

（四）当事人一方迟延履行债务或者有其他违约行为致使不能实现合同目的；

（五）法律规定的其他情形。

第 96 条：当事人一方依照本法第九十三条第二款、第九十四条的规定主张解除合同的，应当通知对方。合同自通知到达对方时解除。对方有异议的，可以请求人民法院或者仲裁机构确认解除合同的效力。

法律、行政法规规定解除合同应当办理批准、登记等手续的，依照其规定。

▌知识链接：司法实践中对采取强制措施房屋的买卖纠纷的处理

出卖人转让的房屋被有权国家机关采取查封、预查封等强制措施的，司法实践中一般按照以下规则处理：

（1）国家机关按照法定程序对房屋采取查封等强制措施后，产权人转让房产的，属于无权处分行为，房屋买卖合同效力待定。该份合同是否有效，取决于国家机关或者申请采取强制措施权利人是否同意。国家机关或者申请人同意的，该份房屋买卖合同有效，反之，合同无效。当前，如果法庭辩论终结前强制措施已经解除的，也应当认定合同有效，买受人要求继续履行的，法院应当予以支持。

（2）如果房屋买卖合同订立在前，司法机关查封房产在后，则不影响房屋买卖合同的效力。具体来说分为以下三种情况：

第一，如果属于法院对出卖人名下的房产进行查封时，买受人已经支付全部价款并实际占有房屋但未办理房屋产权过户手续的，买受人对此没有过错，按照《最高人民法院关于人民法院民事执行中查封、扣押、冻结财产的规定》第17条处理。该条规定："被执行人将其所有的需要办理过户登记的财产出卖给第三人，第三人已经支付部分或者全部价款并实际占有该财产，但尚未办理产权过户登记手续的，人民法院可以查封、扣押、冻结；第三人已经支付全部价款并实际占有，但未办理过户登记手续的，如果第三人对此没有过错，人民法院不得查封、扣押、冻结。"

第二，如果该强制措施导致出卖人无法将房屋交付或过户登记给买受人，在法律上将构成履行不能，买受人要求继续履行合同，交付房屋或办理房屋过户登记的，法院应当向买受人行使释明权，告知买受人有权要求出卖人承担相应的违约责任。

第三，如果是买受人提出查封申请的，也即该份强制措施以买受人为执行对象，买受人依据合同约定主张继续履行合同办理房屋过户登记手续的，应当予以支持。此外，如果司法机关的强制措施没有依法进行登记，是不得对抗善意买受人的。

3. 为套贷款签订的虚假房屋买卖合同无效

▌案情介绍

宋晨开办的公司在2007年春遭遇资金周转困难，怎样才能快速从银行贷到款？宋晨思虑之后，心生一计：以买房的名义从银行贷款，这样利率低，且很容易通过贷款审核。他便向与他要好的朋友肖松寻求帮助。肖松非常"仗义"，于当年6月与宋晨签订房屋买卖合同，约定将宋晨名下的一套房屋出售给肖松，建筑面积34.52平方米，转让价26万元。房屋产权登记在肖松名下，并以肖松名义以该房屋向银行抵押贷款18.2万元。拿到银行借款后，肖松全额交于宋晨，至此二人签订合同的目的也就算实现了，所以肖松并未继续在贷款之外付清其余房款，而房子也并未实际交付给肖松，宋晨仍然居住在这套房子里。宋晨按照约定，通过肖松贷款账户每月按时归还借款本息，肖松每次也都为他出具收条。截至今年4月，宋晨共支付给肖松账户106 900元。然而，双方的"友好合作"却因为肖松的意外离世戛然而止，原本彼此心知肚明的"房屋买卖"一瞬间成为一笔糊涂账。宋晨"卖"给肖松的房产也被当作遗产而理所当然地纳入肖松继承人的继承财产范围。肖松的儿子不认同宋晨的解释。"如需资金，可直接抵押贷款，何须办理房屋买卖？"在他看来，宋晨因做生意急需资金，于是将房屋卖给自己的父亲，并办理了产权过户手续。后来，宋晨为了筹资求助于肖松，并由肖松出面将该房屋抵押，向银行贷款，因此贷款当然也应由宋晨归还。双方争执不下，为此闹上法庭。

上海浦东法院经过审理认为：双方之间的房屋买卖徒具形式，属于以合法形式掩盖非法目的，合同应认定为无效。

▌案例评析

本案当事各方签订诉争房屋买卖合同，本意并不是为了实现房屋产权的转移，而只是以房屋买卖的形式从银行骗取贷款，故该诉争房屋买卖合同并非当事各方的真实意思表示，不构成民法意义上的民事法律行为。根据《民法通则》及《合同法》的规定，合同生效应当具备下列几个条件：一是行为人具有相应的民事行为能力；二是意思表示真实；三是不违反法律或社会公共利益。房屋买卖合同属于民事合同，其生效也应满足上述三个条件，三者缺一不可。本案中的宋某与肖某均能独立进行民事活动，具有完全的民事行为能力，双方签订合同满足合同生效的第一个要件。但双方签订房屋买卖合同是否为其真实意思表示，成为本案研究的关键问题。所谓意思表示真实，即行为人的内心真实想法与外在行为相一致，行为人通过自己的行为希望达到内心期望的目标或结果。意思表示真实是民事法律行为应当具备的要件。表意人与相对人合意实施虚假意思表示的行为，即双方有意识的不真实行为，为无效法律行为。故法院最终认定双方为套取贷款所签订的虚假房屋买卖合同是无效的。

▌风险提示

用虚假买卖房产的办法来套取银行贷款，不仅是一种违法行为，更具有很大的风险，具体如下：

（1）直接给当事人带来法律风险。对出卖人来说，由于房屋过户后不动产所有权发生转移，一旦买受人将房屋处分给了信赖登记的善意第三人，进行了转让或者抵押等，将可能导致原权利人丧失对房产的权利，纵然双方之间有明确的书面协议，也不能保证自身权利。如遇拆迁等问题，由于房屋出卖人不是房屋所有权人，无权参与拆迁事宜的协调和商讨，很可能给自己的利益带来损害。或者房屋买受人不履行双方之间约定，拒绝返还房屋，房屋出卖人不得不向法院起诉，徒增时间和物质成本。由于买受人以自己的名义跟银行签订贷款协议，履行协议的法定义务人应为买受人，如该房屋在贷款还清之前被确认为无效的，买受人不仅要承担返还房屋的义务，还需承担向银行还清剩余贷款的义务，故对买受人来说，更加得不偿失。

（2）带来潜在的金融风险。虚构房屋买卖套取银行信贷资金，不仅破坏了金融秩序，而且此类事件大量发生后，若实际贷款人濒临资不抵债的边缘，将会直接导致金融机构的呆坏账大幅上升，引发连锁的金融风险。而由于房屋本身涉及他人权益，即使银行请求法院判决后强制执行，也容易因为案外人异议导致执行陷入困境，致使银行债权无法实现。

（3）给社会带来巨大的道德风险。诚实信用是法治社会的基石，是社会交往的基础。套贷案件本身就是在破坏诚实信用，而由此引发的房屋归属争议等继发纠纷，更是直接侵蚀了原本相互信任、相互倚重的血缘、亲情、挚友等关系，破坏了亲人、熟人之间的感情纽带和心理链条，给旁观者带来了不信任、留一手、防一招的心理暗示，最终增加了整个社会的交往成本、运行成本。

▌法条依据

《民法通则》

第58条：下列民事行为无效：

（一）无民事行为能力人实施的；

（二）限制民事行为能力人依法不能独立实施的；

（三）一方以欺诈、胁迫的手段或者乘人之危，使对方在违背真实意思的情况下所为的；

（四）恶意串通，损害国家、集体或者第三人利益的；

（五）违反法律或者社会公共利益的；

（六）经济合同违反国家指令性计划的；

（七）以合法形式掩盖非法目的的。

无效的民事行为，从行为开始起就没有法律约束力。

《合同法》

第52条：有下列情形之一的，合同无效：

（一）一方以欺诈、胁迫的手段订立合同，损害国家利益；

（二）恶意串通，损害国家、集体或者第三人利益；

（三）以合法形式掩盖非法目的；

（四）损害社会公共利益；

（五）违反法律、行政法规的强制性规定。

第二章

二手房买卖中价款支付和房屋交付中的法律问题

二手房买卖中，价款支付和房屋交付是两项重大事项，极易引发纠纷，有必要加以梳理和总结。

一、价款支付

对于二手房买卖的付款方式，我国《合同法》仅有一些原则性规定，具体来说，主要有几下几种方式：

第一，一次性付款，即双方签订售房合同一定期限内（通常是一个月左右的时间）付清房款的95%，剩余5%在交房时一次付清。一次性付款手续简便，房价折扣较高，但占用大量资金。对期房而言，一次性付款意味着承担更多的风险。目前由于房地产市场较热，因此也有出卖人要求购房人一次性支付100%的房款。笔者认为购房者还是应该留有一些余款在手中，这样在交房时不致过于被动，实践中的交付或大或小地存在一些问题。

第二，分期付款。一般是在付清首期房款后分若干期付款，直至交房后全部付清，有免息付款和低息分期付款两种方式。分期付款方式虽然可以减轻筹资压力及资金风险，但费时费力，也不能享受优惠。在分期付款的房屋买卖合同中，所有权保留的问题极为重要，当事人一般会约定，买受人付清全部价款之前，买受人仅取得占有使用的权利，并不取得所有权，房屋的所有权仍然保留在出卖人一方。当事人没有约定所有权保留的，如果出卖人和买受人未进行房屋所有权变更手续，所有权保留的规定仍然推定适用。

此外，对于商品房买卖来说，根据2002年6月11日最高人民法院审判委员会第1225次会议通过的《最高人民法院关于建设工程价款优先受偿权问题的批复》，消费者交付购买商品房的全部或者大部分款项后，承包人就该商品房享有的工程价款优先受偿权不得对抗买受人。因此，购房人如果选择分期付款，应当注意最高人民法院的此条规定。因为只有消费者支付购买商品房的全部或大部分款项后，才能先于承包人优先受偿权成为最优先受偿的主体。如果纠纷产生时，按分期付款的购房人尚未付清全部款项或大部分款项，则不能按司法解释享受最优先的受偿权。

第三，银行按揭贷款，即通常所说的房地产抵押贷款，由银行先行支付房款给出卖人，购房者按协议逐月向银行支付贷款本息的一种付款方式。银行按揭抵押贷款让购房者真正享受到银行融资的优势，但办理手续较为严格。目前我国采用固定利率和浮动利率相结合的方式，个人住房贷款利率实行一年一定，于第一会计年度开始根据当时的相应档次利率确定本年度的利率水平。目前，银行按揭贷款是市民购买商品房最主要的方式。按揭贷款根据市场上现行的贷款性质不同，又有个人住房公积金贷款、个人住房商业贷款、住房储蓄贷款、楼盘合作方式等。

二、房屋交付

交付在二手房买卖交易中具有重要的法律意义，它不仅是房屋所有权的变动和风险责任承担的重要事项，同时，与双方在合同中约定的诸如保修期、办理户口迁移等事项密切相关。就现有法律来看，对于房屋交付问题，我国相关法律规定较少，更多地出现在规章和一些地方性法规中。法律位阶不高且相互之间甚至存在冲突和矛盾，一旦发生纠纷，买受人通常维权极为困难。而房屋交易后的质量、面积、过户、办证等事项又极易引发纠纷。因此，本章节就二手房买卖中的房屋交付和价款支付存在的常见纠纷加以分类解读。

第一节　价款支付纠纷

1. 付款时间约定不明，房款何时支付

▌案情介绍

裴某与赵某是朋友关系。2014年8月，赵某得知裴某欲转让房屋后，打算将其购入用于投资。双方很快达成了协议，签订了房地产买卖合同，约定裴某将建筑面积114平方米的商品房出售给赵某，房价为100万元。由于双方签订的房地产买卖合同是房地产管理部门的示范文本，而双方又是朋友关系，其中很多条款都没有详细填写，其中在第5条"双方议定付款及房屋交付办法"的两种交付方式上双方未做出选择（第5条约定了两种交付方式：一是先付首期款

并交付房屋，然后到银行办理按揭贷款手续，最后双方到房地产登记部门办理交易过户登记手续；二是一次性付款并到房屋登记部门登记，然后交付房屋）。2014年11月下旬，裴某将房屋交付赵某并办理了所有权变更登记，后住进该房。此后，裴某和赵某因生意上的纠纷交恶，双方就本案房价款的事宜发生争议。裴某要求赵某于2016年3月1日之前付清房价款100万元，而赵某则称本案房屋买卖的房价款问题，双方早已在其他生意上的债权债务中解决。2016年5月裴某以赵某未付房款为由诉至法院，要求赵某支付房款并赔偿损失。

裴某认为，合同第5条为选择性条款，由于在签订合同时与赵某是朋友关系，双方没有选择其中任何一款，也没有在其他条款当中约定具体的付款方式和付款时间，但现在房屋已经交付赵某使用且办理了过户手续，裴某作为出卖人已经完成了合同约定的全部义务，赵某理应将房款付清。赵某称房款已付清的说法，根本没有任何依据，双方没有就房款的问题进行过任何债权债务的抵销，赵某也没有证据证明其曾经付款。

赵某则辩称：在债权债务抵销方面双方没签订任何书面的协议，赵某也没有取得裴某开具的收款收条或发票等凭证。现房屋早已交付赵某使用，也办理了房屋交易过户的登记手续，根据合同第5条两种付款方式的约定，可以推断出房款也理应支付完毕，双方已各自履行了合同义务。如果赵未支付房款，则裴不可能给赵某办理房产过户登记，也不可能交付房屋。

法院经过审理认为：本案中合同第5条有两款关于付款期限的排他性约定，但双方没有进行选择，因此可以认定付款期限约定不明确。根据法律规定，对合同是否履行发生争议的，由负有履行义务的当事人承担举证责任。现赵某不能提出证据证明其已交付房款给赵某，因此，对其抗辩不予支持。最终判决赵某给付裴某购房价款人民币100万元及购房利息。

▌案例评析

本案是一起因未约定付款时间引起的房屋买卖纠纷。

《合同法》第61条和62条规定，合同中对履行期限没有约定或约定不明确，而双方又不能达成补充协议的，则按合同相关条款或交易习惯约定，如果不能确定，则债务人可以随时履行，债权人也可以随时要求履行，但应当给对方必要的准备时间。

本案中，合同第5条有两款关于付款期限的排他性约定，但双方没有进行选择，因此可以认定付款期限约定不明确。显然，本案中双方未能就付款期限不明确问题达成补充协议，但我们从第5条两个选项中可以看出，至少在办理交易过户前付清全款。张某在将房屋交付给赵某并完成交易过户后要求赵某支付房价，显然符合合同第 5 条的约定和法律关于履行期限的规定，应该得到支持。

从合同的约定和法律的规定确定房款应于房屋办理房屋交易过户前支付，而目前房屋已经办理交易过户登记，是否能得出赵某已经履行完毕付款义务的结论呢？

《最高人民法院关于民事诉讼证据的若干规定》第 5 条第 2 款规定，对合同是否履行发生争议的，由负有履行义务的当事人承担举证责任。根据上述规定，本案中赵某应对其关于房款已支付完毕的主张负举证责任。庭审中赵某提供了双方签订的房地产买卖合同作为证据，认为根据其中第 5 条的逻辑，可以证明房款已经支付。

但赵某的理解是错误的。虽然说双方签订的房地产买卖合同确实属于证据，但其只能证明双方签订合同的事实，以及合同中双方约定的具体权利和义务。而合同义务是否履行，需要义务方提供证据证明其已经履行合同中约定的义务，即房地产买卖合同只能证明合同的签订，不能证明合同的履行。本案中赵某需要提交收据或银行转账凭证等，或提供关于本案债权债务清结的材料来证明其已经履行了付款的义务。但其未能提供任何相关的证据，因此仍要按合同约定及法律的规定承担支付价款的合同义务。

▌风险提示

由于本案中当事人裴某和赵某是朋友关系，因此双方在签订合同时不够慎重，特别是对"房屋买卖付款及房屋交付办法"的约定未在意或者不是很关心。后双方交恶，引起纠纷，尽管裴某最终胜诉．却增加了许多麻烦。因此，虽然说交易的双方都应当诚实信用，但为了避免纠纷，减少不必要的麻烦，对签订合同等法律行为，应当慎重对待，看清合同的条款，尽量作详尽的约定。

▌法条依据

《合同法》

第 61 条：合同生效后，当事人就质量、价款或者报酬、履行地点等内容没有约定或者约定不明确的，可以协议补充；不能达成补充协议的，按照合同有关条款或者交易习惯确定。

第 62 条：当事人就有关合同内容约定不明确，依照本法第六十一条的规定仍不能确定的，适用下列规定：

（一）质量要求不明确的，按照国家标准、行业标准履行；没有国家标准、行业标准的，按照通常标准或者符合合同目的的特定标准履行。

（二）价款或者报酬不明确的，按照订立合同时履行地的市场价格履行；依法应当执行政府定价或者政府指导价的，按照规定履行。

（三）履行地点不明确，给付货币的，在接受货币一方所在地履行；交付不动产的，在不动产所在地履行；其他标的，在履行义务一方所在地履行。

（四）履行期限不明确的，债务人可以随时履行，债权人也可以随时要求履行，但应当给对方必要的准备时间。

（五）履行方式不明确的，按照有利于实现合同目的的方式履行。

（六）履行费用的负担不明确的，由履行义务一方负担。

▌知识链接：价款支付纠纷中的法律风险防范

价款支付条款是房屋买卖合同的核心条款，是买方履行合同的最核心义务，买方的一切违约行为均和价款支付有关。因此，在签署合同前，买方应衡量自己的支付能力及资金来源，自己的银行资信状况以及收入状况，确保贷款申请能够及时通过银行审批。尤其是资金有限，需要足额贷款的买受人，更要注意，切勿轻易相信中介工作人员的介绍。

（一）关于支付条款的拟定说明

支付条款往往都在补充合同中，例如买卖双方可拟定以下关于房价款支付条款：

1. 乙方于某年某月某日向甲方支付购房定金人民币多少万元整作为履约定金，该笔定金待上述房地产办理完交接手续时转为房价款。

2. 乙方于某年某月某日向甲方支付购房首付款人民币多少万元整，该笔首付款不含已支付的定金。

3. 根据购房人是否需要贷款可以拟定不同的条款。

（1）全额付款条款。甲、乙双方办理房地产交易转移登记当日，乙方向甲方支付购房款人民币多少万元整。注意：这里应注明先办理转移登记再付款，还是先付款再办理转移登记，以免产生纠纷。

（2）银行贷款支付条款。由乙方通过向银行申请按揭贷款的方式向甲方支付，申请的贷款不足的部分，由乙方在办理交易过户之前向甲方全额支付。此外，甲方应注意要求约定乙方办理银行贷款的最晚时间，否则可要求解除合同。乙方应充分注意自己的合同履行能力及资信状况，若不能贷款或贷款不足，自己又无力继续履行合同，则可协商要求：若贷款申请在某年某月某日前无法获得银行审批或贷款不足部分超过人民币多少元，则合同自动解除，互不承担违约责任。当然，这需要双方充分协商。另外，作为卖方还要注意的是办理交易过户后，银行迟迟不发放贷款的法律风险。

4. 尾款支付条款。购房尾款于甲、乙双方办理完房屋交接并且办理完水、电、煤、有线电视、物业管理等户名变更并结清相应的费用，以及甲方户口迁出该房屋后由乙方全额支付。

（二）房价款支付的法律风险

1. 买方资金安全风险。买卖合同往往是买方先支付定金，再签署正式的买卖合同，然后按照合同约定支付首付款，买方按揭贷款合同审批通过后办理房地产转让，银行放款给卖方，办理房屋交接，支付尾款。但是，在办理房地产转移登记之前，买方已付的首付款是否安全与卖方息息相关，在房屋买卖合同纠纷中，由于卖方的原因引起的纠纷之一就是房屋买卖过程中，卖方房屋被司法查封，这时买受方可能血本无归，因为这种情况往往是卖方对外有巨额的债务，无法清偿。尤其是对存在多次抵押的房屋、已被司法查封的房屋以及过分低于市价的房屋，千万不要因为便宜而购买这些房屋，因为大多数买受人对于购房并不专业，这些房屋背后的风险购房者无法控制。因此，作为买方应对卖方尽量做到更多的了解，同时建议通过资金监管来规避风险。对于卖方房屋存在银行抵押贷款，并且该贷款需要使用买方的首付款用于结清房贷的，一定要在合同中约定专款专用，并陪同卖方办理结清贷款、抵押注销的手续，以免首付资金被挪用，而银行贷款未还。

2. 申请贷款不能及时通过银行审批的法律风险。很多房屋买卖合同纠纷都和买方迟迟不能获得银行贷款有关。买方的银行贷款存在三种情形：

（1）贷款申请延期通过审批的法律风险。申请贷款延期通过审批，可能会导致买卖双方办理房地产转移登记的时间延期，而房地产转移登记的时间往往和双方的违约责任息息相关，因此贷款延期通过审批，可能会面临相应的违约责任。

（2）贷款不足的法律风险。对于资金充裕的购房人来说，贷款不足可能没有太大的法律风险，不足的部分可以用现金来支付。但是，对于资金有限、需要足额贷款的购房人，若银行贷款不足，可能面临支付不能，这将直接导致买卖合同履行不能，从而需要依约向卖方承担违约责任。这里尤其需要注意的是：在房价暴涨的今天，房屋评估价一般会低于市价（评估价的滞后效应），足额贷款的购房人需要特别注意。

（3）贷款根本不能通过银行审批的法律风险。这种情形是一种极端情形，一般是买方的信用状况出了问题，或买方的收入过低，银行评估后认为不能按时还款，因而拒贷。这种情形的法律风险不言而喻，一般都会导致合同解除，并且向卖方承担违约责任了结。基于以上银行贷款的法律风险，作为买方应做好充分的预案，可以在合同中约定若贷款不足多少金额，或银行拒绝贷款，则房地产买卖合同解除，双方互不承担违约责任。同时要约定卖方的配合义务，卖方应根据合同的约定向买方提供银行贷款所需的材料，包括但不限于身份证、户口簿、结婚证等复印件材料，并明确约定卖方延期或者拒绝提供上述材料导致贷款审批期限延长或贷款不能的法律责任；作为卖方，有必要对买方的贷款申请期限作相应的约定，若买方在规定的期限内不能获取银行贷款，应承担何种法律责任，直至合同解除。

3. 买卖合同中是否约定定金的法律风险。《中华人民共和国担保法》（以下简称《担保法》）第 89 条规定："给付定金的一方不履行约定的债务的，无权要求返还定金；收受定金的一方不履行约定的债务的，应当双倍返还定金。"这就是定金罚则。可以说定金是一把双刃剑，但定金伤害的一定是违约方。定金分为立约定金、履约定金与解约定金。在房屋买卖中，正式签订房屋买卖合同前所支付的定金往往是立约定金，在买卖合同签署之后支付的定金一般称为履约定金，而大多数房屋买卖案例中，在签署正式合同中并未约定定金条款，买卖合同签订前所支付的定金，在买卖合同签署后都转换为购房首付款。我们建议坚信有能力履约的一方，尽可能在正式买卖合同中继续约定定金条款，并将定金的数额提升到房价款的20%（《担保法》91 条）。因为，定金有担保功能，定金罚则与合同约定的违约金不一样，违约金约定过高，当事人可以请求人民法院或仲裁机构适当减少，但定金具有法定原则，人民法院及仲裁机构无权行使自由裁量权。

另外需要提醒买卖双方注意的是，只有符合法律规定的"定金"才适用定金罚则。实践中，很多购房者书面约定或者支付的是诚意金、意向金、押金、订金、保证金等等，如果没有特别约定具有定金性质，都不属于法律上认定的定金，不具有适用定金罚则的效力。

4. 款项支付先后顺序法律风险。在房屋买卖合同中，通常遇到这样的合同条款：甲、乙双方应于某年某月某日之前共同前往某某房地产登记部门办理交易过户。而付款条款中却是这样约定的：房价款人民币××元，于办理交易过户当日支付给甲方（也有这样的约定：贷款不足部分应于交易过户当日交付给甲方）。这样的约定极易产生纠纷，到底是买方先付款，还是卖方先配合办理过户手续，谁也说不清，实践中经常发生类似的问题。因此，为避免产生这样的纠纷，应综合合同的其他条款，明确约定付款的时间节点，以避免产生争议。

2. 分期付款房屋买卖合同，已支付达总房款 1/5 时的处理

▌案情介绍

2012 年 6 月 28 日，容碧地产、朱某签订商品房买卖合同书一份。合同书中约定由朱某购买容碧开发的坐落于凤凰城二期凤鸣苑某房屋，价款计 836 765元。该房屋于 2014 年 5 月 30 日前经验收合格后交付买受人。合同书中第 6 条付款方式及期限为非银行按揭分期付款。第 7 条约定买受人逾期付款的违约责任，即逾期超过 90 日后，买受人按日向出卖人支付逾期应付款万分之二的违约金。合同签订后，朱某按约支付首期款 334 709 元（含定金 1 万元），其余八期款项均未能按约支付。2012 年 11 月 25 日，容碧向朱某发出通知，要求朱某支付第二期应付房款 62 757 元及按合同约定支付违约金无果后，容碧地产向法院起诉要求维护其合法权益。

法院经过审理认为：双方之间签订的房屋买卖合同合法有效，朱某应当按照合同约定的内容履行。朱某未能按照合同约定支付二至七期房款，依法应当支付容碧房款。我国合同法规定分期付款的买受人未支付到期价款金额达到全部价款五分之一的，出卖人可以要求买受人支付全部价款或者解除合同。截至2014 年 3 月，朱某应付款为 376 542 元，超过全部价款的 1/5，故朱某应当将全部价款 502 056 元支付给容碧。原、朱某合同约定逾期超过 90 日后，买受人愿意继续履行合同的，经出卖人同意合同继续履行。但买受人应按日向出卖人支付逾期应付款万分之二的违约金。故容碧地产的诉讼请求符合法律规定，应当予以支持。[（2014）句民初字第 487 号]

▌案例评析

本案事实清楚，权利义务明确，主要涉及房屋买卖合同中分期付款的知识。本案中，容碧公司不能提出解除房屋买卖合同。但根据我国《合同法》第 167条的规定，分期付款的买受人未支付到期价款的金额达到全部价款的五分之一的，出卖人可以要求买受人支付全部价款或者解除合同。本案中，截至 2014 年3 月，朱某应付款为 376 542 元，超过全部价款的五分之一，故容碧地产可以要求朱某支付全部价款或者解除合同，承担违约责任。

▌风险提示

按照法律规定，分期付款的买受人未支付到期价款的金额达到全部价款的

五分之一的，出卖人可以要求买受人支付全部价款或者解除合同。因此提醒广大分期付款的购房者，一定要按合同约定依法履行合同还款义务，否则可能面临合同解除的法律风险。此外，卖方在签订二手房买卖合同时，接受买受人分期付款的，应将付款日期及条件约定明确，将违约认定的程序设定做到简单明了，将违约责任的后果及解除合同的程序设定清晰，比如可以"短信通知双方认可的手机联系方式"达到解除合同的目的。对卖方而言，付款期限及解约条件约定不清，可能导致售房合同签订后，长期得不到履行，尤其是在需要卖房回款，另有急用的情况下，往往无法在短期内解除合同，造成进退失措，左右掣肘。故，房屋买卖合同中应注明交易双方各自的联系地址和方式，且约定该通讯地址及联系方式为"所有通知、文件、资料等送达途径。上述通讯地址或联系方式如有变更，应在变更后三日内书面通知本合同其他各方，否则仍以原地址或方式为所有通知、文件、资料等送达途径。通过邮寄送达的，以投邮当日视为送达"。

▌法条依据

《合同法》

第 159 条：买受人应当按照约定的数额支付价款。对价款没有约定或者约定不明确的，适用本法第六十一条、第六十二条第二项的规定。

第 161 条：买受人应当按照约定的时间支付价款。对支付时间没有约定或者约定不明确，依照本法第六十一条的规定仍不能确定的，买受人应当在收到标的物或者提取标的物单证的同时支付。

第 167 条：分期付款的买受人未支付到期价款的金额达到全部价款的五分之一的，出卖人可以要求买受人支付全部价款或者解除合同。

出卖人解除合同的，可以向买受人要求支付该标的物的使用费。

▌知识链接：二手房买卖采用贷款方式支付房款的风险及防范

当前，由于房地产市场形势空前高涨，一套房屋的价值动辄就要上百万。对于一个普通工薪家庭来讲，很难一次性支付全部购房款，大部分购房人会选择公积金或者商业贷款作为房款的支付方式。但是需要注意的是，办理贷款程序是在房屋买卖合同签订之后，加之贷款的办理需要严格的审核程序，并且受政策性影响较强，使得贷款行为的不稳定性随之增大，极易造成纠纷的产生。因此有必要将房屋交易中如何避免因贷款程序的办理而侵害自身权益的问题，向广大读者进行介绍。

（一）卖方

1. 卖方的风险。由于贷款的审批程序需要一定的周期，且要求较为严格，加之当前国家又对贷款政策频频收紧，因此，对于卖方来讲，极容易出现在签订房屋买卖合同等积极配合买方办理贷款面签手续后，经过较长一段时间，最后买方仍然无法获得贷款批准的情形。在此种情况下，如果买卖双方在签订的房屋买卖合同中，对贷款无法获得批准后的处置方法未做详细约定，或者约定"由买方继续向其他银行申请贷款，直至贷款获得批准为止"，就会造成卖方事实上的收受房款不能以及无法及时完成房屋买卖交易的尴尬局面，更有甚者，可能还要根据合同约定，为买方办理过户手续甚至交付房屋。那么，此时的情形便与卖方出卖房屋时的意思表示相悖了，同时，卖方签订房屋买卖合同的目的也将无法实现。

2. 卖方的防范措施：

（1）建议卖方在签订房屋买卖合同而买方选择以贷款方式支付购房款时，若买方不能获得贷款批准的，约定由买方以现金方式将购房款补齐。

（2）对买方办理贷款的时间做出明确约定，若买方超过该期限一定时间仍未获得贷款批准的，卖方可以单方面解除合同，并且买方需向卖方支付一定金额的违约金。这样做可以防止买方无故长期拖延办理贷款手续的时间，造成合同履行期限的拖延。

（3）将房屋过户时间及交付时间约定在买方获得贷款批准之后。这样可以避免出现卖方已将房屋过户甚至交付以后，买方却无法获得贷款批准的尴尬情形。

（二）买方

1. 买方的风险。买方采取贷款方式支付购房款的，有两种贷款方式可供选择，即公积金贷款及商业贷款。但无论买方采取哪种贷款方式，从提供贷款资料面签到最终获得批贷函都需要一段较长的时间，特别是公积金贷款方式，需要的时间大约在30天以上。再加上贷款政策的变化性大，很有可能经过了烦琐的手续且漫长的等待之后，买方仍然无法获得贷款批准。如果这时候根据买卖双方签订的房屋买卖合同约定，贷款不能获得批准的，需要买方以现金补齐，那么买方将面临两个选择：第一，短时间内必须筹集到可能是一笔庞大数目的购房尾款；第二，无法筹集到钱款，造成合同目的不能实现，自行或者对方要求解除合同，同时需要支付高额的违约金。

2. 买方的防范措施：

（1）在签订房屋买卖合同时，若欲选择以贷款方式支付购房款的，应提前向贷款银行了解自身贷款资质，初步了解自己是否可以获得贷款批准，做到心里有底。切记不要盲目听从中介公司或者任何第三方的口头承诺。在了解清楚后，再选择以贷款方式支付购房款。

（2）在尾款支付、过户时间的约定上，给自己预留出足够的办理贷款手续的时间。这样可以避免因约定时间过短、贷款手续没有办下来而造成的违约。

（3）分析自己的经济情况，对在无法获得贷款的情况下如何继续履行合同作出量力而行的选择。若自己经济能力较强，可以选择以现金方式补齐购房款；若自己经济能力有限，那么尽量选择向其他银行继续贷款，或者将尾款以现金方式分期支付，再或者解除合同。

（4）认真查看中介公司提供的房屋买卖合同文本，对需要双方选择或者协商填充的条款充分理解，理智判断。切忌盲目听从中介公司的意见，套用中介公司固有内容模式，一定要作出对自己有利的选择判断。

3. 买受人迟延付款，出卖人约定解除权如何行使

▌案情介绍

2009 年 2 月 26 日，盛泰公司与李某签订商品房买卖合同一份。合同约定，李某购买盛泰公司开发建设的丰县盛泰御景园住房一套，总价款为 686 910 元；李某应于签订合同当日交付盛泰公司购房款 146 910 元，余款 54 万元自本合同签订之日起 20 天内付清。如李某不能按期办理按揭付款，则应在合同约定的付款期限内以现金方式交付房款。后李某于 2009 年 4 月 20 日交付原告 48 万元，尚欠 6 万元一直没有交付。现盛泰公司认为李某的行为已构成违约，根据合同约定，其有权解除合同并追究李某的违约责任，遂诉至法院，请求解除其与李某签订的商品房买卖合同，并要求李某支付违约金 1800 元。

李某辩称：双方签订商品房买卖合同时，其按约交付了首期房款，其在 2009 年 4 月 20 日向盛泰公司交付 48 万元房款时，盛泰公司予以接受，并未提出解除合同。盛泰公司的上述行为表明接受李某的逾期付款，双方对房款的交付期限实际上以行为的方式作了变更，盛泰公司已经放弃了合同解除权。由于银行的原因，李某原以为可以办理总房款 80% 的贷款，但实际上仅办理了总房款 70% 的银行贷款。为此，李某曾就该 6 万元房款的交付时间同盛泰公司协商，盛泰公司的业务员表示可在 2009 年 10 月 31 日上房时一并交付。且到上房时间时，李某曾多次要求交付该 6 万元房款，但盛泰公司总是推脱不收，原因是目前房价上涨较快，盛泰公司欲以李某拖欠房款为由与李某解除合同，将房屋另行出售以获取更多的利益。

徐州市丰县人民法院经过审理认为：本案原告诉讼请求能否成立应结合案件事实以及李某迟延交付是否导致合同目的不能实现而定。根据双方的合同约定，李某作为房屋买受人，如逾期付款超过 90 日，上诉人有权解除合同。由于李某未能按约付清全部房款，尚欠 6 万元，在该迟延付款行为达到 90 日后，原告按照合同约定可以行使解除权。但原告并未向李某发出解除合同通知，而是在 2009 年 11 月 5 日为李某开具了收取 48 万元购房款的收据。上诉人的行为应视为其对李某付款行为的认可，亦表明上诉人接受了李某继续履行合同的意思表示。此外，李某在按约支付余款时未能付清全部余款，虽有违双方合同约定，但并非李某故意，而是由于办理贷款导致。李某在剩余 6 万元的交付上虽构成迟延，但其已履行了合同的主要付款义务，并缴纳了相关的各项税费。因此，该迟延行为并不影响双方合同目的的实现。故而，对盛泰公司要求解除合同的诉请不予以支持。[（2011）徐民终字第 2123 号]

▌案例评析

本案的争议焦点是原告盛泰公司是否仍享有对涉案商品房买卖合同的约定解除权。

第一，原被告双方于 2009 年 2 月 26 日签订合同，按照约定，李某应当于 2009 年 3 月 18 日前付清全部房款，逾期付款超过 90 日的时间点是 2009 年 6 月 16 日。李某在 2009 年 6 月 16 日之前未付清全部房款，已构成违约，原被告双方约定的合同解除条件已经成就，盛泰公司有权解除商品房买卖合同，将所收取的房款退回李某。但是，盛泰公司在约定的合同解除条件成就后，未将所收取的房款退回李某，而是于 2009 年 11 月 5 日给李某开具了 48 万元的购房款收据。盛泰公司的这种行为，显然是接受违约方李某继续履行合同的行为，应视为对合同解除权的放弃。盛泰公司再起诉要求解除双方签订的商品房买卖合同，于法无据。故，原被告双方签订的商品房买卖合同应当继续履行。

第二，在李某给付盛泰公司首付房款 146 910 元后，对于余下的 54 万元房款，双方约定以银行按揭贷款的方式支付。本案中，虽然李某仅办理了 48 万元银行贷款，尚差 6 万元，但李某未能按约定付清盛泰公司全部房款并非出于故意。而从原被告双方签订商品房买卖合同的目的分析，盛泰公司作为房地产开发商，其目的是将其开发的房产出售并获取相应的收益，而李某作为商品房买受人，其目的是取得一套住房。因此，李某迟延交付 6 万元购房款的行为，不足以导致双方签订的商品房买卖合同的目的无法实现。根据合同法维护交易秩序，促进交易履行，保障当事人在合同法律关系中实质平等的原则，也不应当轻易解除合同。

▌风险提示

房屋买卖中，买方逾期付款是产生纠纷的根源之一，在房屋买卖合同中买卖双方一般都会约定买方逾期付款应承担的违约责任，逾期超过一定的期限，卖方有解除合同的权利等条款。因此，提醒买方务必按约履行付款义务，避免承担违约责任。

即便房屋买卖合同中没有约定违约责任，当买方违约时也应依据法律法规的规定向卖方承担违约责任，若导致买卖合同的目的不能实现的，作为卖方可依法解除合同。我国《合同法》第107条规定了一方不履行合同义务或者履行不符合约定的，承担继续履行、采取补救措施或者赔偿损失等违约责任；第112至114条也规定了承担其他违约责任后的损失赔偿问题，该条款即是买方逾期付款承担违约责任的法律依据。另外，对于违约金的计算方式标准，《最高人民法院关于审理买卖合同纠纷案件适用法律问题的解释》第24条第4款就明确规定："买卖合同没有约定逾期付款违约金或者该违约金的计算方法，出卖人以买受人违约为由主张赔偿逾期付款损失的，人民法院可以中国人民银行同期同类人民币贷款基准利率为基础，参照逾期罚息利率标准计算。"此外，房屋买卖合同中，双方当事人应注意合同解除权条件成就时权利人未行使解除权，并以行为方式与违约方继续履行合同的，应视为权利人放弃合同解除权。当事人签订商品房买卖合同的目的在于：买受人取得房屋，出卖人取得房屋的对价。因此，即使买受人延期付款构成违约，如果延期付款的数额低于合同总价款的10%，且事后买受人积极将剩余房款给付出卖人的，应视为该延期付款的行为不构成根本违约，合同的目的仍可实现，在此情况下，出卖人不可以买受人迟延付款违约为由请求解除双方之间的房屋买卖合同。

▌法条依据

《合同法》

第95条：法律规定或者当事人约定解除权行使期限，期限届满当事人不行使的，该权利消灭。

法律没有规定或者当事人没有约定解除权行使期限，经对方催告后在合理期限内不行使的，该权利消灭。

▌知识链接：二手房逾期付款中的法律风险

二手房买受人逾期付款，合同中已约定逾期付款违约金计算标准的，按合同约定处理。合同中既未约定计算标准，又未约定相应损失赔偿的，应按中国人民银行规定的银行同期贷款率计算损失。违约造成的损失超过上述计算标准计算的数额，当事人对超出部分的损失可要求违约方承担。

在约定先交房后付款的情况下，交房义务未完全履行有可能成为买方拖欠付款的抗辩理由，故房屋买卖合同应尽可能约定将买方的主要付款义务履行作为卖方交房的基础。

一方逾期付款，另一方接受的，则可能认为是对逾期付款违约责任的放弃。在不接受时，若被法院认定买方逾期有合理理由，卖方拒绝接收也可能会构成违约。所以，以对方违约为由提出解除合同要慎重，一定要有充分的理由和证据。

勿用以下争议条款：

（1）"到期未付余款，本合同失效。每拖欠一天罚款 500 元，以此类推。"该条款关于逾期付款的法律后果系"合同失效"还是"继续履行，并按每日500 元支付罚款"的约定相互矛盾。该约定可能会被法院认定无效。

（2）"买方逾期 15 日未付清应付房款的，作悔约处理，本合同即告解除，买方所交定金，卖方不予退回，已付购房款卖方在七日内退回买方；另赔偿卖方 2 万元违约金。"该条款约定的实际是逾期付款导致合同解除时的违约责任，如逾期付款，合同又未被认定解除，违约责任实际上并不能依此款主张。所以提醒广大购房人，签订房屋买卖合同时尽量做到审慎，必要时，应寻求法律专业人士的帮助。

第二节　房屋交付纠纷

1. 质量纠纷的处理

▌案情介绍

2002 年 8 月 14 日，沈旸与沈勤签订上海市房地产买卖合同 1 份，约定由沈勤将坐落于本市报春路新梅公寓 399 弄号房屋出售给沈旸，总房价款为人民币800 000 元。合同签订后，沈旸即向沈勤付清了全额房款并入住。2002 年 9 月 13日，沈旸取得了该房屋的产权证。系争房屋由上海兴盛公司开发建造。2002 年9 月起，上海市部分新闻媒体报道新梅公寓 y 型房发生基础沉降等质量问题，部分业主即与开发商兴盛公司交涉有关补偿事宜。2003 年 4 月 22 日，沈旸以其所在的房屋整体基础沉降严重，不符合质量标准等为由，向上海市闵行区人民法院提起诉讼，要求兴盛公司赔偿房屋损失人民币 100 000 元。

上海市闵行区人民法院认为，沈旸与沈勤的房屋买卖是二手房买卖，沈旸作为买受人应当尽注意义务；对房屋现状，尤其是房的质量情况，在看房验收时应予以充分注意，并由此承担相应的责任。现沈旸未能举证上述房屋主体结构质量不合格，也未申请对上述房屋做质量鉴定，无法认定房屋主体结构质量不合格。且兴盛公司与沈旸间没有直接的合同关系。因此，判决驳回沈旸的诉讼请求。

沈旸不服，提出上诉。上海市第一中级人民法院认为，沈旸请求法院判令兴盛公司赔偿的理由是对方违约。而沈旸取得讼争房屋的所有权，并非依据其与兴盛公司的房屋买卖合同。双方没有合同关系，沈旸要求兴盛公司承担违约责任，与合同的相对性原则不符，判决驳回上诉。

沈旸不服，提起申诉，再审生效判决认为：虽然沈旸与兴盛公司之间不存在房屋买卖合同关系，虽然该房不是沈旸直接向兴盛公司购得，双方亦未就沉降引起的房屋质量问题签订补偿协议，但兴盛公司作为房地产开发企业，对其开发建设的房地产项目的质量应当承担相应的民事责任。原一审、二审法院判决不当，应予纠正。判决撤销原判，兴盛公司应支付沈旸补偿款 8 万元。
[（2005）沪一中民二（民）再终字第 3 号]

▌案例评析

本案中，一、二审法院认为买受人沈旸与兴盛公司之间没有直接的合同关系，根据合同相对性的原则，没有支持其违约的诉讼请求。但再审法院认为虽然双方之间没有合同关系，但是房地产开发企业应当对其开发建设的房地产项目的质量承担责任。现系争房屋出现沉降等质量问题，沈旸可基于请求权基础，以房屋质量不合格要求兴盛公司承担侵权责任。本案中，由于兴盛公司已经对同住系争楼房内其他二手房业主作出了相应经济补偿，根据公平原则，对业主沈旸进行赔偿也是应当的。

▌风险提示

二手房交易中，买受人应特别注意在收房时对房屋的查验工作，以降低纠纷发生的风险。

（1）在比较明显的或者已知的质量瑕疵的处理上，买受人应负有注意义务。对于一般验收能够发现的显而易见的瑕疵，买受人应在接受时及时提出。在取得房屋后，买受人发现的明显的房屋质量瑕疵，若无其他特别规定，出卖人可不负责任，应由买受人负责维修。出卖人在订立合同时已明确告知买受人房屋存有的质量瑕疵，出卖人对此也不再负有任何责任。

（2）对隐蔽质量瑕疵的处理。对采取通常方式一时难以察觉，须经过专门鉴定或在房屋使用过程中才能发现且买受人及时向出卖人提出的瑕疵，出卖人应当承担责任。对于质量瑕疵程度较轻的，出卖人应负责维修，或者适当减少房屋价金。对于房屋质量问题较重，甚至不能使用的，买受人可解除合同，因此给买受人造成的财产及人身损失，出卖人应予赔偿。

（3）对隐瞒质量瑕疵的处理。出卖人已知而故意隐瞒的较严重的房屋质量瑕疵，出卖人对此应承担相应的民事责任。我国《合同法》第 150 条 ~ 第 155 条对瑕疵担保义务作了详细的规定。在标的物存在瑕疵时，出卖人负有瑕疵担保义务，买受人享有瑕疵担保请求权。

此外，二手房买卖合同的双方当事人还应对房屋交接前涉及该房屋的物业、暖气、水电、煤气、电话、电视有线、维修基金等费用的结清作出约定。详细清点待移交的设备设施，明确各项应付费用的缴纳义务，并在实际履行交接时，按列明的清单清点、检验，对设施、设备缺省或影响使用的功能缺陷，应在清单中预先告知，以免事后起纠纷。出卖人应缴而未缴上述费用，买受人在垫付后可向出卖人追偿。

▌法条依据

《民法通则》

第 111 条：当事人一方不履行合同义务或者履行合同义务不符合约定条件的，另一方有权要求履行或者采取补救措施，并有权要求赔偿损失。

《合同法》

第 111 条：质量不符合约定的，应当按照当事人的约定承担违约责任。对违约责任没有约定或者约定不明确，依照本法第六十一条的规定仍不能确定的，受损害方根据标的的性质以及损失的大小，可以合理选择要求对方承担修理、更换、重作、退货、减少价款或者报酬等违约责任。

《最高人民法院关于审理商品房买卖合同纠纷案件适用法律若干问题解释》

第 12 条：因房屋主体结构质量不合格不能交付使用，或者房屋交付使用后，房屋主体结构质量经核验确属不合格，买受人请求解除合同和赔偿损失的，应予支持。

第 13 条：因房屋质量问题严重影响正常居住使用，买受人请求解除合同和赔偿损失的，应予支持。

交付使用的房屋存在质量问题，在保修期内，出卖人应当承担修复责任；出卖人拒绝修复或者在合理期限内拖延修复的，买受人可以自行或者委托他人修复。修复费用及修复期间造成的其他损失由出卖人承担。

▌知识链接：交付房屋后，房屋出现质量问题的处理

对交付的房屋出现质量问题的，处理意见如下：

因房屋质量严重影响正常居住使用的，买受人可请求解除合同和赔偿损失。在确保安全的情况下，采取加固补强的方式来完成对工程质量缺陷的修复，会保持社会的稳定，更能公平合理地保护双方当事人的合法权益。

房屋交付后，出现质量问题的，在未严重影响正常居住使用的情况下，出卖人应承担修复责任。出卖人拒绝修复或在合理期限内拖延修复的，买受人可自行或者委托他人修复。修复费用及修复期间造成其他损失的，则应由出卖人承担，这是《建筑法》第60条、《合同法》第111条、《城市房地产开发经营管理条例》第31条、《商品房销售管理办法》第33条等所明确规定的义务。

房屋质量问题的范围：①屋面防水工程；②其他土建工程，一般包括地面、楼面工程，门窗工程等；③电气管线、上下水管线的安装工程；④供热、供冷系统工程，包括暖气设备、中央空调设备等安装工程。

2. 面积纠纷的处理

▌案情介绍

2008年，万某与某开发商签订商品房预售合同，约定层高2.9米、以每平方米1272.15元、总房款230 000元的价格购买了购买六、七两层建筑面积181.24平方米的四室两厅两卫复式商品房。合约签订后，万某依约付款。交房后，万某发现交付房屋比合同约定少了一间卧室，七层层高2.7米，且交付面积只有160.02平方米。后经协商，开发商同意将隔壁一套房的一间卧室改建给万某，但在房屋层高补偿和面积差异处理方式上双方协商未果。无奈，万某遂将开发商诉至江西省瑞昌市人民法院，要求开发商双倍返还差额面积房款并因层高不够赔偿损失10万元。

瑞昌市法院审理后认为，开发商交付面积仅有160.02平方米，比合同约定的181.24平方米少了21.22平方米，面积误差比绝对值为11.7%，严重超过了3%的合理范围，作为开发商主观上具有一定过错。虽然双方在合同中对面积差异约定以瑞昌市房地产管理局测量的面积为准，款多退少补。但该条款为开发商提供的格式合同条款，并且条款仅约定了"按实结算"，而对面积误差比例及处理方式都没有进行约定，不应视为双方对误差处理另行进行了约定，遂判决开发商返还并赔偿万某房款及利息共计 47 500 余元。

▋案例评析

购房出现实测面积与约定面积不符的问题在商品房预售中较为常见，二手方由于房屋是现成的，当事人对房屋的面积一目了然，并且通常以整套房屋价格作为考量，此类问题较少，但有些二手房也是以面积来计算成交价格的。实践中，存在一些卖主在购房合同中故意夸大房屋面积试图多收房价的情形，造成合同约定面积与产权登记面积不符引发的纠纷。这种纠纷，主要靠购房者和开发商在商品房买卖合同中约定出现面积误差的处理方式，如果没有约定，应按《商品房销售管理办法》中的规定办理。即面积误差比绝对值在 3% 以内（含 3%）的，据实结算房价款；如果面积误差比绝对值超出 3% 时，买受人有权退房。买受人退房的，房地产开发企业应当在买受人提出退房之日起 30 日内将买受人已付房价款退还给买受人，同时支付已付房价款利息。买受人不退房的，产权登记面积大于合同约定面积时，面积误差比在 3% 以内（含 3%）部分的房价款由买受人补足；超出 3% 部分的房价款由房地产开发企业承担，产权归买受人。产权登记面积小于合同约定面积时，面积误差比绝对值在 3% 以内（含 3%）部分的房价款由房地产开发企业返还买受人；绝对值超出 3% 部分的房价款由房地产开发企业双倍返还买受人。故此，本案中开发商应返还万某购房款 47 000 余元，并支付面积误差比在 3% 以内（含 3%）部分的房价款利息500 余元。

▋风险提示

实践中，二手房买卖合同未约定单价，或是约定"房屋面积以房产证为准"等内容，应认定双方之间的房屋买卖是按套计价。且根据目前的二手房交易习惯，二手房买卖一般双方都亲自到实地看房，买卖双方对房屋的实际情况包括面积情况均应事先了解，故一方当事人事后要求补交面积差价款的，一般是不能得到法院的支持的，但双方对面积单价及面积差额进行特别约定的除外。所以提醒广大购房者，应注意对卖方所交付的房屋进行验收；买方尚未对房屋进行验收交付，不知道实际面积的，建议明确约定房屋单价，暂按预测面积支付房屋价款，以后按照实测面积多退少补。

关于房屋面积差异的问题，还具体需要注意以下问题：

（1）陷阱条款："该房地产建筑面积多少平方米，以房产证为准。"对买受人而言，通常会认为该房的建筑面积系出于房产证，且明确"以房产证为准"，不会存在任何风险。司法实务中可能会认为，该条暗含着购买方已就房屋建筑面积与房产证做了核对，已对房产证原件做了审核，故在该房为抵押性质、共有性质等影响合同履行和效力的情形出现时，购买人出于明知的主观状态可能会得到认定，甚至后果自负。故，不管房产证是在出卖方、中介还是银行、房管所手中，都要眼见为实，而且不仅要看，还要验明真伪。即使真实，还是要就房屋实际面积与登记面积是否可能存在差异、房屋权属的原始取得是否合法、房屋权属是否存在其他纠纷导致移交出现障碍，做必要的调查、核实。

（2）持证权利人登记面积与实际产权面积或使用面积不一致，除了测量误差外，还存在过户时共有面积剔除的可能。实践中，受让人实地对权证面积进行测量，但对合同中"以上两证权属界定为准"的条款存在的风险未予以重视，导致法院最终认定持证人已事先对此权属瑕疵做了披露，判决风险由买受人承担。

（3）二手房买卖协议约定总价成交，或虽有面积约定，但未约定单位平方米价格情况下，嗣后买方以实际面积与产权登记面积不符，诉请补面积差价的，一般不会得到支持。

（4）二手房买卖前后，因采用的计算房屋面积标准不同，公摊面积的分摊计算方式不一样，造成新、旧证确定的房屋面积产生了误差。因房屋实际面积并未发生实质性的变化，当事人一方诉请补差价的，不予支持。

（5）二手房交易前，买卖双方实际上只关注单价与总价，限于精力和测量条件，对计算基础的房屋面积的真实性往往关注不够，一旦出现实际面积、产权面积前后相差，容易产生纷争。对买方而言，对房屋面积真实性的了解，应不仅限于卖方手中的购房合同对面积的记载，也不仅限于房产证上登记面积，而是有必要在现场勘查时做一简单测量；对卖方而言，可以明确约定现有房屋面积的依据，不因将来产权证或实测面积的前后差异而影响案涉房屋整体价格的确定。

▌法条依据

《最高人民法院关于审理商品房买卖合同纠纷案件适用法律若干问题的解释》

第14条：出卖人交付使用的房屋套内建筑面积或者建筑面积与商品房买卖合同约定面积不符，合同有约定的，按照约定处理；合同没有约定或者约定不明确的，按照以下原则处理：

（一）面积误差比绝对值在3%以内（含3%），按照合同约定的价格据实结算，买受人请求解除合同的，不予支持；

（二）面积误差比绝对值超出3%，买受人请求解除合同、返还已付购房款及利息的，应予支持。

买受人同意继续履行合同，房屋实际面积大于合同约定面积的，面积误差比在3%以内（含3%）部分的房价款由买受人按照约定的价格补足，面积误差比超出3%部分的房价款由出卖人承担，所有权归买受人；房屋实际面积小于合同约定面积的，面积误差比在3%以内（含3%）部分的房价款及利息由出卖人返还买受人，面积误差比超过3%部分的房价款由出卖人双倍返还买受人。

▌知识链接：关于房屋面积，在订约、履约中应注意的问题

就购房者而言，关于面积问题，在订约、履约中应注意：

（1）使用由建设部和国家工商行政管理局联合制定的商品房买卖合同示范本，其内容反映了商品房买卖活动中各环节必须明确的当事人双方的责权关系。使用示范文本，可以规范当事人的订约行为，明确当事人各自的权利义务，确保当事人的合法权益，避免合同缺款少项。

（2）当事人之间充分协商，在合同示范文本之外对房屋面积问题作出特别约定。这是防范购房合同面积纠纷最为关键之处。

（3）充分行使知情权，详细了解房产商资信状况与房屋面积实况。购房者一要有自查或者聘请律师向设计单位、规划单位、测绘部门等机构查阅所购房产的相关文件的意识，注重实地考察，掌握第一手资料。在全面了解商品房总建筑面积、套内面积、分摊面积的基础上，仔细考察房屋功能分区及各个房间面积大小的合理性。

（4）约定较一般买卖合同为重的违约责任。在订立购房合同时，购房者一定要与房产商在合同中写清楚违约责任并予以加重，同时约定因违约产生的损失赔偿额的计算方法。例如，在约定对房屋面积进行复核的同时，约定面积尺寸差一厘米，房产商就要赔偿相应数额的钱款。这样，房产商就会因须承担较重的违约责任而减少违约行为。

（5）重视合同附件。在订立合同时，购房者应注意向售房方索要房屋平面图，标明长、宽、层高等基本数据并将其内容作为合同附件，从而防止房产商变更房屋设计、增加公摊面积。

（6）积极寻求法律服务。在签订合同前，购房者可以主动向律师咨询房屋买卖及合同方面的法律知识，委托律师调查了解房屋及房产商的情况。签订合

同时，可以直接聘请律师代理。由于律师受过专业训练，了解有关法律法规，能比较准确地发现问题，减少合同纠纷的发生。

（7）依法采取补救措施。在房产商交付的房屋面积不符合约定时，购房者可以行使后履行抗辩权，拒绝房产商相应的履行要求。在出现条款欠缺或约定不明，或者双方对条款理解有争议时，双方可以签订补充协议，也可以按照合同的有关条款或交易习惯来确定约定不明或欠缺的条款。

3. 延期交房纠纷的处理

▌**案情介绍**

2012年3月7日，李某与被告腾城公司签订了商品房购销合同。合同约定，由李某向腾城公司购买其在腾冲的某处房产，房屋价款为158.64万元。腾城公司应于2012年5月8日前，将经建设单位组织验收合格的房屋交付给原告。事后，腾城公司未能按时交付房屋。李某为维护自己的合法权益，诉至人民法院要求判令解除双方之间的房屋合同，并要求被告返还购房款，支付违约金和利息。

法院审理后认为，原告李某与被告腾城公司签订的商品房购销合同是双方的真实意思表示，内容没有违反国家有关强制性法律规定，属有效合同，双方应予履行。合同签订后，原告依约向被告支付了购房款，被告未能按照约定向原告交付房屋，被告的行为构成严重违约，原告有权要求被告解除合同。由于原、被告双方签订的商品房购销合同对延期交房解除合同的违约金计算利率并无明确约定，参照双方签订的商品房购销合同对其他违约责任违约金的支付约定，支付数额明显过低，原告要求被告支付所交购房款按中国人民银行同类借款的基准利率（年利率6.15%）的标准计算的利息符合相关法律规定。法院最终判决被告返还原告购房款158.64万元，并向原告支付所交购房款自2012年3月7日起至2014年3月6日止的利息19.5127万元。[（2014）腾民二初字第296号]

▌**案例评析**

本案事实清楚，审理中被告也同意原告解除合同的要求，只是对违约责任的承担数额存在争议。原告要求被告支付所交购房款按中国人民银行同类借款的基准利率（年利率6.15%）计算的利息，被告则认为支付的利息应按照双方签订的合同约定的利率计算。原、被告双方签订的商品房购销合同对延期交房解除合同的违约金计算利率并无明确约定，参照双方签订的商品房购销合同对其他违约责任违约金的支付约定，支付数额明显过低，原告要求被告支付利息的计算标准及计算结果符合相关法律规定的，应当予以支持。

▌风险提示

二手房买卖中，房屋交付和过户时间在房屋买卖合同中至关重要。建议双方在合同中明确规定房屋交付及过户的时间，同时约定不能及时交付和过户的违约责任。实践中，很多当事人认为只要拿到房屋钥匙就算是交付房屋了。这是存在误区的。在法律上，过户时间才是真正的房屋交付时间，房屋只要没过户，就可能存在诸多风险，房屋交付过程中应注意以下问题：

（1）"交钥匙"与"交房"非同一概念，交钥匙不等于交付房屋，往往出卖人交了钥匙，但因租赁关系或共有关系，或其他原因，导致对出卖房屋有异议的案外人或第三人占据房屋，不予交付。此情况下，是否由出卖人承担责任或解决实际交房问题，因约定不明确，双方极易产生纠纷，故二手房买卖合同中应对出卖人全面交房的义务及违约责任明确约定。

（2）"交房"通常与"交钥匙"合二为一，如何交钥匙，有必要在合同中明确程序。在发生争议的情况下，一方辩称已交付，一方辩称索要过，均称遭到对方拒绝，如何避免举证上的困扰？可事先约定一方行使权利或履行义务遭拒时双方都认可的确认途径，比如约定双方都认可的第三方单位或自然人，明确双方遵守的通知方式。

（3）因履行法院生效判决而为房屋腾退、交付义务，为防止强制腾退义务一方人为破坏，对房屋现状的确认、交钥匙及验房最好安排具有公信力的第三方参与，以起到证据保护的见证作用，同时对现场情况最好有照片说明。

▌法条依据

《合同法》

第113条第1款：当事人一方不履行合同义务或者履行合同义务不符合约定，给对方造成损失的，损失赔偿额应当相当于因违约所造成的损失，包括合同履行后可以获得的利益，但不得超过违反合同一方订立合同时预见到或者应当预见到的因违反合同可能造成的损失。

第114条：当事人可以约定一方违约时应当根据违约情况向对方支付一定数额的违约金，也可以约定因违约产生的损失赔偿额的计算方法。

约定的违约金低于造成的损失的，当事人可以请求人民法院或者仲裁机构予以增加；约定的违约金过分高于造成的损失的，当事人可以请求人民法院或者仲裁机构予以适当减少。

当事人就迟延履行约定违约金的，违约方支付违约金后，还应当履行债务。

▌知识链接：二手房逾期交房损失的计算

二手房买卖合同签订后，卖方未依约交付房屋的，应承担违约责任。未约定逾期交房的违约责任承担方式，买方主张按逾期交付使用期间有关部门公布或有资质的房地产评估机构评定的同地段同类房屋租金标准，结合本地区房屋租赁现状和涉案房屋具体位置，来确定逾期交付违约金或赔偿损失的，应予支持。

因出卖方迟延交房，买方持与他人签订的转租协议起诉主张租金损失，可能会被法院以租金计算标准不客观而驳回。故房屋买卖合同可事先对一方迟延交房或迟延付款的违约责任有明确约定。

房屋的交付往往以"交钥匙"为标志，买方索取钥匙主张交付、卖方主张交付钥匙被拒绝，均应保留好相关证据，比如证人证言、提存证据、短信证据、录音证据等。

二手房屋买卖，双方对房屋交付日期应有明确约定，对逾期交付可参照该房屋当地当时出租的标准，约定迟延履行的违约赔偿条款，以免将来认定损失时出现举证上的困难。

4. 逾期过户纠纷的处理

▌案情介绍

2014 年 12 月 18 日，周某委托案外人罗某转让周某所有的坐落在上海市南京路某处房屋（以下简称"系争房屋"），并因此办理了委托书的公证手续。2015 年 11 月 20 日，罗某作为周某的代理人与余某签订了上海市房地产买卖合同，约定：周某将系争房屋以总房款 117 万元出售给余某，房屋建筑面积 88.97 平方米，双方于 2015 年 11 月 16 日前共同办理转让过户手续。但对逾期过户的违约金，双方并无约定。罗某在 2015 年 11 月 16 日，将系争房屋交付给了余某。2015 年 11 月 27 日，余某与罗某至房地产交易中心申请办理系争房屋的过户手续，但上海市嘉定区房地产登记处向双方出具了《不予登记告知书》，告知其系争房屋因被司法查封而不予登记。现余某因系争房屋查封无法过户而诉至法院，要求：周某立即将系争房屋过户至余某名下；周某支付余某违约金人民币 10 万元。

法院经审理认为：本案中，罗某以周某名义在委托期限内与余某签订房屋买卖合同，收取房价款和办理房产交接手续，并未超越代理权限，其法律后果应由周某来承担。罗某、余某之间的房地产买卖合同不违反国家法律、法规规定，关于房屋价款的约定亦在合理范围内，当属合法有效，双方应当遵照履行。现余某已支付了全部购房款，周某却未在合同约定时间内配合余某办理系争房屋的产权过户手续，显属违约。目前系争房屋之上原有的司法查封已被解除，房屋过户没有障碍，现余某要求周某立即将系争房屋过户至余某名下的请求合法有据，应予以支持。至于余某主张的违约金，双方在合同中并未就逾期过户违约金的数额或计算方法作出约定，余某该项诉请缺乏合同依据，不予支持。最终，法院判决周某应协助周某完成诉争房屋过户，驳回其关于逾期过户违约金的诉讼请求。[（2015）嘉民三（民）初字第1758号]

▌案例评析

本案涉及未约定逾期过户违约金是否承担的问题。

按照法律规定，代理人在代理权限内，以被代理人的名义实施民事法律行为。被代理人对代理人的代理行为承担民事责任。周某与罗某办理的公证委托明确委托事项包括：代为签订房地产买卖合同；代为办理房地产转移登记；代为收取房价款；代为交房等。委托期限自2014年12月18日起至2015年12月17日止。所以，本案罗某以周某名义在委托期限内与余某签订房屋买卖合同，收取房价款和办理房产交接手续，并未超越代理权限。罗某、余某之间的房地产买卖合同合法有效，双方应当遵照履行。但是由于双方并未就逾期过户违约金的数额或计算方法作出约定，法院最终没有支持原告关于逾期过户违约金的诉讼请求。

▌风险提示

二手房屋买卖合同合法有效，未办理物权登记的，不影响合同效力。买方请求卖方履行合同，并协助办理房屋登记过户手续的，可以得到法律的支持。

提醒广大二手房买卖双方当事人，房屋买卖格式合同尾部通常有"双方约定的补充条款"，对合同条款及附件内容的手写修改或补充，其效力应优先于合同的其他约定。所以，对合同空白栏尤其有关逾期付款、逾期交房违约金比例的填充应予明确，空白即视为相关违约责任未予约定。在此情况下，如一味坚持自己要求对方承担违约责任，可能导致被驳回诉讼请求的后果，本案即是如此。

▌法条依据

《民法通则》

第 63 条：公民、法人可以通过代理人实施民事法律行为。

代理人在代理权限内，以被代理人的名义实施民事法律行为。被代理人对代理人的代理行为，承担民事责任。

依照法律规定或者按照双方当事人约定，应当由本人实施的民事法律行为，不得代理。

《合同法》

第 107 条：当事人一方不履行合同义务或者履行合同义务不符合约定的，应当承担继续履行、采取补救措施或者赔偿损失等违约责任。

第 114 条：当事人可以约定一方违约时应当根据违约情况向对方支付一定数额的违约金，也可以约定因违约产生的损失赔偿额的计算方法。

约定的违约金低于造成的损失的，当事人可以请求人民法院或者仲裁机构予以增加；约定的违约金过分高于造成的损失的，当事人可以请求人民法院或者仲裁机构适当予以减少。

当事人就迟延履行约定违约金的，违约方支付违约金后，还应当履行债务。

▌知识链接：二手房逾期过户的法律处理

二手房买卖中，逾期过户的情况时有发生，因逾期过户引发的纠纷也不在少数。二手房卖方逾期过户该如何处理？

（一）房屋买卖合同中关于过户条款的法律风险提示

1. 注意合同尾部的补充条款及合同空白栏的填充。关于这一点，前已述及，此处不赘。

2. 在对方违约而违约责任未约定或约定不明的情况下，如一味坚持要求对方承担违约责任而拒绝继续履行，可能导致被驳回诉讼请求的后果。

3. "毁约"与"违约"在合同约定中应有明确界定，相应的责任后果是否统一有必要加以澄清，否则，在一方"违约"，很难认定为根本违约，事后在诉讼中又同意继续履行情况下，很难认定其为"毁约"，相应的"毁约"条款便难以适用。

4. 即便是合同有明确约定"先交全款再办过户"，如过户手续的办理，系因双方递件手续在先，税款交纳在后，因卖方拒绝配合递件，亦会被认为违约，由此导致合同解除的，应承担违约责任。

5. 过户手续迟延办理通常会成为卖方的主要责任，在卖方无证据证明已尽通知义务的情况下，买方未履行催告或协助义务通常不会认定构成违约。未及时办理过户，嗣后因政策原因导致过户手续办理成为难题，并不能当然成为卖方主张合同无效的理由。

6. 在合同已对履行义务的先后顺序有明确约定的情况下，作为房屋买卖合同的卖方，以怀疑对方的诚信及担心过户后余款难以追回为由，要求"先交全款再办过户"如无合同依据，则构成单方变更合同，可能会承担违约责任。

7. 过户与办证应明确约定。"卖方逾期15天仍未交付房地产时，合同即告解除"，该约定中的"交付房地产"应理解为房屋本身的交付，不涉及房屋产权证书的办理。

（二）二手房逾期过户有哪些风险

1. 房屋权利受到限制。比如，房屋产权所有人由于民事诉讼、刑事惩罚等，使房子被查封、抵押，卖方权利就不能全面行使。如果购房者购买了这样的房子，将承担很大风险，房子可能被没收、拍卖，购房者只能向卖房者要求返还本息。即便与卖房者进行了房屋交易公证，也属于无效。

2. 房屋共有人不同意卖房。房屋共有人通常指房主的妻子或丈夫，购房者在买房时要房主与共有人都同意才行。

3. 卖房者对房屋没有产权，只有使用权。比如一些单位分房后，房子就由职工一直居住，但是单位并没有将房子产权转给职工个人，此时居住者对房子只有使用的权利，而没有买卖的权利。这样的房屋买卖合同，一般公证处不予公证，即使公证了，也不具法律效力。

4. 一房二卖的风险。如果逾期办理过户，由于房屋产权并没有发生转移，卖方完全可以将房屋再卖一次，从而影响到购房者的合法权益。

（三）二手房卖方逾期过户怎么办

有合同的，应当按照合同约定处理。既然对方不能按照合同约定的时间过户房屋，那么属于违约行为，购房者可以要求对方立即过户，并承担违约责任，也可以要求对方支付合同约定的违约金，或者要求对方赔偿因此造成的直接经济损失。而根据我国《合同法》规定，下列情况可以解除合同：①因不可抗力致使不能实现合同目的；②在履行期限届满之前，当事人一方明确表示或者以自己的行为表明不履行主要债务；③当事人一方迟延履行主要债务，经催告后在合理期限内仍未履行；④当事人一方迟延履行债务或者有其他违约行为致使不能实现合同目的；⑤法律规定的其他情形。你也可以要求解除合同，并要求对方双倍返还定金。卖方逾期过户属于上述规定的第二种情况，根据相关法律规定，购房者可以要求解除，并要求卖方承担双倍定金的赔偿责任。

5. 逾期办证纠纷的处理

▌案情介绍

2012 年 6 月 22 日，彭某与正泽房产签订了上海市商品房预售合同，合同约定彭某向正泽房产购买上海市青浦区赵巷镇巷居路某号某室房屋，正泽房产应于 2014 年 3 月 31 日前将该房屋交付给彭某，并在 2014 年 7 月 31 日办理房产证，除不可抗力外，如未按时交付，按彭某已支付的房价款日万分之三计算违约金。后因为正泽房产的原因导致 2014 年 11 月 17 日才办理出房产证且正泽房产交付给彭某房屋的实测面积与合同约定的暂测面积相差 0.55 平方米。为此，彭某诉至法院，要求：正泽房产支付彭某延期办证的违约金人民币 17 901.38 元（按银行同期贷款利息，当时利率为 5.60%，从自 2014 年 8 月 8 日计算至 2014 年 11 月 17 日止）；正泽房产归还彭某房屋面积差价款 6 389 元，按合同约定的暂测面积与实测面积之差 0.55 平方米计算。

法院经过审理认为，依法成立的合同，对当事人均有约束力，当事人应当按照约定全面履行自己的义务，违反合同约定的当事人一方，应当按照合同和法律规定向另一方承担违约责任。彭某、正泽房产签订的上海市商品房预售合同系双方真实意思表示，又未违反国家法律、行政法规的禁止性规定，应属有效。彭某已按合同约定履行付款义务，正泽房产应按合同约定的交房条件在合同约定的期限内履行交房及办理房产证义务。关于面积补差款，现彭某所购房屋的实测建筑面积少于预售合同中的暂估面积，彭某要求退还差价款的请求本院亦予以认可。[（2016）沪 0118 民初 627 号]

▌案例评析

本案中，正泽房产公司没有按照约定在规定的期限内向彭某提供办理房屋所有权的手续，就是没有完全履行房屋买卖合同，因为房屋买卖合同的履行是以到房管局登记，办理房屋产权证后才算最终完成。所以，正泽房产公司的行为构成违约，应当按照合同的约定支付违约金。

▌风险提示

逾期办理产权证是房地产纠纷的热点问题，极易发生纠纷。开发商延期办理产权证不仅造成房屋产权关系不明，更为重要的是，买受人在行使转让、抵押、租赁、投资等相关合法权益时会受阻。而违约金是买受人维护自身合法权益的有力武器。因此，购房者在签订房屋买卖合同时，一定要做到关注细节，防患于未然，应当对合同的相应条款做到充分理解，明确违约金的具体比例、违约期限的内容，避免日后出现逾期办证纠纷时，自己的合法权益被损害。

▍法条依据

《合同法》

第 8 条：依法成立的合同，对当事人具有法律约束力。当事人应当按照约定履行自己的义务，不得擅自变更或者解除合同。

依法成立的合同，受法律保护。

第 60 条：当事人应当按照约定全面履行自己的义务。

当事人应当遵循诚实信用原则，根据合同的性质、目的和交易习惯履行通知、协助、保密等义务。

第 107 条：当事人一方不履行合同义务或者履行合同义务不符合约定的，应当承担继续履行、采取补救措施或者赔偿损失等违约责任。

第 114 条第 1 款：当事人可以约定一方违约时应当根据违约情况向对方支付一定数额的违约金，也可以约定因违约产生的损失赔偿额的计算方法。

《最高人民法院关于审理商品房买卖合同纠纷案件适用法律若干问题的解释》

第 18 条：由于出卖人的原因，买受人在下列期限届满未能取得房屋权属证书的，除当事人有特殊约定外，出卖人应当承担违约责任：

（一）商品房买卖合同约定的办理房屋所有权登记的期限；

（二）商品房买卖合同的标的物为尚未建成房屋的，自房屋交付使用之日起90 日；

（三）商品房买卖合同的标的物为已竣工房屋的，自合同订立之日起 90 日。

合同没有约定违约金或者损失数额难以确定的，可以按照已付购房款总额，参照中国人民银行规定的金融机构计收逾期贷款利息的标准计算。

▍知识链接：如何办理房产证和二手房过户

二手房购房策划中最重要的就是办理房产过户和办理房产证，买卖双方都应注意。现就二手房过户所要提交的材料、过户及办证流程梳理如下：

1. 二手房过户需要的材料：①房屋所有权证；②买卖双方身份证明；③房屋出售方婚姻状况证明；④房屋核档证明；⑤买卖契约；⑥其他房屋登记机构认为有必要提供的资料。

2. 二手房过户办理流程：

（1）当事人在申请二手房过户前应委托经市房地局认定的法律服务机构进行预审，法律服务机构对符合规定的自制合同提出预审合格意见。

（2）携带上述资料到市、区、县房地产交易管理机构，填写过户申请表。

（3）市、区、县房地产交易管理机构对买卖双方提供的申请过户资料进行审核，审核内容如下：①当事人提供的材料是否合法、有效；②申请书填写的内容与提供的材料是否一致、无误；③房地产的权属是否清楚，有无权属纠纷或他项权利不清的现象，是否属于《房地产转让办法》规定不得转让的范围；④受让人按规定是否可以受让该房地产；⑤买卖的房地产是否已设定抵押权；⑥买卖已出租的房地产，承租人是否放弃优先购买权；⑦买卖共有的房地产，共有人是否放弃优先购买权；⑧房地产交易管理机构认为应该审核的其他内容。

（4）审核通过后，进行过户登记。

3. 二手房房产证办理流程：

（1）房产证过户不经过房地产中介的话，须把合同的条款和违约条款写清楚，签合同时须卖方房产证上的当事人在场（如果是已婚的话，需要夫妻双方在场及签字，哪怕房产证上面只有一个人的名字）。

（2）携带相关资料，前往房产局，填写一些表格和一个存量合同，存量合同上面的金额一定要和签订合同上面的金额一样。

（3）将所需材料交给房产局后，领取回执单。

（4）按照回执单上面说明的日期去缴纳税金，一般需要十五个工作日左右。

（5）税金交清后领取新的房产证。

第三章

二手房买卖中意向金、定金、违约金的适用问题

引　言

定金、违约金、损害赔偿金等是二手房买卖中极为常见的法律概念。所谓定金是指合同当事人为了确保合同的履行，由一方当事人按合同标的额的一定比例向对方预先给付的金钱；违约金是指合同当事人约定的或法律直接规定的，在一方不履行合同时给付另一方一定数额的金钱；损害赔偿金是指一方当事人因不履行或不完全履行合同义务而给对方当事人造成损失时，按照法律和合同的规定所应承担的损害赔偿责任。

当前，二手房买卖在房地产交易市场中已逐渐成为主旋律，二手房价格一路走高。伴随着这一主旋律，二手房买卖的定金、违约金等纠纷也在逐年增多且表现形式趋向复杂化，导致实践中大量二手房交易出现卖方不履行买卖合同、要求涨价引发的纠纷。据了解，全国各地法院房地产庭案件受理量近年来也大幅上升，下文将选取几则较为典型的案件进行研究，就二手房买卖合同纠纷的意向金、违约金、定金等纠纷争议进行评析研究。

第一节　意向金纠纷

1. "意向金"并非都是"定金"

▎案情介绍

步某于2011年8月13日晚20时30分左右在顺驰公司业务员带领下看了位于北京市石景山区八角北路某房屋，步某觉得房屋还可以，回到顺驰公司说好

第二天上午签合同，随后步某交了 1 000 元，顺驰公司给步某开具了意向金收据。次日，步某在去看房时发现房屋存在漏水现象，遂拒绝与顺驰公司签订正式的居间合同并要求顺驰公司退还 1 000 元意向金，顺驰公司不予退还，步某报警后，经警察调解，顺驰公司也不予退还，遂步某诉至法院，请求顺驰公司返还意向金 1 000 元。

顺驰公司辩称：意向金实际上为定金，现步某不予签订正式居间合同，遂不予退还定金 1 000 元。

法院经过审理认为，意向金专用收据载明："2011 年 8 月 13 日，今收到步某交来石景山区八角北路 20 号楼 2 单元 501 号意向金，合计 1 000 元。收款人：陈淑敏，交款人：步某。"该收据加盖了顺驰公司财务专用章。按照法律规定，定金合同为要式合同，定金的成立必须有书面定金合同。顺驰公司与步某并未签订书面定金合同，从顺驰公司给步某开具的收据亦可以看出，步某支付给顺驰公司的 1 000 元是"意向金"，而非定金，因顺驰公司与步某没有就意向金情况签订书面合同，双方对于意向金的使用、返还等问题未达成一致。现双方居间合同未最终达成，因此，顺驰公司应退还 1 000 元意向金给步某。[（2012）一中民终字第 4737 号]

▌案例评析

该案的争议焦点在于顺驰公司收取的意向金的性质问题。首先，"意向金"并非经法律明确规定或法学理论中经社会一般公众认可并通用的具有特殊含义性质的法学特定词语，因此，不能认定"意向金"具有类似"定金""押金""首付款"或"租金"等特定词语的性质。其次，步某及顺驰公司均未提供有效证据证实双方对"意向金"性质的约定。但对于"意向金"的文字解释，应当仅仅为步某、顺驰公司间对租赁事项的一种意向。法院从这种意向的合意的文字解释中，亦可得出步某所称的房屋不租可以退还租金的主张。再次，顺驰公司作为经营范围为从事房地产经纪业务等的专业房地产经纪公司，应当具备基础的房地产经纪常识及条件，在双方并无书面合同或约定的情况下，顺驰公司应当承担对"意向金"性质及顺驰公司占有步某意向金权利基础的举证责任。最后，顺驰公司既未提供有效证据证明"意向金"的性质，亦未提交有效证据证明其占有意向金的权利基础，应当认定顺驰公司与步某形成了债的关系，顺驰公司应当在房屋租赁不成，步某要求退还钱款时，退还步某意向金。

▌风险提示

防范意向金风险主要是购房者应该多点心眼，不要轻易听信中介公司的一面之词，不要轻易给付意向金，仔细弄清楚意向金用途及返还情形，这样才能在受到莫名损失的时候追究责任有所依据。最重要的还是，购房者一定要把各种可能发生的情况都考虑清楚，不要仓促下决定，这样才能避免因为自己违约而损失意向金的情形。要留足应对特殊情形的款项等，千万不要在不了解卖家的底细时就下决定，也不要因为害怕别人抢先而忽视房子的质量。

▌法条依据

《民法通则》

第 84 条：债是按照合同的约定或者依照法律的规定，在当事人之间产生的特定的权利和义务关系。享有权利的人是债权人，负有义务的人是债务人。

债权人有权要求债务人按照合同的约定或者依照法律的规定履行义务。

▌知识链接：意向金、订金、定金、违约金的区别

实践中，许多当事人对意向金、订金、定金、违约金分不清楚，因此在这里对其加以区分：

（1）意向金。意向金，也叫诚意金，是十几年前从港台地区传过来的叫法。这在中介与买房和卖房双方签订的合同中多有体现，其实法律上并没有诚意金之说。中介与买卖双方之所以签订什么诚意金条款，主要是由于我们交易市场的诚实信用体系还不健全，交易主体为了各自的利益往往会违背诚实信用的原则，从而损害一方的利益。中介公司有时为了自己的利益，不管交易成功与否，便以买方或卖方没有诚意或违约为名没收诚意金，其实这种做法有悖于法律。根据法律规定，中介只有在促成房屋买卖双方合同成立的情况才可以要求买卖双方或一方（有特殊约定的情况）给予报酬。购房者一定要看清合同具体条款再签字，不轻易签订诚意金条款。

（2）定金。定金指合同当事人为保证合同履行，由一方当事人预先向对方交纳的一定数额的钱款。《合同法》第 115 条规定："当事人可以依照《中华人民共和国担保法》约定一方向对方给付定金作为债权的担保。债务人履行债务后，定金应当抵作价款或者收回。给付定金的一方不履行约定的债务的，无权要求返还定金；收受定金的一方不履行约定的债务的，应当双倍返还定金。"这就是我们通常说的定金罚则。第 116 条规定："当事人既约定违约金，又约定定金的，一方违约时，对方可以选择适用违约金或者定金条款。"《担保法》第 90 条规定："定金应当以书面形式约定。当事人在定金合同中应当约定交付定金的期限。定金合同从实际交付定金之日起生效。"第 91 条规定："定金的数额由当

事人约定，但不得超过主合同标的额的百分之二十。"《最高人民法院关于审理商品房买卖合同纠纷案件适用法律若干问题的解释》第4条规定："出卖人通过认购、订购、预订等方式向买受人收受定金作为订立商品房买卖合同担保的，如果因当事人一方原因未能订立商品房买卖合同，应当按照法律关于定金的规定处理；因不可归责于当事人双方的事由，导致商品房买卖合同未能订立的，出卖人应当将定金返还买受人。"因此从法律角度看，定金有双重性质：第一，它可作为合同的担保，以保证合同履行；第二，可以起到合同成立的证明作用。定金作为一把双刃剑，还具有惩罚性：给付定金的一方不履行合同的，无权要求返还定金；接受定金的一方不履行合同的，要双倍返还定金。定金作为法定的形式，法律对其有具体的要求：①形式要件，必须签订书面的形式；②数额的限定，定金的总额不得超过合同标的的20%。此外，在选择赔偿时，只能在定金和违约金中选择其一。

（3）订金。订金与定金仅一字之差，在法律性质上却有天壤之别。订金不是一个规范的概念，在法律上仅是预付款的一部分，是当事人的一种支付手段，不具有担保性质，合同履行的只作为抵充房款，不履行也只能如数返还。《最高人民法院关于适用〈中华人民共和国担保法〉若干问题的解释》第118条规定："当事人交付留置金、担保金、保证金、订约金、押金或者订金等，但没有约定定金性质的，当事人主张定金权利的，人民法院不予支持。"由此可见，当事人在合同中写明"订金"而没有约定定金性质的，则不能适用定金罚则。因此，购房者签字时一定要认真仔细，不要写错，否则到时后悔不迭。

（4）违约金。违约金是由当事人约定的或者由法律直接规定的，在违约方不履行合同时，偿付给守约方的一定数额的货币。根据相关法律法规，违约金可分为法定违约金与约定违约金。法定违约金是指在一些法规中，明文规定的违约金比例或幅度范围；约定违约金是指合同双方当事人在签订合同时自愿约定的违约金比例或数额。而法学理论界又从违约金的法律后果将违约金分为补偿性违约金和惩罚性违约金两种。支持补偿性违约金的学派认为违约金主要是为了弥补守约方受到的损失。持惩罚性观点的学者认为，违约金主要是为了确保合同的履行而事先约定的对违约方进行的一种惩罚。从我国的司法实践来看，二者兼而有之，但主要还是一种补偿性的赔偿。如《合同法》第114条规定："当事人可以约定一方违约时应当根据违约情况向对方支付一定数额的违约金，也可以约定因违约产生的损失赔偿额的计算方法。约定的违约金低于造成的损失的，当事人可以请求人民法院或者仲裁机构予以增加；约定的违约金过分高于造成的损失的，当事人可以请求人民法院或者仲裁机构予以适当减少。当事人就迟延履行约定违约金的,违约方支付违约金后,还应当履行债务。"

因此,我们在签订合同时要对意向金、定金、订金、违约金加以区别适用,尤其是在房产市场活跃、涨幅较大的时期,购房者最好在购房合同中写明各类金额的性质及返还规则。这样不仅对卖家是一个约束,同时也使自己权益遭受侵害后能得到最大限度的赔偿。

2. 意向金转定金条款的适用

▌案情介绍

郑甲、郑乙系姐弟,因郑甲欲购房,遂委托郑乙物色房源。2012 年 7 月 16 日晚,宝原公司工作人员李新东陪同郑乙至系争房屋看房,看房后郑乙即向宝原公司支付了人民币 2 万元意向金。7 月 17 日,在宝原公司的居间介绍下,郑乙代郑甲与章某某、陆甲就系争房屋的买卖分别签订了房地产买卖居间协议及房屋买卖合同。房地产买卖居间协议第 3 条约定:"郑乙为表示对该房地产之购买诚意,向宝原公司方支付意向金 2 万元,作为与陆甲进行洽谈之用。如果甲方在房屋买卖合同上签字,则该意向金转为定金,以担保房屋买卖合同履行。"之后郑乙又补交 8 万款项给陆甲。2012 年 7 月 23 日,郑乙发现在房屋建筑面积一栏中填写系争房屋面积为 91.19 平方米,与当初签订合同时约定的 94 平方米不符。事后双方就该问题未能协商一致,现郑甲、郑乙要求法院判令:解除其与陆甲就系争房屋签订的房屋买卖合同;宝原公司、陆甲向郑甲返还已付的 2 万元定金及 8 万元意向金。

原审法院经审理后认为,依法成立的合同,对当事人具有法律约束力。郑甲、郑乙以系争房屋实际建筑面积与约定面积误差超过 3%,符合合同解除条件为由要求解除合同,但其未就实际建筑面积与约定面积不符一节进行充分举证,难以证明章某某、陆甲对此存在过错,故郑甲、郑乙以此要求解除合同的理由难以成立。此外,根据居间协议上"意向金转定金"条款,当章某某、陆甲在居间协议上签字时,意向金即转为定金,以担保房屋买卖合同的履行,故郑甲、郑乙支付的 2 万元意向金已转为定金,在郑甲、郑乙无正当理由而不愿继续履约的情况下,章某某、陆甲有权予以没收。关于郑甲、郑乙另外支付的 8 万元是否属于定金,能否适用定金罚则的问题,法院认为,居间协议中明确约定的定金金额仅为 2 万元,而 8 万元的收款收据上亦未明确认定该款项的性质为定金,虽章某某、陆甲及宝原公司均称合同双方约定的定金总额为 10 万元,但其未能就此提供其他证据加以佐证,不予采信。遂判决,被告应返还原告 8 万元,2 万元定金按照定金罚则不予退还原告。[(2013)沪二中民二(民)终字第 830 号]

█ 案例评析

本案中，双方均认可 2 万元由意向金转为定金，但对其后支付的 8 万元价款的性质存在争议。陆甲主张郑甲、郑乙另行支付的 8 万元亦为合同约定的定金，对此我们认为：根据查明的事实，仅在房地产买卖居间协议中有 2 万元意向金在签订房屋买卖合同后转为定金的条款，而在房屋买卖合同中并无定金金额的约定内容。8 万元的收据系章某某单方开具，并无郑乙或郑甲的签名确认，根据法律规定，定金是要式条款，需要签订书面的定金协议。所以，本案中事后给付的 8 万元不足以作为认定合同双方对定金金额达成变更意见的依据，法院最终认定不能按照定金罚则来处理。

█ 风险提示

再次提醒广大购房者，"意向金"转"定金"条款需要因地制宜。实践中，很多中介公司会在意向金收据或者协议中约定"意向金转为定金"的条款，购房者稍不留神便会惹来"麻烦"。因为根据该条款，在卖家没有表示接受买家提出的购房条件和收下意向金之前，"意向金"属于买家向卖家发出"要约"时附加的款项，一般由中介方保管。但如果卖家同意买家的购买条件，并在意向金协议上签字签收的话，此时的"意向金"自动转化成为"定金"，买卖双方正式产生定金担保法律关系。"意向金"转"定金"一旦生效，买卖双方都有了约束，风险也是不言而喻，所以购房者一定要慎重对待。如果真的满意房屋，有强烈的购买欲望，那么购房者可通过签订此协议约束卖家，一旦他"反悔"不卖的话，就得付出双倍赔偿的代价；但如果购房者对所看房屋不太满意，尚需考虑，还是不要同意将意向金转定金为好，否则，不买的话，意向金就泡汤了。

█ 法条依据

《合同法》

第 8 条：依法成立的合同，对当事人具有法律约束力。当事人应当按照约定履行自己的义务，不得擅自变更或者解除合同。

依法成立的合同，受法律保护。

█ 知识链接：意向金风险该如何防范？

"意向金"这一名词对于很多经历过二手房购买行为的人来说并不陌生，它是买家者对卖家表达房屋购买诚意的一笔"诚意金"。由于这笔费用在法律上没有清晰、明确的规定，而今成了购房者与中介机构洽谈、议价的门槛，所以常常引发许多的争议和纠纷。

根据合同自由原则，一般根据合同的约定确定意向金的性质。然而在具体操作中，意向金与定金一样，缴纳时都应签订相关合同，以此作为该项费用的法律凭证。在实际操作的过程中，由于很多购房者通过中介寻找的目标房屋不止一套，假定购房者在看过中介推荐的第一套房屋之后就缴纳了意向金，但又没有与中介签订意向金合同，这笔意向金就很可能付之东流，因为如果第一套目标房屋没有洽谈成功，中介即会推荐第二套、第三套目标房屋，而非常有可能的是最后购房者没能谈成任何一套目标房屋，而手中也没有任何的意向金凭证，最终导致意向金无法要回。

即使需要给付意向金，金额也不宜过大。有些时候，购房者在看到心仪的房子后就希望尽快购得，为了保险，他们会加大意向金的缴纳额度，将意向金的功效等同于定金。对于购房者的此种做法，一些黑心的中介根本不会和客户提及意向金的额度问题，不少购房者因此上当受骗。意向金一般控制在总房款的 2%～5%，但如果房屋的总价过高，意向金额度还要更低一些，这才保险。此外，意向金有效期不宜过长，缴纳意向金时应该与中介或者出卖方约定意向金存放的时间期限，目前较为保险的做法是 3～7 天，过了这个期限以后，意向金应该如数退还给购房者。市面上很多中介或者开发商会借意向金拖住购房者，因为只要意向金没有归还购房者，对他们来说仍然手持潜在客户，这样他们就有足够的时间去服务其他的购房者，而对于那些已经缴纳意向金，又没有约定有效期限的购房者来说，迫切、实际的看房买房需求有可能不能尽快得到满足。而且，时间一长，房价有可能上调，造成不必要的损失。

第二节　定金纠纷

1. "定金"与"订金"仅一字之差，却有天壤之别

▌案情介绍

2011 年 10 月 7 日，原告沈某向被告葛某交付了 2 万元的订金，葛某向沈某出具了写明订金的收条。该订金用于沈某看房，双方约定看房后，如果不满意，葛某将 2 万元退还给沈某。但是，在沈某看完房后不满意要求退还 2 万元时，葛某以 2 万元系定金为由予以拒绝。沈某遂将葛某起诉至北京市海淀区人民法院要求葛某返还 2 万元订金。

庭审中，被告葛某辩称，沈某老乡穆某当时在场，并有证言证明当日沈某交付的2万元系购房定金。双方约定如果沈某不要房2万元不退、葛某如果不卖房双倍返还4万元。原告沈某诉称，葛某有房出售，但是看房要交付2万元的订金，看完房后退还。于是交付了2万元的订金，但看完房后因不符合要求就没有购买，葛某应退还订金。另，穆某无正当理由未到庭作证，对其证言不予认可。

法院审理认为，葛某在得到其他房产共有人同意的情况下将房屋出售给沈某，双方虽未签订书面房屋买卖合同，但葛某出具的收条上明确载明了房屋买卖的当事人、标的、数量和价款，故双方之间形成了事实上的房屋买卖合同关系。该案争议焦点在于沈某要求葛某返还的2万元是"订金"还是"定金"。葛某给沈某出具的收条中写明了"订金款2万元"，而葛某并无证据证明双方当事人当时的合意为"定金"，并非"订金"，故法院对其抗辩理由不予采信。订金在法律上不具有担保性质，房屋买卖合同不履行的应如数返还。沈某已明确表示并以其行为表明不履行合同，故葛某应将订金退还给沈某。故法院依法判决被告葛某返还2万元订金给原告沈某。

▌案例评析

"订金"虽然与"定金"只有一字之差，但是二者的法律性质却截然不同：如果在签合同时写明的是"订金"字样，当收受订金的一方违约时，另一方无权要求其双倍返还，只能要求其如数退还。本案中，葛某给沈某出具的收条中写明了"订金款2万元"，而葛某并无证据证明双方当事人当时的合意为"定金"，并非"订金"。因此葛某2万元为定金不予退还的抗辩是无法成立的。葛某应依约返还2万元订金给沈某。

▌风险提示

订金不是一个规范的概念，在法律上仅作为一种预付款的性质，是预付款的一部分，不具有担保性质。能发生双倍返还的为"定金"。如约定"订金"，则在一方违约时，不适用定金罚则。故购房合同中对"定金"的表述应明确，字面及解释均应符合法律规定的形式，嗣后的该款收据内容表述亦应明确为购房"定金"，任何表述为"订金""小订""定钱""押金""保证金""信誉金""诚意金""意向金""代购金""违约担保金"的做法，或对该款支付、收取的不一致表述，均有可能导致不适用定金罚则的法律后果。同时亦要避免合同与收据对"定金"表述的不一致性。双方一定要对此予以注意，切不可因书写错误为日后纠纷的发生埋下隐患。

▌法条依据

《最高人民法院关于适用〈中华人民共和国担保法〉若干问题的解释》

第118条：当事人交付留置金、担保金、保证金、订约金、押金或者订金等，但没有约定定金性质的，当事人主张定金权利的，人民法院不予支持。

▌知识链接：订金的正确理解

订金在法律上是不明确的，也是不规范的，在审判实践中一般被视为预付款，即使认定为一种履约保证，这种保证也是单方的，它只对给付方形成约束，即给付方对收受方的保证。若收受方违约，只能退回原订金，得不到双倍返还；若给付方违约，收受方会以种种理由把订金抵作赔偿金或违约金而不予退还。

根据我国《民法通则》和《担保法》的规定，定金与订金的区别主要表现在四个方面：

（1）交付定金的协议是从合同，依约定应交付定金而未付的，不构成对主合同的违反；而交付订金的协议是主合同的一部分，依约定应交付订金而未交付的，即构成对主合同的违反。

（2）交付和收受订金的当事人一方不履行合同债务时，不发生丧失或者双倍返还预付款的后果，订金仅可作损害赔偿金。

（3）定金的数额在法律规定上有一定限制，例如《担保法》就规定定金数额不超过主合同标的额的20%；而订金的数额由当事人自由约定，法律一般不作限制。

（4）定金具有担保性质，而订金只是单方行为，不具有明显的担保性质。可见定金和订金虽只一字之差，但其所产生的法律后果是不一样的，订金不能产生定金所有的四种法律效果，更不能适用定金罚则。

2. 定金罚则的法律适用

▌案情介绍

原告胡百卿与被告临沂沂兴房地产开发有限公司于2010年8月9日达成了购房意向：原告购买被告沂兴公司位于费城镇中山路某处楼房一套，并于当天交给被告沂兴公司定金5万元，当时被告的经办人承诺半个月后交齐购房款即给钥匙并给办理房权证。2013年8月23日，原告（买受人）与被告沂兴公司（出卖人）签订了购房合同，合同约定合同总价款为187 944万元，出卖人应于

2010 年 8 月 30 日前依照国家和地方人民政府的有关规定将验收合格的商品房交付给买受人，原告又支付给被告沂兴公司购房款 13 万元。后被告沂兴公司作为出卖人未按合同约定将原告所购楼房交付原告。另查明，被告出卖给原告的楼房，被告已于 2006 年 10 月 17 日卖给了杨平，杨平在费县房管局通过产权登记取得了涉案楼房的所有权证。2008 年 9 月 8 日，杨平又将涉案楼房卖给了李文平，并到费县房管局办理了产权转移登记。后费县公安局经侦大队因被告法定代表人刘伟涉嫌刑事犯罪将其刑事拘留。刘伟之妻李永梅与原告约定：李永梅自愿筹集现金 18 万元替被告归还原告购房款，后费县公安局经侦大队将 18 万元购房款转交给了原告。因损失赔偿事宜，原告诉至法院，请求依法判令被告解除原告和被告签订的购房合同，双倍返还原告所交购房定金 5 万元，承担赔偿责任 18 万元。

山东省费县人民法院认为，原告与被告沂兴公司于 2013 年 8 月 23 日签订的购房合同内容不违反有关法律规定，为有效合同。被告本应按照《中华人民共和国合同法》第 60 条的规定，履行其交付房产的义务。但因合同约定的标的物已被他人以合法的方式取得所有权，原告与被告沂兴公司签订的购房合同已不能履行，原告请求解除该合同符合有关法律规定。另外，被告沂兴公司故意隐瞒所售房屋已经出卖给第三人的事实，又与原告签订商品房买卖合同显系不诚信行为，故原告请求被告承担赔偿责任，并返还定金理由正当，符合相关法律规定，本院予以支持。最终判决被告临沂沂兴房地产开发有限公司赔偿原告胡百卿损失 142 411 元，返还原告胡百卿定金 37 589 元，共计 180 000 元。（最高人民法院发布 19 起合同纠纷典型案例之七）

▌案例评析

本案是涉及商品房买卖合同中因出卖方故意隐瞒所售房屋已经出卖给第三人的事实，导致合同无效或者被撤销、解除的惩罚性赔偿条款适用的典型案件，也是对《合同法》第 54 条中关于一方以欺诈手段使对方在违背真实意思的情况下订立合同被撤销的适用。

现对本案定金罚则的适用加以分析。本案中原告支付给被告 5 万元的定金，后被告故意隐瞒所售房屋已经出卖给第三人的事实，又与原告签订商品房买卖合同的行为，属于欺诈。原告可按照《合同法》第 115 条的规定，要求被告双倍返还定金即 10 万元。但又根据《担保法》第 91 条关于定金不得超过主合同标的额的 20% 及《最高人民法院关于适用〈中华人民共和国担保法〉若干问题的解释》第 121 条关于当事人约定的定金数额超过主合同标的额 20% 的，超过的部分，人民法院不予支持的规定，原、被告约定的定金数额为 5 万元过高，应予以调整为 37 589 元（187 944×20%）为宜，其余 12 411 元应视为购房款，故原告实际支付的购房款应为 142 411 元（130 000 元＋12 411 元）。

此外，本案也对商品房买卖中惩罚性赔偿原则与定金罚则并存时应如何适用作出阐述。商品房买卖合同中，惩罚性赔偿原则并非以"双倍返还"为限，双方当事人愿意在合同中加入惩罚性赔偿的内容，并不违背法律法规的强制性规定，那么该条款可以视为双方给自己可能造成的损害，而采取的额外保护措施，法院对此应予支持。

▌风险提示

并不是所支付的定金在出卖人违约时都能按照双倍予以返还，法律规定了合同标的 20% 的标杆，20% 以上的定金部分只能作为购房款处理，需要买受人对此予以注意。此外，也提醒广大购房者，在定金交付前一定要确定权属主体、卖方资质，现场看房，到房管部门验证，就主要的交易条款达成意向并能基本确定，一防遇到骗子，二防事后反悔。尤其是在面对低价诱惑时，更应谨慎耐心，勿图省事，避免先交定金、仓促交易而上当受骗。

▌法条依据

《合同法》

第 115 条规定：当事人可以依照《中华人民共和国担保法》约定一方向对方给付定金作为债权的担保。债务人履行债务后，定金应当抵作价款或者收回。给付定金的一方不履行约定的债务的，无权要求返还定金；收受定金的一方不履行约定的债务的，应当双倍返还定金。

《担保法》

第 91 条：定金的数额由当事人约定，但不得超过主合同标的额的百分之二十。

《最高人民法院关于适用〈中华人民共和国担保法〉若干问题的解释》

第 115 条：当事人约定以交付定金作为订立主合同担保的，给付定金的一方拒绝订立主合同的，无权要求返还定金；收受定金的一方拒绝订立合同的，应当双倍返还定金。

第 121 条：关于当事人约定的定金数额超过主合同标的额百分之二十的，超过的部分，人民法院不予支持。

《最高人民法院关于审理商品房买卖合同纠纷案件适用法律若干问题的解释》

第9条：故意隐瞒所售房屋已经出卖给第三人的事实，导致合同无效或者被撤销、解除的，买受人可以请求返还已付购房款及利息、赔偿损失，并可以请求出卖人承担不超过已付购房款一倍的赔偿责任。

▌知识链接：发生定金纠纷时的处理规则

根据定金合同纠纷经常遇到的有关问题，发生定金合同纠纷应按以下处理规则解决。

（1）定金罚则的适用规则。我国《合同法》第115条对定金是这样规定的："当事人可以依照《中华人民共和国担保法》约定向对方给付定金作为债权的担保。债务人履行债务后，定金应当抵作价款或者收回。给付定金的一方不履行约定的债务的，无权要求返还定金；收受定金的一方不履行约定的债务的，应当双倍返还定金。"

（2）实际交付定金数额多于或者少于约定数额处理规则。定金合同签订后，如果应当交付定金的一方实际交付的定金数额多于或者少于约定数额，根据《最高人民法院关于适用〈中华人民共和国担保法〉若干问题的解释》第119条的规定视为变更定金合同；收受定金一方提出异议并拒绝接受定金的，定金合同不生效。《担保法》规定，定金合同自实际交付定金之日起生效。既然定金合同尚未生效，当然不能强制支付。但定金合同作为买卖合同的从合同，交付定金又是主合同项下的义务。笔者认为对未支付定金的，可以催告履行，仍不履行的可以解除合同。

（3）迟延履行或者其他违约行为处理规则。《最高人民法院关于适用〈中华人民共和国担保法〉若干问题的解释》第120条第1款规定："因当事人一方迟延履行或者其他违约行为，致使合同目的不能实现，可以适用定金罚则。但法律另有规定或者当事人另有约定的除外。"因此，实践中如果当事人一方延迟履行合同的，应当按照延迟履行部分所占合同约定内容的比例，适用定金罚则。

（4）合同部分履行时的处理规则。定金是担保的形式之一，作用是担保主合同债务的履行，那么，其担保的范围应当是全部债务。全部不履行的，当然适用定金罚则；部分不履行的，其不履行的部分仍在担保范围之内，定金的效力对其仍具约束力，依照公平原则，应当适用定金罚则。当事人一方不完全履行合同债务，应当按照未履行部分与占整个合同的比例，计算未履行部分的定金额，适用定金罚则。

（5）未按合同交付定金的处理规则。双方当事人确定了定金条款和数额后，定金合同并不立即生效，以当事人实际交付定金为准，但在具体执行过程中一方未支付定金，该合同不可强制执行，那么拒绝交付定金的当事人是否应该承担缔约过失责任呢？笔者认为当事人不因定金合同的不生效而产生缔约过失责任，同时也不能认定当事人违约，更不能裁判当事人承担违约责任。如果另一方当事人也未主张定金，由于定金合同不生效，则视为双方均放弃定金约定的条款和数额担保的权利。

（6）不适用定金罚则情形。因不可抗力、意外事件致使主合同不能履行的，不适用定金罚则。本法所说的不可抗力，是指不能预见、不能避免并不能克服的客观情况。根据上述法律条文体现的原则，如果合同完全因不可归责于双方当事人的不可抗力或意外事件致使合同不能履行时，定金应当返还。既然双方皆无过错，均应免责，互不赔偿，亦不需惩罚，故定金应予返还。如果是不可抗力或意外事件部分影响合同的履行时，应对其作部分免责，其余则按一方过错未履行合同的规则处理。当事人迟延履行后发生不可抗力或意外事件的，不能免除责任。

（7）第三人的过错导致合同不能履行时适用定金罚则。凡当事人在合同中明确约定给付定金的，在实际交付定金后，如一方不履行合同，除有关法定免责的情况外，即应对其适用定金罚则。因合同关系以外第三人的过错导致合同不能履行的，除该合同另有约定外，仍应对违约方适用定金罚则，合同当事人一方在接受定金处罚后，可依法向第三人追偿。

3. 房产调控政策非不可抗力，不能排除适用定金罚则

▎案情介绍

原告吴某和被告陈某同住在浙江省温州市苍南县。二人于 2010 年 4 月 16 日签订了一份商品房转让定金协议书。约定由陈某将尚未交付和产权登记的房屋卖给吴某，吴某先支付 10 万元定金，余款在本月底一次性付清。若陈某反悔，双倍退还吴某定金，吴某反悔，定金归陈某。2010 年 4 月 17 日，国务院出台了新的房产政策，规定对不能提供 1 年以上当地纳税证明或社会保险缴纳证明的非本地居民提高贷款首付，吴某因此无法从银行贷款购房。二人就是否继续履行买房合同无法达成一致，吴某以新政策属于法律上的"不可抗力"或"情势变更"为由，诉至浙江省苍南县人民法院，要求同陈某解除合同，全额返还自己的定金。

法院审理后认为，原、被告订立的商品房转让定金协议书，属立约定金合

同性质，当事人意思表示真实，内容合法，该定金协议从实际交付定金之日起生效，给付定金的一方不履行约定债务的，无权要求返还定金。原告拒绝与被告订立商品房买卖合同，支付购房款，属于不履行约定的债务行为，为此，原告无权要求被告返还定金。对于原告提出受房贷新政影响无法办理贷款这一理由，法院认为，双方当事人已在定金合同中约定原告在规定时间内按期支付余下按揭，且原告也明知在一定期限内尚不能取得房屋产权证，国务院关于房贷调控政策的出台，并不必然导致原、被告间的商品房买卖合同不能继续履行。因此，原告主张的事实与适用情势变更规定的条件不符，原告据此要求解除合同并返还定金，于法无据。法院依法驳回原告的诉讼请求。

▌案例评析

根据我国法律的规定，所谓的不可抗力是指不能预见、不能避免并不能克服的客观情况，一般情况下是人类不可抗拒的力量。在人类生活的环境中，有许多自然的力量是人类不能预见或即使预见也无法避免的。不可抗力主要包括自然灾害、罢工、骚乱等社会异常事件等。我国《民法通则》和《合同法》中都规定，除法律规定不能作为抗辩事由的情况，在一般情形下，不可抗力可以是抗辩事由，用于免责，排除定金罚则的适用。

但是房产调控政策是否构成不可抗力事由呢？我们知道，"国十条"颁布以来，中央和地方政府频频出台诸多调控政策，目标指向明确，买卖双方很难再说对房产调控政策"不可预见""不可避免""不能克服"。虽然不能说房产新政已是老幼皆知，但买房者对此至少不可能一无所知。除了纯粹因受限贷、限购、禁购等调控政策的直接影响，合同确实无法继续履行的，可认定为不可抗力，其他情况下，一般不可因房产调控政策实现解除合同或排除定金罚则适用的目的。

那么到底在什么情况下，法院会支持买房人以"限贷政策"为由解除合同的请求呢？此时，合同中是否约定以按揭贷款方式付款成为判断的主要考量因素。

没有明确约定以按揭贷款方式付款。对调控政策实施前订立的合同并未明确约定以按揭贷款方式付款，买房人现以受限贷政策影响而无法履约为由，请求解除合同的，一般不予支持。

明确约定以按揭贷款方式付款。如合同明确约定以按揭贷款方式付款，买房人又能举证证明其确因首付款比例提高、不能办理按揭贷款等导致其无法履约，并以此请求解除合同的，可予以支持。在这种情况下，卖房人应当将收受的购房款或者定金返还买房人，但可以酌情要求买房人承担其为订立合同而实际发生的费用等合理损失。

本案中，双方当事人已在定金合同中约定原告可在规定时间内按期支付余下按揭且约定了若不能办理按揭后价款支付的补充办法。国务院关于房贷调控政策的出台，并不必然导致原、被告间的商品房买卖合同不能继续履行，原告对此是有预期的。因此，原告主张的事实与适用不可抗力规定的条件不符，要求解除合同并返还定金的请求没有得到法院支持。

▌风险提示

调控政策不属于"不可抗力"。房产新政出台后，买房人如果仅仅以合同内容与调控政策相悖为由，主张合同无效或排除定金罚则的适用的，将不可能得到法院的支持。调控政策一般不属于"不可抗力"，因为当事人根据国家一段时期内对房产交易的调控形势的分析，可以对政策变化形成合理的预期，从而适当地安排交易时间、价格，且政策出台也并未使交易无法进行、合同目的无法实现，只是增加了买受人交易的成本，不符合不可抗力"不能预见""不能克服"的特点。再次提醒广大购房人，既然准备购房，就应当做好资金方面的准备，贷款利率的提高是其应当承受的商业风险。除此之外，其他当事人对房贷限制有所预见的情况，也都不能成为买房人无法履行合同的理由。此外，如果确实需要贷款购房的，应当在房屋买卖合同中就贷款政策导致不能依约办理贷款是否解约或适用定金罚则作出约定，做到防患于未然。

▌法条依据

《最高人民法院关于适用〈中华人民共和国担保法〉若干问题的解释》

第 122 条：因不可抗力、意外事件致使主合同不能履行的，不适用定金罚则。因合同关系以外第三人的过错，致使主合同不能履行的，适用定金罚则。受定金处罚的一方当事人，可以依法向第三人追偿。

《最高人民法院关于审理商品房买卖合同纠纷案件适用法律若干问题的解释》

第 4 条：出卖人通过认购、订购、预订等方式向买受人收受定金作为订立商品房买卖合同担保的，如果因当事人一方原因未能订立商品房买卖合同，应当按照法律关于定金的规定处理；因不可归责于当事人双方的事由，导致商品房买卖合同未能订立的，出卖人应当将定金返还买受人。

▌知识链接：定金有哪些种类

定金是当事人约定一方在合同订立时或在合同履行前预先给付对方一定数量的金钱，以保障合同债权实现的一种担保方式。根据我国法律规定，定金合同属于从合同、要式合同、实践合同。据《最高人民法院关于适用〈中华人民共和国担保法〉若干问题的解释》（以下简称《担保法解释》）的规定，定金主要有以下几种类型：

（1）订约定金。《担保法解释》第115条规定："当事人约定以交付定金作为订立主合同担保的，给付定金的一方拒绝订立主合同的，无权要求返还定金；收受定金的一方拒绝订立合同的，应当双倍返还定金。"该条是关于订约定金的规定。订约定金即立约定金，其设立是为了担保主合同的签订。订约定金的特点是其法律效力的发生与主合同是否发生法律效力没有关系，其生效是独立的，在主合同之前即成立。买受人交付定金，有必要对定金性质予以明确。凡在意向书一类的协议中设定了订约定金，其法律效力自当事人实际交付定金时就存在，在其所担保的订约行为没有发生时，对拒绝订立主合同的当事人就要实施定金处罚。

（2）成约定金。《担保法解释》第116条规定："当事人约定以交付定金作为主合同成立或者生效要件的，给付定金的一方未支付定金，但主合同已经履行或者已经履行主要部分的，不影响主合同的成立或者生效。"该条是关于成约定金的规定。作为主合同成立或生效要件而约定的定金，称之为成约定金。当事人在合同中约定有成约定金的，定金未交付，则合同不成立或不生效。若当事人约定定金并明确表示定金的交付构成合同的成立或生效要件的，该定金具有成约定金的性质。但是，为了鼓励交易，如果主合同已经履行或者履行了主要部分，即使给付定金的一方当事人未按约实际交付定金，仍应当承认主合同的成立或生效。

（3）解约定金。《担保法解释》第117条规定："定金交付后，交付定金的一方可以按照合同的约定以丧失定金为代价而解除主合同，收受定金的一方可以双倍返还定金为代价而解除主合同……"该条规定了解约定金。解约定金是指以定金作为保留合同解除权的代价，即支付定金的一方当事人可以放弃定金以解除合同，接受定金的一方当事人也可以双倍返还定金以解除合同。需要注意的是，当事人一方虽然以承担定金损失解除了合同，但在守约的当事人因合同解除受到的损失大于定金收益的情况下，解约方仍然应承担损害赔偿的责任。

（4）违约定金。《担保法解释》第120条第1款规定："因当事人一方迟延履行或者其他违约行为，致使合同目的不能实现，可以适用定金罚则。但法律另有规定或者当事人另有约定的除外。"违约定金是指以定金的放弃或者双倍返还作为违反合同的补救方法而约定的定金。

4. 适用定金罚则，不能免除继续履行合同的义务

▌案情介绍

2006 年 9 月，卖方甲与买方乙双方签订二手房买卖合同，甲将其位于苏州市东大街的一处房产出售给乙。双方在合同中约定："在前签订合同后，如乙擅自终止合同，则其交付的定金由甲没收，不予退还；若甲单方面终止合同，则应当双倍返还定金给乙。"合同签订后，乙向甲交付了 2 万元定金，此后双方开始着手办理过户事宜。但由于周围房价持续上涨，甲认为合同房价低了，对办理交易过户便一拖再拖。直至 2007 年 4 月，在中介和乙的再三催促之下，甲明确提出愿意双倍返还定金给乙而不再履行合同，但乙坚决要求继续履行合同。双方协商不成，诉至法院。

法院经过审理认为，双方签订的二手房买卖合同是双方真实的意思表示，合法有效，双方应按照合同严格执行，卖家因房价上涨而反悔，擅自解除合同，有违诚实信用原则，也违反了合同义务。卖家不能单方面以承担定金罚则来免除继续履行合同的责任，因此，判决卖方应协助买方及中介公司办理交易过户手续。

▌案例评析

合同双方当事人在签订合同后应当严格按合同的约定履行义务。如果合同一方当事人违反合同约定不履行合同义务，无论是合同履行期未到的预期违约，还是合同履行期届满后的实际违约，而另一方不同意解除合同，坚决要求继续履行合同的，除符合《合同法》第 110 条规定外，一般应当按守约方的要求，依合同约定判令违约方继续履行，而不能支持违约方以承担违约责任或定金责任来代替继续履行合同的请求。但全面履行原则是指"按约定"全面履行，如果合同中约定当事人可以以承担违约责任替代履行合同义务的，这种约定没有违反法律的规定，应当依法有效，允许当事人承担违约责任或定金责任而免除其履行合同的义务。

对于本案，甲因为房价上涨而反悔、擅自解除合同，有违诚实信用原则，也违反了合同义务。虽然甲提出愿意双倍返还定金，但乙不同意，甲就不能单方面以承担定金责任免除继续履行合同的责任。

▌**风险提示**

合同约定可以以承担定金责任代替继续履行的，放弃定金可不继续履行合同；合同没有约定的，不能以放弃定金代替实际履行。

▌**法条依据**

《合同法》

第 60 条：当事人应当按照约定全面履行自己的义务。当事人应当遵循诚实信用原则，根据合同的性质、目的和交易习惯履行通知、协助、保密等义务。

第 93 条：当事人协商一致，可以解除合同。当事人可以约定一方解除合同的条件。解除合同的条件成就时，解除权人可以解除合同。

第 110 条：当事人一方不履行非金钱债务或者履行非金钱债务不符合约定的，对方可以要求履行，但有下列情形之一的除外：

（一）法律上或者事实上不能履行；

（二）债务的标的不适于强制履行或者履行费用过高；

（三）债权人在合理期限内未要求履行。

《最高人民法院关于适用〈中华人民共和国担保法〉若干问题的解释》

第 117 条：定金交付后，交付定金的一方可以按照合同的约定以丧失定金为代价而解除主合同，收受定金的一方可以双倍返还定金为代价而解除主合同。对解除主合同后责任的处理，适用《中华人民共和国合同法》的规定。

▌**知识链接：签订定金合同的注意事项**

（一）签订定金合同需要注意什么

1. 定金条款并不具有强制性，购房者可以依法自主决定是否订立定金条款。

2. 交易双方应在定金条款中注明不履行合同的具体情况。

3. 虽然已订立了定金条款，但只有在交付了定金后，合同才会生效。

4. 分清定金和订金的区别，不要错把订金当定金。

5. 有的售房者会在定金条款中设下陷阱，故意让其违约，所以要仔细阅读定金条款。

（二）如何处理购房定金合同纠纷

1. 确认协议的效力。如果合同无效，购房者可以要求售房者全数返还其所支付的定金，所以要确定好协议的效力。比如没有经济适用房购买资格的人购买未满五年的经济适用房，这样的协议就属于无效协议，一旦发生纠纷，售房者就需要返还定金。

2. 确认协议的内容。确认协议有没有欺诈、重大误解等情况，如果有，可以在签订协议之日起一年内请求人民法院撤销，在协议撤销后，定金应该全部返还。比如，如果售房者隐瞒房屋有重大安全隐患的情况，就属于欺诈。

3. 确认违约责任人。在协议合法有效的情况下，就要确定谁是违约方，谁是守约方，给付定金的一方如果违约，无权要回定金，收受定金的一方如果违约，应该双倍返还定金。

4. 确认买卖合同是否成立。在签订正式房屋买卖合同之前，如果因为买卖双方关于买卖合同的具体条款没有达到一致而导致买卖合同没有成立，各不承担违约责任，定金应该全部返还。

5. 确认支付方式。在没有和售房者全部协商一致的情况下，不要给付定金。如果支付，最好直接给付给售房者，不要交给中介转交，因为减少环节也就意味着减少纠纷。

6. 确认是否落实至书面。为了避免发生纠纷，任何承诺最好都要落实成书面的东西。要知道，如果发生纠纷，录音、证人证言都是可以作为证据的。

5. 签订认购书支付定金后未签订房屋买卖合同的，定金可以索回

▌案情介绍

2015 年 6 月 8 日，何某经过市场考察，看好了一套商品房，遂与出卖人签订了房屋认购书，并且双方约定双方签订商品房认购书当日买方须交纳购房定金 4 万元，商品房认购书签订之日起 15 日内买方须到出卖人处洽谈签订正式购房合同事宜。双方签订认购书后，何某按照约定当即向出卖人支付了购房定金 4 万元。一周后来到出卖人处洽谈签订商品房买卖合同，出卖人出示合同文本要求何某签字确认，在经过了一番认真审查后，何某没有草率签字。何某就合同文本中的某些条款提出不同的意见，出卖人表明合同条款不能做任何修改，只能够按其提供的格式购房合同文本签订，结果双方就某些合同条款没有能够达成一致意见，合同没能签订，后何某要求出卖人退还定金，但出卖人拒绝，理由是何某未能在约定期限内进行谈判，拒绝按合同金额退还押金。

法院经过审理认为：在购买商品房的一系列过程中，签订正式的商品房买卖合同之前，买卖双方签订的商品房认购书并不是房屋买卖合同，只是一份双方准备签订正式商品房买卖合同的意向契约，不具备房屋买卖合同的法律效力。本案中该 4 万元的定金属于立约定金而不是履约定金，认购书定金不是用来约束正式购房合同的结果的，现双方就正式买卖合同不能协商一致，合同并未订

立。何某有权要求出卖人返还 4 万元定金。

▊ 案例评析

商品房认购书是商品房买卖双方签订的，约定在未来某个时间签订商品房买卖合同的文书。商品房认购书通常包含如下内容：买卖双方当事人信息、房屋基本情况、房屋价款、签订商品房买卖合同的时间、双方违反认购书的违约责任等。同时，为督促双方当事人及时签订商品房买卖合同，认购书中一般还会设置定金条款。

根据《最高人民法院关于适用〈中华人民共和国担保法〉若干问题的解释》和《最高人民法院关于审理商品房买卖合同纠纷案件适用法律若干问题的解释》的规定，卖方通过认购、预定、订单等接受以存款作为房地产销售的保证给买方时，分两种不同的情形来处理：①如果是因为一方当事人自己的原因没有订立商品房买卖合同的，应该按照法律规定处理，即可以适用定金罚则；②如果它不属于因当事人自己的原因，导致未能订立买卖合同，房地产卖方应退还定金给买家。本案中，只要何某在约定的时间与出卖人讨论具体的合同，作为买家，他已经履行了合同规定的义务。至于正式的购房合同，因为双方无法达成一致，导致无法签订正式合同，这是在签约的过程中出现的情况，不可归责于当事人。因此，何某是可以收回他 4 万元押金的。

▊ 风险提示

在现实生活中，很多购房者认为签订了商品房认购书并且交付了定金后，如果不签订商品房买卖合同，就表明自己违约，也就不能依法要回定金，这种认识是错误的。在实际生活中也会发生很多这样的情况，出卖人心里非常明白却表面装糊涂，他们往往会否认购房者与其协商过签订购房合同这一关键事实，据此拒不退还定金。如果发生诉讼，购房者负有举证责任。具体来说，只有举证证实自己没有违约，才能要回定金。购房者在诉讼审理中举证来证明自己在认购书约定的时间，曾经去和出卖人商谈过签订购房合同的事实成立，就成为是否能够胜诉要回定金的关键所在。

针对这个问题，平时注意收集证据尤为重要，下面准备了几种方案来帮助购房者作出决策：

（1）注重落实当事人洽谈协商购房合同的整个过程录音、摄像，证明双方洽谈协商购房合同的时间、地点及对合同条款不能协商一致而导致不能签约的事实。

（2）双方洽谈协商一次如果不能奏效的话，可以多次进行商讨。每次洽谈协商未果后，以书面形式约定下次面谈协商时间，对方要签名。

（3）在认购书约定时间内以有证据证明的书面方式向出卖人提出合同的某些条款或者修改意见。

（4）洽谈协商购房合同时最好请公证人员一起去，假若不能谈成，就请公证人员就谈判的确切事实进行公证。虽然此种方法比较好，但需要费用。

▌法条依据

《最高人民法院关于审理商品房买卖合同纠纷案件适用法律若干问题的解释》

第4条：出卖人通过认购、订购、预订等方式向买受人收受定金作为订立商品房买卖合同担保的，如果因当事人一方原因未能订立商品房买卖合同，应当按照法律关于定金的规定处理；因不可归责于当事人双方的事由，导致商品房买卖合同未能订立的，出卖人应当将定金返还买受人。

第三节　违约金纠纷

1. 违约金不可漫天要价

▌案情介绍

2010年3月张某因做生意急需钱，便将自己位于江苏省盐城市亭湖区的一套房屋卖给李某。为了避免纠纷，李某于签约当时一次性给付张某购房款108万元并完成过户登记。由于该房地理位置优越，临近盐城市某重点小学，双方在房屋买卖合同中约定张某应于签约之日起三个月内迁出户口以便李某及孩子落户，如违约，每日罚款200元。后张某常年在外地打理生意，户口迁移事宜一直搁置。2012年3月，张某仍未将户口迁出，李某遂将其诉至江苏省盐城市亭湖区人民法院，要求其按照约定支付违约金。

庭审中张某认可违约事实，但认为违约金过高，希望法院予以调整。

江苏省盐城市亭湖区人民法院审理后认为，原、被告双方签订的房屋买卖合同合同合法、有效，具有法律约束力，双方当事人应当全面履行协议的约定。被告张某未于签订买卖合同后三个月内迁出户口构成违约，应当及时迁出户口并承担违约责任。然而，原、被告双方约定的违约金为"过一天罚款200元"，明显超过李某实际损失，应当认定属于明显过高，经被告申请，法院依法予以调整。综合案情，判决张某支付李某 2 万元违约金。

▍案例评析

违约金是指按照当事人的约定或者法律直接规定，一方当事人违约的，应向另一方支付的金钱。违约金的标准是金钱，但当事人也可以约定违约金的标的物为金钱以外的其他财产。违约金具有担保债务履行的功效，又具有惩罚违约人和补偿无过错一方当事人所受损失的效果。违约金的数额可以由买卖双方依据自己的意愿协商确定，但如果发生纠纷，并不一定能完全按照约定的数额执行。因为我国《合同法》的违约责任是一种补偿，只是弥补损失，而不是惩罚性的违约金。因此，如果合同中约定的违约金过高或过低，都可参照实际损失进行调整

本案中张某和李某约定的违约金为每日 200 元，事实上李某的孩子尚且 5 岁，张某虽未按照房屋买卖合同的约定逾期迁出户口两年有余，但李某并无多大实际损失。如果法院判决张某按照合同约定每日 200 元给付标准，则张某累计需要支付高达 14.6 万余元的违约金，明显对张某不公。因此，法院按照相关法律规定，结合本案情况，对违约金的数额进行调整，而并非完全按照当事人约定认可李某全部请求的做法是合乎法律、合乎情理的。

▍风险提示

在签订二手房买卖合同时，对违约金数额的确定要注意法律规定，避免过高过低，切不可漫天要价，认为只要房屋买卖合同中约定了违约金数额就可高枕无忧，以避免不必要损失的发生。

▍法条依据

《合同法》

第 113 条：当事人一方不履行合同义务或者履行合同义务不符合约定，给对方造成损失的，损失赔偿额应当相当于因违约所造成的损失，包括合同履行后可以获得的利益，但不得超过违反合同一方订立合同时预见到或者应当预见到的因违反合同可能造成的损失。

经营者对消费者提供商品或者服务有欺诈行为的，依照《中华人民共和国消费者权益保护法》的规定承担损害赔偿责任。

第 114 条：当事人可以约定一方违约时应当根据违约情况向对方支付一定数额的违约金，也可以约定因违约产生的损失赔偿额的计算方法。

约定的违约金低于造成的损失的，当事人可以请求人民法院或者仲裁机构予以增加；约定的违约金过分高于造成的损失的，当事人可以请求人民法院或者仲裁机构予以适当减少。

当事人就迟延履行约定违约金的，违约方支付违约金后，还应当履行债务。

《最高人民法院关于适用〈中华人民共和国合同法〉若干问题的解释（二）》

第29条：当事人主张约定的违约金过高请求予以适当减少的，人民法院应当以实际损失为基础，兼顾合同的履行情况、当事人的过错程度以及预期利益等综合因素，根据公平原则和诚实信用原则予以衡量，并作出裁决。

当事人约定的违约金超过造成损失的百分之三十的，一般可以认定为合同法第一百一十四条第二款规定的"过分高于造成的损失"。

《最高人民法院关于审理商品房买卖合同纠纷案件适用法律若干问题的解释》

第16条：当事人以约定的违约金过高为由请求减少的，应当以违约金超过造成的损失30%为标准适当减少；当事人以约定的违约金低于造成的损失为由请求增加的，应当以违约造成的损失确定违约金数额。

第17条：商品房买卖合同没有约定违约金数额或者损失赔偿额计算方法，违约金数额或者损失赔偿额可以参照以下标准确定：

逾期付款的，按照未付购房款总额，参照中国人民银行规定的金融机构计收逾期贷款利息的标准计算。

逾期交付使用房屋的，按照逾期交付使用房屋期间有关主管部门公布或者有资格的房地产评估机构评定的同地段同类房屋租金标准确定。

▌知识链接：违约金调整的标准及其法律适用

违约金是违约责任项下的概念。违约责任作为民事责任的一种，是指合同当事人因过错不履行合同或者履行合同不符合合同约定条件而应当承担的民事责任。它是一种财产责任，具体表现为支付违约金、赔偿损失或继续履行等。违约责任的产生，以其所依附的合同有效为前提，只有当事人签订的合同有效，合同在当事人之间才具有相当于法律的效力，合同中所设立的权利和义务受法律保护。违约金是一种重要的民事责任形式，是由当事人协商确定的，是法律确立的合同自由原则的具体体现。

（一）违约金数额能否进行调整，如何进行调整

《合同法》第8条第1款规定了合同严守原则，即当事人对其约定应当严格

遵守。这是《合同法》上合同自由的体现。但是合同自由不是绝对的，需要合同正义来规制。《合同法》第 114 条对约定违约金的情形规定了违约金的数额过高或过低时允许调整，正是体现了合同正义的精神。对于约定违约金数额调整的标准，《最高人民法院关于审理商品房买卖合同纠纷案件适用法律若干问题的解释》第 16 条规定了衡量约定的违约金是否过低的最重要、最根本的标准是违约造成的损失，对于损失的内涵，《最高人民法院关于适用〈中华人民共和国合同法〉若干问题的解释（二）》第 28 条进一步确定该损失是实际损失。实际损失一般包括财产的毁损、减少、灭失和为减少或者消除损失所支付的费用。这样的制度设计平衡了合双方当事人的利益，从而最大限度地实现了公平正义。

（二）违约金调整的注意事项：

1. 根据意思自治原则和当事人对民事权利的处分原则，违约金的调整只有基于当事人的申请才能进行，人民法院不能依职权主动增加或减少违约金。此外，当事人请求增加或者减少违约金的，实行谁主张谁举证的原则，提出请求的一方当事人应对违约金过高或过低的情形提出证据。

2. 当事人主张调整过高违约金的，应以实际损失为基准予以衡量，但在双方提供的证据均不能证明实际损失的数额时，合同订立的目的也可作为具体衡量约定违约金高低的因素之一。约定的违约金过分高于所造成的损害的，法院通常会询问守约方因违约方的行为带来的实际损失有哪些，范围多大。

3.《合同法》第 113 条适用于当事人没有约定违约金的情形，第 114 条适用于当事人约定了违约金的情形，该两条针对的情况是不同的，只可选择其一，不能同时适用。

4.《最高人民法院关于审理商品房买卖合同纠纷案件适用法律若干问题的解释》第 16 条是关于约定违约金数额能否进行调整以及如何对违约金数额进行调整的规定。第 17 条是关于合同当事人没有约定违约金数额或者损失赔偿额的计算方法时应当根据什么标准确定违约金数额或者损失赔偿额的规定。两条规定不能同时适用，即不能既适用该司法解释第 16 条认为约定违约金过低，又适用第 17 条以合同没有约定违约金数额或者损失赔偿额计算方法，计算违约金。

2. 定金、违约金并存时的选择适用

▌案情介绍

2009 年 10 月 31 日，裴某与樊某签订二手房买卖合同，双方约定，裴某购买樊某位于上海市某处房产，双方约定，房屋价款为 300 万元。裴某签订合同

后，给付樊某 5 万元定金。裴某按照约定给付全部购房款后，樊某一直借口不履行过户登记。2010 年 5 月，樊某因房价上涨，后悔卖房，遂通知裴某解除房屋买卖合同。裴某多次催促过户事宜未果，遂将樊某告上上海市闵行区人民法院，要求樊某双倍返还定金 10 万元并赔偿违约金 50 万元。

樊某辩称，根据法律规定，定金和违约金不能重复计算，且裴某主张的违约金过高，故不同意原告诉求。

上海市闵行区人民法院认为，樊某单方面决定终止履行合同的行为违反合同约定及法律规定，应承担相应的违约责任。《合同法》第 116 条规定，"当事人既约定违约金，又约定定金的，一方违约时，对方可以选择适用违约金或者定金条款"，后经过法院释明，裴某选择适用违约金条款。根据《最高人民法院关于适用〈中华人民共和国合同法〉若干问题的解释（二）》关于"当事人主张约定的违约金过高请求予以适当减少的，人民法院应当以实际损失为基础，兼顾合同的履行情况、当事人的过错程度以及预期利益等综合因素，根据公平原则和诚实信用原则予以衡量"及《最高人民法院关于适用〈中华人民共和国担保法〉若干问题的解释》关于"当事人约定的定金数额超过主合同标的额百分之二十的，超过的部分，人民法院不予支持"的规定，裴某择一选择适用违约金的主张符合法律规定，应当予以支持，遂判决樊某支付违约金 50 万元，并返还 300 万购房款及 5 万元定金，共计 355 万元。

▍案例评析

本案中涉及定金和违约金同时适用的处理。《合同法》第 116 条规定："当事人既约定违约金，又约定定金的，一方违约时，对方可以选择适用违约金或者定金条款。"也就是说，二者只能择一适用。合同当事人既约定了违约金，又约定了定金的情况下，如果一方违约，对方享有选择权，可以选择适用违约金条款，也可以选择适用定金条款，但二者不能并用。本案中，裴某有两个选择：适用定金罚则，则可获得 10 万元赔偿，但其中包括裴某给付的 5 万元，也就是说，裴某此时只能得到 5 万元的利益；适用违约金，本案标的 300 万，20% 为 60 万，裴某的主张为 50 万，少于合同标的的20%，可以得到法律认可，而且樊某还应返还定金 5 万元，则裴某可以得到 50 万元的利益。

▍风险提示

二手房买卖合同中，可以同时约定定金和违约金条款。但是，就同一违约事实来看，定金和违约金只能择一适用，此时当事人可以根据合同履行情况，选择适用定金罚则或要求违约方赔偿违约金。

▌ 法条依据

《合同法》

第 116 条：当事人既约定违约金，又约定定金的，一方违约时，对方当事人可以选择适用定金或者违约金条款。

▌ 知识链接：合同法中"三金"如何选择适用

定金、违约金、损害赔偿金俗称为《合同法》中的"三金"。法律实务中也常常不可或缺地适用这"三金"。笔者在此对三者的适用关系进行简单的梳理。

（1）定金与违约金的适用关系。定金与违约金不可并用。《合同法》第 116 条规定："当事人既约定违约金，又约定定金的，一方违约时，对方可以选择适用违约金或者定金条款。"这一规定表明了定金和违约金不能并用，而只能选择其一适用。因为定金和违约金都有惩罚性作用，如果并用，会加重违约方的责任，对违约方是非常不公平的。但是应当注意：这条规定是针对同一违约行为同时存在违约金和定金责任的情形。如果合同中约定的违约金和定金是针对不同的违约行为，且两者在数额上的总和也不太高，在一方同时实施不同的违约行为时，两种责任形式是可以并用的。

（2）违约金与损害赔偿金的适用关系。违约金与损害赔偿金不可并用。《合同法》第 114 条第 2 款规定："约定的违约金低于造成的损失的，当事人可以请求人民法院或者仲裁机构予以增加；约定的违约金过分高于造成的损失的，当事人可以请求人民法院或者仲裁机构予以适当减少。"该法条表明，虽然违约金的适用不以造成实际损失为前提，但最终违约金的金额确定是以造成的实际损失为参考标准的。违约金属于对损害赔偿总额的预定，因此，二者是不可能并存的。

（3）定金与损害赔偿金的适用关系。定金与损害赔偿金可以并用。定金以惩罚性为特点，并无补偿性的特征，因此，定金的适用不以发生实际损害为前提，是独立于损害赔偿责任的。《最高人民法院关于审理买卖合同纠纷案件适用法律问题的解释》第 28 条规定："买卖合同约定的定金不足以弥补一方违约造成的损失，对方请求赔偿超过定金部分的损失的，人民法院可以并处，但定金和损失赔偿的数额总和不应高于因违约造成的损失。"这表明在定金责任与损害赔偿责任并用时不能超过因违约造成的损失。

3. 违约可得利益赔偿的法律适用

▌案情介绍

2013 年 7 月 15 日，陆某与黄某签订房屋买卖合同，约定黄某将上海市浦东新区春晖路某处房屋出售给陆某，房屋总价款为 169 万元。双方还约定：黄某和共有人或其所有法定继承人的延误，致影响产权过户登记，因而遭受损失的，还应按每日房屋总价的 5% 承担违约责任；待房屋具备办理产权转移过户登记条件时，黄某不同意办理房屋产权过户登记手续的，除全额退回已收回的陆某的购房款并承担违约责任外，还应按乙方所付购房价款金额与届时该房屋市场价值增值部分及房屋装潢费用予以赔偿。2013 年 10 月底，黄某按照约定将系争房屋（毛坯状态）交付陆某，陆某装修后入住。后陆某多次与黄某联系，要求尽快办理产权登记。但黄某表示其弟媳妇拒绝配合签字，无法办理。现黄某无法办理房产证，导致买卖合同无法履行，陆某因此无法根据合同的约定取得房屋的产权，合同目的无法实现，现诉至法院请求解除房屋买卖合同并要求黄某赔偿房屋增值损失 54 万元。

黄某辩称：同意解除合同退还房款，不同意其他诉讼请求。因为诉争房产系迁安置房，办理产权证需要动迁协议上所有人的签字。动迁协议上，不仅有黄某的名字，还有黄某弟弟、弟媳妇等人的名字。黄某的弟弟与弟媳妇离婚了，现弟媳妇不肯配合签字，导致房产证无法办理。合同没有约定黄某必须在哪一天办出房产证，现在陆某要求解除合同，违约方是陆某。

本院认为，依法成立的合同对当事人具有法律约束力。陆某、黄某签订的房屋买卖合同系双方真实意思表示，合法有效，双方均应按约履行。系争房屋于 2015 年 3 月就已经具备产权转移过户登记条件，陆某多次催告要求协助办理，黄某辩称弟媳妇拒绝配合签字导致无法将房屋产权过户至陆某名下。按照合同约定，该房屋产权有纠葛，致影响陆某权利的行使，概由黄某负责清理并赔偿损失。因此，黄某未履行合同义务，构成违约，陆某要求解除合同并要求黄某赔偿，符合合同约定。此外，当事人一方不履行合同义务或者履行合同义务不符合约定，给对方造成损失的，损失赔偿额应当相当于因违约所造成的损失，包括合同履行后可以获得的利益。因此，陆某要求黄某赔偿房屋增值损失 54 万元，符合合同约定及法律规定，本院予以支持。［(2015) 浦民一（民）初字第 27988 号］

▌案例评析

本案中，法院支持了陆某房屋增值损失，这部分的损失在法律上称之为"可得利益"。所谓"可得利益"是与现存利益相对的概念，它指在合同履行前并不为当事人所拥有，而为当事人所期望的在合同适当履行后可实现和取得的权利。《合同法》第113条明确规定可得利益受法律保护，在实践中，关键是如何确定违约可得利益损失。笔者认为，在具体处理时，要坚持完全赔偿、合理预见的规则。在房屋买卖纠纷中，首先必须确定合同如果能完全履行时，守约方所应获得的利益；其次，确定因此违约行为而迫使守约方所处的现实利益状态，二者的差距即为守约方所遭受的可得利益损失。

▌风险提示

房屋买卖合同发生纠纷时，因一方违约所遭受的损失，既包括现存利益，也包括可得利益。守约方可以要求违约方赔偿可得利益。

▌法条依据

《合同法》

第113条：当事人一方不履行合同义务或者履行合同义务不符合约定，给对方造成损失的，损失赔偿额应当相当于因违约所造成的损失，包括合同履行后可以获得的利益，但不得超过违反合同一方订立合同时预见到或者应当预见到的因违反合同可能造成的损失。

经营者对消费者提供商品或者服务有欺诈行为的，依照《中华人民共和国消费者权益保护法》的规定承担损害赔偿责任。

《最高人民法院关于当前形势下审理民商事合同纠纷案件若干问题的指导意见》（2009年）

第9条：在当前市场主体违约情形比较突出的情况下，违约行为通常导致可得利益损失。根据交易的性质、合同的目的等因素，可得利益损失主要分为生产利润损失、经营利润损失和转售利润损失等类型。生产设备和原材料等买卖合同违约中，因出卖人违约而造成买受人的可得利益损失通常属于生产利润损失。承包经营、租赁经营合同以及提供服务或劳务的合同中，因一方违约造成的可得利益损失通常属于经营利润损失。先后系列买卖合同中，因原合同出卖方违约而造成其后的转售合同出售方的可得利益损失通常属于转售利润损失。

第10条：人民法院在计算和认定可得利益损失时，应当综合运用可预见规则、减损规则、损益相抵规则以及过失相抵规则等，从非违约方主张的可得利益赔偿总额中扣除违约方不可预见的损失、非违约方不当扩大的损失、非违约方因违约获得的利益、非违约方亦有过失所造成的损失以及必要的交易成本。存在合同法第一百一十三条第二款规定的欺诈经营、合同法第一百一十四条第一款规定的当事人约定损害赔偿的计算方法以及因违约导致人身伤亡、精神损害等情形的，不宜适用可得利益损失赔偿规则。

第 11 条：人民法院认定可得利益损失时应当合理分配举证责任。违约方一般应当承担非违约方没有采取合理减损措施而导致损失扩大、非违约方因违约而获得利益以及非违约方亦有过失的举证责任；非违约方应当承担其遭受的可得利益损失总额、必要的交易成本的举证责任。对于可以预见的损失，既可以由非违约方举证，也可以由人民法院根据具体情况予以裁量。

▌知识链接：合同违约造成可得利益损失如何赔偿

（一）可得利益的认定应当遵循什么样的规则

1. 可预见规则，即《合同法》第 113 条第 1 款规定的违约方在缔约时应当预见的因违约所造成的损失，包括合理预见的损失数量和根据对方的身份所能预见到的可得利益损失类型。

2. 减损规则，即《合同法》第 119 条规定的守约方应当采取适当的措施防止损失的扩大。该规则的核心是衡量守约方为防止损失扩大而采取的减损措施的合理性问题。减损措施应当是守约方根据当时的情境可以做到且成本不能过高的措施。

3. 损益相抵规则。当守约方因导致损失发生的同一违约行为而获益时，其所能请求的赔偿额应当是损失减去获益的差额。该规则旨在确定受害人因对方违约而遭受的"净损失"。通常而言，可以扣除的利益包括：标的物毁损的残余价值、本应支付但因违约行为的发生而免予支付的费用、守约方本应缴纳的税收等。

（二）可得利益损失赔偿额计算方法和举证责任分配

1. 计算方法：可得利益损失赔偿额 = 可得利益损失总额 − 不可预见的损失 − 扩大的损失 − 受害方因违约获得的利益 − 受害方所需支出的成本

2. 举证责任的分配：①因违约行为的发生，受害人遭受了哪些可得利益损失，包括生产利润损失、经营利润损失、转售利润损失等，受害人应负举证责任；②受害人所遭受的可得利益损失中，哪些是违约方在订约时可以预见的，受害人负举证责任；③受害人是否因违约而获有利益，如规避了市场风险、少支出了费用等，违约方负举证责任；④受害人是否存在没有采取合理减损措施而导致损失扩大的情形，违约方负举证责任；⑤受害人取得利益需要支出的成本，受害人负举证责任；

（三）赔偿可得利益损失操作中的几个注意问题

1. 区分商业风险和可得利益。市场交易存在风险，违约方只对合同履行后能够获得的利益予以赔偿，对于商业风险不负赔偿责任。

2. 可得利益是合同履行后的纯利润，不包括主观推测的损失以及为取得利润所支付的费用。可得利益的计算必须是将来实际会得到的切实的利益，如果并非实际可以得到的，则属于主观的推测，不能计算在损害赔偿额内。

3. "可预见"以签订合同时的合理预见为标准。损失的预见应当以合同订立时违约方实际知道或应当知道的情况来确定。实际知道，一般指当事人对有关合同情况已经交代清楚，债权人明确说明违约将带来的损失后果；应当知道这种推测，是一种法律推定。认定过程中以通常的情况，根据日常生活的常识性知识、当事人的商业经验、交易习惯等方面分析。知道或应当知道应以一个正常的、有理智的第三人处于违约方的情况下所能预见的后果来衡量。但无论是知道还是应当知道，都必须是在订立合同时知道和预见，而不能是在缔约成立后随情况变化所做出的预见。

（四）不适用可得利益赔偿规则的情况

1. 欺诈不适用可得利益赔偿的规则。在违约方违约存在恶意欺诈的情况下，并不适用可得利益的赔偿原则。

2. 违约导致人身伤害或死亡以及精神损害，不属于可得利益赔偿范围。这些损害违约方在订立合同时不能预见。受损害方若要求对方赔偿这些损害，应当根据侵权行为法主张权利。

3. 当事人订立合同时若约定了违约金或者损害赔偿的计算方法，则排除可得利益赔偿规则的适用。无论当事人约定的数额是否精确，都是当事人在订立合同时所预见到的损失数额，并没有超过订约人的预见范围，所以没有必要再适用可得利益损害赔偿的规则。

（五）损失的可预见规则的适用条件

1. 可预见规则适用于确定有效合同履行中违约方的违约赔偿责任。

2. 可预见规则是一种补充性规范，只有在当事人没有约定违约金或者损失赔偿额计算方法时才予适用。

3. 可预见规则是强制性规范，除非违约方或者受损失方对自己依法享有的实体权利行使了处分权，双方就违约赔偿达成调解意见，否则，任何主体均不能排除其适用。

4. 预见的主体是违约方。从违约方的地位、角度来判断损失是否属于其订约时能够或者应当能够预见到的因违约可能造成的损失。

5. 预见的时间应当在订立合同时。当事人在订立合同时要考虑风险，如果风险过大，当事人会约定有关限制条款来限制责任；如果要由当事人承担在订立合同时不应当预见的损失，则当事人会鉴于风险太大而放弃交易。

6. 预见的内容是有可能发生的损失的种类及其各种损失的具体大小。只有违约方在订立合同时预见到违约会有损失、损失的种类或性质以及该种损失的具体程度，违约方才在预见到的损失程度内承担赔偿责任，即使损失的实际数额远大于预见到的损失也是如此。

第四章

二手房买卖中贷款、抵押、民间借贷的法律问题

第一节　贷款纠纷

1. 房贷政策调控引发的违约如何处理

▌案情介绍

2010年4月3日，魏某（甲方）与杨某（乙方）签订上海市房地产买卖合同1份，约定甲乙双方通过铭泰事务所的居间介绍，由乙方受让甲方位于上海市闵行区某处房屋一套；房屋转让价款人民币2 280 000元。甲方于2010年6月10日前腾出系争房屋并通知乙方进行验收交接。双方确认于2010年5月15日前共同向房地产交易中心申请办理转让过户手续。《补充条款》约定：甲乙双方应于乙方办妥贷款手续后7个工作日内至闵行区房地产交易中心办理房屋交易过户手续。甲方于收到乙方贷款部分7日内将房屋交付乙方。有关乙方贷款的特别约定为：若乙方的购房贷款不足申请的额度，则乙方应于甲乙双方至闵行区房地产交易中心办理交易过户手续当日补足。乙方未按约定及时办理银行贷款申请手续，则乙方应按照合同约定承担违约责任……上海市房地产买卖合同签订后，杨某向魏某某支付了系争房屋的首付款7万元（含定金5万元）。2010年4月12日，杨某向渣打银行申请贷款。

2010年4月17日，国务院颁布《国务院关于坚决遏制部分城市房价过快上涨的通知》，其中第2条规定：对不能提供1年以上当地纳税证明或社会保险缴纳证明的非本地居民暂停发放购买住房贷款。因杨某无法提供1年以上当地纳税证明或社会保险缴纳证明以及购买的系第三套房屋，贷款申请未获渣打银行审批通过。2010年5月15日，因杨某无法办理贷款，魏某某、魏某与杨某协商

延长 4 至 5 天的交易时间，由杨某继续向其他银行申请贷款。2010 年 5 月 19 日，杨某未能获得其他银行的贷款审批。杨某诉至法院请求解除双方签订的上海市房地产买卖合同并要求返还首付款及利息。魏某反诉认为，杨某的行为构成违约，要求承担违约责任。

法院经过审理认为：魏某与杨某签订的上海市房地产买卖合同系双方真实意思表示，合法有效。双方在合同中约定由杨某通过银行贷款的方式支付剩余房款，因此，以贷款方式支付房款是双方约定履行合同的基础条件。杨某因国家政策调整，无法取得银行贷款，系签订合同时无法预见的重大变化，不可归责于买卖双方任何一方，遂判决双方解除房屋买卖合同，魏某返还杨某 7 万元首付款。[（2010）沪一中民二（民）终字第 3357 号]

▌案例评析

因受房地产市场国家调控政策影响，导致首付款、税费增加能否被认定为"因不可归责于任何一方的原因导致合同解除"的情形，实践中仍需要根据具体情形，由法官甄判。本案的争议焦点为杨某因国家贷款政策原因导致其无法办出银行贷款是否构成解除合同的正当理由，其是否应当承担相应的合同违约责任。本案中，魏某称根据合同约定，若杨某的购房贷款不足申请的额度，则应于双方至上海市闵行区房地产交易中心办理房屋交易过户手续，且交易中心出具受理单当日，补足该不足部分。但约定适用的是杨某能够获得银行贷款而获取的贷款数额不足的情形，现杨某无法获得银行贷款，与合同约定的通过银行贷款审批仅数额不足的情形不同。原审贷款银行工作人员及贷款公司经办人的证言可以表明，杨某未能获批贷款的原因是由于国家房贷政策的调控，而双方合同约定杨某以贷款方式支付的房款占总房款近 70% 的比例，现因政策调控杨某完全无法获批贷款，如继续要求其履行系争买卖合同，显然对杨某不公，故杨某有权要求解除买卖合同，且无须承担违约责任。

▌风险提示

对于按揭未办理责任认定问题，我国法律规定，二手按揭房屋买卖合同当事人一方不履行合同义务或履行合同义务不符合约定的，应承担继续履行、采取补救措施或赔偿损失等违约责任。具体来说：

（1）按揭购买二手房，在合同已明确约定按揭未获批准情况下由买方采取补救方案即现金全部付款的情况下，买方未积极履行义务或履行义务不符合约定的，应承担违约责任。

（2）既约定系按揭购买二手房，又约定"过户时，买方向卖方交余下房款，卖方同时交房给买方"，易生现金购房与按揭购房无谓之争。故在按揭购买二手房情形，对交房付款条件的约定，为避免纷争，双方可就"余下房款"做详细约定。

（3）按揭手续办理可能有周期，且有可能超出卖房人心里预期，又因涉及案外人多，尤其是在无法判别买受人是否怠于履行的情况下，极易出现一方毁约的现象。故签约之前，应充分咨询、了解相关按揭事宜，对办理按揭手续的合理期限及可能出现的办理迟延有预期、有应对。

（4）因受调控政策影响导致按揭受阻，依然需要区分政策影响程度，以及义务一方拒绝履行理由是否合理，从而判定违约责任承担。对于符合情势变更的政策性违约，当事人不能履行房屋买卖合同的，可以予以解除合同并免除违约责任的承担。不构成情势变更的政策性违约导致合同解除的，买受人应承担定金罚则或违约赔偿责任。

（5）争议条款："乙方办理贷款，甲方给予配合，是先贷款后更名，还是先更名后贷款视有利于速度快为原则。"实践中，往往为了按揭成功需卖方出具一系列手续，比如首付款证明，在未付款或首付未实际达到银行要求的比例情况下，出卖方出具虚假证明，则存在明显的风险，不出具证明又使合同履行出现障碍，有违约定的"有利于速度快"原则和贷款先到位约定。故签约时，双方对履行方式和履行期限应予明确，不做含混模糊约定。

▌法条依据

《合同法》

第94条：有下列情形之一的，当事人可以解除合同：

（一）因不可抗力致使不能实现合同目的；

（二）在履行期限届满之前，当事人一方明确表示或者以自己的行为表明不履行主要债务；

（三）当事人一方迟延履行主要债务，经催告后在合理期限内仍未履行；

（四）当事人一方迟延履行债务或者有其他违约行为致使不能实现合同目的；

（五）法律规定的其他情形。

《最高人民法院关于适用〈中华人民共和国合同法〉若干问题的解释（二）》

第26条：合同成立以后客观情况发生了当事人在订立合同时无法预见的、非不可抗力造成的不属于商业风险的重大变化，继续履行合同对于一方当事人明显不公平或者不能实现合同目的，当事人请求人民法院变更或者解除合同的，人民法院应当根据公平原则，并结合案件的实际情况确定是否变更或者解除。

《最高人民法院关于审理商品房买卖合同纠纷案件适用法律若干问题的解释》

第23条：买受人以担保贷款方式付款，因当事人一方原因未能订立商品房担保贷款合同并导致商品房买卖合同不能继续履行的，对方当事人可以请求解除合同和赔偿损失。因不可归责于当事人双方的事由未能订立商品房担保贷款合同并导致商品房买卖合同不能继续履行的，当事人可以请求解除合同，出卖人应当将收受的购房款本金及其利息或者定金返还买受人。

▌知识链接：情势变更原则的正确理解

案例中，由于国家贷款政策原因而无法办出银行贷款，导致合同无法履行的现象在法律上称之为情势变更。很多民众对于这个名词较为陌生，笔者在这里对其加以梳理。

所谓情势变更原则，是指合同依法有效成立后，全面履行前，因不可归责于当事人的原因，使合同赖以成立的基础或环境发生当事人预料不到的重大变化，若继续维持合同的原有效力则显失公平，受不利影响的一方当事人有权请求法院或仲裁机构变更或解除合同的法律制度。

情势变更原则的适用条件：

（1）客观上，必须有情势变更的事实。这是适用情势变更原则的前提条件。所谓"情势"，系指作为合同法律行为基础或环境的一切客观事实，包括政治、经济、法律及商业上的种种客观状况，具体如：国家政策、行政措施、现行法律规定、物价、币值，国内和国际市场运行状况等等。所谓"变更"，乃指这种情势在客观上发生异常变动。这种变更可以是经济的，如通货膨胀、币值贬值等；也可以是非经济因素的变动，如战争导致的封锁、禁运等。该事实是否构成情势变更，应以是否导致合同赖以成立的基础丧失，是否导致当事人目的不能实现，以及是否造成对价关系障碍为判断标准。

（2）主观上，情势变更是当事人在订立合同时所不可预见并不可避免的，双方当事人在心态上都不存在过错。不可预见，是指双方当事人没有预见且不可能预见，以合同成立之时具有该类合同所需要的专业知识及正常思维在当时情况下不可能预见为准；应当预见而没有预见的不适用。不可避免，是指事前无法预防，事后尽一切措施也无法消除其影响。

（3）时间上，情势变更事由必须是发生在合同有效成立后至合同终止履行前。合同成立以前的情势，无论当事人在订立合同时是否知晓，其作为合同成立的基础都是确定的，无法改变的，不存在变更问题。合同履行完毕后，情势的变更不可能对合同产生任何影响，即使出现了情势变更情形，当事人也不能主张。

（4）责任上，情势变更发生的事由须不可归责于双方当事人。双方或一方当事人对情势变更的发生有过错的，不适用情势变更原则。

（5）结果上，因情势变更会导致合同的履行显失公平。这是情势变更原则的核心要件。情势变更原则只有在合同赖以成立的基础发生巨大变化，致使继续履行将显失公平，导致一方明显有利，另一方明显受损，双方当事人的利益严重失衡时才适用；如果影响轻微，则不适用。

（6）目的上，情势变更原则的适用在于消除合同因情势变更而出现的不公平后果，维护双方当事人之间的衡平利益，从而维护市场交易的秩序。

（7）救济上，必须是当事人无法获得别的救济。如果当事人能从其他途径获得应有的救济，从而减少或消除情势变更的影响，则不适用该原则。

（8）解决上，情势变更发生后，应先由双方当事人协商解决，如果协商不成，则必须由当事人向人民法院或仲裁机构申请裁定是否变更或解除合同。未经人民法院或仲裁机构裁定，一方或双方当事人不得自行变更或解除合同。

2. 交易性转按揭纠纷的处理

▌案情介绍

2013 年，裴某要出售自己位于北京市海淀区西土城路某套房屋，由于是贷款买的房子，还未付清银行贷款。钱某看中了这套房产，但手中现金不足，需要再向银行申请 80 万元的贷款。于是，双方协商通过转按揭加提前还贷的方式完成该项交易，即钱某的银行贷款批下来后，需要先替裴某偿还银行欠款，待银行将裴某房屋解抵押后双方再去过户，然后再将尾款一并支付给裴某。几个月后钱某通过银行将钱打入裴某还款账户，等待裴某房屋解抵押后办理过户。但裴某一直没有与钱某联系办理过户手续，钱某经了解后得知原来裴某根本没有将款项用于提前还贷，遂发生纠纷，钱某起诉至法院要求裴某协助履行房屋过户手续并承担违约金。

法院经审查认为，裴某和钱某签订的二手房买卖合同合法、真实、有效，双方均应诚实守信，按约定实际履行合同。裴某的行为属违约行为，判令裴某协助钱某继续履行合同，并赔偿钱某违约金 12 万元。

▍案例评析

本案是典型的因为转按揭买卖二手房发生的法律纠纷。所谓"转按揭"全称是个人住房转按贷款，指的是已在银行办理个人住房贷款的借款人，向原贷款银行要求延长贷款期限或将抵押给银行的个人住房出售或转让给第三人而申请办理个人住房贷款变更借款期限、变更借款人或变更抵押物的贷款。简单说就是仍处在按揭中的房屋再次进行买卖，该房屋的买方仍继续偿还卖方的按揭房款。

在我国银行的业务操作中，转按揭分为两种：一种是交易性的转按揭，另一种是非交易性的转按揭。"交易性转按揭"是指以房产交易为目的的行为，本案中的二手房买卖按揭贷款属于此类，而后者则没有实质的房产交易。"非交易性转按揭"，其做法主要有两种：一种是"同名转按揭"，即由新贷款银行帮助客户找担保公司，还清原贷款银行的钱，然后重新在新贷款行办理贷款，同时可享受七折优惠，其中只须付给担保公司数千元担保费即可；另一种是由中介公司经手做"假买卖"，即房主找一个自己信得过的人士作为假买方，将房产进行假转让，名义上由假买方向银行重新申请贷款，可享受七折优惠政策，但实际上仍是原房主继续还款。上述两种做法都属于违规行为。对于前者而言，优惠利率政策是首次购房贷款人才可享有的。"同名转按揭"后实际上已经不属于购房贷款，而是抵押贷款，不应享受七折优惠。如果新贷款银行将此也列入可享受优惠之列，就属于违规操作。对于"假买卖"而言，其属于骗贷行为，本身就违法，央行在 2007 年底就已经明令禁止"非交易型的转按揭"业务。

本案属于"交易型转按揭"，是合法有效的，裴某的行为属违约行为，法院作出裴某协助钱某继续履行合同，并赔偿钱某违约金 12 万元的判决是公正合法的。

▍风险提示

转按揭贷款手续与普通的二手房按揭贷款手续的不同之处在于，普通的二手房按揭贷款，银行都是在房产办理完过户之后才放贷给业主以支付买方的购房款，但是在转按揭的过程中，由于业主的房屋仍为按揭中的房屋，无法进行二次抵押，因此需要先发放第二笔贷款，用于还清业主的第一笔贷款，注销抵押登记，再进行房屋产权过户，再次申请抵押贷款。因此，在转按揭过程中有可能出现以下几种风险：

对银行而言，首先是法律风险。从银行贷款到拿到房产证办完转按揭需要一定的时间周期，银行拿出钱却没有拿到抵押品，要等所有手续都办完，才能拿到房产证，业界人士形象地将办理业务的这段时间称为"悬空期"，一旦房屋有债务纠纷，刚从卖方按揭银行"解套"，就被法院冻结，办理转按揭业务的银行就会蒙受损失。另外，还存在一定的道德风险，例如买卖双方勾结，套取银行资金等。

对卖方而言存在的风险有：买方贷款后拒绝为卖方还贷；银行拒绝提前放贷；交易完成后卖方无法顺利拿到剩余房款等等。

对买房者而言存在的风险有：卖方的贷款由买方还清后，突然改变主意，拒绝过户；银行拒绝提前放贷；交易完成后买方无法顺利拿到房产证等等。

▌法条依据

《合同法》

第8条：依法成立的合同，对当事人具有法律约束力。当事人应当按照约定履行自己的义务，不得擅自变更或者解除合同。依法成立的合同，受法律保护。

第60条：当事人应当按照约定全面履行自己的义务。当事人应当遵循诚实信用原则，根据合同的性质、目的和交易习惯履行通知、协助、保密等义务。

▌知识链接：二手房买卖转按揭的操作流程

转按揭包括两个方面：一是卖方（售房人）提前偿还银行贷款，与银行解除债权债务关系，撤销抵押登记；二是买方（购房人）申请二手房贷款，以所购住房作为新贷款的抵押担保，办理抵押登记。其业务流程为：

第一步，卖方向银行申请提前还贷并注销房屋抵押登记；

第二步，银行经审查同意的，由银行、卖方和买方签订协议，银行同意卖方转让住房，卖方承诺将售房款优先用于偿还银行贷款并授权银行从其在银行开立的账户上直接扣收尚未偿还的贷款本息，买方承诺交易时将房款划入卖方在银行开立的账户；

第三步，卖方和买方签订住房转让合同；

第四步，买方向银行提出新的贷款申请，贷款额可以为卖方剩余贷款余额，也可以按照下列公式计算：贷款额等于所购住房市场价格乘以二手房贷款成数；

第五步，银行经审批同意后，与买方签订新的借款合同和抵押合同，出具同意贷款的承诺函；

第六步，银行与卖方到房地产管理部门办理注销抵押登记手续，卖方与买方办理房屋产权过户手续，银行与买方办理新的抵押登记手续；

第七步，银行对买方发放贷款，根据买方的授权，将贷款划到卖方开立的账户上，然后根据卖方的授权，从账户上直接扣收卖方尚未偿还的贷款本息，终止原借款合同。

3. "假买卖型"非交易型转按揭纠纷的处理

▌案情介绍

2009 年 4 月 19 日，金某（买受人）与张艳丽（出卖人）签订了北京市存量房屋买卖合同一份，约定金某购买诉争房屋，成交价格 110 万元……当天，双方与北京中原房地产经纪有限公司签订了房屋买卖居间合同。2009 年 5 月 8 日至 10 月 28 日，金某分五次向张艳丽共汇款 31.1 万元。2009 年 9 月 17 日，北京厚泽投资担保公司（甲方）、张艳丽（乙方）、董某（丙方）签订了转按揭贷款委托担保合同，内容大致为：乙方欲将诉争房屋转让给丙方，丙方因资金紧张，欲以所购房产作抵押，向银行申请 80 万元按揭贷款，丙方向甲方申请为其此笔按揭贷款提供阶段性担保。后董某贷款 80 万元，用于购买诉争房屋，贷款期限 30 年。

2009 年 12 月 19 日，金某（甲方）与董某（乙方）签订协议书一份：双方协商用乙方的名字贷款 80 万元，购买诉争房屋，房屋所有权实际归甲方所有，每月还款本息由甲方支付。有关一切问题由甲方负全部责任，甲方保证每月按时还款，若不能按时还款，乙方有权向有关法律部门诉讼。之后，金某请求董某协助其办理过户，遭董某拒绝，金某诉至法院，要求确认诉争房屋权属并要求董某协助其办理产权过户手续。董某辩称金某以我名义购买商品房、办理按揭贷款，系以合法形式掩盖非法目的的行为，故双方所签订的协议属于无效，诉争房屋系其所有。

北京市朝阳区人民法院经审理认为：诉争房屋实际购房人为金某，房屋首付款及银行贷款亦由金某支付。因此，对于金某确认房屋归其所有并要求董某办理产权过户的请求，应予支持。董某提出金某支付的房款、偿还的银行贷款系双方之间的债权债务关系，但其此项意见与双方所签订的协议书内容不符，不能改变诉争房屋实际购房人、出资人均为金某之事实。法院最终判决支持金某的诉讼请求。[（2010）二中民终字第 19950 号]

▌案例评析

本案涉及的即是"假买卖型"非交易转按揭及借名购房的法律问题。对于这类行为，2007年9月27日中国人民银行、银监会发布了《关于加强商业性房地产信贷管理的通知》，首次在政策层面对非交易型转按揭明令禁止。通知的表述为："商业银行不得发放贷款额度随房产评估价值浮动、不指明用途的住房抵押贷款；对已抵押房产，在购房人没有全部归还贷款前，不得以再评估后的净值为抵押追加贷款"。同时，通知指出，仅是对非交易型转按揭行为禁止，有真实交易的住房按揭贷款各银行机构还是可视情况发放。

本案的争议实质在于诉争房屋的所有权问题，焦点有二：一为谁是真正购房人，二为协议书是否无效。

关于争议焦点一，金某认为其为真正购房人，其签有买卖合同，亦针对买卖合同进行了支付款项等实际履行行为，而董某则认为即使金某与购房人此前存在买卖关系，也已将合同关系概括转移，自己为实际购房人，金某的付款行为系董某与金某之间代付的债权债务关系。我国《民法通则》明确规定，民事行为应当意思表示真实。根据现有证据，金某曾作出过借用董某名义购房贷款的意思表示，董某未能提供充分证据证明金某曾作出过将购房权利义务转移给董某、双方之间就代付款另行成立债权债务的意思表示。董某认为其为实际购房人的上诉意见，依据不足，所以法院没有采信。

至于争议焦点二，董某坚持认为双方"借名买房"的协议书系以合法形式掩盖非法目的并损害社会公共利益，属于无效合同，不能发生变更房屋所有权的效力。金某则认为，我国法律法规并不存在禁止性和限制性规定，其行为更谈不上损害社会公共利益。依据我国《合同法》的有关规定，认定合同无效应依据效力性禁止性规范。本案诉争房屋购买、办理贷款之时，中国人民银行的部门规章规定商业银行贷款首付款比例和利率水平应随套数增加而大幅度提高。也就是说，金某、董某这种借名购房办贷规避银行信贷政策的行为，规避的是首付款的支付比例及利率水平，非法律规定的无效事由。虽然如此，双方之间的这种交易仍然属于违规行为，是不值得提倡的。

▌风险提示

为进一步加强和改善房地产市场调控，稳定市场预期，促进房地产市场平稳健康发展，有关部门已在房贷、税收、登记方面出台相应举措，由此导致一部分准备购买房屋的当事人无法购房、无法获得房屋贷款或者要缴纳更多的税费。司法实践中出现了为了规避上述政策而借名买房的案件，即实际购房人与购房人、权利登记人之间围绕买卖合同、借名约定以及房屋所有权确认而产生的纠纷。此外，《关于加强商业性房地产信贷管理的通知》中明确禁止了"非交易型转按揭"行为。这也提醒广大二手房交易双方在订立、履行合同时应当遵守法律、行政法规，尊重社会公德，不得扰乱社会经济秩序，不得损害社会公共利益。本案涉及的是普通二手房的借名买卖问题，但如果涉及的是经济适用住房、房改房等政策性房屋，则借名购房买卖合同的效力是无法得到法院认可的。

▌法条依据

《物权法》

第33条：因物权的归属、内容发生争议的，利害关系人可以请求确认权利。

《民法通则》

第5条：公民、法人的合法的民事权益受法律保护，任何组织和个人不得侵犯。

▌知识链接：期房和二手房在购房贷款上存在的差别

（1）首付。办理新房贷款时，首付款是按照购买时的市场价来作为参考，并根据个人贷款次数和个人贷款的信誉程度进行多方面的审核来制定贷款比例。而与新房贷款相区别的是，办理二手房屋贷款是以"二手房评估价"作为参考。所谓评估价是根据当时的市场情况，通过银行指定的专业评估机构进行房产价值评估而计算出来的。一般二手房评估价低于市场价。评估价大多为二手房市场价值的80%～90%，部分房屋会更低。

一手房首付计算方式：

首付款＝总房款－客户贷款额

贷款额＝合同价（市场价）×80%（首次贷款额度最高可达80%）

二手房首付计算方式：

净首付款＝实际成交价－客户贷款额（净首付款：不包括国家税费和中介服务佣金的首付款）

贷款额＝二手房评估价×80%（首次贷款额度可达80%）

（2）贷款年限。新房购房贷款最高年限为30年，而二手房最高年限为20年。

（3）贷款额度。在公积金贷款中，除了年限的区别外，贷款额度也是有区别的。比如，新房最高贷款额度为70万元，而二手房最高贷款额度为60万元。

公积金和组合贷款能够大额冲抵公积金贷款和组合贷款，个人账户内的余额可以大额冲抵。所谓大额冲抵，就是将公积金账户内的余额一次性冲抵到业主贷款总额里面，比如，你贷款 30 万，公积金账户有 10 万元余额，做完大额冲抵后，需要还贷的金额只剩 20 万元，这种提前还贷形式是不需支付违约金的。

在申请购房组合贷款时，一方面尽量用足公积金贷款并尽量延长贷款年限，在享受低利率好处的同时，最大限度地降低每月公积金的还款额；最大限度地缩短商业贷款年限，在家庭经济可承受范围内尽可能提高每月商业贷款的还款额。

4. 房屋买卖合同解除对按揭贷款合同有何影响

▍案情介绍

2006 年 9 月，裴某与甲房地产开发公司（简称甲公司）签订商品房买卖合同，合同约定：裴某购买甲公司期房一套，付款方式为首付房价的 40%，余款采用商品房担保贷款方式支付。合同生效后裴某到甲公司指定的乙商业银行（简称乙银行）签订了购房按揭贷款合同，并于 2006 年 10 月办理了按揭手续。2007 年 3 月，甲公司向裴某发来了《房屋交付使用通知书》，裴某实地验房后对房屋的朝向非常不满，而且房屋的实测面积比合同约定面积也缩水达 5%。裴某向甲公司提出了退房要求，后裴某将甲公司银行分别诉至法院，请求解除商品房买卖合同和购房按揭合同。

法院经过审理认为：裴某与甲公司签订的商品房买卖合同与购房按揭贷款合同都是合法有效的，现裴某验房后，发现房屋和约定不符，请求解除的诉讼请求应当予以支持。此外，《最高人民法院关于审理商品房买卖合同纠纷案件适用法律若干问题的解释》第 24 条规定："因商品房买卖合同被确认无效或者被撤销、解除，致使商品房担保贷款合同的目的无法实现，当事人请求解除商品房担保贷款合同的，应予支持。"故裴某解除两份合同的诉讼请求都应予以支持。

▍案例评析

随着房价的持续上涨和国人消费观念的改变，按揭购房已经成为最常见的购房形式。本案从以下三个方面进行分析：

（1）裴某与甲公司签订的商品房买卖合同与按揭贷款合同之间联系紧密但又相互独立，两者间并非主合同与从合同的关系。担保合同是实务中最常见的从合同，根据《担保法》及其司法解释的相关规定，除非当事人另有约定，主合同无效的，担保合同无效。由于商品房买卖合同与按揭贷款合同不是主从合同的关系，所以商品房买卖合同被宣布无效或者被撤销后，不会导致按揭合同当然无效或被撤销。

（2）购房按揭贷款合同的特殊性。虽然商品房买卖合同与按揭贷款合同不具有主从合同的关系，但却具有紧密的关系。有效签订商品房买卖合同是按揭贷款合同得以签订的前提，银行在与买房人签订贷款合同的同时会要求买房人将所购商品房或者买卖合同项下的合同权利作为担保物，为按揭合同提供担保。按揭贷款合同的另外一个特点是贷款人贷款的目的单一且明确，就是为了买房。当买房人与房地产开发商解除买卖合同后，已确定无法再取得原想要的商品房，故应当承认买房人订立按揭贷款合同的目的已经落空。

（3）《最高人民法院关于审理商品房买卖合同纠纷案件适用法律若干问题的解释》第24条规定："因商品房买卖合同被确认无效或者被撤销、解除，致使商品房担保贷款合同的目的无法实现，当事人请求解除商品房担保贷款合同的，应予支持。"该条即为基于商品房按揭贷款合同的特殊性，对《合同法》第94条规定的合同目的不能实现的扩大解释。需要注意的是，本条中对于"解除"没有指明是法定解除还是协议解除，应理解为包含两者。综合分析，司法解释的规定不仅仅是赋予了买房人解除按揭合同的权利，银行同样也有这个权利，并且能妥善保护各方的利益。

▌风险提示

商品房按揭贷款合同具有一定的特殊性，房屋买卖合同被解除的，当事人还可以请求解除按揭贷款合同。此外，在买受人以按揭贷款方式购买二手房情形，办理贷款手续需交易双方配合，实践中本身因为银行、担保公司办理贷款手续的审批过程有一定周期，如在该期间一方懈怠，往往容易在双方之间形成不信任的状态，一旦受到房产市场价格波动的影响，就会发生双方互相指责违约的情形。对出卖人而言，签约前应详细了解买方付款方式，买受人办理按揭的，需双方各自提供的手续是否完备，正常的贷款到账流程多久，对容易认为拖延的环节应通过违约条款加以防范。

▌法条依据

《合同法》

第94条：有下列情形之一的，当事人可以解除合同：

（一）因不可抗力致使不能实现合同目的；

（二）在履行期限届满之前，当事人一方明确表示或者以自己的行为表明不履行主要债务；

（三）当事人一方迟延履行主要债务，经催告后在合理期限内仍未履行；

（四）当事人一方迟延履行债务或者有其他违约行为致使不能实现合同目的；

（五）法律规定的其他情形。

《最高人民法院关于审理商品房买卖合同纠纷案件适用法律若干问题的解释》

第24条规定：因商品房买卖合同被确认无效或者被撤销、解除，致使商品房担保贷款合同的目的无法实现，当事人请求解除商品房担保贷款合同的，应予支持。

第二节 抵押纠纷

1. 签订抵押合同但未办理房产抵押登记如何担责

▌案情介绍

2009年1月14日，被告陈某向原告李某借款25万元，约定于2009年7月30日前归还，被告孙某表示愿意以自有房产一处为该债务提供担保。借款当日被告陈某与原告李某签订借款协议一份，载明借款金额和还款日期等事项，被告孙某在协议下方注明："担保人承诺，对上述借款，担保人自愿将坐落于XX处的自有房产提供给李某作为抵押，如到期不能还清，承担担保责任。担保人孙某。"协议签订后，被告孙某将房屋产权证交由原告李某保管，但对该房产并未办理抵押登记手续。借款到期后，告陈某未还款，原告李某于2009年11月9日诉至法院，要求被告陈某立即归还借款，其不能归还部分，要求对被告孙某房产实现抵押权。

法院经审理认为，原告李某与被告陈某之间签订的借款合同依法成立生效并已履行，被告陈某应依约定归还借款；被告孙某在借款合同后自愿书写的抵押条款未违反法律法规禁止性规定，依法有效，其与原告之间的抵押合同成立并生效，因抵押物未依法办理登记手续，抵押权不能成立，被告孙某应在房产价值内承担补充清偿责任。判决被告陈某于本判决生效后十日内归还原告李某借款本金25万元，被告孙某在房产价值范围内承担补充清偿责任。

▌案例评析

本案审理过程中，对李某和陈某之间法律关系的认定并无争议，对李某与孙某之间的法律关系的认定需要解决两个问题：

（1）未办理抵押登记时，抵押合同是否有效。对于抵押合同生效时间和抵押权成立时间，1995年颁布实施的《担保法》第41条规定："当事人以本法第四十二条规定的财产抵押的，应当办理抵押物登记，抵押合同自登记之日起生效。"2007年颁布实施的《物权法》第15条规定："当事人之间订立有关设立、变更、转让和消灭不动产物权的合同，除法律另有规定或者合同另有约定外，自合同成立时生效；未办理物权登记的，不影响合同效力。"第187条规定："以本法第一百八十条第一款第一项至第三项规定的财产或者第五项规定的正在建造的建筑物抵押的，应当办理抵押登记。抵押权自登记时设立。"显然，两部法律对抵押权成立时间规定一致，即自登记时设立；而根据新法优于旧法的法律适用原则，抵押合同成立生效的时间应遵从《物权法》的相关规定，即自合同成立时生效，抵押权是否成立不影响抵押合同的效率。因此，只要符合一般合同生效要件，即使未办理抵押登记，抵押合同亦应有效。

（2）被告孙某承担的责任是何性质。被告孙某在本案中承担的应该是一种违约责任。因为《物权法》的颁布明确了"物权、债权区分"原则，即使抵押物权不成立，也不影响抵押合同的成立及生效。本案中，抵押合同签订后，孙某即负有配合李某办理抵押权登记的义务，这一义务的履行便于李某取得抵押权，抵押权设立后，李某对其与陈某之间的债务在抵押物价值范围内得到担保。而孙某在了解相关法律规定后拒绝配合办理抵押登记的行为正是不履行这一义务的表现，是一种违约行为，应依法承担违约责任，即在其房产价值范围内，对李某损失进行赔偿，李某的损失，应为从陈某处无法实现的债权的金额。因此，孙某承担违约责任的方式也就表现为补充清偿责任。

▎风险提示

抵押合同生效和抵押权的生效是不同的法律事实，法律要件也不尽相同，抵押合同只要依法成立即生效，与抵押财产是否登记并无关系；抵押权的生效，需要当事人依法登记才设立，只有经过合法登记程序，抵押权才有效，抵押权人也才能享受法律规定的对抵押物的有限权利。如果没有登记，债权人只能按照合同追究债务人的违约责任。所以再次提醒广大购房者，要想享有对房产优先受偿的权利，就必须对抵押合同进行登记，否则只能按照一般债权债务关系来追究债务人的违约责任。

▌法条依据

《合同法》

第 60 条第 1 款：当事人应当按照约定全面履行自己的义务。

第 107 条：当事人一方不履行合同义务或者履行合同义务不符合约定的，应当承担继续履行、采取补救措施或者赔偿损失等违约责任。

第 198 条：订立借款合同，贷款人可以要求借款人提供担保。担保依照《中华人民共和国担保法》的规定。

《物权法》

第 15 条：当事人之间订立有关设立、变更、转让和消灭不动产物权的合同，除法律另有规定或者合同另有约定外，自合同成立时生效；未办理物权登记的，不影响合同效力。

第 178 条：《担保法》与本法的规定不一致的，适用本法。

第 187 条：以本法第一百八十条第一款第一项至第三项规定的财产或者第五项规定的正在建造的建筑物抵押的，应当办理抵押登记。抵押权自登记时设立。

▌知识链接：办理二手房抵押贷款的法律风险及防范

房屋抵押贷款因为额度高、期限长、用途灵活，能有效解决资金需求问题等优势，深受广大群众的青睐。但这种贷款也存在一些风险，主要表现在贷款用途、还款以及贷款途径上。

风险一：贷款用途。为什么说贷款用途存在一定的风险呢？因为银行对房屋抵押贷款用途有一定的限制，比如只能用于购车、装修、留学等正规消费用途，而不能用于投资、炒股等，所以借款人一定要按照合同约定正确使用贷款资金。

风险二：还款。想办理房屋抵押贷款的借款人，若个人资质不错，可优先考虑向银行申请贷款，以保障贷款的安全性。若找非银行金融机构办理贷款，那么一定要注意所选机构的正规性，没有拿到贷款前不要支付任何费用，以免上当受骗。

就风险防范来看，具体需要注意以下五点：

（1）选择贷款机构需"货比三家"。眼下几乎所有的贷款机构都能受理房产抵押贷款，但是不同机构的贷款要求有一定的差异，所以大家选择贷款机构时最好"货比三家"。

（2）抵押房产符合贷款要求。虽然有了房产作抵押，贷款申请变得要容易一些，但是作为抵押的房产必须符合规定：房龄不超过20年；有房产证和国有土地证；无产权纠纷；具有较强的变现能力；能正常上市交易。

（3）他人房产需取得对方同意。按照相关规定，若借款人本人名下无房也可以用他人名下房产作抵押申请贷款。但是，用他人名下房产作抵押办理贷款时，必须取得房屋所有人的同意，且需对方出具同意抵押承诺书，否则抵押无效。

（4）贷款困难勿忘找担保公司。在有抵押物的情况下，若你仍然遭银行拒贷，不要忘了找当地正规担保公司帮忙，一般有了担保公司的介入，贷款申请都很轻松，但是借款人需要支付一定金额的担保费。

（5）还清贷款记得办理撤销抵押手续。办理房产抵押贷款的借款人，结清贷款后不要忘了办理撤销抵押手续，否则你的房子一直处于抵押状态。

2. 转让有抵押事实的房产，所签房屋买卖合同效力的认定

▌案情介绍

2007年12月16日，王某与孙某签订了一份商品房买卖合同。合同约定：孙某将位于扶沟县某处房产出售给王某，售价为14万元。合同签订后，王某向孙某支付了全部购房款，次日孙某交付给王某房门钥匙。之后，王某多次向孙某要求办理房产过户手续，取得房产证书，孙某推脱不予配合。2008年5月29日，王某在上海工作期间才得知该房在南关信用社被抵押且现抵押贷款已到期，南关信用社要行使抵押权。后王某与孙某协商解决不成，王某提起诉讼请求法院依法确认双方所签订的房屋买卖合同无效，要求孙某返还购房款及利息，赔偿王某一倍的损失14万元。

法院认为：2007年12月16日，孙某与王某签订商品房买卖合同时，其出售给王某的房屋已经抵押给南关信用社，该抵押事实孙某未通知买受人王某。孙某与王某签订商品房买卖合同时，对房屋抵押的事实进行了隐瞒。根据《担保法》第49条"抵押期间，抵押人转让已办理登记的抵押物的，应当通知抵押权人并告知受让人转让物已经抵押的情况；抵押人未通知抵押权人或者未告知受让人的，转让行为无效"之规定，本案商品房买卖合同应认定为无效，王某要求退还房屋及赔偿损失的请求应予支持。[（2011）豫法民提字第169号]

▌案例评析

法院认为王某与孙某签订房屋买卖合同时，孙某出售给王某的房屋已经抵

押给南关信用社，作为其向信用社借款的抵押物。但孙某未向王某告知，故意隐瞒该项事实，且至诉讼中仍不承认抵押事实，其行为违背了《担保法》第49条的规定。故王某与孙某签订的房屋买卖合同属无效合同，王某请求孙某返还购房款及利息并承担已付购房款一倍的赔偿责任的诉讼请求，应予支持。

但笔者认为双方所签订的房屋买卖合同是双方当事人真实的意思表示，其内容并没有违反法律法规的效力性强制性规定，应当属于有效合同。根据《物权法》第15条的规定，不动产物权变动的原因和结果是相独立的，物权的转让行为不能成立，并不必然导致物权转让的原因行为即债权合同的无效。双方签订的房产买卖合同作为讼争房屋所有权转让的原因行为，属于债权的形成行为，并不是房屋所有权转让的物权变动行为。相关法律规定的，未通知抵押权人的物权转让行为无效的规定，其效力不应适用于物权变动行为的原因行为。

▌风险提示

对于未经抵押权人同意，出卖人转让抵押房产所签订的合同效力的认定问题，实践中存在争议，做法也不尽相同。购房毕竟是大事，购房前应去房屋交易中心调查清楚房屋产权的相关问题，对于有抵押事实的房产，最好不要购买。

▌法条依据

《担保法》

第49条：抵押期间，抵押人转让已办理登记的抵押物的，应当通知抵押权人并告知受让人转让物已经抵押的情况；抵押人未通知抵押权人或者未告知受让人的，转让行为无效。

转让抵押物的价款明显低于其价值的，抵押权人可以要求抵押人提供相应的担保；抵押人不提供的，不得转让抵押物。

抵押人转让抵押物所得的价款，应当向抵押权人提前清偿所担保的债权或者向与抵押权人约定的第三人提存。超过债权数额的部分，归抵押人所有，不足部分由债务人清偿。

《最高人民法院关于审理商品房买卖合同纠纷案件适用法律若干问题的解释》

第9条：出卖人订立商品房买卖合同时，具有下列情形之一，导致合同无效或者被撤销、解除的，买受人可以请求返还已付购房款及利息、赔偿损失，并可以请求出卖人承担不超过已付购房款一倍的赔偿责任：

（一）故意隐瞒没有取得商品房预售许可证明的事实或者提供虚假商品房预

售许可证明；

（二）故意隐瞒所售房屋已经抵押的事实；

（三）故意隐瞒所售房屋已经出卖给第三人或者为拆迁补偿安置房屋的事实。

《物权法》

第191条：抵押期间，抵押人经抵押权人同意转让抵押财产的，应当将转让所得的价款向抵押权人提前清偿债务或者提存。转让的价款超过债权数额的部分归抵押人所有，不足部分由债务人清偿。

抵押期间，抵押人未经抵押权人同意，不得转让抵押财产，但受让人代为清偿债务消灭抵押权的除外。

▌知识链接：选择民间借贷公司办理二手房抵押贷款的注意事项

如是在正规民间借贷公司办理房屋抵押贷款，而非银行，在借款时注意以下几点：

（1）谨慎审查出借款方的资质和信誉情况，尽量选择合法登记、规范经营、信誉良好的中介公司。

（2）坚决拒绝签署内容空白或不完整的文件，在签署借款合同、收款收据时仔细审查各条款，切勿草率签字，必须在取得借款后按实际金额出具借据、收条等。

（3）约定的借款利息、逾期还款利息、违约金、滞纳金标准各项及总额均不得超过年利率36%。

（4）就同一笔借款不能重复签署多份借款合同、收款收据。

（5）保留好相关的收款、还款凭证，尽量通过银行转账形式还款，并保证收款账户户主与出借人一致，同时在汇款时注明归还哪一笔借款、本金与利息分别是多少等细节。

（6）还清借款后，必须要求出借人将原有借款合同、收款收据等原件交回借款人或当场销毁，避免出借人再次据此提出主张。

3. 抵押协议中不得约定债务人不履行到期债务时，抵押财产归债权人所有

2012年10月，黄某向张某借款20万元，借款期限为1年。双方在借款合同中约定，黄某以自有的一套110平方米的房屋作为借款抵押，并将房屋所有权证书及土地使用权证书交给出借人张某。同时双方约定，如果黄某不能按期还款，该抵押房屋的产权归张某所有，双方商定房屋总价款为35万元，超过借款部分的房款由出借人返还给借款人，黄某有义务协助张某办理房屋过户手续。还款期届满后，黄某没有偿还到期债务，张某遂向法院起诉，要求黄某偿还借款并承担抵押担保责任。

法院经过审理认为：双方之间签订的房地产抵押协议违反法律规定的抵押权人在债务履行期届满前，不得与抵押人在抵押合同中约定债务人不履行到期债务时抵押财产归债权人所有的规定。因此该部分内容是无效的。且双方并未就抵押协议进行登记，抵押权未设立。判决驳回张某的诉讼请求。

▌案例评析

通过对这个案例的分析我们知道，黄某与张某订立的房屋抵押协议是成立并生效的。虽然房屋抵押协议生效，但并不意味着已设定了抵押权。因此，对于张某要求黄某承担抵押担保责任的请求，法院不能直接判决黄某承担抵押担保责任，只能判决相对人自己办理有关手续，待办理抵押登记手续后，张某才能要求黄某承担抵押担保责任。那双方当事人关于黄某不能按期还款，房屋所有权归张某所有的约定效力如何呢？

《物权法》第195条规定："债务人不履行到期债务或者发生当事人约定的实现抵押权的情形，抵押权人可以与抵押人协议以抵押财产折价或者以拍卖、变卖该抵押财产所得的价款优先受偿……"该条规定了如债务人不能履行到期债务，抵押权人可以与抵押人协议以抵押财产折价或者拍卖等方式从抵押财产所得的价款享有优先受偿权利。这样使抵押权人在处理抵押财产时与抵押人处于平等法律地位，切实维护双方的合法权益。《物权法》第186条、《担保法》第40条、《最高人民法院关于适用〈中华人民共和国担保法〉若干问题的解释》第57条均规定，抵押权人在债务履行期届满前，不得与抵押人在抵押合同中约定债务人不履行到期债务时抵押财产归债权人所有。这样的约定法学界称之为"流质契约"，该约定往往会损害债务人的利益，使债务人处于被动、弱势地位，因此，我国《担保法》是禁止流质契约的。张某与黄某关于黄某不能按期还款，房屋所有权归张某所有的约定违反了法律禁止性规定，该部分内容应属无效。

▌风险提示

双方当事人不得约定债务人不履行到期债务时抵押财产归债权人所有。这样的规定在法律上称之为"流质契约"，是被我国法律禁止的，因此也不能得到法律的保护。

▌法条依据

《物权法》

第 186 条：抵押权人在债务履行期届满前，不得与抵押人约定债务人不履行到期债务时抵押财产归债权人所有。

《担保法》

第 40 条：订立抵押合同时，抵押权人和抵押人在合同中不得约定在债务履行期届满抵押权人未受清偿时，抵押物的所有权转移为债权人所有。

《最高人民法院关于适用〈中华人民共和国担保法〉若干问题的解释》

第 57 条：当事人在抵押合同中约定，债务履行期届满抵押权人未受清偿时，抵押物的所有权转移为债权人所有的内容无效。该内容的无效不影响抵押合同其他部分内容的效力。

债务履行期届满后抵押权人未受清偿时，抵押权人和抵押人可以协议以抵押物折价取得抵押物。但是，损害顺序在后的担保物权人和其他债权人利益的，人民法院可以适用《合同法》第七十四条、第七十五条的有关规定。

《最高人民法院关于适用〈中华人民共和国合同法〉若干问题的解释（二）》

第 8 条：依照法律、行政法规的规定经批准或者登记才能生效的合同成立后，有义务办理申请批准或者申请登记等手续的一方当事人未按照法律规定或者合同约定办理申请批准或者未申请登记的，属于《合同法》第四十二条第三项规定的"其他违背诚实信用原则的行为"，人民法院可以根据案件的具体情况和相对人的请求，判决相对人自己办理有关手续；对方当事人对由此产生的费用和给相对人造成的实际损失，应当承担损害赔偿责任。

▌知识链接：房龄对贷款额度的影响

对于二手房购房者而言，房龄是我们不得不关注的一个点，因为贷款买房的额度与房龄是息息相关的——房龄越大，贷款额度越低。

（1）二手房房龄对中介代办贷款流程有影响。通过中介买房，房龄会影响中介机构办理贷款的流程，主要有以下三种方式：①房龄比较老的房子，中介一般处理得比较谨慎，因为房龄和贷款额度是直接挂钩的。一般流程是在签订二手房买卖合同之后再签订贷款合同，然后上报审批，银行审批通过之后再过户，买方见收件单付首付款。②一般对于房龄较老的二手房，在贷款方面多少会遇到一些"问题"，因为银行对高龄的老房子贷款要求比较严格，而且各个银行对房龄与贷款额度的要求也不尽相同，但可以肯定的一点是，房龄越老，贷款额度越低。③房屋中介如实力比较强，即使是房龄较老的二手房，通过相应的合法渠道，贷到款也是不成问题的。不过在合同条款方面，一般对于贷款批不下来而造成的违约责任并不是所有的二手房买卖合同中都会约定。

（2）老房子权属不明，获批贷款难度较大。老房子在权属方面容易产生纠纷，一旦贷款人无法正常还款，银行难以处置风险较大，所以这部分二手房申请贷款时银行会比较慎重，当然，如果有综合资质不错的亲友替你作担保的话，获得贷款的概率会比较大。工行、农行、建行、中信银行等多家银行对高龄的老房子贷款要求比较严格，当然房龄较低的二手房申请贷款是比较受欢迎的。一般来说二手房的商业贷款年限因不同银行有不同规定，通常是房龄加贷款年限不超过 35 年且房屋必须是在 1987 年后建造的，不过也有银行规定必须 1990 年以后建成的且拟抵押房屋的建筑面积不得低于 50 平方米。

（3）公积金贷款和商业贷款差异较大。如果二手房的房龄比较老，公积金贷款和商业贷款的差别是很大的，同一套高房龄的二手房，商业贷款可能只能贷 20%，而公积金贷款则有可能贷 50%。因此，对于房龄较老的二手房，建议使用公积金贷款。

建议购买二手房贷款时，为避免产生不必要的纠纷，在二手房买卖合同中切记要对贷款方面的相关事宜进行条款约定，如贷款合同审批不能通过时，违约责任该如何约定，由哪方承担，何种情况下可以解除二手房买卖合同等等。

第三节　民间借贷中房屋买卖合同的认定

1. 违反法律关于禁止流质的规定，房屋买卖合同效力的认定

▌案情介绍

2007 年 6 月 27 日，杨伟鹏与嘉美公司签订商品房买卖合同，约定：出卖人为嘉美公司，买受人为杨伟鹏，杨伟鹏购买嘉美公司的 53 间商品房总额 340 万元。买受人应于 2007 年 6 月 27 日交纳全部房款，出卖人应当于 2007 年 8 月 30 日前，依照国家和地方人民政府的有关规定，将商品房验收合格交付买受人使用。该合同签订当日，杨伟鹏向嘉美公司支付了购房款 340 万元。次日，双方到来宾市房产管理局对销售的 53 间商品房进行了备案登记。事后，嘉美公司未按约定交付房屋。杨伟鹏诉至法院请求确认双方签订的商品房买卖合同有效，判令嘉美公司交付房屋并支付违约金。

　　嘉美公司答辩称：双方当事人之间不存在商品房买卖合同关系，双方之间实际上是民间借贷关系，商品房买卖合同只是民间借贷关系中的担保环节。当事人双方确实签订了商品房买卖合同，但真实的意思表示、真实目的都是借贷，也是按借贷关系互相履行义务的。嘉美公司由于所开发的商品房尚未办理产权证，无法为杨伟鹏办理抵押，故采取了签订商品房买卖合同并到房产管理局备案的办法，以达到类似抵押的目的。

　　来宾市中级人民法院一审经过审理认为，双方之间是商品房买卖关系，嘉美公司没有提供证据证明双方之间签订的是借款合同，对于嘉美公司的辩称，没有事实和法律依据，不予认可，判决认定双方签订的房屋买卖合同有效。

　　嘉美公司不服一审判决，向广西壮族自治区高级人民法院上诉。广西壮族自治区高级人民法院经过审理认为：2007年6月27日杨伟鹏与嘉美公司签订商品房买卖合同，缔约双方均具有相应的主体资格，合同内容没有违反法律、行政法规的强制性规定，并且已经办理了商品房备案登记，应当认定合法有效，当事人应当按照合同的约定履行。由于嘉美公司没有提供双方之间存在借贷关系的直接证据，所提供的其他证据也不能形成完整的证据链以证明双方是借贷关系，故对嘉美公司主张的借款事实无法予以认定，判决双方签订的买卖合同有效。

　　嘉美公司不服广西壮族自治区高级人民法院的判决，向最高人民法院申请再审。最高人民法院经过审理认为：认定当事人之间是否存在债权债务关系，书面合同并非不可缺少的要件。只要确认双方当事人就借贷问题达成了合意且出借方已经实际将款项交付给借款方，即可认定债权债务关系成立。本案相关证据表明，嘉美公司正是因不愿以340万元出售案涉商铺，才向杨伟鹏借款，采借新债还旧债的方式达到保住商铺所有权的目的，故可认定嘉美公司的真实意思是向杨伟鹏借款而非出售商铺。杨伟鹏提交的仅是发票复印件，尚不能认定商品房买卖关系。其亦始终未说明收取嘉美公司61.1万元的原因和性质，考虑到民间借贷支付利息的一般做法，综合全案事实，在其未能证明双方存在其他经济往来的情况下，认定该61.1万元系借款利息更具可信度。综上，双方之间成立借贷关系，签订商品房买卖合同并办理商品房备案登记的行为，则系一种非典型担保。杨伟鹏作为债权人，请求直接取得商铺所有权的主张，违反了禁止流质原则，不予支持。判决撤销一、二审判决，驳回杨伟鹏的诉讼请求。

[（2013）民提字第135号]

▌案例评析

　　本案经过一审、二审和再审，最终最高人民法院以违反禁止流质原则为由，驳回了杨伟鹏直接主张店铺所有权的诉讼请求。最高人民法院经审理认为，嘉美公司与杨伟鹏之间并不存在商品房买卖法律关系，出卖店铺并非嘉美公司的真实意思表示，商品房买卖合同是作为340万元债权的担保而存在的。

首先，合同价款明显不合理。根据证人提供的笔录证实，嘉美公司与杨伟鹏签订的商品房买卖合同是为双方借款合同作担保，而非出售案涉商品房，商品房买卖合同中约定价款仅为同时期、同位置商铺最低价格的15%，尚不足建设成本。根据《最高人民法院关于适用〈中华人民共和国合同法〉若干问题的解释（二）》第19条的规定，转让价格达不到交易时交易地的指导价或者市场交易价70%的，一般可以视为明显不合理的低价。嘉美公司并不存在将案涉房屋出售给杨伟鹏的真实意愿。

其次，嘉美公司始终未向杨伟鹏交付发票原件，杨伟鹏也始终未索要发票原件，此种违反交易习惯的做法进一步印证了双方并无买卖房屋的合意。

本案中杨伟鹏向嘉美公司支付340万元并收取利息的行为，可以证明双方之间成立了债权债务关系。嘉美公司从杨伟鹏处取得340万元的真实意思是融资还债，其与杨伟鹏签订商品房买卖合同的目的，则是为了担保债务的履行。鉴于双方未办理抵押登记，其约定也不符合法律规定的担保方式，故双方签订商品房买卖合同并办理商品房备案登记的行为应认定为非典型的担保方式。

对于该种非典型担保方式的效力认定，最高人民法院采取认同的态度。本案再审判决虽以禁止流质原则为由驳回了杨伟鹏要求直接取得商铺所有权的诉讼请求，但仍肯定了杨伟鹏的担保权，明确其在嘉美公司不能按时归还340万元的情况下，可通过变卖或者拍卖等适当方式实现债权。本案中，作为债权人的杨伟鹏实现债权的方式应当是在债务履行期限届满后，向债务人嘉美公司主张债权，如果没有明确的履行期限，则债权人可以随时请求债务人履行，但应当为其留出必要的准备期限。在嘉美公司拒不还债或者无力还债的情况下，杨伟鹏才能以适当的方式就商品房买卖合同项下的商铺主张权利，以担保其债权的实现。本案中，由于双方并没有书面的借款合同，双方就还款时间等约定不明，现杨伟鹏企图规避实际存在的借款法律关系，以双方签订了明显低价的商品房买卖合同为由，直接要求嘉美公司履行房屋买卖合同的请求是不能成立的。

我们知道，无论《担保法》还是《物权法》，都明确严格禁止流质。司法实践中，一种与典型流质相类似的非典型担保方式正在兴起，本案即是如此。对于这种非典型的流质，实践中存在较大争议。在非典型流质中，以往法院认为，这种以签订房屋买卖合同为债权债务关系进行担保的方式，意图规避法律对典型流质的禁止的方式是无效的。因为如果按照规范的担保方式：以房屋作为抵押的，双方应签订抵押合同并进行抵押登记，且不得约定"债务未能及时清偿，房屋归买受人所有"等流质内容。在民间借贷交易中，有些债权人，特别是民间高利贷的房贷者，为了获得高额利息，意图通过此种方法规避法律对流质的禁止规定。

但是，随着社会经济的发展和市场交易的深入，实践中此种非典型担保方式大量存在，一味地否定其效力与社会经济的发展规律和法律设立禁止流质制度的初衷不符，笔者试通过以下一则最高法院的案例，对这种非典型担保方式加以阐述。

2. "房屋买卖合同"及"借款协议"同时有效，并非流质条款认定

▌案情介绍

2007 年 1 月 25 日，朱俊芳与嘉和泰公司签订 14 份商品房买卖合同，主要约定朱俊芳向嘉和泰公司购买当地百桐园小区 10 号楼的 14 套商铺。同日，嘉和泰公司将该 14 份合同办理了销售备案登记手续，并于次日向朱俊芳出具两张总额 10 354 554 元的销售不动产发票。2007 年 1 月 26 日，朱俊芳与嘉和泰公司签订一份借款协议，主要约定：嘉和泰公司向朱俊芳借款 1100 万元，期限至 2007 年 4 月 26 日；嘉和泰公司自愿将其开发的当地百桐园小区 10 号楼商铺抵押给朱俊芳，抵押的方式为和朱俊芳签订商品房买卖合同，并办理备案手续。双方约定：如嘉和泰公司偿还借款，朱俊芳将抵押手续退回；如到期不能偿还，嘉和泰公司将以抵押物抵顶借款，双方互不支付对方任何款项等。该合同签订后，朱俊芳向嘉和泰公司发放了 1100 万元借款，嘉和泰公司出具了收据。至 2007 年 4 月 26 日，嘉和泰公司未能偿还该借款，朱俊芳请求确认与嘉和泰公司签订的 14 份商品房买卖合同有效，要求嘉和泰公司履行合同。

嘉和泰公司答辩称，朱俊芳和嘉和泰公司签订的商品房买卖合同是对借款合同的抵押担保，没有形成真实的买卖合同关系。担保未办理登记手续且双方约定的条款为流押条款，应当认定为无效条款。

本案后经二审、再审、最终生效法院认定：本案中，双方当事人对于 14 份商品房买卖合同所涉款项和借款协议所涉款项属同一笔款项并无异议。也就是说，双方当事人基于同一笔款项先后签订了 14 份商品房买卖合同和借款协议，且在太原市房地产交易所办理了 14 份商品房买卖合同销售备案登记手续。案涉 14 份商品房买卖合同和借款协议均为依法成立并已生效的合同。本案双方当事人实际上就同一笔款项先后设立商品房买卖和民间借贷两个法律关系。本案借款协议中"如到期不能偿还，或已无力偿还，乙方（嘉和泰公司）将用以上抵

押物来抵顶借款，双方互不再支付对方任何款项"的约定，并非法律上禁止的流押条款，双方当事人对于是履行14份商品房买卖合同还是履行借款协议具有选择性，即商品房买卖合同的解除条件成就，就履行借款协议，商品房买卖合同的解除条件未成就，就履行14份商品房买卖合同。判决双方签订的房屋买卖合同有效，嘉和泰公司应继续履行合同。[（2011）民提字第344号]

▍案例评析

本案与上一则案例极其相似，虽判决结果不尽相同，但其中蕴含的法理却是一致的。该案例也表明最高人法院对这种"房屋买卖担保借款债务"形式态度的逐渐平缓。此种非典型担保制度因具有程序灵活便捷、交易成本低廉、扩张融资范围等制度价值开始被最高人民法院逐渐认可。最高人民法院在对此类非典型担保制度的适用上，会通过对民法一般规则的司法和学理解释，以追求个案处理的妥当性，并不是一味否认其效力。

本案中，最高人民法院经过审理认为，本案借款协议中"如到期不能偿还，或已无力偿还，乙方（嘉和泰公司）将用以上抵押物来抵顶借款，双方互不再支付对方任何款项"的约定，并非法律上禁止的流押条款。我们知道，禁止流押的立法目的是为防止损害抵押人的利益，以免造成对抵押人实质上的不公平。但本案实际情况并非如此。

首先，借款协议上述条款并非约定嘉和泰公司到期不能偿还借款，借款协议所称抵押物所有权转移为朱俊芳所有。在嘉和泰公司到期未偿还借款时，朱俊芳并不能直接按上述约定取得借款协议所称的"抵押物"所有权。朱俊芳要想取得借款协议所称的"抵押物"即14套商铺所有权，只能通过履行案涉14份商品房买卖合同实现。正基于此，朱俊芳在本案一审提出的诉讼请求也是确认14份商品房买卖合同有效，判令嘉和泰公司履行商品房买卖合同。

其次，案涉14份商品房买卖合同和借款协议均为依法成立并生效的合同，双方当事人在借款协议中约定以签订商品房买卖合同的形式为借款协议提供担保，并为此在借款协议中为案涉14份商品房买卖合同附设了解除条件，该约定并不违反法律、行政法规的强制性规定。实际上，双方当事人对于是履行14份商品房买卖合同还是履行借款协议具有选择权，即商品房买卖合同的解除条件成就，就履行借款协议，商品房买卖合同的解除条件未成就，就履行14份商品房买卖合同。无论是履行14份商品房买卖合同还是履行借款协议，均符合双方当事人的意思表示，且从合同的选择履行的角度看，嘉和泰公司更具主动性。嘉和泰公司如果认为履行14份商品房买卖合同对其不公平，损害了其利益，其完全可以请求人民法院撤销案涉 14 份商品房买卖合同，但嘉和泰公司在法定的除斥期间内并未行使合同撤销权，而是拒绝履行生效合同，其主张不符合诚信原则，不应得到支持。

因此，最高人民法院认定，借款协议上述关于到期不能偿还，或已无力偿还，嘉和泰公司以抵押物来抵顶借款的约定，不符合《担保法》第 40 条和《物权法》第 186 条禁止流押的规定，当事人签订的房屋买卖合同及借款协议都是合法有效的。

▌风险提示

在当事人一方主张系房屋买卖关系，另一方主张系借贷关系，且双方证据均有缺陷的情况下，应结合双方当事人提交的证据，探究合同签订时双方当事人的真实意思，判断法律关系的性质。在借贷关系成立的前提下，签订商品房买卖合同并办理备案登记的行为，足以构成一种非典型担保。对于该非典型担保形式的效力，2015 年 9 月 1 日颁布实施的《最高人民法院关于审理民间借贷案件适用法律若干问题的规定》中已经予以认可。但需要提醒广大二手房买卖双方，对于此类非典型担保形式应谨慎，在使用时一定注意要签订书面的借款协议，且注意对房产价值和所担保债权数额差额的处理，以避免日后发生纠纷。

▌法条依据

《担保法》

第 40 条：订立抵押合同时，抵押权人和抵押人在合同中不得约定在债务履行期届满抵押权人未受清偿时，抵押物的所有权转移为债权人所有。

《物权法》

第 186 条：抵押权人在债务履行期届满前，不得与抵押人约定债务人不履行到期债务时抵押财产归债权人所有。

《合同法》

第 60 条：当事人应当按照约定全面履行自己的义务。

第 196 条：借款合同是借款人向贷款人借款，到期返还借款并支付利息的合同。

第 206 条：借款人应当按照约定的期限返还借款。对借款期限没有约定或者约定不明确，依照本法第六十一条的规定仍不能确定的，借款人可以随时返还；贷款人可以催告借款人在合理期限内返还。

第 207 条：借款人未按照约定的期限返还借款的，应当按照约定或者国家有关规定支付逾期利息。

第 211 条第 2 款：自然人之间的借款合同约定支付利息的，借款的利率不得违反国家有关限制借款利率的规定。

《最高人民法院关于适用〈中华人民共和国合同法〉若干问题的解释（二）》

第 19 条：对于合同法第七十四条规定的"明显不合理的低价"，人民法院应当以交易当地一般经营者的判断，并参考交易当时交易地的物价部门指导价或者市场交易价，结合其他相关因素综合考虑予以确认。

转让价格达不到交易时交易地的指导价或者市场交易价百分之七十的，一般可以视为明显不合理的低价；对转让价格高于当地指导价或者市场交易价百分之三十的，一般可以视为明显不合理的高价。

债务人以明显不合理的高价收购他人财产，人民法院可以根据债权人的申请，参照合同法第七十四条的规定予以撤销。

《最高人民法院关于审理民间借贷案件适用法律若干问题的规定》（2015）

第 24 条：当事人以签订买卖合同作为民间借贷合同的担保，借款到期后借款人不能还款，出借人请求履行买卖合同的，人民法院应当按照民间借贷法律关系审理，并向当事人释明变更诉讼请求。当事人拒绝变更的，人民法院裁定驳回起诉。

按照民间借贷法律关系审理作出的判决生效后，借款人不履行生效判决确定的金钱债务，出借人可以申请拍卖买卖合同标的物，以偿还债务。就拍卖所得的价款与应偿还借款本息之间的差额，借款人或者出借人有权主张返还或补偿。

第五章

二手房买卖涉中介服务法律问题

引　言

　　安家置业是人生大事，在城市，买卖二手房往往通过房屋中介公司进行交易。伴随着我国住房制度改革、房地产市场的快速发展，房产中介业也备受瞩目，其发挥着连接房地产开发和市场消费的桥梁纽带作用，对活跃房地产市场、促进房地产业的健康发展具有现实意义，已经成为房地产业不可缺少的部分。

　　但是由于房地产交易市场的跨越式发展，该领域的法律法规、行业规范、市场管理经验都相对不足和滞后，房产中介行业尚未形成有序的竞争格局和规范。实践中，签订中介协议是暗藏着巨大的风险的，协议中有些条款看起来是透明的，实际上也有可能是虚假信息。对于普通人来说，是很难去识别的。就笔者了解，房地产中介机构在买卖双方交易中，为了追求动辄几万、几十万的中介费而背弃居间义务和诚信原则、规避甚至违反法律规定的行为时有发生。因房屋中介公司在提供居间服务过程中的不规范行为引发的民事纠纷也屡见不鲜，这些行为不仅损害了当事人的合法权益，也干扰了二手房交易市场的正常秩序，不利于社会和谐稳定。

　　房屋中介公司都有哪些不规范行为，又该如何规范，以规避风险、保护自己的合法权益呢？笔者通过对典型中介纠纷进行类型化的分析梳理，给读者加以介绍。

第一节 "跳单"纠纷

1. 买方正当途径获取相同房源，有选择权，不构成违约

▌案情介绍

2008年下半年，原产权人李某某到多家房屋中介公司挂牌销售涉案房屋。2008年10月22日，上海某房地产经纪有限公司带陶德华看了该房屋；11月23日，上海某房地产顾问有限公司（简称某房地产顾问公司）带陶德华之妻曹某某看了该房屋；11月27日，中原公司带陶德华看了该房屋，并于同日与陶德华签订了《房地产求购确认书》。当时中原公司对该房屋报价165万元，而某房地产顾问公司报价145万元，并积极与卖方协商价格。11月30日，在某房地产顾问公司居间下，陶德华与卖方签订了房屋买卖合同，成交价138万元。后买卖双方办理了过户手续，陶德华向某房地产顾问公司支付佣金1.38万元。

原告上海中原物业顾问有限公司（简称中原公司）诉称：被告陶德华利用中原公司提供的上海市虹口区株洲路某号房屋销售信息，故意跳过中介，私自与卖方直接签订购房合同，违反了《房地产求购确认书》的约定，属于恶意"跳单"行为，请求法院判令陶德华按约支付中原公司违约金1.65万元。

被告陶德华辩称：涉案房屋原产权人李某某委托多家中介公司出售房屋，中原公司并非独家掌握该房源信息，也非独家代理销售。陶德华并没有利用中原公司提供的信息，不存在"跳单"违约行为。

上海市虹口区人民法院于2009年6月23日作出（2009）虹民三（民）初字第912号民事判决：被告陶德华应于判决生效之日起十日内向原告中原公司支付违约金1.38万元。宣判后，陶德华提出上诉。上海市第二中级人民法院于2009年9月4日作出（2009）沪二中民二（民）终字第1508号民事判决：撤销上海市虹口区人民法院（2009）虹民三（民）初字第912号民事判决；中原公司要求陶德华支付违约金1.65万元的诉讼请求，不予支持。（最高人民法院审判委员会讨论通过，2011年12月20日发布，指导案例1号）

▌案例评析

本案中，中原公司与陶德华签订的《房地产求购确认书》属于居间合同性质，其中第2、4条的约定属于房屋买卖居间合同中常有的禁止"跳单"格式条款，其本意是为防止买方利用中介公司提供的房源信息却"跳"过中介公司购

买房屋，从而使中介公司无法得到应得的佣金。该约定并不存在免除一方责任、加重对方责任、排除对方主要权利的情形，应认定有效。根据该条约定，衡量买方是否"跳单"违约的关键，是看买方是否利用了该中介公司提供的房源信息、机会等条件。如果买方并未利用该中介公司提供的信息、机会等条件，而是通过其他公众可以获知的正当途径获得同一房源信息，则买方有权选择报价低、服务好的中介公司促成房屋买卖合同成立，而不构成"跳单"违约。本案中，原产权人通过多家中介公司挂牌出售同一房屋，陶德华及其家人分别通过不同的中介公司了解到同一房源信息，并通过其他中介公司促成了房屋买卖合同成立。因此，陶德华并没有利用中原公司的信息、机会，故不构成违约，对中原公司的诉讼请求不予支持。

▌风险提示

二手房买卖中，通常会通过中介提供居间服务。购买者应注意房屋买卖居间合同中关于禁止买方利用中介公司提供的房源信息却绕开该中介公司与卖方签订房屋买卖合同的约定是合法有效的，并不是格式条款。但也应分情况考虑，如果卖方将同一房屋通过多个中介公司挂牌出售时，买方通过其他公众可以获知的正当途径获得相同房源信息的，买方有权选择报价低、服务好的中介公司促成房屋买卖合同成立，其行为并没有利用先前与之签约中介公司的房源信息。也就是说，买房通过正当渠道，走访多家中介，选择与价格低廉、服务优良的中介签订合同是受法律保护的。

▌法条依据

《合同法》

第 424 条：居间合同是居间人向委托人报告订立合同的机会或者提供订立合同的媒介服务，委托人支付报酬的合同。

▌知识链接：买方"跳单"行为的认定标准

如果中介方禁止"跳单"的条款合法有效，那么委托人依靠其他中介完成交易的行为是否一定构成"跳单"呢？一般来说，应该综合多个方面进行判断。

（1）委托人是否实际利用了中介方提供的信息。这也是最高人民法院公布的指导性案例确定的裁判要点。随着房屋中介市场的发展，市场上普遍存在着中介公司之间共享房源及出卖人同时在多家中介公司挂牌销售的现象，买方完全可以通过其他正当途径获得相同的房源信息。而不同的中介公司收费标准、服务质量往往不同，买方完全有权选择报价低、服务好的中介公司促成房屋买卖合同成立，其行为并没有利用先前与之签约中介公司的房源信息，因而不构成违约。在上海市徐汇区人民法院审理的"上海某某房地产经纪公司诉侯某居间合同纠纷案"中，法院之所以认定侯某构成"跳单"，就是因为侯某在与中介方签订居间合同后，利用中介方提供的信息私下与卖方成交。

（2）委托人有无规避居间佣金的故意。委托人之所以冒着违约的风险选择"跳单"，就是想以此不付或少付居间报酬。因此，委托人实际支付居间报酬的情况同样是判断是否构成"跳单"的重要依据。如果委托人选择其他中介公司后同样支付了与原中介公司几乎相同的报酬，那么我们就没有理由认为委托人有"跳单"的故意。

（3）中介方的服务质量。目前，二手房买卖市场上中介方的服务质量参差不齐，较差的中介将房地产居间活动简单地理解为挂牌、带看房、签约等流程，丝毫不重视服务质量，带委托人看房后不是积极地跟进、与委托人协商交易价格和服务报酬，而是企图单纯依靠某些合同条款对委托人进行限制。委托人当然有理由选择服务质量更高的中介方来完成交易。因此，在分析委托人与其他中介公司签订居间合同的主观故意时，原房产中介是否积极提供了相应的中介服务，也应作为判断依据之一。

2. 买房跳过中介，私下与产权人完成交易，应承担赔偿责任

▌案情介绍

2011年1月17日，原告上海某中介公司与涉讼房屋原权利人徐某签订出售房屋委托书，约定：由徐某委托中介公司出售房屋；委托价格214万元；委托期限自2011年1月17日起至2011年6月17日止；服务报酬为实际成交价的1%。2011年1月下旬，原告带领被告查看了涉讼房屋，双方同时签订房地产居间合同，2011年2月20日，被告母亲李某与徐某就涉讼房屋签订上海市房地产买卖合同，由徐某将涉讼房屋转让给李某，转让价款为1 802 150元，双方在买卖合同中载明未通过经纪机构居间介绍。2011年3月14日，涉讼房屋转移登记至李某名下。

原告诉称：2011年1月16日，被告经原告带看介绍，看中并有意购买涉讼房屋。被告于当日签署买受方看房确认书，承诺：被告从原告处获得所看房屋出售信息及交易机会，被告承诺本人或配偶及其他家庭成员如与原告曾经介绍的交易对象私下交易的，被告应按房屋总价的1%支付服务报酬。此后，原告为被告提供大量居间服务，但被告在得到原告提供的卖方信息后却跳过原告，私

下与卖方交易，以被告亲属名义购得涉讼房屋。故要求判令：被告支付原告服务报酬 21 400 元。

被告辩称：被告没有签署过买受方看房确认书，其上显示的签署人为何某，并非被告，故对其内容不予认可。被告确实曾签署过房地产居间合同，但该居间合同是格式合同，该条款是加重被告的责任，也限制案外人何时成交，是无效条款。签订居间合同时原告没有尽到提示义务，只是要被告签字。

上海市徐汇区法院经过审理认为，原被告签订的房地产居间合同系双方真实意思表示，内容于法不悖，应为有效，双方均应恪守约定。被告在通过原告带看并获得涉讼房屋相关信息后，由其母亲直接与出售方签订买卖合同购得涉讼房屋，违反了双方在居间合同中作出的相关约定，应承担相应的违约责任。故原告要求被告支付违约金的诉讼请求，具有事实及法律依据，本院予以支持。被告辩称合同条款应属无效，缺乏事实及法律依据，本院不予采信。判决被告支付原告违约金 15 000 元。[（2011）徐民四（民）初字第 2799 号]

▌案例评析

"跳单"现象在房屋中介市场中极为常见，造成"跳单"现象频发主要有三大原因：首先是买房者或租客为了节省中介费而暗中通过各种途径与买房者沟通，继而自己私自成交；其次是中介经纪人自身服务没有到位，未能及时跟进服务，致使买卖双方私下沟通交易；最后就是买房者或租客与卖方在中介服务的过程中发现原来是熟人，为了省下中介费，便甩开中介私下交易。

本案中被告从原告处获得所看房屋出售信息及交易机会，企图绕过中介机构，以其母亲的名义与卖方交易，违反了合同"承诺本人或配偶及其他家庭成员如与原告曾经介绍的交易对象私下交易的，被告应按房屋总价的 1% 支付服务报酬"的约定，应承担相应的合同违约责任。徐某认为居间合同是格式合同，该条款是加重被告的责任，也限制案外人何时成交，是无效条款的辩称无法成立。居间合同中关于跳单行为违约责任的约定系双方真实意思表示，应当予以认可。

▌风险提示

在此需要说明的是，在遭遇"跳单"时，中介通常极难维权，虽然买卖双方绕开中介私下成交的情况时有发生，但通过法律手段追讨中介费的却几乎没有。因为即使官司赢了，也只能获赔几千元钱，很多中介认为时间和精力有限，感觉这样打官司划不来。"跳单"成功或许对很多人来说意味着省下了大笔的中介佣金，但却不知"跳单"的成功也伴随着触犯相关法律面临诉讼、独自承担巨大交易风险等问题。

判断买方是否构成跳单违约的关键在于是否利用先前中介机构的房源信息。如果买方并未利用这一信息，而是通过其他公众可获知的正当途径获得同一房源信息，则买方有权选择报低服务好的中介公司，而不构成"跳单"违约。此外，购房者需注意，部分购房者认为房屋买卖居间合同中关于禁止买方利用中介公司提供的房源信息却绕开该中介公司与卖方签订房屋买卖合同的约定是无效的。这里需要提醒，该类合同约定并非格式条款，是合法有效的。

▌法条依据

《合同法》

第6条：当事人行使权利、履行义务应当遵循诚实信用原则。

第60条第1款：当事人应当按照约定全面履行自己的义务。

第107条：当事人一方不履行合同义务或者履行合同义务不符合约定的，应当承担继续履行、采取补救措施或者赔偿损失等违约责任。

第114条第1款：当事人可以约定一方违约时应当根据违约情况向对方支付一定数额的违约金，也可以约定因违约产生的损失赔偿额的计算方法。

▌知识链接：中介协议订立中的常见陷阱

（1）假开放型。协议内容：甲方向乙方提供的信息均为房主通过电话得知的情况，乙方自己与房主联系见面看房。本公司不设专人陪同，免去中间环节带来的不便，开放客户与房主沟通。这看起来似乎很透明，避免了"房托儿"，但实际上房屋中介提供的很可能是虚假信息。他们最常见的方法是刊登一个价格明显低于周边房价的房源广告，消费者指名要这个房后，他们当着消费者的面拨通房主电话，让双方通话，然后向消费者收钱。但消费者事后不是找不到房主，就是房主称房屋已经租出去了。

（2）提供无效协议书型。协议内容：一周之内找不到合适房屋，应向乙方退款。对这种协议书，不法中介会找出"管公章的人今天不在"等理由，拒绝盖章。一旦一周之内找不到消费者满意的房源，不法中介则拒绝退款。

（3）假装不知情型。协议内容：如果乙方对所提供的房源信息不满意，或因其他原因未能与房主成交，可多次来本公司查询新信息。但甲方有权拒绝乙方超出协议所示方位的查询，所付信息费不退。这是典型的霸王条款，而且还带有欺骗色彩。任何消费者都不会在成交后还不停地查询新房源，所谓"协议所示方位"，不过是当时双方的口头协议。

（4）态度强硬，退款磨蹭。一旦各种手段使尽，消费者依然要求退款，这时不法中介会采取耍赖的方式。对于消费争议，工商、消协部门只有调解的权限，并不能强制要求经营者退款。不法中介就是摸准消费者不愿为区区几百块钱上法院的心理，才有恃无恐。

（5）设法骗取协议书。即使消费者字斟句酌地签订了一份可以保护自己权益的协议书，也盖上了中介公司的公章，但还是没找到合适的房源，前来退款，这时不法中介更加黑心。消费者前来退款，中介公司态度非常友善，等消费者再来取退款时，不法中介便称没有协议书和收据不能退款。

第二节　提供虚假信息

1. 中介公司提供虚假信息，法院判处返还佣金

▌**案情介绍**

安信瑞德房地产经纪公司为冯女士购买位于海淀区世纪城的房屋一套，双方约定佣金5万元，并谎称购买房屋后其子女有资格上人大附小。但事实上世纪城业主只有在2005年12月31日以前购房，其子女才有资格于2009年上人大附小。因冯女士只支付佣金1万元，未支付剩余佣金，安信瑞德房地产经纪公司将冯女士诉至北京市海淀区人民法院，要求冯女士支付剩余佣金4万元。冯女士辩称，中介公司提供的房屋根本不享有人大附小的入学指标，自己已经和宋小姐协商解除买卖合同。中介公司在从事居间业务过程中提供虚假信息，存在欺诈，故请求解除与中介公司的委托合同，并要求中介公司返还已经支付的佣金1万元，赔偿其损失1万元。

北京市海淀区人民法院审理后认为，原被告双方签订居间合同，并对合同内容作了特别约定，系当事人真实意思表示，当事人均应根据诚实信用原则恪守履行。安信瑞德房地产经纪公司未按照约定的条件提供房屋信息，致使宋女士不能实现购房目的，故依法解除双方的委托合同，并判令安信瑞德房地产经纪公司返还宋女士支付的佣金1万元。

▌**案例评析**

本案中，宋某对于购买房屋存在着特定需求，中介公司在明知的情况下，为获取高额中介费，利用宋某难以判断房屋真实情况的弱势地位，对学区房进

行虚假宣传，刻意隐瞒真实情况，并作出可以上学的虚假承诺，使得宋某在不知情、被欺骗的情况下签订合同并履行。

《合同法》第 425 条规定，居间人负有如实报告的义务。根据该规定，居间人不得隐瞒有关的重要事实、不得提供虚假情况，否则，如损害委托人利益的，则不得要求支付报酬。因此，中介公司对其虚假宣传、虚假承诺的行为应承担相应的责任。

▌风险提示

为促使购房人签订买卖合同赚取高额中介费，中介公司会对购房人作出许多承诺，如保证过户、帮助融资贷款、没有购房资格的帮助办理购房资格等。但在签订书面合同时，中介公司则会以合同是建委制定的格式合同不能随便更改为由，未将上述承诺落实到合同中。发生纠纷时，中介公司往往否认其曾作过承诺，购房人也无法提供有力证据予以证明。

在此提醒广大购房者，在与中介公司订立居间合同过程中，务必保持冷静和清醒，不要轻信口头承诺而草率地作出决定，而是要认真阅读自己签署的合同文本等相关文件，尽量将中介公司的口头承诺落实到书面合同中，重视对书证或视听资料的采集，切实维护自身利益。

▌法条依据

《合同法》

第 425 条：居间人应当就有关订立合同的事项向委托人如实报告。

居间人故意隐瞒与订立合同有关的重要事实或者提供虚假情况，损害委托人利益的，不得要求支付报酬并应当承担损害赔偿责任。

《房地产经纪管理办法》

第 19 条第 1 款：房地产经纪机构未完成房地产经纪服务合同约定事项，或者服务未达到房地产经纪服务合同约定标准的，不得收取佣金。

▌知识链接：房屋买卖涉中介纠纷的风险防范

（1）审查中介的资质。看两证，细辨真与假。所谓两证，即指房产中介公司既要有房地部门核发的资质证书，又要有工商部门核发的经营许可证。如果只有经营许可证，没有资质证书，一般是咨询机构，可以搞房屋政策、信息等咨询，不能做房屋租赁、买卖等中介业务；如果只有资质证书，没有经营许可证，则属非法经营。只有两证齐全，才是合法的房地产经纪机构。

所以，当购房者准备找中介公司购房时，一定要先看其是否具备两证。值得一提的是，在看两证时，还要细辨真与假，最好看原件，不要看复印件，并把注册号记下来，因为有些非法中介机构利用复印件弄虚作假。如果你与两证齐全的中介机构发生纠纷，权益受到侵害时，可以向消费者协会或房地部门投诉，反之，一旦发生纠纷，则将无人受理。

（2）签合同注意霸王条款。签合同时，要细不要粗。在签订购房合同时，消费者一定要把协议内容搞清搞细。作为购买方，一般要选定自己信赖的房产中介。同时注意发现合同文件中的霸王条款。针对在买卖合同签订前，中介公司提供的各类格式合同中规定的权利限制条款，买卖双方都要仔细甄别，充分意识到此类条款对自己权利的影响。尤其不要轻信中介服务人员的口头承诺、豁免。这些是不诚信中介惯用的伎俩。必要时，应当在特别约定中对有关事项予以明确，并以书面形式留存，否则一旦发生争议，买方或卖方将难以举证而承担不利风险。

对待协议文本和发票，必须查看公章是否清楚，如不相符，请不要签字，并及时谢绝服务；对协议书中的一些关键条款，有疑问或者含义不清时，请勿轻信公司工作人员口头所说的各种承诺和诱人动听的言辞。如果需要补充一些条款，一定要落实在文字上。

法院在房屋买卖格式条款这一问题上已经有所关注。根据北京市第一中级人民法院审理的典型案件，其审判思路是：签署买卖定金协议书但并未促成双方买卖合同的成立，中介机构无权主张服务费；而且在买卖定金协议书中，约束买方与出售人双方私自或者另行通过其他居间方签署房屋买卖合同的规定属于无效条款。

（3）明确自己的选择权利。2011 年，《最高人民法院关于发布第一批指导性案例的通知》中指出，同一房源信息经多个中介公司发布，买方通过上述正当途径获取房源信息的，有权在多个中介公司中选择报价低、服务好的中介公司促成交易，此行为不属于跳单违约。买卖双方均可依托此规定货比三家之后再择优选择中介服务。

如果出现纠纷，上升到诉讼层面，那么我们还需要关注房屋中介服务纠纷中法院的审理原则，有针对性地收集有力、合适的证据。

第三节 吃差价

1. 中介吃差价谋利，委托人有权索回差价

▌案情介绍

2007 年 6 月 25 日，李某委托中大恒基公司独家代理李某的一套房屋，合同约定的出售价格为 82 万元。2007 年 8 月 8 日，李某委托时任中大恒基虎坊桥店的经理张某代办该房屋的买卖交易相关手续。张某代李某与周某及中大恒基签订了房屋居间买卖合同，约定房屋出售的价格为 88 万元。周某在联系上李某后得知中大恒基吃了 6 万元的差价，并因此导致周某多支付中介费用 1800 元，贷款利息 1920 元，契税 900 元，土地出让金 1800 元。

周某认为，中大恒基公司作为专业的房产经纪公司，在提供居间服务过程中吃差价，明显违反相关法律规定，违反诚实信用。为此，周某诉至北京市丰台区人民法院，要求中大恒基双倍返还购房差价 12 万元，并支付多收的中介费、支付周某多承担的贷款利息、契税、土地出让金等，以上共计 126 420 元。

北京市丰台区人民法院审理后认为，房屋出卖人李某与中大恒基公司签订的北京市房屋出售委托合同中明确约定出售房屋成交价为 82 万元，而中大恒基公司在履行该合同过程中却将该房屋以成交价 88 万元卖与周某，且中大恒基公司未将此情况告知出卖人，亦未将售房差价款给付出卖人，应认定该公司存在赚取房屋差价行为。因中大恒基公司存在赚取房屋差价款行为，故依其承诺应双倍返还周某房屋差价款，由此给周某造成的相关费用损失亦应承担给付责任。法院最终判决支持了周某的全部诉讼请求。

▌案例评析

房产中介吃差价一直以来都是中介行业的"潜规则"，这也吸引着越来越多的年轻人"奋不顾身"地投入房产中介行业，因为稍微花点小心思就可以吃上一笔差价，从而走"三年不开工，开工吃三年"的捷径。所谓"差价"具体是指中介方在买卖双方之间两边欺诈，损害买卖双方的利益而谋取的非法收入。比较典型的做法是阻止买房人与房主见面。房主把房子委托给中介公司销售后，双方会签订一份代理合同，约定在一定期限内将该套房屋以一定价格售出，签订合同的同时中介公司会支付给房主一笔订金。中介公司拿到房源后，从意向客户看房、签约到最终过户的整个过程中，会以各种各样的理由阻止买卖双方

见面，然后想尽办法以高出合同约定价格寻求买家，从而赚取其中的差价。

本案中，房屋出卖人李某与中大恒基公司签订的北京市房屋出售委托合同中明确约定出售房屋成交价为82万元，而中大恒基公司在履行该合同过程中却将该房屋以成交价88万元卖与周某，且中大恒基公司未将此情况告知出卖人，亦未将售房差价款给付出卖人，应认定该公司存在赚取房屋差价行为。因中大恒基公司存在赚取房屋差价款行为，故依其承诺应双倍返还周某房屋差价款，并承担由此给周某造成的相关费用损失。

▌风险提示

中介在履行居间合同的过程中负有忠实的义务，居间人不得代表任意一方做出有损另一方利益的行为。中介机构有赚取差价行为的，委托人可以请求返还差价。二手房买卖通过中介交易的，买卖双方应提高警惕，尽量在三方都在场的情况下签订正式的房屋买卖合同。

▌法条依据

《合同法》

第425条：居间人应当就有关订立合同的事项向委托人如实报告。

居间人故意隐瞒与订立合同有关的重要事实或者提供的虚假情况，损害委托人利益的，不得要求支付报酬并应当承担损害赔偿责任。

▌知识链接：如何有效避免中介"吃差价"

最好是三方见面、透明交易。房屋买卖十分复杂，所以在交易前应与对方有所沟通。在交易时，最好能买卖双方和中介公司都见面，做到透明交易，就不会吃亏上当了。

不见面也要看委托代理合同。在无法见面的情况下，也应该要求中介公司出具卖方或买方的委托合同。一般委托合同中会写明价格及中介代理权利范围，这就有利于保证买卖双方的利益。另外，应要求中介公司出示一系列证明，并在合约上清晰注明交易双方的详细个人资料，若发现合约上某些项目不符时，买、卖方应咨询清楚所有问题才可签下自己的姓名。

查看相关证件，辨明真假房源。对于卖方来说，如果中介公司提出现金收购，一定要办理相应的过户手续，防止中介公司在没有办理手续之前，将房子卖出从中赚取差价。而对于买方而言，要警惕假房源，有些仅是房托，并非真正房主，如果在没有查看相关证件及辨明真假房东之前就交了定金，而中介公司又谎称房子被卖走，到时定金也难退回。

不让中介公司代理两方。在进行二手房交易时，不要委托中介公司代理买、卖两方，而是尽量让中介公司仅代理一方，只有这样才能真正保证委托方的利益。

多方了解信息。之所以被吃差价，与买、卖双方不了解房子的信息不无关系。周边房子的价格是多少，房子是否会升值，只要了解了这些，就可以大致估出房子的价格。这样，才不会以较低的价格出售，或以较高的价格购买，没有了被吃差价的可能。

第四节　审查不严

1. 中介隐瞒房屋实情，提供虚假情况的处理

▌案情介绍

2011 年 9 月 21 日，陈某（甲方）与安信瑞德公司（乙方）签订了房屋购买居间委托协议，约定甲方拟购买 402 号房屋，乙方为甲方提供居间服务；居间服务报酬金额为 10 万元，甲方与乙方提供的房屋出售人签订房屋买卖合同时，应向乙方支付居间服务报酬等内容。2011 年 9 月 22 日，陈某与王中伟签订了北京市存量房屋买卖合同，约定陈某购买 402 号房屋，该合同对房屋基本情况、房屋权属情况、成交价格与付款方式、房屋交付、违约责任、权属转移登记等进行了约定。事后陈某并未依约支付居间服务报酬，经安信瑞德公司多次催要，仍拒绝支付，安信瑞德公司无奈诉至法院。

陈某在上诉中辩称，拒不支付佣金是由于安信瑞德公司故意隐瞒的重要事实和提供的虚假情况：①帮助出卖人隐瞒房屋的真实抵押情况。产权人明知其房屋已抵押给了浦东发展银行北京分行，但在买卖合同中却注明抵押权人是培生（北京）咨询有限公司且抵押债权数额亦少写了一半等。安信瑞德公司在买卖合同签订前及居间见证买卖合同签订时，不仅向陈某刻意隐瞒这一重要事实，而且保证抵押权人会及时注销抵押登记，不会影响产权过户等。但事实上由于抵押信息虚假，抵押负担不能除去，导致此后房屋根本无法过户。②隐瞒出卖人已将房屋出售和涉诉的重要事实。产权人在房屋多次转卖且涉诉的情况下，仍然与陈某签约。安信瑞德公司作为专业经纪机构，不仅刻意隐瞒房屋已经出售的重要事实，而且告知陈某该套房屋不仅能够及时注销抵押，而且可以办理网签，能够顺利过户，从而诱使陈某与其签订居间协议存在明显恶意，因此拒

绝支付佣金。

法院认为，陈某与安信公司签订的房屋购买居间委托协议，系各方真实意思表示且不违反法律法规强制性规定，合同合法有效。各方当事人均应遵循诚实信用原则，依约履行各自义务。安信瑞德公司作为专业的房地产中介公司，应当严格履行审查义务，对房屋的状况进行全面审查，为买卖合同双方提供真实、全面的信息，而其对此存在过错，因此对给付居间费用的诉讼请求不予支持。[（2012）一中民终字第 10054 号]

▌案例评析

在司法实践中，中介机构通常具备从事居间服务的专业知识，具有获取、审查相关信息真实性的能力。因此，在委托人提供报酬的前提下，要求中介机构尽到谨慎、合理审查义务不仅体现了民法中法律主体地位平等、权利义务对等的要义，也是对房屋交易安全性、稳定性的保障。在房屋买卖过程中，中介机构的合理审查义务对象主要包括对房屋买卖产生交易选择影响的事项及商业信息，如房屋所有权权属是否明晰、是否设立抵押、是否一房二买等。

本案中，安信瑞德公司虽提供了居间服务，但未尽到严格审查的义务，没有将涉案房屋真实的抵押登记情况审查核实清楚并告知买房人，其提供的服务具有瑕疵。根据我国《物权法》规定，禁止一房二卖，所有权只能归属一方。结合《合同法》第 425 条、第 427 条的规定，在房屋买卖交易过程中，作为居间方的中介公司必须履行忠实义务，必须符合诚实信用原则，否则造成房屋买卖合同效力瑕疵不能履行的，不能获得报酬，并应承担损害赔偿责任。因此，对于安信瑞德公司要求陈某支付居间费的诉讼请求，因其自身行为存有过错，法院没有支持其诉讼请求的做法是正确的。

▌风险提示

在此提醒广大购房者，在与中介签订房屋买卖合同过程中应注意查看经纪公司是否有合法的房屋经纪资质；充分了解房屋建筑结构、区位、房屋历史、权属情况、共有情况等详细信息；认真阅读合同条款，谨慎签约，必要时咨询律师；在付款时尽量选择通过第三方资金监管方式进行；交易过程中强化风险意识及证据意识，注意收集发票、收据等相关材料，纠纷发生后要注意保存证据，比如录音、视频资料等。

▌法条依据

《合同法》

第 425 条：居间人应当就有关订立合同的事项向委托人如实报告。

居间人故意隐瞒与订立合同有关的重要事实或者提供虚假情况，损害委托日利益的，不得要求支付报酬并应当承担损害赔偿责任。

▌知识链接：房产中介纠纷诉讼审理中的注意事项

在房产中介服务纠纷的审理中，法官一般会注意以下几点：

（1）房产中介是否获得了卖方的有效授权。中介公司一般会提供两种途径的委托合同：一类为独家房源出售委托协议，另一类是允许委托多家中介的委托协议。

在独家委托协议中，中介公司会增加限制条款，即若选择独家委托服务的，在委托期限内，出售人不得委托其他人提供居间服务、代为销售房产。如果在上述期间内，出售人委托他人代为出售房产的，出售人应按照房屋出售价格的一定比例支付违约金。

而在第二种房产委托协议中，则不限制出售方委托几家中介公司。需要注意的是，因为网络信息的便捷，很多中介公司会在获得其他中介公司房源信息后同时发布相同的房源，并在未获得有效委托的情况下，代买方向卖方询价。

法官会根据授权的不同来判断中介公司是否提供了有用的信息和服务，从而判决是否需要给中介公司支付中介费用。

（2）房产中介所提供的房源信息是否真实、准确。房产交易中信息披露的透明度问题至关重要，包括所有权关系、是否设置抵押、产权性质、房屋坐落、面积、周边配套、房龄、朝向等问题，尤其很多买房人关注是否为学区房。

房地产经纪机构与委托人签订房屋出售、出租经纪服务合同，应当查看委托出售、出租的委托协议及房屋权属证书、委托人的身份证明等有关资料，并应当编制房屋状况说明书。经委托人书面同意后，方可对外发布相应的房源信息。因此，如果房产中介未尽到核实房源真实信息的义务，一般可以认定买房人无须支付中介费用。

（3）看房过程中中介是否存在欺骗等不正当手段促成交易的行为。在看房过程中，中介往往会提出拟出售房产的钥匙未放在中介或者卖方临时不在家等借口，要求带客户去看类似的户型，导致很多客户在没有看到实际住房的情况下仅凭中介人员的介绍便签订了购房定金协议或者房屋买卖协议，在签订合同前后才发现诸多问题，继而引发复杂的索赔程序。

中介工作人员在带客看房后，往往还会要求客户签署看房确认书，并在看房确认书中约定权利限制条款，如客户在看房后，其本人或者其亲属通过其他中介购买该房产，仍须向该中介支付中介费用等。

（4）中介所提供的中介服务合同是否存在不合理的霸王条款。特别是在现金交易的过程中，要注意定金交付、房款交付等问题。一般而言，定金协议适用于买卖合同订立之前，已经交了定金的，定金条款才生效；违约金条款适用于买卖合同中，一般不能超过交易金额的20%。例如，很多中介提供的定金协议中会设置权利限制条款，如买卖双方在定金协议签署后自行或者通过他方中介签订买卖合同，视为其履行完居间合同义务，买方或卖方应当支付其居间费用。这影响了交易过程中买方或卖方所需承担的风险大小，也是法官需要审理的。

（5）中介所收取的居间服务费用是否合规。实际中，有很多中介通过以代书费、过户费、看房费等方式变相收取高额中介服务费用，值得注意。

第五节　不规范服务

1. 中介机构规避主要居间义务应承担赔偿责任

▌案情介绍

2012年6月，颜女士为儿子看中了位于朝阳区千鹤家园的一套房子。在我爱我家公司居间服务下，颜女士代儿子方晓鸽签署了一系列合同、文件，约定以420万元的价格购买该房屋，房款支付方式为交易双方自行划转。同日，颜女士向我爱我家公司支付了居间服务费9.24万元、向伟嘉安捷公司支付了保障服务费1.76万元。此后，颜女士陆续代儿子直接向卖家李佳霖个人支付了房款。但出乎方晓鸽夫妇意料的是，这次买卖却是一场早已设下的骗局，李佳霖隐瞒已将房屋委托他人出售并办理最高额抵押贷款的事实，使用伪造的房屋所有权证，骗取了颜女士393万元。最终李佳霖因诈骗罪、合同诈骗罪被判处无期徒刑。

原告颜女士认为中介我爱我家公司和伟嘉安捷公司在房源信息审查、网签办理、房屋权属审查、资金交付安全保障等方面未履行审慎、如实报告义务，造成其损失，方晓鸽将我爱我家公司、伟嘉安捷公司诉至法院，索赔300万元。

我爱我家公司辩称该公司已完全履行居间义务，对出售方产权证、身份证，购买方买房及贷款资质、房屋产权登记信息及设定抵押情况等均进行了核验。方家损失系卖方诈骗行为造成，与服务瑕疵无关，且即使承担赔偿责任，也应以居间服务费为限，但该公司已于方晓鸽此次诉讼前将11万元服务费全部退还方家，故不同意再赔偿方家损失。

朝阳法院经审理认为，我爱我家公司作为专业从事房地产中介服务的机构，在居间活动中收取了居间服务费，其未提供资金托管的行为规避了主要居间义务，且与损害结果有一定关联，构成违约。因房屋交易无法实现系出卖人诈骗行为所致，综合考量方晓鸽受损情况及各方过错程度、责任大小以及中介公司的可预见性和可期待利益，法院一审判令我爱我家公司赔偿方晓鸽违约金30万元。

▌案例评析

本案中，我爱我家公司在四个方面存在过错行为，违反了如实报告义务和勤勉义务，构成违约：未按照合同约定对出卖人的身份信息全面核实；未至房屋权属机构核查产权证书真伪及房屋是否存在查封、抵押等权利限制信息；涉案交易实际经办人不具有经纪人资格，公司对经纪人缺乏有效管理和制约，内部控制及风险管理存在重大缺陷；未充分告知警示房屋交易资金自行交割的风险，其未提供资金托管服务的行为规避了主要的居间服务义务，且与损害后果存在一定关联。同时，法院指出方晓鸽一方亦存在过错，其忽视对合同内容的审查，未尽合理的谨慎注意义务，且在第一次网签已经注销、第二次网签尚未进行的情况下，在此期间仍支付李佳霖73万元，明显对出卖人过于轻信，故对损失发生亦负有责任。法院综合全案考量判令我爱我家赔偿方晓鸽30万元的违约金是公正合法的。

▌风险提示

二手房交易中，购房者如通过中介公司购买房屋，应保持谨慎。实践中中介公司存在疏于核查客户关键信息及重要材料，规避政策法律，违规违法操作，违规增设收费项目、超标收取服务费用，合同签订草率、条款表述不严谨，内部管理混乱、人员素质良莠不齐、法律意识淡化等常见不规范行为。购房者一方面应根据自身经济状况和置业需求，在科学评估市场风险、充分了解政策法规的情况下审慎购置房屋；另一方面应尽可能选择通过银行或第三方资金监管的方式进行支付，以保障资金交易安全，并应在交易过程中强化风险意识、法律意识，注意搜集留存相应证据。

▌法条依据

《合同法》

第425条：居间人应当就有关订立合同的事项向委托人如实报告。

居间人故意隐瞒与订立合同有关的重要事实或者提供虚假情况，损害委托日利益的，不得要求支付报酬并应当承担损害赔偿责任。

▌知识链接：如何规避由签订居间合同引起的诈骗

其一，购房人先要了解中介人员的信息，如经营范围、执业经纪人的姓名及证号等。如果购房者在直接到中介公司进行洽谈的过程中，发现中介公司未经备案、注册登记或执业经纪人证号名不副实，应立即停止交易，向有关部门核实、举报。

其二，在合同中明晰中介费用所包含的项目。中介除了收取合同约定的中介服务费外，其余的所谓垫资费、看房费、跑腿费等都属于"黑收费"。

其三，在合同中明晰中介费的支付条件。原则上是在中介公司促成双方签订房地产买卖合同时支付。注意居间合同要求一次性支付中介费用或只介绍买卖双方认识就全额收取中介服务费等是不合法的。

其四，要格外留心定金、订金、预付款、违约金条款。如果对方提供的合同为格式合同，那么，在签订合同前，最好请专业律师把关，修改、删除合同中对己不利的"霸王条款"，增加自身需要的条款，以达到利益平衡，减少纠纷、损失发生。

其五，买卖过程中各期支付金额、期限及方式等，税收、相关费用等的承担及各类更名手续的办理及费用承担，该房屋内是否存在未迁出户口及迁出期限等各项内容均应做出明确、详细的约定。另外，若涉及车位问题，也需双方明确约定。

2. 中介公司因重大过失致业主遭受诈骗，应承担补充赔偿责任

▌案情介绍

2012年3月7日，李某通过汉宇地产的居间介绍，与他人达成位于上海市浦东新区某房屋的买卖协议，李某按照约定支付了定金20万元。2012年3月8日，李某发现系争房屋早已于2012年3月2日交易成功，出卖人所持的公证书系伪造。李某遂于2012年3月14日向上海市浦东分局派出所报案，后经公安机关立案侦查，出卖人被刑事拘留。李某认为，汉宇地产作为专业的中介机构，

在提供专业的房屋居间服务时，未尽到基本的审核和调查义务，造成其巨大损失，汉宇地产应承担重大过失责任。请求判令汉宇地产赔偿所受损失20万元。

被告汉宇地产辩称：原告李某未按照约定而直接将定金交付出卖人，该损失与其无关。其在从事居间活动时，系争房屋仍在出卖人名下且李某在签订协议时也看过房产证，故其已经尽到了相关的审核和调查等义务。

法院认为：被告汉宇地产作为专业的房屋中介机构，在进行居间服务时应尽到必要的、审慎的审查、核实义务，如核实房源信息、核实卖房人的身份信息、判断交易过程中的合理性等。本案中，汉宇地产虽进行了一定的调查、核实等行为，但未就系争房屋是否存在一房二卖、公证书是否系伪造等事宜进行调查核实，导致原告李某定金损失。而李某也未依约将定金交于汉宇地产保管，而是将定金直接支付于出卖人，也未对公证书的真实性尽到注意义务，导致定金无法追回。双方在此过程中均有过错，应各自承担相应的责任。结合李某、汉宇地产双方的过错程度，最终确定汉宇地产承担10万元的补充赔偿责任。

[（2012）嘉民三（民）初字第809号]

▌案例评析

本案中汉宇地产经办本案居间业务的工作人员不具备经纪人资格，未认真核查系争房屋已被出卖情况，未严格按照合同约定履行定金保管义务，使出卖人得以实施诈骗，继而造成李某损失，在房屋买卖居间活动中，中介公司（居间人）对于受托事项及居间服务应承担符合专业主体要求的注意义务，注重审查核实与交易相关的主体身份、房产权属、委托代理、信用资信等证明材料的真实性。中介公司因未尽必要的注意义务而未能发现一方提供的相关材料存在重大瑕疵、缺陷，由此使另一方受欺诈遭受损失的，应根据其过错程度在相应的范围内承担补充赔偿责任。

▌风险提示

提醒广大购房人，在通过中介买卖房屋时一定要选择信誉好的中介公司，以免发生纠纷，使自己身心俱疲。一定要先看其是否具备相应证件，同时还要细辨证件真假，尽量看原件，不要看复印件，并注意注册号。此外还应要求提供居间业务的工作人员出示经纪人资格的相关证明。需要注意的是，对于由中介公司代收房款的约定，委托方应慎重考虑，避免为日后纠纷的发生埋下隐患。

▌法条依据

《房地产经纪管理办法》

第9条：国家对房地产经纪人员实行职业资格制度，纳入全国专业技术人员职业资格制度统一规划和管理。

第25条：房地产经纪机构和房地产经纪人员不得有下列行为：

（一）捏造散布涨价信息，或者与房地产开发经营单位串通捂盘惜售、炒卖房号，操纵市场价格；

（二）对交易当事人隐瞒真实的房屋交易信息，低价收进高价卖（租）出房屋赚取差价；

（三）以隐瞒、欺诈、胁迫、贿赂等不正当手段招揽业务，诱骗消费者交易或者强制交易；

（四）泄露或者不当使用委托人的个人信息或者商业秘密，谋取不正当利益；

（五）为交易当事人规避房屋交易税费等非法目的，就同一房屋签订不同交易价款的合同提供便利；

（六）改变房屋内部结构分割出租；

（七）侵占、挪用房地产交易资金；

（八）承购、承租自己提供经纪服务的房屋；

（九）为不符合交易条件的保障性住房和禁止交易的房屋提供经纪服务；

（十）法律、法规禁止的其他行为。

▌知识链接：房屋买卖居间合同履行中存在的风险及其防范

（一）风险提示

1. 房屋中介公司从业人员良莠不齐，多有不规范行为，损害交易双方甚至中介公司的权益。

2. 合同签订草率、条款表述不严谨，造成了合同履行的隐患。

3. 房屋中介公司工作人员疏于核查，怠于到相关部门进行调查核实，给犯罪分子提供了诈骗的机会。

4. 购房者过于相信中介公司及其工作人员，造成不必要的麻烦和损失。

5. 购房者未谨慎注意及严格审查，导致上当受骗。

6. 购房者草率支付房款，不能达到自己的预期，甚至造成巨大损失。

（二）防范策略

1. 房屋中介公司：

（1）严格管理工作人员，制定切实可行的规章制度，规范运作。

（2）规范、完善居间合同范本。

（3）严格核查客户关键信息及重要材料。

（4）聘请法律顾问掌控法律风险。

2. 购房者：

（1）订立规范、严密的房屋买卖及居间合同，尽量减少风险的发生。

（2）不要轻易相信售房者、中介公司及其工作人员，关于售房者、房屋权属等关键信息要亲自查证核实。

（3）支付购房款时选择通过第三方监管的方式控制风险。

（4）建议购房时委托律师提供帮助和服务。

第六节　定金托管纠纷

1. 房屋居间合同中定金保管发生纠纷的处理

▌案情介绍

2010 年 8 月 16 日，邢某与王某、房媒房地产签订房地产买卖（居间）协议，约定邢某将金华市人民东路敦民巷 29 号的房产转让给王某，房屋价款为 17 万元，付款方式为：签订协议后王某付给邢某 1 万元作为购房定金，如双方按约履行，该款即用来抵充房款；2010 年 10 月 8 日前付 5 万元，同时将房产权证过户到王某方名下，双证办理齐全后由王某方办理按揭，贷出款后付清余款 11 万元。当日签订合同后，王某支付邢某定金 1 万元，并由邢某出具收条一份，载明：今收到王某购买人民东路敦民巷 29 号的房产的定金 1 万元整（由房媒房地产代为保管）。2010 年 10 月 26 日、2011 年 3 月 4 日，王某分别支付邢某剩余 5 万元、11 万元房款，邢某均出具收条。现邢某起诉要求金华房媒房地产返还由其代为保管的 1 万元定金，但金华房媒房地产称并没有收到该款项，拒绝返还。

金华市婺城区人民法院经过审理认为：根据房屋买卖双方的房款支付情况，综合原、被告双方及证人的当庭陈述，参考房地产市场房屋买卖合同签订地点一般为居间方即房地产中介营业场所、合同签订后房屋定金一般由居间方暂代保管的交易习惯，定金 1 万元已由房媒房地产收取的事实具有高度盖然性，应当予以认定。虽然交易手续存有瑕疵，但合同各方仍应秉承诚实信用原则，依约全面履行合同义务。居间方代管的1万元定金应返还卖方抵充房款。［（2015）金婺民初字第174号］

▌案例评析

本案中，王某向邢某支付定金1万元，并向邢某出具收条一份，发生纠纷的原因就在于，收据上并没有房产中介的签字。虽然收据载明由房媒房地产代为保管定金，但一旦中介辩称没有受到定金款项，卖方的权益将无法得到全面的保护。本案法官综合案件实情，根据房屋买卖双方的房款支付情况及原、被告双方及证人的当庭陈述，参考房地产市场房屋买卖合同签订后房屋定金一般由居间方暂代保管的交易习惯，认定了房媒房地产收取定金的事实，支持了原告的诉讼请求。

▌风险提示

在房产交易过程中，买房人在房屋交易过程中对于巨额钱款交接一定要谨慎，最好由中介代收代付，首付款或者买房款先交由中介，中介出具收条，然后再由中介转交给卖家，这样万一发生纠纷，买家可以直接要求中介赔偿。出卖人应当监督中介公司严格履行房产经纪的义务，涉及金钱托管事宜时一定要让其出具收条，以降低交易风险。

▌法条依据

《合同法》

第6条：当事人行使权利、履行义务应当遵循诚实信用原则。

第107条：当事人一方不履行合同义务或者履行合同义务不符合约定的，应当承担继续履行、采取补救措施或者赔偿损失等违约责任。

▌知识链接：资金监管可以规避那些法律风险

简单地讲，资金托管网的作用就像支付宝，由银行提供监管系统，居间方提供流程服务。买方将购房的资金放到第三方的账户，等过户完毕资金自动划转到卖方账户，如果交易不成功，则退回买方账户。以现在的房产市场，每一套房子动不动就是百万、几百万甚至上千万，很多家庭首付、购房款都是一个家庭甚至是几个家庭拼凑出来的，不容一丝损失。如果不选择资金监管，会有什么风险呢？

出售方可能面临的风险：无法取得全部房款，如果买方只有很少的资金，想通过购得的房屋抵押贷款获得资金，滚动购买多套房屋，极容易引起资金链断裂，导致卖方无法收回尾款，同时因房屋已过户也失去了对房屋的控制权。

购买方可能面临的风险：房屋购买人无法取得房屋所有权，也无法追回已经支付的房款等。房子有抵押，出售人想用购买人的首付解抵押，若房子有多笔欠款，购房者支付的钱不足以全部解除，轻则延误交易，重则两手空空。这些都是所有出售人和购房人最不想见到的情况。所以，资金托管能保证购房者的资金安全，即便房子不能过户，自己的资金也不会有影响；而对出售方的保证就是房屋过完户之后，可以在约定的时间准时收到全部房款。

第七节　中介佣金给付纠纷

1. 双方达成买卖合同，事后一方违约未能继续履行的，应支付佣金

▌案情介绍

2009 年 12 月 22 日，马某与链家房地产公司达成协议，由链家房地产公司作为居间人，马某为买方，谭某为卖方，达成房屋买卖合同。链家房地产公司收取了马某费用 33 250 元。后卖方谭某违约，买卖双方未能将合同继续履行。马某多次与链家房地产公司协商，链家房地产公司拒不退还中介费用。马某认为链家房地产公司没有促成合同成立，不能收取居间费用，马某与卖房人合同已经解除，链家房地产公司应当退还收取的中介费用，故起诉请求判令链家房地产公司退还中介费 33 250 元，并承担本案诉讼费用。

链家房地产公司在诉讼中辩称：合同没有履行是案外人卖方的违约行为所致，根据双协议约定，马某所要求的中介费应当由卖方负担。

法院经过审理认定：居间人促成合同成立的，委托人应当按照约定支付报酬。本案双方当事人争议焦点为链家房地产公司是否应当返还居间费用。马某通过链家房地产公司的居间服务与案外人谭某签订北京市存量房屋买卖合同及补充协议，应视为链家房地产公司履行了其居间人义务，促成了合同的成立。链家房地产公司有权依据约定的金额向马某收取居间费。马某关于链家房地产公司未促成合同成立的主张，没有事实依据，该院不予认可，判决驳回马某的诉讼请求。[（2012）一中民终字第 10788 号]

▌案例评析

本案中马某通过链家房地产公司的居间服务与案外人谭某签订北京市存量

房屋买卖合同，合同是双方真实意思表示，是合法有效的。链家房地产公司在促进双方签订房屋合同中履行了其居间人义务。后因为产权人谭某违约，合同解除，但马某应当按照约定向链家房地产公司支付居间费，不得因合同最终没有履行而拒付中介佣金。

▋风险提示

《合同法》第 424 条将居间合同定义为居间人向委托人报告订立合同的机会或者提供订立合同的媒介服务，委托人支付报酬的合同。居间人仅仅是为委托人报告订约机会或者提供订约媒介服务，因此居间人的全部义务仅限于提供以上服务以促成合同的成立。《合同法》第 426 条也仅仅是以合同成立作为支付报酬的条件，与合同的效力无关。因此，委托人与第三人一旦订立合同完毕，签订了双方主体明确、基本条款齐全的合同，该合同即告成立，此时委托人应支付佣金，此后合同的效力以及合同的履行均不影响居间人主张支付佣金。因为，居间人毕竟不是该合同的当事人，也无法强迫合同双方严格按照合同履行各自的义务。居间人所能做的仅仅是为交易双方提供条款完整合同，尽量降低违约的风险。

▋法条依据

《合同法》

第 61 条：合同生效后，当事人就质量、价款或者报酬、履行地点等内容没有约定或者约定不明确的，可以协议补充；不能达成补充协议的，按照合同有关条款或者交易习惯确定。

第 426 条：居间人促成合同成立的，委托人应当按照约定支付报酬。对居间人的报酬没有约定或者约定不明确，依照本法第六十一条的规定仍不能确定的，根据居间人的劳务合理确定。因居间人提供订立合同的媒介服务而促成合同成立的，由该合同的当事人平均负担居间人的报酬。

居间人促成合同成立的，居间活动的费用，由居间人负担。

▋知识链接：二手房买卖交易中，佣金应由哪方支付

在二手房买卖中介服务中，由于中介方的介入最终促成了买卖双方合同的成立，在这一过程中，中介方有时是买方的受托人，有时是卖方的受托人，有时又同时接受买卖双方的委托，那么中介佣金该由谁来支付呢？从《合同法》第 426 条我们可以发现，给付义务人的确定因居间服务是报告居间还是媒介居

间而有所不同。在报告居间中，由于中介方只接受一方的委托，向其报告订约机会，并不与第三方发生关系，因此，此时的佣金应由委托人支付；而在媒介居间中，由于中介方同时接受买卖双方的委托，作为买卖双方订立合同的媒介，因此佣金应由买卖双方平均负担，除非双方对佣金的负担另有约定。在实际交易过程中，居间人的角色通常不那么清晰，也不能明确区分是报告居间还是媒介居间，此时给付义务人的确定更多的是靠当事人的约定，当事人有约定的优先适用约定。因此从避免纠纷的角度出发，买卖双方在签订合同时还是应该对佣金的支付作出明确约定。

2. 房屋买卖合同成立但未生效，是否应给付中介佣金

▌案情介绍

2010 年 9 月 10 日，经麦田公司居间介绍，李一竑（买受人、合同乙方）与解彦峰、王梦欣（出卖人、合同甲方）签订北京市存量房屋买卖合同，约定：解彦峰、王梦欣将 701 号房屋出售给李一竑，成交价 360 万元。补充条款约定：乙方于 2010 年 9 月 11 日前将定金 10 万元支付给甲方，以甲方收到定金为准该合同生效。麦田公司、李一竑于同日签订北京市房屋买卖经纪合同，约定：李一竑与出卖人的买卖合同成立时，李一竑向麦田公司支付居间服务费 10.8 万元。同日，李一竑给麦田公司出具佣金欠条，承诺于 2010 年 9 月 14 日支付给麦田公司居间服务费 10.8 万元。2010 年 9 月 12 日，李一竑（买受人、合同乙方）与解彦峰、王梦欣（出卖人、合同甲方）、中原公司（居间人、合同丙方）签订房屋买卖居间合同、北京市存量房屋买卖合同（经纪成交版），约定：解彦峰、王梦欣将 701 号房屋出售给李一竑，成交价 360 万元；李一竑向中原公司支付居间服务费 5000 元、权证过户费 1000 元。此后解彦峰、王梦欣将 701 号房屋过户至李一竑名下。

麦田公司诉称：麦田公司、李一竑及出卖人解彦峰、王梦欣于 2010 年 9 月 10 日共同签署了房屋买卖经纪合同、北京市存量房屋买卖合同。经纪合同约定，李一竑与出卖人的买卖合同成立时，李一竑向麦田公司支付居间服务费 10.8 万元。买卖合同中李一竑与出卖人约定，买卖合同经双方签字后即成立并生效。麦田公司完成了居间服务，但李一竑仍拖欠居间服务费、过户服务费，故起诉要求李一竑支付居间服务费 10.8 万元。

李一竑辩称：北京市房屋买卖经纪合同是依托于北京市存量房屋买卖合同的生效存在的，房屋买卖合同第 7 页补充条款第 3 条约定"以甲方收到定金为准该合同生效"，但买受人并未支付定金，所以北京市存量房屋买卖合同并未生效，因此拒绝给付佣金。

法院判决认定：麦田公司与李一竑签订的房屋买卖经纪合同是双方的真实意思表示，不违反法律、行政法规的强制性规定，合法有效。在麦田公司的居间介绍下，解彦峰、王梦欣已与李一竑签订了买卖合同，该买卖合同合法成立。买卖合同虽约定以甲方收到定金为准该合同生效，但买卖合同已成立，具备了主要条款，买卖双方完全可以依据合同履行。麦田公司已完成居间义务，有权收取居间报酬。李一竑以买卖合同未生效为由拒绝支付居间服务费没有法律依据。考虑到买卖双方未通过麦田公司支付定金和办理过户，法院依据公平原则将麦田公司应收取的居间服务费依法酌减为 6 万元。麦田公司依据约定金额起诉并无明显不当，应当予以支持。[（2011）二中民终字第 13006 号]

▌案例评析

根据我国有关法律规定，居间人促成合同成立的，委托人应当按照约定支付报酬。本案中，经麦田公司提供居间服务，李一竑、解彦峰、王梦欣签订了北京市存量房屋买卖合同、北京市房屋买卖经纪合同，则各方均应严格履行各自的义务。李一竑主张麦田公司对出售人主体审查不到位、解彦峰无权订立合同、涉案合同并未成立。根据本案相关证据，麦田公司已经尽到了合理注意义务，各方经由麦田公司提供居间服务签订的有关合同已经依法成立。李一竑、解彦峰、王梦欣各方在北京市存量房屋买卖合同中约定定金交付后该合同始生效，属于合同的生效条件，其是否成就并不能作为拒付居间费用的合法抗辩；各方是否继续履行该房屋买卖合同，属于买卖双方的履行义务范畴，与麦田公司居间义务并无直接关联。

▌风险提示

二手房买卖合同成立并未生效，无法构成拒付中介佣金的抗辩，房屋买卖合同委托人应按照居间合同的约定支付居间人佣金。

▌法条依据

《合同法》

第 45 条：当事人对合同的效力可以约定附条件。附生效条件的合同，自条件成就时生效。附解除条件的合同，自条件成就时失效。

当事人为自己的利益不正当地阻止条件成就的，视为条件已成就；不正当地促成条件成就的，视为条件不成就。

第 109 条：当事人一方未支付价款或者报酬的，对方可以要求其支付价款或者报酬。

第426条第1款：居间人促成合同成立的，委托人应当按照约定支付报酬……

▎知识链接：房屋买卖合同成立和生效的区别

第一，基本概念不同。合同成立是指合同当事人的意思表示一致而达成协议的状态，是合同订立的结果，它旨在解决合同是否存在的问题。而合同生效是指已经依法成立的合同对合同当事人产生的法律拘束力。合同成立并不意味着合同生效。有的合同虽然依法成立，但由于没有满足生效条件而不具备法律效力。

第二，构成要件不同。合同的成立要件是一个法律事实判断问题，即意思表示是否一致。合同的成立以意思表示一致为成立要件，遵循和体现意思自治原则。当事人有权根据自己的自由意志，决定是否订立合同、与谁订立合同以及所订合同的内容和形式，自由地创设权利义务关系。只要具备意思表示一致这一基本事实，合同即告成立。而合同的生效是法律价值判断问题，其构成要件有四个：①当事人适格。当事人应当具备订立合同所需法定条件，订立法律允许其自由订立的合同。②意思表示真实。意思表示一致合同即告成立，但只有意思表示真实才可能产生法律上之效力。③合同内容不违反法律、行政法规及社会公共利益。《合同法》第52条规定，违反法律、行政法规强制性规定的合同无效。违反社会公共利益的合同同样无效。④合同形式合法。《合同法》第10条规定，当事人订立合同，可以采用书面形式、口头形式或其他形式。法律、行政法规规定采用书面形式的，应当采用书面形式。当事人约定采用书面形式的，应当采用书面形式。

第三，发生的时间不同。《合同法》第44条规定，依法成立的合同，自成立时起生效，即符合法定生效要件的合同其成立时间与生效时间是一致的。大多数情况下订立的合同均是如此。但也有少数情况，合同成立与合同生效不具有时间上的一致性，例如附条件合同和附期限合同便是如此。

第四，产生的责任性质不同。合同成立即生效的，当事人应受效果意思的约束，所负担的义务主要是约定义务，可能产生的民事责任主要是违约责任。合同不成立、合同成立后不能生效或合同成立后生效前因违反先合同义务致使他方受损害的，当事人承担的责任形式主要是损害赔偿责任，其产生基础是缔约过失责任。

由上述分析可知，合同的成立与生效是两个不同的概念，它们具有本质上的区别。只有已经成立的合同才谈得上生效，未成立的合同不存在效力评价问题，合同成立后也完全可能不发生法律效力，一些已成立的合同必须具备特殊的要件才能生效。

3. 未促成房屋买卖合同成立的，中介不得要求佣金

▌案情介绍

2014 年 4 月，侯淑敏委托富顺公司居间购买产权人甲的房屋。2014 年 4 月 28 日，富顺公司（作为居间方，签约丙方）与侯淑敏（作为买受方，签约乙方）及案外人甲（作为卖售方，签约甲方）三方签订《房地产买卖居间协议》，约定：乙方为表示购买诚意，向丙方支付意向金 2 万元整。该房屋的总房价款为人民币 165 万元。甲乙双方应当于买卖合同成立之日按总房价款的 1% 各自支付丙方佣金。由于侯淑敏购买涉案房屋的前提条件是需通过将自己的房屋先行对外出售获得房款后再行购买涉案房屋，故侯淑敏无法保证于 2014 年 6 月 15 日前向案外人甲支付首付款 60 万元，也暂未向富顺公司支付 2 万元购房意向金。故三方在房地产买卖协议用手写方式特别载明如下内容：甲、乙双方约定，因乙方要先卖后买，在乙方房子未卖出之前，可能无法保证该合同首付款在 2014 年 6 月前支付给甲方，所以甲方在此时间内如果遇到合适的下家可以继续出售此房屋，前提是必须通知乙方，乙方必须在一周内回复于 6 月 15 日前能否支付 60 万现金，如果乙方同意放弃购买此房屋，则甲方将在收到乙方表达放弃短信息后一周内将购房定金无息返还给乙方。事后，由于侯淑敏未能将其房屋先行对外出售，导致最终无法签订买卖合同。富顺公司认为，其已按约向侯淑敏提供了居间服务，居间合同已经成立，侯淑敏有义务按照约定支付居间佣金，但侯淑敏未按协议的约定支付居间佣金，经富顺公司催告后仍未支付。

法院经过审理认为：由于侯淑敏购买涉案房屋的前提是先将自己的房屋对外出售获得房款后再购买涉案房屋，侯淑敏在本案中并不存在过错，也未构成违约。富顺公司未能促成合同却要求侯淑敏支付全额居间佣金之诉请，缺乏依据，不予支持。但富顺公司在居间过程中毕竟付出了一定的劳务，法院兼顾双方合同的履行情况、当事人的过错程度以及预期利益等综合因素，根据公平原则和诚实信用原则予以衡量，酌定由侯淑敏向富顺公司支付居间必要费用 1500 元。[（2015）沪一中民二（民）终字第 590 号]

▌案例评析

居间合同是居间人向委托人报告订立合同的机会或者提供订立合同的媒介服务，委托人支付报酬的合同。居间人促成合同成立的，委托人应当按照约定支付报酬。居间人未促成合同成立的，不得要求支付报酬，但可以要求委托人

支付从事居间活动支出的必要费用。本案中，鉴于被上诉人最终未能促成买卖双方就系争房屋签订示范文本的上海市房地产买卖合同，故其无权根据居间协议的约定向上诉人主张居间报酬。法院根据本案的实际情况，考虑到被上诉人在本次居间过程中确实提供了一定的劳务，结合双方的合同履行情况等因素，酌情确定上诉人应当向被上诉人支付居间的必要费用1500元的判决合法合情。

▌风险提示

二手房买卖交易中，居间人未促成房屋买卖合同的，委托人可以拒绝向其支付佣金。居间人利用委托人不懂相关法律知识，以订立房屋买卖过程中付出较大努力和费用为由，要挟给付的，买方可义正词严地拒绝，并用法律武器维护自身的合法权益。

此外，根据《合同法》的规定，居间义务完成的标志就是买卖合同的签订。房屋过户属于买卖合同的履行，因此不是居间合同的义务。大部分购房人对该法律专业问题存在认识误区，认为办理过户是中介公司的居间义务。而中介公司利用购房人的这一认识误区，在签订合同时约定居间报酬不包括网签与房屋过户的费用，但并不予以解释说明，导致一旦房屋买卖交易未能完成时，购房者要求中介公司承担责任的主张往往难以得到支持，广大购房者对此应高度注意。

▌法条依据

《合同法》

第424条：居间合同是居间人向委托人报告订立合同的机会或者提供订立合同的媒介服务，委托人支付报酬的合同。

第427条：居间人未促成合同成立的，不得要求支付报酬，但可以要求委托人支付从事居间活动支出的必要费用。

▌知识链接：居间合同中佣金数额应如何确定

《房地产经纪管理办法》第18条规定："房地产经纪服务实行明码标价制度。房地产经纪机构应当遵守价格法律、法规和规章规定，在经营场所醒目位置标明房地产经纪服务项目、服务内容、收费标准以及相关房地产价格和信息。房地产经纪机构不得收取任何未予标明的费用；不得利用虚假或者使人误解的标价内容和标价方式进行价格欺诈；一项服务可以分解为多个项目和标准的，应当明确标示每一个项目和标准，不得混合标价、捆绑标价。"此外，原国家计委、建设部于 1995 年发布的《关于房地产中介服务收费的通知》对中介服务的收费办法和收费标准进行了明确规定。其中第 6 条规定："房地产经纪收费是房地产专业经纪人接受委托，进行居间代理所收取的佣金。房地产经纪费根据代理项目的不同实行不同的收费标准。房屋买卖代理收费，按成交价格总额的 0.5% ~ 2.5% 计收。实行独家代理的，收费标准由委托方与房地产中介机构协商，可适当提高，但最高不超过成交价格的 3%。土地使用权转让代理收费办法和标准另行规定。房地产经纪费由房地产经纪机构向委托人收取。"而各省市针对中介服务收费也都有各自的规定。例如，2011 年北京市发改委发布了《关于降低本市住宅经纪服务收费标准的通知》，将住宅买卖经纪服务收费标准统一下调 0.5%，对成交价在 500 万元以下的收费不得超过 2%。这里所提到的经纪服务收费应仅指居间佣金，对于其他的服务项目，北京市的通知中明确规定由当事人自愿选择，并规定了收费的上限。为了避免因佣金数额产生纠纷，委托人与居间方在签订居间合同时应将服务项目与相应的收费数额分别列出，以明确区分哪些是居间佣金，哪些是其他服务收费。这样一来就可以使中介收费更加明确，中介方提供了哪些服务就收取哪些服务的报酬，没有提供哪些服务就退还预先收取的那部分金额，由此，可以大大减少因佣金数额引发的纠纷。

4. 附解除条件的合同，合同解除后是否应给付佣金

▌案情介绍

　　2013 年 6 月 21 日，顾志雄（买方）与李某（卖方）在连家公司协商房屋买卖事宜，当晚三方签订房屋买卖合同，约定顾志雄购买李昆位于白云区同和镇北街某处房屋，房屋价款 142 万元；合同约定付款方式为转按揭贷款付款方式，合同签订当日支付 2 万元定金。三方另行约定，若买方银行做不了转按揭贷款，则买卖双方就合同条款另行协商。后顾志雄支付了卖方定金 2 万元。合同签订次日，顾志雄去卖方房屋的按揭银行咨询后，告知连家公司和卖方无法做转按揭贷款。三方商谈合同取消事宜后，连家公司收回买卖双方的房屋买卖合同并打叉作废，卖方李某将定金退回顾志雄。后双方对于在签约时，连家公司是否表示合同取消不需要支付咨询及中介服务费等事实方面存在争议，连家公司请求法院判令顾志雄支付咨询及中介服务费和违约金。

　　顾志雄辩称：本案合同是附解除条件的房屋买卖合同及三方房屋居间合同，合同解除条件对三方具有约束力。且该份合同实际已经取消，连家公司无权再要求支付中介费。

　　原审法院认为：连家公司作为居间方促成顾志雄及卖方签订房屋买卖合同，

该合同虽成立，但是附解除条件的合同。很明显，买方能否在卖方按揭银行办理转按揭贷款是该合同能否履行的重要条件，如能办理，则买卖双方能依合同完成交易，如不能办理，则合同取消。连家公司此居间行为没有实际促成买卖双方房屋买卖合同关系的成立，因此根据法律规定，连家公司不得要求顾志雄支付咨询费及中介服务费等报酬，连家公司起诉要求顾志雄支付中介费用及违约金的请求不予支持。[（2015）穗中法民五终字第389号]

▋案例评析

本案争议的焦点问题为争议的中介费用应否给付。《合同法》第425条规定："居间人应当就有关订立合同的事项向委托人如实报告。居间人故意隐瞒与订立合同有关的重要事实或者提供虚假情况，损害委托人利益的，不得要求支付报酬并应当承担损害赔偿责任。"由此可知，居间人的主要义务包括忠实和尽力的义务。本案中，首先，三方合同约定如买方无法办理银行转按揭，则买卖双方就合同条款另行协商，本合同取消。依据该约定内容可知是否能办理转按揭是买卖双方订立合同的重要事实，对此，连家公司作为专业的中介服务机构，在促成买卖双方签订买卖合同时，有义务将办理转按揭的相关规定如实向买卖双方进行披露。但是，案件查明事实显示连家公司并未向顾志雄告知过转按揭的相关规定，据此，连家公司无法证明其已经尽到居间人应尽的忠实义务。其次，根据诉讼中双方当事人的陈述以及一审中的证人证言，同时结合中介费支付时间变更且无重新约定的事实，可以认定转按揭是否成功办理也是判断连家公司有无完成尽力义务及其范围的标准，现连家公司无法提交充分证据证实其有尽力协助买卖双方办理转按揭的工作，据此，连家公司亦没有尽到居间人负有的尽力义务。综上，根据上述法律规定，因连家公司未全面完成居间人的法定义务，故法院没有支持其中介费用给付的诉讼请求。

▋风险提示

附解除条件的合同，条件成就后，委托人可以拒绝给付佣金。

▋法条依据

《合同法》

第425条：居间人应当就有关订立合同的事项向委托人如实报告。

居间人故意隐瞒与订立合同有关的重要事实或者提供虚假情况，损害委托人利益的，不得要求支付报酬并应当承担损害赔偿责任。

▍知识链接：中介费用纠纷的实务认定

按照法律规定，居间人促成合同成立的，委托人应依约支付报酬。居间人未完成房地产经纪服务合同约定事项，或服务未达到房地产经纪服务合同约定标准的，不得收取佣金。现就司法实践中中介费用纠纷中的实务认定情况加以介绍：

（1）通过中介进行二手房屋交易的，即便房屋最终未成交，交易一方或双方依照合同仍可能需要支付约定的中介服务费用。但即使在买受人签署佣金确认书，交易未成就的情况下，法院亦可能会从"等价有偿"的民事活动基本原则出发，酌定中介机构应收取的劳动报酬。

（2）约定以过户作为居间费用支付条件的，在过户手续已办理的情况下，交易一方或双方主张以房产中介工作人员办理过户过程中的行为瑕疵要求退还中介费的，法院不会支持。

（3）二手房交易因买受人一方不符合贷款条款而未成就，后以房产中介工作人员承诺"能贷款，能代为出具有单位、有收入的证明"为由，拒付居间服务费的，如无充分有效的证据证明，法院一般不会支持。

（4）就未取得权属证书的房屋进行交易并不必然导致合同无效，买受人以之辩称房产中介"故意隐瞒与订立合同有关的重要事实或提供虚假情况损害委托人利益"而拒付中介费的，可能不会被法院支持。

（5）房产中介收取委托人"购房定金"后，不能就该房屋交易促成居间的，可能需承担向委托人双倍返还定金的责任。故，对存在中介方的二手房买卖，定金交纳应有明确的接收主体，同时须有相对方或义务方明确承诺遵守定金罚则，且承诺对象直接针对的是定金交付者。实践中，中介以"代管定金"形式进行居间担保的交易形式，作为一种促成交易的安排，法院在审判中通常会予以尊重和确认。

（6）一方利用对售房政策的了解，比如是否交纳营业税问题，故意做出虚假意思表示，导致另一方有理由相信，从而影响签订房屋买卖合同时价款确定的，会被认定存在重大误解和显失公平，导致二手房买卖合同被撤销。

（7）中介参与的三方协议，如因附加于中介方的义务未履行，实践中如中介方承诺垫资代卖方还清贷款从银行取出抵押房产本，最终又未践诺，导致买方或卖方违约，有可能会被法院认定中介方责任属第三方责任，买方或卖方应单独向对方先承担违约责任。

第六章

二手房买卖中常见避税方式及相关法律问题

引　言

当前，我国经济迅猛发展，房地产市场持续繁荣、房价高居不下，国家从宏观层面通过税收手段对房产市场调控以确保二手房市场的交易秩序和稳定发展。一些买卖双方和中介机构利用国家税费缴纳优惠政策，巧立名目，采用多种所谓看似合法的避税形式达到减轻纳税的目的，为之后房屋买卖交易的履行埋下巨大的纠纷隐患。下文通过案例对该类避税涉及的相关法律问题进行解读。

1. 故意做低合同价格不能合理避税

▎案情介绍

2009 年 7 月，王某经北京某房地产中介公司介绍，与黑龙江人李某签订了房屋买卖合同，出售自己位于北京市昌平区沙河地区某小区的一套房屋，房款总价 54 万元。为了逃避税收，王某与李某又于 2009 年 9 月，在北京市住房与建设委员会的网站上网签了一份总价款仅为 27.5 万元的该房屋的买卖合同，并以此合同登记备案。房屋过户后，王某收到李某支付的 28 万元房款后，李某不再支付任何后续房款。经中介公司两次发送支付房款催告函给李某要求其支付剩余 26 万元房款给王某，李某仍未支付。随后，李某将该套房屋转卖给他人离开北京，音信全无。

北京市昌平区人民法院经审理认为，双方签订"阴阳合同"规避国家税费的行为，违反了我国法律的相关规定，应认定为无效。综合全案事实和房地产市场实际情况，认定先前签订的房屋价款为 54 万元的房屋买卖合同是双方真实的意思表示，故判决李某支付剩余房款 26 万元。

▌案例评析

在二手房买卖市场中，签订阴阳合同的情形较为常见。所谓"阴阳合同"也称"黑白合同"，是指买卖合同双方当事人签订两份价格不同的合同，用来备案登记的合同为"阳合同"，用来表明双方实际履行的合同为"阴合同"。本案中王某和李某签订了价款 54 万元和 28 万元的两份合同，用 28 万元的合同登记备案办理网签，用 54 万元的合同表明合同双方履行的真实价格。这样一来计税的基数减少，暂时为双方带来实惠。可后来李某拒绝支付剩余款项，更是将房屋转卖他人后音信全无。虽然法院最后判决王某胜诉，但房屋已转卖他人，执行起来困难重重，王某只得抱着一纸判决后悔不已。

▌风险提示

买卖双方在二手房交易市场中应避免签订阴阳合同。此类案件因本身手段的非法性，给交易带来了极大的不确定性。

从民事责任角度看：签订"阴阳合同"风险巨大。对卖方来说存在的风险是，在办理完过户手续后，买方可能以在房地产交易管理部门备案的合同为要挟，要求卖方降低房屋出售价格。对于买方来说存在的风险是，如果在过户前交付了房款，而卖方违约不卖，却只赔付虚假合同中标示的价格，买方没有充分证据，会遭受严重的经济损失。

从刑事责任方面讲：签订"阴阳合同"，隐瞒销售收入属于偷逃税行为，将受到税务机关的严厉处罚，偷税者不仅要补缴税金，还将面临其偷税额 0.5 倍到 5 倍的罚款，偷税数额巨大，触犯刑律的，还将受到法律的制裁。

此外，做低的合同价经常在缴税的时候遇到障碍，被税务部门认为合同价过低而要求按评估价缴税，为日后买卖合同的实际履行埋下了纠纷隐患。房屋买卖双方应在合同签订时对谁支付税费有详细的了解，并严格按照规定办理，避免日后不必要的纠纷。

▌法条依据

《合同法》

第 52 条：有下列情形之一的，合同无效：

（一）一方以欺诈、胁迫的手段订立合同，损害国家利益；

（二）恶意串通，损害国家、集体或者第三人利益；

（三）以合法形式掩盖非法目的；

（四）损害社会公共利益；

（五）违反法律、行政法规的强制性规定。

第56条：无效的合同或者被撤销的合同自始没有法律约束力。合同部分无效，不影响其他部分效力的，其他部分仍然有效。

▍知识链接：司法实践中二手房买卖税费争议的处理

法律虽规定房产过户税费的纳税义务人为出卖方，但并不禁止当事人在房产交易过程中自行约定相关税费的承担主体。二手房买卖合同双方当事人对交易过程中的税费负担未约定或约定不明，经协商不能达成补充协议的，应按照税务部门对各类税种及纳税义务人的明确规定确定税费承担人。

房屋买卖合同中明确约定"办理房屋过户手续的相关费用均由买方承担"，对于买方而言，营业税、个人所得税等需要出卖方承担的费用可能也会被认为被约定变更，而一概由买方承担。故，与税费负担相关的如出卖方家庭成员名下住房情况、标的房屋是否为普通住宅、是不是保障性政策房、自用年限是否满5年、是否有本地户口、标的房屋原始购买发票是否保留等基本情况，买受人都应事先核实清楚。

"居住使用年限"不等于"办理产权证年限"，二手房交易过户，可能影响税费负担比例的是后者而非前者，故签约时要对出卖方的承诺予以充分注意。

过户手续办理中的税费负担应有明确约定，如无约定，实践中倾向于由双方各自承担应承担的费用。如在合同中约定"买方拿到产权证后再交付余款"，则会认为是办证费用由卖方承担的约定；但税费约定不明时，买方先行垫付的，法院可能会以该约定不明的款项属另一法律关系而不属于房款抵扣，直接判决买方支付房款。

即便对缴纳税费义务负担主体有明确约定，但最终持有缴费凭证人与实际缴费主体不一致，或第三方垫付但不能明确被垫付主体，或当事人双方对该被垫付的结果有不同解释的情况下，最好通过合同预先明确，或者对房屋总价款的构成作出限定性说明，以免第三方向其中一方追偿时，仍面临谁负担的困惑。

争议条款："此次交易成交价为卖方净得价，买卖过程中发生的相关费用由买方按照国家规定缴纳"。该约定并未明确"相关费用"包括双方在交易过程中各自应缴纳的税款，且与合同约定的"交易过程中产生的税费及相关费用由双方按照国家有关规定缴纳"对照，法院可能认为卖方的"净得价"仍须依法缴税。

购买部分房产办理过户时，存在分户办理权属证的情况，在约定过户费由买方负担的情况下，所有分户办证费用是否包含在内，应在合同中预先明确约定，以免事后生争端。

2. 以装修款、补偿款名义拆分购房款无法合理避税

▌ **案情介绍**

2014 年 4 月 22 日，施某与周某在上海锐丰地产公司的居间介绍下签署了房屋买卖合同，约定施某购买周某位于上海市松江区的某套房产，房款价为 35 万元。签约当日，又签订补充协议一份，约定施某应于签约当日向周某支付装修补偿费 10 万元，其他条款不变。后施某反悔支付 10 万元装修款，以周某系锐丰地产公司经理的优势地位，隐瞒事实、额外收取房屋维修基金为由，主张双方签订的房屋买卖合同之补充协议无效。

诉讼中，周某辩称：双方签订的居间协议明确约定房屋总价款为 45 万元，而签订的房地产买卖合同中约定房价款 35 万元，补充协议中约定装修补偿款 10 万元，是为了配合原告做低房价逃税。房屋总价款 45 万元是双方真实意思表示。

上海市松江区人民法院经审理认为，原、被告在买卖合同中约定转让价为 35 万元，而双方在补充协议中又约定了 10 万元作为装修补偿款，结合原、被告在 2014 年 3 月签订的居间协议中载明的房屋交易价格为 45 万元及相关证据，表明买卖合同中有关房价款 35 万元及补充协议中关于装修补偿款 10 万元的约定显然是为了做低房价，逃避税收。买卖合同及其补充协议的其他条款均系双方真实意思表示，合法有效。施某应按照 45 万元的价款履行合同并按照国家税收规定缴纳税费。[（2014）松民三（民）初字第 2400 号]

▌ **案例评析**

本案中，我们认为，双方签订房屋买卖合同的目的在于转移房屋所有权，规避税费并非合同双方的最终目的。合同中除了价款的约定存在阴阳行为外，其他行为并没有瑕疵，是符合当事人真实意思表示的。房屋买卖双方为逃避税收而签订"阴阳合同"，并以价格虚低的"阳合同"办理产权过户少交税款的行为损害了国家利益，相应价格条款应认定为无效。"阳合同"的其他条款如不违反法律规定的，继续有效；继续有效的条款与"阴合同"对应条款不同的，应认定为对"阴合同"相关内容的变更。如果支持施某对合同全部无效的主张，

在客观上纵容了其不诚信的行为并会最终导致税费无法收缴。因此，法院判令房屋买卖合同继续履行的做法是合法合情的。

▌风险提示

再次提醒广大购房人，表面上，双方当事人签订"阴阳合同"可以降低纳税成本，实则蕴含着巨大的法律风险。"阴阳合同"在房屋交易中常引发的矛盾主要有三种情形：一是要求按照"阳合同"约定的交易价格履行合同；二是以虚假价格条款，即将购房款折价为装修款等主张合同无效；三是在合同履行过程中以这种约定违法为由拒绝继续履行合同。无论哪种形式，都会为未来埋下纠纷隐患的种子。此外，"阴阳合同"还可能导致未来房屋交易的贷款障碍并损害银行信用。2009 年 9 月 3 日，北京市银监局下发《关于规范存量房贷款业务的有关问题的通知》，要求各银行按照网签合同正本交易价格与评估价格孰低原则确定抵押物价值，发放住房贷款。对于当事人就网签合同附件或者补充协议中约定的房屋附属值，发放住房贷款。对于当事人就网签合同附件或补充协议中约定的房屋附属设施、装修装饰等款项提出贷款申请的，各银行应按照本行消费贷款审批程序另为审批，所以签订"阴阳合同"的买房人会增加贷款的成本。另外，"阴阳合同"可能为以后的房屋交易带来障碍，因为当买房人再次交易的时候，将面临买入价和卖出价差额巨大而增加相应税费的问题，实际上是将本次的购房成本转嫁到了下一次交易中。所以，买卖双方应当引以为戒，避免签订"阴阳合同"。

▌法条依据

《合同法》

第 52 条：有下列情形之一的，合同无效：

（一）一方以欺诈、胁迫的手段订立合同，损害国家利益；

（二）恶意串通，损害国家、集体或者第三人利益；

（三）以合法形式掩盖非法目的；

（四）损害社会公共利益；

（五）违反法律、行政法规的强制性规定。

第 56 条：无效的合同或者被撤销的合同自始没有法律约束力。合同部分无效，不影响其他部分效力的，其他部分仍然有效。

▌知识链接：二手房交易中常见税费缴纳情形规定

关于税收由谁缴纳通常有以下三种情况：

一是双方未约定，那么应按照法律规定，各自承担应缴纳的税费。

二是约定由买家来承担所有税费，上家只管"到手价"。这种约定对下家有一定的风险，因为如果签约后到交易期间，税收发生变化，那么增加的税收只能由卖家承担。

三是做低房价。双方为降低交易成本而少缴税，此种做法违反法律规定，是逃税行为。而且，做低的合同价经常在缴税的时候遇到障碍，被税务部门认为合同价过低而要求按评估价缴税，这样一来，买卖双方常常会为了增加的税收由谁承担而产生纠纷，但一方不得以做低房价为由，主张买卖合同无效。

3. 公证合同、先交房屋、暂不过户不能避税

▌案情介绍

2007年3月22日，龙某因资金困难与陶某签订购房协议书。合同约定以80万元的价格将位于长沙市雨花区一套面积90.5平方米的二手房屋卖给陶某。签约时，龙某购置房屋尚不满5年，需要按照全额5%的标准缴纳营业税，陶某心想自己需要付出很多额外费用，遂打消购买意愿。一周后龙某因资金困难，急需用钱心生一计，并向陶某说明了自己的避税主意，双方可在购房协议中约定好房屋价格，明确房屋归陶某所有，陶某首先支付30万元给龙某，龙某交付房屋给陶某居住使用，剩余款项待房屋购置期限满5年进行过户后支付。陶某心想，该房屋地理位置优越且房屋价格适中，遂同意龙某的主张，为了避免日后纠纷，2007年4月10日二人去公正机构对购房协议书进行公证。2009年3月，陶某找到龙某要求办理过户手续时被龙某拒绝，陶某无奈遂将龙某诉至法院。

庭审中，龙某辩称两年内，房屋价格翻倍增长，继续履行对其明显不公且双方所签合同是为避税，违反国家法律相关规定，应当认定为无效。

长沙市雨花区法院经过审理认为，龙某与陶某所签订合同系双方真实意思表示，所签避税条款违背法律规定，应当认定为无效，但合同部分条款无效不影响其他条款效力。龙某因合同履行阶段房价上涨拒绝卖房的做法违背诚实信用原则。因此，法院判决龙某应继续履行合同并按照约定协助陶某过户并补缴相应税费。

▌案例评析

本案中陶某和龙某为避税采用"公证合同"的方式。该类行为的避税具体方法是，买卖双方先签订一份分期付款或缴纳部分房款的购房合同，并到公证处进行公证。买方交付第一笔房款后即可入住，等到购房时间超过5年期限后买方交付最后一笔房款，双方再到房产交易中心办理过户手续。案例中陶某认

为房屋买卖合同经过公证就可以万无一失。不料龙某反悔，拒绝出卖房屋。好在经过诉讼，陶某维护了自身的权益，追回了房屋，但无形中陶某耗费了大量的时间和精力。

▌风险提示

合同公证的购房方式隐藏着极大的交易变数和法律风险。在二手房交易中购房者需要明确以下问题：

（1）公证仅仅起到对合同证明的作用。公证仅仅是对所签合同双方当事人真实意愿的证明，并不能保证日后合同履行不会发生纠纷。如若出卖方日后毁约，将房子卖给他人或抵押给银行借债，买受人的权利将得不到有效保障。因为在我国的房地产法律、法规中，买卖双方一旦发生房产纠纷，房产证是房屋所有权的第一证据，而购房合同属于次要证据。即使双方对交易合同进行了公证，但不到产权登记机关办理过户手续，仍不具备对抗第三人的法律效力。

（2）保管房产证原件不能规避风险。司法实践中，部分民众认为将房产证压在手中，出卖人就无法对房屋进行处分。此种做法不能彻底规避风险。由于只签订了购房合同而未办理房产过户，买方付钱后，卖方虽然可以把房产证押给买方，但卖方仍然可能以房产证遗失为由向房地产交易中心申请补办，即使像案例中所述，龙某将房屋交付陶某使用，但这在法律上仅仅被认定为房屋占有的转移，龙某仍然是房屋的所有权人。

因此，二手房买受人不应过于短视，只将目光盯在购房税费上。采取违法手段避税，最后只会偷鸡不成蚀把米，贪小便宜吃大亏。要想更好地保障自己的权益，必须依法行事。

▌法条依据

《国务院办公厅转发建设部等部门关于调整住房供应结构稳定住房价格意见的通知》（国办发〔2006〕37号）

第3项：调整住房转让环节营业税。为进一步抑制投机和投资性购房需求，从2006年6月1日起，对购买住房不足5年转手交易的，销售时按其取得的售房收入全额征收营业税；个人购买普通住房超过5年（含5年）转手交易的，销售时免征营业税；个人购买非普通住房超过5年（含5年）转手交易的，销售时按其售房收入减去购买房屋的价款后的差额征收营业税。税务部门要严格税收征管，防止漏征和随意减免。

《合同法》

第 8 条：依法成立的合同，对当事人具有法律约束力。当事人应当按照约定履行自己的义务，不得擅自变更或者解除合同。

依法成立的合同，受法律保护。

第 110 条：当事人一方不履行非金钱债务或者履行非金钱债务不符合约定的，对方可以要求履行，但有下列情形之一的除外：

（一）法律上或者事实上不能履行；

（二）债务的标的不适于强制履行或者履行费用过高；

（三）债权人在合理期限内要求履行。

4. 以租代售型避税，房屋买卖合同部分有效

▌案情介绍

1999 年 10 月 15 日，孙某、弘泽物业公司签订了天津市商品房买卖合同，约定孙某以租代买弘泽物业公司坐落于河北区建国道与五经路交口美泽大厦 5 层 G 号，建筑面积 96.23 平方米，总金额为 480 000 元的房屋一套。合同同时约定付款方式为以租代买，签订合同当日交付 3 个月租金作为入住抵押金，入住之日交付一个季度的租金（租金在适当时候作为第一笔房款），以后每至下一季度交款日，乙方应提前 15 天向弘泽物业公司交纳下一季度的款项，直至 24 个季度交款完成。在上述付款如期完成后，乙方即向甲方申请过户，甲方协助乙方完成产权过户手续。孙某、弘泽物业公司在签订该合同的当天，又签订了一份补充合同。补充合同言明：乙方每季度向甲方交纳分期购房款人民币 20 000 元。双方就物业管理费的交纳方式，房屋占有使用的转移、所有权的转移以及风险转移、违约责任等事项进行具体约定。签订合同后孙某向弘泽物业公司交纳了 3 个月的押金 20 000 元。此后，孙某从 1999 年 12 月 14 日至 2001 年 6 月 12 日向弘泽物业公司交纳了 7 个季度的租金 140 000 元。孙某为了如期获得产权，向弘泽物业公司提出契税申报。1999 年 12 月 10 日，弘泽物业公司为其办理了契税申报手续，孙某向国家交纳了税金 7200 元。现孙某以弘泽物业公司严重违约，至今没有煤气管道设施及弘泽物业公司在孙某购买房屋之前就将此房抵押给了银行为由，诉至法院请求确认商品房买卖合同无效，返还购房款 160 000 元，并赔偿经济损失 59 200 元。

法院经过审理认为：双方签订的天津市商品房买卖合同是双方在平等自愿、等价有偿原则基础上签订的，该合同第 3 条明确约定了"以租代买"方式，并约定 24 个季度交款完成后，乙方即向甲方申请过户，甲方协助乙方完成产权过

户手续。该合同"以租代买"的主条款前提明确，双方对"以租代买"方式意思表示真实一致。弘泽物业公司向法庭提供的工商银行新华支行出具的同意其出售或以租代售的证明及其与孙某签订的协议书，能够证明抵押权人同意弘泽物业公司以租代售房屋的行为且同意在孙某将租金交纳完毕后对抵押物解除抵押的意思表示真实，该证据说明，孙某将全部租金交纳完毕后顺利得到产权是有法律保障的。故本院确认该合同客观、真实有效，判决驳回原告的诉讼请求。

［（2001）北民初字第 4527 号］

▌案例评析

根据国家相关规定，对个人转让自用 5 年以上，并且是家庭唯一生活用房的所得，免征个人所得税。此外，购买商品房满 5 年出售的，免征营业税。由此催生了一种新形式的避税方法：先签房屋买卖合同，约定房屋售价，买主付给房主租金抵扣房款。双方约定等房子满了 5 年再去办理过户手续，以此规避税费。

目前"以租代售"的方式在二手房交易中非常普遍。一些买房未满 5 年期限的房主为了避税纷纷采取"以租代售"的销售策略，而不少买家为了避免卖家将税费转嫁到房价上，对卖家提出的这种"以租代售"的销售方式大多比较认同，认为这样做对买卖双方都不会造成任何损害。所谓"以租代售"，是指房主出售个人购买不足 5 年的房屋时，为了避免全额缴纳营业税，买卖双方先签订一份租赁合同，买家先以租房的形式居住在该房屋内，等到购房时间超过 5 年期限后，双方再签订二手房买卖合同。本案中，原告提出解除房屋买卖合同的诉讼请求有违诚实信用，法院最终没有支持。

▌风险提示

二手房买卖双方在签订"以租代售"条款时存在较大风险。

首先，因为房价随时都在根据市场的变化而发生变动，具有极大的不确定性，如果双方在签订房屋租赁合同时所签的房屋售价与"5 年期限"后的房价存在较大的差距，尤其是房价总体大幅上涨后，卖家宁愿赔偿违约金也不愿按照之前约定的价格出售该房。而买家之前支付的房屋租金，则因房屋买卖的终止而无法用来抵扣房款，前期支付的这笔费用自然无法退还。买家不但要重新寻觅房屋，而且还要承担由此带来的机会成本。一般来说，房屋租赁年限越长，其机会成本也就越大，风险自然也越高。

其次，采取以租代售的购房方式，因为没有办理产权过户，买卖双方都随时可以毁约。对于"出租人"（实为"出卖人"）而言，承租人拥有随时解约的权利，若"承租人"（实为"买受人"）在租赁期内由于经济状况、房屋价格等因素不再承租房屋，请求解除双方所签租赁合同，出租人出售房屋目的即无法实现。对于"承租人"（实为"买受人"）而言，出租人拥有随时解约的权利，若"出租人"（实为"出卖人"）在出租期内由于房屋价格上涨等因素不再出租房屋，请求解除双方所签租赁合同，承租人购买房屋目的即无法实现。

▌法条依据

《合同法》

第214条：租赁期限不得超过二十年。超过二十年的，超过部分无效。

租赁期间届满，当事人可以续订租赁合同，但约定的租赁期限自续订之日起不得超过二十年。

5. 赠与房产与买卖房产避税的孰是孰非

▌案情介绍

戊、戊系夫妻，生育有甲、丁、乙三人，丙系乙之子。戊于2008年3月15日去世。上海市某区某路某弄某号204室房屋原登记在戊名下。戊作为卖售人（甲方）、丙作为买受人（乙方）签订有上海市房地产买卖合同一份，约定乙方受让甲方自有系争房屋。合同第2条约定，甲乙双方经协商一致，同意上述房地产转让价款共计人民币（币种下同）85万元。合同约定，甲乙双方确认，在2010年8月19日之前，甲乙双方共同向房地产交易中心申请办理转让过户手续。2010年6月4日，系争房屋产权经核准转移登记至丙名下。之后，系争房屋仍由戊居住使用。甲认为该房屋系动迁取得，并于1990年将房屋产权登记于戊名下。戊于2008年3月15日去世后，未对房屋进行分割。2010年5月，乙提议在扣除其应继承份额后，由其子丙将系争房屋以80万元价款向戊买下。甲与戊均表示同意，戊遂与丙签订买卖合同并办理了过户手续。2012年8月20日，戊因病去世，去世前曾向甲表示乙、丙未支付过房款。治丧期间，甲向乙催款遭拒。现因乙、丙拒绝履行合同主要义务，已构成根本违约，故要求依法解除合同。

乙、丙共同辩称，丙确实与戊就系争房屋签订了房屋买卖合同，但双方间并非买卖关系，而是赠与关系，因办理赠与手续需收费用高昂，故以买卖合同形式办理了过户手续。至于合同中所写的房价，是办理过户审税时交易中心提出的价格，并非双方自行约定，因此乙、丙不存在付款义务。

丁辩称,对房屋买卖合同签订事宜不清楚,但母亲戊生前曾表示要将系争房屋留给丙,当时子女都表示同意。戊并嘱咐父亲戊在丙年满十八岁后将系争房屋过户给丙。2010年5月,戊曾告知丁预备办理上述过户手续,并表示甲已经同意,因此征求丁意见,丁当时也表示了同意。后来,甲与丙、乙及父亲戊一起去办的过户手续。

法院经过审理认为,本案所涉的房屋买卖合同之当事人双方分别为戊与丙。戊去世,其相应的合同权利可由其继承人承受,但继承人应共同行使合同权利、共同承担合同义务。现从继承人意见考量,甲作为继承人之一主张戊与丙间为买卖关系;乙、丙作为其余继承人却主张双方间为以房屋买卖合同为形式的实质赠与关系,继承人之间的主张截然不同。合同解除权作为标的不可分割的继承内容,应由全体无利害关系继承人共同行使,甲单方要求行使合同解除权,亦无法律依据,原审法院难以支持。鉴于此,甲以丙、乙拒绝支付房款为由主张要求解除合同,缺乏事实和法律依据,不予支持。 [(2013)沪一中民二(民)终字第2320号]

▌案例评析

本案属于真正意义上的房产赠与,老年人选择以赠与的方式将房产交给子女,为了避税而以买卖合同形式办理了过户手续。至于合同中所写的房价,是办理过户审税时交易中心提出的价格,并非双方自行约定,因此乙、丙不存在付款义务,法院最终认定戊、丙之间的房产系赠与而非买卖关系。

实践中,真正意义上的房产赠与比较少,基本上只有一些老年人会选择以赠与的方式将房子留给子女。其余的房产赠与现象相当一部分都是消费者为了规避税收,或是为了摆脱对购房资格的政策性限制而产生的,通过赠与买卖名目上的变化来逃脱税收征管法律制度。这样为了避税签订的房屋买卖合同是顾此失彼、得不偿失的。一方面,双方都必须承担签订虚假合同的严重后果,一旦产生纠纷后果不堪设想;另一方面,"假赠与真买卖"型避税方式,由于购房者获得赠与房屋的取得成本为零,如果购房者欲转手出卖房屋,就要以房屋的全款为基准缴纳20%的个税,这实际上为购房者增加了以后的负担。此外,根据相关法律法规,只有在赠与人为三代以内直系亲属、对赠与人承担直接抚养或者赡养义务的抚养人或赡养人受赠房产时,才不需要缴纳个人所得税。如果不属于上述关系,受赠人则需要缴纳20%的个税,反而得不偿失。而对于房产买卖而言,国家目前已有满2年免征营业税、满5年唯一自住房免征个人所得税等税收优惠政策。在实际情况中,房产赠与未必省钱,还十分麻烦,用"假赠与"来避税是完全不必要的。

▍风险提示

交易双方若以赠与的方式进行交易，将会存在较大的风险。其中，最大的风险是业主在"交易"之后有可能收不到房款。因为"买方"（即事实上的受赠方）有可能以房产是无偿赠与为由抵赖而拒付房款，这也是赠与性质决定的潜在风险。同时，银行也会认定受赠方不需要付出任何金钱，因此受赠房屋是不能办理按揭贷款业务的，但可办理房屋过户后的抵押贷款业务，通常该类房屋的贷款额都会低。此外，政府部门还可能会对赠与的真实性产生怀疑，赠与时办理的公证可能会不成功，从而影响下一步的"交易"运作。按照《合同法》的规定，赠与的财产有瑕疵，赠与人不承担责任。也就是说，"买方"取得房产后如果发生了质量问题，在法律上不受保护。

▍法条依据

《合同法》

第130条：买卖合同是出卖人转移标的物的所有权于买受人，买受人支付价款的合同。

第185条：赠与合同是赠与人将自己的财产无偿给予受赠人，受赠人表示接受赠与的合同。

▍知识链接：房产赠予交易中的税费知识

房产赠与交易中，一般需要缴纳下列税费：

（一）个人所得税

国家税务总局、财政部下发的《关于个人无偿受赠房屋有关个人所得税问题的通知》（财税〔2009〕78号），就个人无偿受赠房屋有关个人所得税问题进行了明确。该通知第1条规定，以下三种情形的房屋产权无偿赠与，对当事双方不征收个人所得税：①房屋产权所有人将房屋产权无偿赠与配偶、父母、子女、祖父母、外祖父母、孙子女、外孙子女、兄弟姐妹；②房屋产权所有人将房屋产权无偿赠与对其承担直接抚养或者赡养义务的抚养人或者赡养人；③房屋产权所有人死亡，依法取得房屋产权的法定继承人、遗嘱继承人或者受遗赠人。除上述规定情形以外，房屋产权所有人将房屋产权无偿赠与他人的，受赠人因无偿受赠房屋取得的受赠所得，按照"经国务院财政部门确定征税的其他所得"项目缴纳个人所得税，税率为20%。

（二）出赠方需缴纳营业税

依据现行《营业税暂行条例》及其实施细则有关规定，单位或者个人将不动产或者土地使用权无偿赠送其他单位或者个人的，视同发生应税行为，原则上，赠与人是需要缴纳营业税的，缴纳营业税的税率是 5%。

1. 近亲属和具有抚养、赡养关系的人之间赠与房产，以及发生继承、遗赠取得房产的，免征营业税。《财政部、国家税务总局关于个人金融商品买卖等营业税若干免税政策的通知》（财税［2009］111 号）第 2 条规定，个人无偿赠与不动产、土地使用权，属于下列情形之一的，暂免征收营业税：①离婚财产分割；②无偿赠与配偶、父母、子女、祖父母、外祖父母、孙子女、外孙子女、兄弟姐妹；③无偿赠与对其承担直接抚养或者赡养义务的抚养人或者赡养人；④房屋产权所有人死亡，依法取得房屋产权的法定继承人、遗嘱继承人或者受遗赠人。

2. 其他人之间的房产赠与行为，应依法缴纳营业税。但若其他人之间赠与的房产达到一定年限，符合免征营业税条件的，仍可以免征营业税，比如，个人将购买满 5 年的住房对外赠与的，可免征收营业税。

（三）受赠方需缴纳契税

《契税暂行条例》第 1 条规定，在中华人民共和国境内转移土地、房屋权属，承受的单位和个人为契税的纳税人，应当依照本条例的规定缴纳契税。第 2 条规定，本条例所称转移土地、房屋权属是指下列行为：①国有土地使用权出让；②土地使用权转让，包括出售、赠与和交换；③房屋买卖；④房屋赠与；⑤房屋交换。

可见，个人无偿赠送房产，受赠方需要计算缴纳契税。但是，需要注意的是，土地使用权赠与、房屋赠与契税的计税依据由征收机关参照土地使用权出售、房屋买卖的市场价格核定。另外，《财政部、国家税务总局关于调整房地产交易环节税收政策的通知》（财税［2008］137 号）规定，从 2008 年 11 月 1 日起，对个人首次购买 90 平方米及以下普通住房的，契税税率暂统一下调到 1%。《国家税务总局关于继承土地、房屋权属有关契税问题的批复》（国税函［2004］1036 号）规定，《继承法》规定的法定继承人（包括配偶、子女、父母、兄弟姐妹、祖父母、外祖父母）继承土地、房屋权属，不征契税。

（四）双方都需缴纳印花税

《印花税暂行条例》第 2 条规定，产权转移书据属于印花税应纳税凭证。《印花税暂行条例施行细则》第 5 条规定，《印花税暂行条例》第 2 条所说的产权转移书据是指单位和个人产权的买卖、继承、赠与、交换、分割等所立的书据。因此，个人无偿赠送房产，赠与人、受赠方都需要按 0.05% 税率计算缴纳印花税。

（五）主动补税还加收滞纳金吗

在日常税收征管工作中经常会遇到纳税人主动补缴税款的情况，那么，主动补缴税款还要不要承担一些责任呢？

根据《税收征管法》及其实施细则的有关规定，除纳税人在申报期内（含企业所得税汇算清缴期，下同）主动补缴少申报的税款外，其他主动补缴税款的行为要视具体情况承担相应的责任。

1. 如果纳税人是在申报期过后自己发现（含自查发现）少缴了税款，并且主动申报补缴，那么，税务机关要按照纳税人占用税款的天数每日加收万分之五的滞纳金。

2. 如果纳税人是在稽查局实施检查过程中发现问题后又主动补缴的税款，那么，只能视为主动配合税务机关的工作，除加收滞纳金外，还要视情节轻重处以罚款，如：现行《税收征管法》规定，对偷税要视情节轻重处以所偷税款 50% 以上 5 倍以下的罚款，构成犯罪的，还要移交司法机关依法追究刑事责任；对编造虚假计税依据的，要处 5 万元以下的罚款等等。

3. 如果关联企业是在税务机关对其与关联方的不合理价格进行调整并发现问题后，又补缴自己在汇算清缴期内应该调整而未进行调整的税款，那么税务机关还要按照《企业所得税法》及其实施条例的规定，对补缴的税款自汇算清缴期过后的 6 月 1 日起至补缴税款之日止，按所属纳税年度中国人民银行公布的与补税期间同期的人民币贷款基准利率加 5 个百分点的利息，而且加收的利息不得在计算应纳税所得额时扣除。但企业、关联方及其与关联业务调查有关的其他企业，能够依照《企业所得税法》第 43 条及其实施条例第 114 条规定提供有关资料时，可以只按人民币贷款基准利率加收利息。

6. 离婚避税不靠谱

▌案情介绍

2001 年，谭先生在朝阳区某楼盘买了一套 130 多平方米的三室两厅，总价 65 万元。前年他又在上地购置了一套商品房，今年装修入住后，他准备将旧房出售。按照现在的市场价，谭先生旧房产可以卖到 78 万元左右，扣除装修和其他合理费用，大致可以盈利 10 万元，按照规定得缴两万元左右的个税。谭说："如果我们假离婚，房产一人分一套，这样两人都只有一套住房了，按照规定在出售时就可以免个税了。等房产过户完成后，我们再复婚。两个手续费只用交

几百元，比个税少了不少。"

▌案例评析

我国法律规定，对个人转让自用 5 年以上，并且是家庭唯一生活用房取得的所得，免征个人所得税。一般来说，家庭是指配偶关系，也就是说夫妻俩的第 2 套住房在转让时就要缴纳个人所得税。因此出现了一种"假离婚"的避税方式，表现形式为：离婚后，夫妻俩房产按照一定方式分割，分得住房的一方将房产卖出，作为单身后的唯一一套住房，根据政策规定，可以符合家庭唯一一套住房的界定，免征个人所得税。

▌风险提示

因为是假离婚，双方在办理离婚手续时对财产的分割不会作过多考虑，因此，离婚后一旦出现一方为了私利而拒绝复婚的话，另一方是很难维护自己的合法权益的，故通过这种方式来避税风险不小。

7. 典当抵押避税风险大

▌案情介绍

张先生在丰台区购买一套 40 万元的房子，由房主提议：买卖双方签订一份抵押典当合同，将房屋抵押（典当）给张先生，并约定房屋转让价格 40 万元，同时约定如在抵押（回赎）期内房主不将房屋赎回，房屋所有权将归张先生所有。张先生已将原有的房屋卖掉，正在收拾新家的时候，房主由于家庭原因，突然反悔，要求返还房款，并立即收回房屋，张先生这时无计可施，只得搬出该房屋，再重新选购房子。

▌案例评析

国家税务总局下发了《关于加强住房营业税征收管理有关问题的通知》（国税发［2006］74 号），其中规定 2006 年 6 月 1 日后，个人将购买不足 5 年的住房对外销售全额征收营业税；个人将购买超过 5 年（含 5 年）的普通住房对外销售，应持有关材料向地方税务部门申请办理免征营业税的手续。实践中产生了一种"典当抵押"型的避税方法，表现形式为：买卖双方签订一份抵押或典当合同，将房屋抵押（典当）给买家，并约定房屋转让价格，同时约定如在抵押（回赎）期内卖家不将房屋赎回，房屋所有权将归买家所有。抵押（回赎）期过后，只要卖家不履行抵押（典当）合同的约定，偿还买家的费用，买家自然取得房屋所有权，这样，卖家就省下了营业税，只要缴纳过户的契税和印花税即可。

▌风险提示

这种方式没有发生买卖关系。在抵押、典当期间，卖方反悔，不想卖了，只要在约定的期间将钱退还给买家就可以收回房子，买方显然百口莫辩，只能忍气吞声。此外，抵押典当也不存在按揭一说，买方需要一次性交足房款。

8. "被死亡"遗嘱继承型避税

▌案情介绍

冯女士和房子的买主王女士签订了房屋买卖合同，约定房屋售价为 70 万元，买方于 4 月 30 日将房款全部付清。5 月 10 日，中介公司的工作人员把买卖双方都约到朝阳区房管局，当场签订了正式的北京市商品房买卖合同，并声称过户手续由他们去办理。6 月 8 日，房屋过户手续全部办理完毕，新的房屋产权证变更为买主王女士。按照合同约定，过户手续办理完毕三日内，该中介应将全部房款付给她。从 6 月 9 日起，她就多次找该中介公司，要求领取房款，但对方却以各种借口推托。中介公司之所以会这样做，是因为"房屋过户手续出现了问题"。经调查得知，此套房屋过户手续被做了手脚，房屋买卖关系变成了遗产继承关系。在朝阳区房管局档案室的《房屋产权变更材料》的底档里，卖主冯女士已经"因病去世"，死亡原因是"呼吸衰竭"。让人更加不可思议的是，底档里还有冯女士的"遗嘱"，声称冯女士与买主王女士是表姐妹关系，冯女士在生病住院期间，一直受到王女士的悉心照料。冯女士在弥留之际，自愿立下遗嘱，将自己的房屋"赠与"表妹王女士。

▌案例评析

按照法律规定，对于遗产继承不动产，免征营业税。因此产生了一种"被死亡"遗嘱继承型避税方式，表现方式为：房屋中介机构给卖房者开出"死亡证明"和"遗嘱"，把根本没有亲属关系的买卖双方"变成"表姐妹，将房屋买卖关系转化为遗产继承的形式，以逃避营业税及个人所得税。

▌风险提示

房屋买卖变成遗产继承主要目的在于逃避税收。以这套售价为 70 万元的房屋来讲，正常交易情况下，需要交纳 5.5% 的营业税、20% 的个人所得税、3%

的契税以及印花税、登记费等，计算下来，总体税费将超过 8 万元。而作为遗产继承的方式，只需要交纳 80 元的登记费就可以办理相关手续。为躲避营业税及个税，一些"未满 5 年"的二手房正以"赠与"或遗产继承的方式悄然变相交易，但是买受人在再次出售房屋时可能面临高额税款且继承无法过户房产，继承人需要办出各种证明，期间要花费大量的时间和精力，需谨慎选择。

▌知识链接：赠与、买卖、继承三种方式过户费用的比较

房产过户分赠与、买卖、继承几种方式，究竟哪种最便捷，哪种最省钱？

（1）继承。主要费用：继承权公证费。按照继承人所继承的房地产评估价的 1% 来收取，最低不低于 200 元。按照现行法律，公证并非遗嘱继承的必经阶段。这种方法的优点是税费最低。继承的房产没有营业税、个税和契税。继承人凭遗嘱办理继承权公证，凭继承权公证书到房管局转名即可。但缺点也显而易见：手续繁多跑死人。继承房产需要满足三个条件：第一是证明自己有继承房产的法律资格，或是法定继承人，或是遗嘱指定继承人。所谓法定继承即法律规定的遗产继承人；遗嘱继承通常需要遗产人逝世前对遗嘱进行公证。第二，遗产应当是被继承人生前属于个人所有的财产。第三，因遗产是所有继承人的共同财产，房产的分割协议需要每个继承人同意并签字方可生效。从上述规定可见，采用继承过户房产，继承人需要办出各种证明，期间要花费大量的时间和精力。

（2）赠与。主要费用：个人所得税 + 契税 + 公证费。直系亲属赠与免个人所得税；非直系亲属赠与视同买卖，需要支付个人所得税，即房产交易盈利部分的 20% 或者房款的 1%（房产证满 5 年并且是唯一住房的可以免除）。此外还有 3% 的契税和 1% 的公证费。需要提醒的是，以继承和赠与过户房产，继承人或受赠人日后卖出此房时，如房产证年满 5 年且是唯一住房，可免征个税，否则，将计征 20% 个税。

（3）买卖。主要费用：营业税 + 个人所得税 + 契税。在房产过户中，买卖是最常见的方式，也是操作较为便捷和安全的方式。但是，如果买入价比较低的话，日后出售时卖出价与买入价的差额会增大，再出售时则需要缴纳更多的税费。

第七章

二手房买卖涉夫妻房产、继承等财产共有人问题

引　言

在夫妻生活中，有许多情况都是夫或者妻一方行使家事代理权，完成相应的民事法律行为。但是在重大问题上，应由夫妻双方协商一致才可实施。《婚姻法》第17条明确规定，夫或妻在处理夫妻共同财产上的权利是平等的。因日常生活需要而处理夫妻共同财产的，任何一方均有权决定。夫或妻非因日常生活需要对夫妻共同财产做重要处理决定的，夫妻双方应当平等协商，取得一致意见。反映在二手房交易中往往是：一方擅自做主，在另一方不知情、不同意的情况下擅自处分了本属于双方共有的财产。此时根据买受人的善意、恶意将产生不同的法律结果。

所谓恶意，是指一方擅自出卖夫妻共同财产构成无权处分的情形，此时法律通常会保护夫妻一方的利益，房屋买卖合同无效。

所谓善意，根据《物权法》第106条之规定，买受人取得财产时处于善意，即为不知情的状态；以合理的价格取得；依法登记或者交付。在这种情况下，夫或者妻一方则不能要求返还原财产。如果夫或者妻一方为转移财产与第三人勾结唱双簧，在这种情况下，另一方则可以要求返还财产。在善意取得的情况下伴随而来的就是对另一方的损失应如何补偿。关于这一点，《最高人民法院关于适用〈中华人民共和国婚姻法〉若干问题的解释（三）》在承继物权法之相关规定的同时做了限制处理，即在离婚时，可以要求擅自处分一方赔偿损失，婚内是不能提损害赔偿的。

婚姻继承案件中涉二手房产问题较多，且涉及情理、法理的融合，案件极为复杂，法院的判决既考验着法官的专业水准，也在一定程度上展现了法官对

伦理亲情的理解。下文选取几则较为典型的案例加以分析梳理。

第一节　夫妻房产问题

1. 擅自出售夫妻共同财产，买受方善意且支付合理对价的合同有效

▌案情介绍

芦晶与宋建利于 2003 年年初相识。2003 年 8 月 12 日，宋建利与北京裕泰达房地产开发有限公司签订《商品房买卖合同》，购买诉争房屋，总价款为 32 万元。芦晶与宋建利共同支付首付款 6 万元。同年 12 月，芦晶与宋建利登记结婚。2003 年 11 月 5 日，宋建利向中国建设银行贷款 25 万元。2005 年 10 月 27 日，宋建利取得诉争房屋的所有权证。房屋交付后，芦晶、宋建利对该房屋进行了装修，并一直在此屋居住。2008 年 9 月，芦晶因躁狂发作，在北京安定医院住院至今。2009 年 6 月 17 日，宋建利与梁磊签订北京市存量房屋买卖合同及补充协议，约定：梁磊购买诉争房屋，房屋成交价格 68 万元；宋建利保证配偶认可并同意此房产出售。同日，梁磊给付定金 2 万元；2009 年 7 月 9 日，宋建利与梁磊签订存量房屋买卖合同，约定：梁磊购买诉争房屋，房屋成交价格为 36.5 万元。之后房屋过户到梁磊名下。现芦晶认为宋建利在其住院期间擅自将夫妻共有房屋出售，且二人为避税签订了两份房屋买卖合同，侵害了国家税收管理制度，请求法院判令两份房屋买卖合同无效，梁磊返还所购房屋。

被告宋建利辩称卖房确实没有征得芦晶同意，但与梁磊的房屋买卖合同有效，诉争房屋房产证上写的是他一个人的名字。诉争房屋的成交价实际是 68 万元，为了避税，其和梁磊才以 36.5 万元向有关部门申报。梁磊辩称其买房时，宋建利提供了全部手续，而且诉争房屋原来买卖合同上的购房人就是宋建利一个人，所以有理由相信宋建利有权利处分房屋，且已经取得了诉争房屋的所有权证。

西城区人民法院经审理认为：依法成立的合同，受法律保护，对当事人具有法律约束力。受让人受让不动产或动产时是善意的，以合理的价格转让，转让的不动产依照法律规定应当登记的已经登记，受让人取得不动产或动产的所有权，原所有权人有权向无处分权人请求赔偿损失。本案中，芦晶和宋建利为结婚共同出资作为首付款购买了诉争房屋，婚后用夫妻共同财产还贷，虽然诉争房屋登记在宋建利个人名下，但诉争房屋为二人的夫妻共同财产。梁磊与宋建利于 2009 年 6 月 17 日就诉争房屋签订房屋买卖合同时，梁磊和中介机构让宋建利提交了本人的身份证，持证人为芦晶的结婚证，芦晶、宋建利的户口本以

及配偶同意出售证明，已尽到了相应的审查义务，梁磊有理由相信芦晶同意出售诉争房屋且双方实际成交价高于房屋评估价，故是以合理价格转让诉争房屋。现诉争房屋已登记在梁磊名下，故判决驳回芦晶的诉讼请求。[（2010）一中民终字第 06730 号]

▌案例评析

本案涉及夫妻一方擅自出售共同财产，买受方善意且支付合理对价时的法律处理。《最高人民法院关于适用〈中华人民共和国婚姻法〉若干问题的解释（三）》第 11 条规定：一方未经另一方同意出售夫妻共同共有的房屋，第三人善意购买、支付合理对价并办理产权登记手续，另一方主张追回该房屋的，人民法院不予支持。这里规定的是一个善意取得的概念。对于不动产的善意取得，法律规定了三个条件，即主观上善意、客观上需要支付合理对价、对于不动产或者需要登记的物需要办理登记。本案在签订房屋买卖合同时，梁磊让宋建利提交了本人的身份证，持证人为芦晶的结婚证，芦晶、宋建利的户口本以及配偶同意出售证明，已尽到了相应的审查义务。在此情况下，梁磊有理由相信宋建利及其配偶芦晶同意出售诉争房屋。双方实际成交的价格高于评估价格，宋建利系以合理价格转让诉争房屋的。现诉争房屋已登记在梁磊名下，因此可以依据善意取得该房屋的所有权。

法律规定善意取得的目的就是为了保护善意第三人的合法权益，同时确保交易的稳定性。至于被侵犯合法权益的夫妻双方中的另一方，法律也给了芦晶另外的补救措施。《最高人民法院关于适用〈中华人民共和国婚姻法〉若干问题的解释（三）》第 11 条第 2 款规定，夫妻一方擅自处分共同共有的房屋造成另一方损失，离婚时另一方请求赔偿损失的，人民法院应予支持。基于以上事实，梁磊系善意第三人，其所有权应受法律保护。芦晶作为诉争房屋的共有人，可以依法向宋建利主张相应的损失。但是，也应注意，该赔偿损失的请求在婚内不能提起，芦晶只能在离婚时一并提起。

▌风险提示

提醒广大购房人，在购买夫妻关系存续期间的房产时，一定要仔细审查房屋的所有权状况，弄清房屋产权是个人财产还是夫妻共同财产，如果是夫妻共同财产，一定要询问配偶的出卖意向，注意对代理授权出卖委托书真实性的审查，且在支付合理对价后一定要迅速完成过户。因为即使买受人是善意的，只要房屋没有完成产权过户，不具备善意取得的要件，仍无法取得房屋的所有权。

▌法条依据

《物权法》

第106条：无处分权人将不动产或者动产转让给受让人的，所有权人有权追回；除法律另有规定外，符合下列情形的，受让人取得该不动产或者动产的所有权：

（一）受让人受让该不动产或者动产时是善意的；

（二）以合理的价格转让；

（三）转让的不动产或者动产依照法律规定应当登记的已经登记，不需要登记的已经交付给受让人。

受让人依照前款规定取得不动产或者动产的所有权的，原所有权人有权向无处分权人请求赔偿损失。

当事人善意取得其他物权的，参照前两款规定。

《最高人民法院关于适用〈中华人民共和国婚姻法〉若干问题的解释（三）》

第11条：一方未经另一方同意出售夫妻共同共有的房屋，第三人善意购买、支付合理对价并办理产权登记手续，另一方主张追回该房屋的，人民法院不予支持。

一方擅自处分共同共有的房屋造成另一方损失，离婚时另一方请求赔偿损失的，人民法院应予支持。

《最高人民法院关于贯彻执行〈中华人民共和国民法通则〉若干问题的意见》

第89条：共同共有人对共有财产享有共同的权利，承担共同的义务。在共同共有关系存续期间，部分共有人擅自处分共有财产的，一般认定无效。但第三人善意、有偿取得该财产的，应当维护第三人的合法权益；对其他共有人的损失，由擅自处分共有财产的人赔偿。

《婚姻法》

第47条第1款：离婚时，一方隐藏、转移、变卖、毁损夫妻共同财产，或伪造债务企图侵占另一方财产的，分割夫妻共同财产时，对隐藏、转移、变卖、毁损夫妻共同财产或伪造债务的一方，可以少分或不分……

▌知识链接：房产加名及署名中的法律问题

众所周知，自古中国就有男方买房子结婚的传统习俗，所以很多女性指望着嫁个有房的男人，停止自己的漂泊，安心地过相夫教子的生活。《最高人民法院关于适用〈中华人民共和国婚姻法〉若干问题的解释（三）》实行后，对婚前财产和夫妻共同财产的界定更加明确，也令不少备婚伴侣对财产问题更加关注，婚前买的房子如何加上对方的名字？房产证加名如何办理？很多读者并不了解，因此有必要在此加以梳理。

（一）房产证加名

房产证上加不同人的名字，如直系血缘关系和非直系血缘关系的，加名字的流程和费用也是不相同的。主要分为以下三种情况：

1. 加配偶名字。分为婚前和婚后两种情况：①夫妻婚后购买的房产，如果房产证上只有一方的名字，现在想把对方的名字也加上，只需要双方持结婚证、身份证、房产证，到房管局办事大厅填写一份双方共同拥有该房产的申请，就可以办理房产证增加共有人的业务，费用包含配图费、登记费等，大约在 100 元以内。②房子为一方婚前个人购买的，结婚后，配偶想要加为房子的共有人，如果该房屋还有房贷未还清，一般来说是不能办理加名的，至多可以办理双方为共同还贷人，但房屋产权仍归婚前购房的一方。如果在无房贷的情况下，可以直接办理加名。

2. 加子女或父母的名字。如果房产证原本就有夫妻两个人的名字，需要加进子女或父母名字时，应先到房地产交易中心对房子进行价格评估，因为这相当于房屋买卖的形式。

3. 加无直系血缘关系的名字。如果还没有结婚或者没有直系血缘关系的，需要在房产证上加名字，情况会复杂很多，因为那将视为房屋买卖，而也要交纳更多费用。

（二）结婚买房五种署名情况对应房产分配情况

1. 写"准夫妻"二人名字。采用这种方案，房屋将被认定为夫妻的共有财产，贷款也认定是夫妻的共同债务。如无"借条"等其他证据，父母的出资也将被认定为赠与夫妻两人，归双方共有，若出现离异，父母也无权索回出资钱款。但如果购房后"准夫妻"并没有进行婚姻登记，而是分手，那么"准婚房"仍将认定为双方共有财产，贷款也视为双方的共同债务。但对于父母的出资，如果有相应证据显示父母出资是基于"准夫妻"双方结婚的目的，法院也会认定这部分出资是一种附加条件的赠与，而条件就是双方结婚，如果双方没有结婚，父母就有权索回出资的钱款。

2. 写父母的名字。采用这种方案，房屋将被认定为父母的财产，贷款也认定为父母的债务，相应的增值或贬值也由父母享有或承担。如果结婚后夫妻双方用婚后的收入还贷的，若双方离婚，一方虽无法主张房屋，但对于已支付的贷款本息可主张为向父母的借贷，要求父母返还并平均分割。

3. 写男方及其父母的名字。采用这种方案，房屋将认定是男方及其父母的共有财产，贷款也认定为他们的共有债务，相应的增值或贬值由他们共同享有或承担。而男方的相应产权份额属于婚前个人财产，根据新的《婚姻法》，这部分财产并不因结婚而产生共有的结果。如果婚后夫妻双方用婚后的收入还贷的，若双方离婚，女方虽无法主张房屋，但对于已支付的贷款本息可主张为夫妻共同财产，要求男方及其父母返还并平均分割。产权证登记在女方及其父母名下的法律后果亦是这样。

4. 只写男方或女方的名字。这种情况需要从两个角度进行分析：①一方或一方的父母出资，仅仅登记在该方子女的名下，根据司法解释的规定，这属于该方子女的婚前个人财产，结婚后也不会自动转化为夫妻共同财产，若出现离婚，该房产仍属于原产权人。但是，夫妻一方个人财产在婚后产生的收益，除孳息和自然增值外，应认定为夫妻共同财产。该房产的自然增值也属登记方所有，但若该房产婚后用于出租，则租金收益为夫妻共同财产。②一方或一方的父母出资，但登记在未出资的另一方名下，法院通常认定为一种附条件的赠与行为，如果双方未结婚，该房屋属于产权证上所载一方的名下，但对方可以要求返还已支付的款项。如果双方结婚，则属于产权证下该方的个人财产。

2. 婚前一方购买，婚后共同还贷，房屋产权的归属

▍案情介绍

王某、吴某于2006年1月15日办理结婚仪式并开始同居生活，吴某父母以吴某名义于2007年8月20日向大庆市澳龙房地产开发有限公司交付的定金及首付共计6万元。2007年9月7日，二人办理结婚登记。婚后，吴某父母继续为该房屋偿还房贷。后双方在共同生活中，王、吴二人因办理澳龙小区诉争房屋过户事宜产生冲突，无法互谅互让，甚至大打出手，双方已经难以共同生活，王某诉至法院请求：①判决原告与吴某离婚；②依法分割夫妻共同财产，包括住房等财产并要求被告承担诉讼费用。

吴某辩称：①原告要求与吴某离婚，吴某同意；②原告要求分割住房，吴某不同意，因为该房屋是吴某父母在原告、吴某结婚前，为吴某个人出资购买，属于吴某个人财产，原告要求分割，于法无据，请求法庭驳回该请求；③对原告对家电和家具的陈述无异议，认可原告对家电及家具的估价。

大庆市龙凤区人民法院认为：夫妻双方在共同生活中应互相谦让、多沟通

交流，王某、吴某结婚后，发生冲突和矛盾，无法互谅互让，甚至大打出手，且双方从去年夏天分居至今，原告要求离婚，吴某亦同意，双方感情确已破裂，对原告要求离婚的诉讼请求本院予以支持。本案原告出生于 1987 年 1 月 10 日，2006 年办理结婚仪式时，原告尚未达到法定结婚年龄，王某、吴某系无效婚姻，不受法律保护。王某、吴某合法有效的婚姻关系成立时间为王某、吴某办理结婚登记的日期，即 2007 年 9 月 7 日。婚姻期间双方共同居住的房屋购买于 2007 年 8 月 20 日，吴某的父母以吴某名义交付定金、首付均发生在双方结婚登记之前，且吴某父母一直为该房屋偿还房贷。虽房屋登记办理发生在王某、吴某结婚登记之后，但登记在吴某个人名下，且原告未提供相关证据证实房贷系王某、吴某共同偿还的主张。根据《最高人民法院关于适用〈中华人民共和国婚姻法〉若干问题的解释（二）》第 22 条第 1 款之规定，"当事人结婚前，父母为双方购置房屋出资的，该出资应当认定为对自己子女的个人赠与，但父母明确表示赠与双方的除外"，故澳龙小区 b20 - 3 - 601 室房屋为吴某婚前个人财产，原告要求按共同财产分割的诉讼请求于法无据，本院不予支持。〔（2011）龙民初字第 472 号〕

▌案例评析

所谓夫妻共同财产，是指在夫妻关系存续期间夫妻所共同拥有或取得的财产。根据《婚姻法》第 17 条的规定，夫妻在婚姻关系存续期间所得的财产为夫妻共同财产。婚姻关系存续期间即夫妻登记结婚后到一方死亡或者离婚之前这段时间，这期间夫妻所得的财产，除约定的外，均属于夫妻共同财产。

实践中，对夫妻共同财产争议较大的主要是对房屋归属的认定。本案中，原、被告双方对是否离婚及屋内家具、家电如何分割均无异议并达成一致意见，唯一的争议焦点为房屋归属问题。涉案房屋是被告父母以被告名义与大庆市某房地产开发有限公司签订的购房合同，交付定金及首付均发生在原、被告结婚登记前。原、被告结婚后，涉案房屋办理完产权登记手续，并登记在被告个人名下。根据《最高人民法院关于适用〈中华人民共和国婚姻法〉若干问题的解释（二）》第 22 条，本案被告父母为被告出资购买房屋并登记在被告个人名下，虽产权登记办理完毕发生在原、被告结婚后，但该房屋仍应认定为被告父母对被告个人的赠与，涉案房屋为被告婚前个人财产。

《最高人民法院关于适用〈中华人民共和国婚姻法〉若干问题的解释（三）》第 10 条规定："夫妻一方婚前签订不动产买卖合同，以个人财产支付首付款并在银行贷款，婚后用夫妻共同财产还贷，不动产登记于首付款支付方名下的，离婚时该不动产由双方协议处理。依前款规定不能达成协议的，人民法院可以判决该不动产归产权登记一方，尚未归还的贷款为产权登记一方的个人债务。双方婚后共同还贷支付的款项及其相对应财产增值部分，离婚时应根据《婚姻法》第 39 条第 1 款规定的原则，由产权登记一方对另一方进行补偿。"结合该规定及其体现的立法精神，涉案房屋为被告婚前个人财产的主张也能得到印证。

原告是否能够主张婚后偿还房贷部分的款项及其相应的财产增值部分呢？假设婚后还贷部分系首付或原、被告以工资、奖金、生产经营收益还贷，那么此房屋应视为共同还贷，婚后偿还房贷部分的款项及相应的财产增值部分属于夫妻共同财产，应当予以分割，即该房屋虽判为被告婚前个人财产，但其份额比例由定金、首付款及已还房贷部分总额占分割时房屋的市值总价款的比例而定，其余部分则应按照夫妻共同财产予以分割。本案中，原、被告婚后一直由被告父母为该房屋还贷，那么就带有赠与的性质，本案原告无权主张涉案房屋的任何份额，故法院驳回了原告关于分割涉案房屋的请求。

▌风险提示

婚前一方父母以该方名义签订房屋买卖合同、交付定金及首付款，结婚后办理房屋产权登记，且登记在该方个人名下，离婚时双方对该房屋产权归属不能达成协议的，人民法院会判决该房屋产权归登记一方。

▌法条依据

《最高人民法院关于适用〈中华人民共和国婚姻法〉若干问题的解释（二）》

第 22 条第 1 款：当事人结婚前，父母为双方购置房屋出资的，该出资应当认定为对自己子女的个人赠与，但父母明确表示赠与双方的除外。

《最高人民法院关于适用〈中华人民共和国婚姻法〉若干问题的解释（三）》

第 10 条：夫妻一方婚前签订不动产买卖合同，以个人财产支付首付款并在银行贷款，婚后用夫妻共同财产还贷，不动产登记于首付款支付方名下的，离婚时该不动产由双方协议处理。

依前款规定不能达成协议的，人民法院可以判决该不动产归产权登记一方，尚未归还的贷款为产权登记一方的个人债务。双方婚后共同还贷支付的款项及其相对应财产增值部分，离婚时应根据婚姻法第三十九条第一款规定的原则，由产权登记一方对另一方进行补偿。

▌知识链接：以共同财产还贷的房屋，离婚时增值部分请求的计算方式

由于婚姻关系具有特殊性，一方对房屋的保值、增值有一定的贡献，且以共同财产还贷，直接导致了夫妻另一方在婚姻关系存续期间的投资机会、投资规模及家庭生活品质受到一定的限制和影响，如果把房屋增值一概作为个人财产处理，是对夫妻之间的分工和其各自对家庭的贡献的漠视，也显失公平。

关于如何确定对应增值部分，相关司法解释并没有明确的规定，实践中也存在多个计算方法。人民法院出版社出版的《最高人民法院婚姻法司法解释（三）理解与适用》中提出了一个被很多法院采用的简便实用的补偿款计算公式，具体为：房屋现值×共同还贷总额（包括本金和利息）/购买房屋总支付款（首付＋按揭贷款本金总额＋贷款利息总额）/2。这种计算方法是建立在贷款利率没有发生变化，严格履行贷款合同且贷款没有提前归还的情况下，只是相对来说比较公平。夫妻共同财产的分割除了需要考虑这些具体的还贷金额，还要综合考虑夫妻关系的年限、子女的抚养、婚姻解除的过错等多种因素。

一般情况下，婚前所购婚后共同还贷又单独登记在一方名下的房产会判给登记方，但是我们注意到上述法律条文用的是"可以"判令房产归产权登记一方，而不是"应该"判令房产归产权登记一方，所以也不排除会判给不是产权登记的另一方。我国《婚姻法》第 39 条第 1 款规定：离婚时，夫妻的共同财产由双方协议处理；协议不成时，由人民法院根据财产的具体情况，照顾子女和女方权益的原则判决。所以，如果女方是产权登记的另一方，坚持要求房子分给自己，再加上自己抚养子女等情况，法院也有可能判给女方。

3. 夫妻一方擅自将共同房产赠与他人的的处理

▌案情介绍

李某某与程某某系夫妻关系。程某某与冯某某于 2004 年 11 月开始婚外同居，当月程某某给冯某某 20 万元现金购买轿车，冯某某用该款购买轿车一辆且登记在自己名下。2004 年 6 月，程某某购买蓝湾俊园住房一套，向开发商支付 530 500 元购房款。2005 年 4 月，程某某以合同更名的方式将该套房屋赠与冯某某，房屋产权登记在冯某某名下。2005 年 10 月至 2006 年期间，冯某某以办公司需要注册资金为由向程某某索要资金，程某某共给付冯某某 3 049 928 元。2005 年 7 月 2 日，冯某某与张某签订借款协议，张某承认实际收到 290 万元借款。2006 年 7 月，李某某诉至一审法院，请求判令：确认程某某赠与冯某某财

产的行为无效，要求冯某某返还304.90万元、轿车一辆、蓝湾俊园住房一套。

一审法院经审理认为，冯某某与程某某年龄相差悬殊，明知其有配偶而以情人身份与之同居生活，并向程某某索取汽车、房产及将近305万元的钱款，其行为违反了社会公德，主观上并非出自善意。程某某未经李某某同意，将夫妻共有巨额财产赠与冯某某，侵害了李某某的合法财产权益，其赠与行为无效。第三人张某明知冯某某是通过不正当手段获得上述财产，却与冯某某恶意串通，以所谓长期借款的形式将290万元转移到自己名下，其应将该款项返还给李某某。据此判决：冯某某向李某某返还轿车及房屋，过户费用由程某某承担；冯某某向李某某返还3 049 928元；张某对其中的290万元承担连带返还责任；驳回李某某其他诉讼请求。

冯某某、张某不服提起上诉，二审法院认为，程某某向冯某某的赠与行为应依合同法的规定单独判断，赠与行为是程某某的真实意思表示，且已办理过户登记，故应当认定为有效，冯某某向程某某索取资金3049 928元应予返还。

某检察院抗诉认为：程某某将夫妻共同财产赠与冯某某的行为违反了公序良俗的法律原则，冯某某取得诉争房屋和车辆是基于其与程某某之间不正当的婚外同居关系，其取得财产主观上并非善意，且不是有偿取得，不符合善意取得的法定条件。终审判决认定程某某赠与给冯某某房产与车辆的行为有效，系适用法律错误。

再审法院认为，程某某擅自处分夫妻共同财产的赠与行为无效，冯某某应返还当时购买车辆和房屋的对价730 500元以及其索取的资金3 049 928元，张某应对其收到的290万元承担连带返还责任。[相似案例：(2012) 渝五中法民终字第3098号]

▌案例评析

本案较为典型，涉及夫妻一方擅自将共同房产赠与他人的效力问题。对于该案的判决，存在两种不同的观点：

（一）第一种观点

1. 程某某和冯某某婚外同居有违公序良俗，但该行为的无效并不能等同于赠与无效，对程某某向冯某某的赠与行为应依《合同法》的规定单独判断。而依《合同法》的相关规定，程某某对冯某某就车辆和房产的赠与行为已完成了所有权转移登记，故该赠与行为不应予以撤销。

2. 程某某的赠与并不必然侵犯李某某的夫妻共有财产权。虽然婚姻关系存续期间所得的财产一般属于夫妻共同共有，但程某某作为夫妻一方应享有部分财产的独立处分权。程某某与李某某的夫妻共同财产总额较大，程某某在本案中单独处分的部分财产较之于夫妻共同财产比例较小，故该赠与并不必然损害李某某的夫妻共有财产权。而且，即使程某某侵犯了李某某的夫妻共有财产权，也应由程某某对李某某承担责任，而不应由冯某某承担责任。

3. 程某某的社会地位和经济地位均高于冯某某，其与冯某某婚外同居，双方均有过错。如果判令冯某某将程某某赠与的财产完全返还，不能体现对程某某作为主要过错一方的惩罚。故在判令冯某某已返还货币财产的情况下，鉴于程某某赠与冯某某的房屋和车辆均已登记在冯某某名下，该赠与行为应认定为合法有效，冯某某对诉争房屋和车辆享有所有权。

（二）第二种观点

1. 程某某赠与冯某某的购车款和房产均系程某某与李某某的夫妻共同财产，程某某未征得李某某的同意将上述财产赠与冯某某，侵犯了李某某的财产权。

2. 程某某基于与冯某某之间存在的不正当婚外同居关系将诉争房屋和车辆赠与冯某某，该行为违反了公序良俗，依法无效。

3. 冯某某取得诉争房屋和车辆并非善意、有偿取得，而程某某非因日常生活需要、在未与其妻李某某协商一致的情形下，擅自将诉争房屋和车辆赠与冯某某，应认定无效。

4. 从保证裁决结果之间一致性上考虑，既然认定程某某赠与冯某某货币财产的行为无效，那么赠与冯某某房产和车辆的行为亦同属无效。

5. 从良好的社会导向考虑，亦应当认定程某某在未与李某某协商一致情形下，非因日常生活需要，对基于不正当婚外同居关系向冯某某无偿赠与的擅自处分行为无效。

6. 二审判决认定赠与行为有效的依据不足，其抛开我国《民法通则》规定民事行为应遵循的公序良俗原则，仅依《合同法》规定单独判断赠与行为的效力显属不当。

从本案的审判过程来看，再审法院最终采纳了第二种观点的做法，认定赠与合同无效，倡导了良好健康的社会风气，实现了法理和情理的统一。

▌风险提示

赠与合同，是无偿处分行为，要求赠与人处分的财产应当是其个人所有的财产，未经他人同意，处分他人财产的，是否有效取决于是否取得他人的追认。我国《婚姻法》规定，夫妻在婚姻关系存续期间所得的财产，归夫妻共同所有，夫妻双方对共同财产不分份额地共同享有所有权，夫或妻非因日常生活需要处分夫妻共同财产时，应当协商一致，任何一方无权单独处分夫妻共同财产。在共同共有关系存续期间，部分共有人擅自处分共有财产的，应征得共有人的同意，或得到共有人的事后追认。夫妻一方未经对方同意，擅自将夫妻共同财产赠与他人的，事后也未征得共有人同意的，其行为已侵害了共有人的合法权益，属无权处分，赠与行为无效。此外，根据《婚姻法》第3条规定，禁止有配偶者与他人同居。夫妻一方与他人婚外同居的行为不仅违反了公序良俗，而且违反了《婚姻法》的禁止性规定，这种婚外同居关系应属于违法关系，其相应的赠与行为也无法得到法律的认可。

▌法条依据

《婚姻法》

第3条：……禁止有配偶者与他人同居。……

第4条：妻应当互相忠实，互相尊重；家庭成员间应当敬老爱幼，互相帮助，维护平等、和睦、文明的婚姻家庭关系。

第17条：夫妻在婚姻关系存续期间所得的下列财产，归夫妻共同所有：

（一）工资、奖金；

（二）生产、经营的收益；

（三）知识产权的收益；

（四）继承或赠与所得的财产，但本法第十八条第三项规定的除外；

（五）其他应当归共同所有的财产。夫妻对共同所有的财产，有平等的处理权。

《最高人民法院关于适用〈中华人民共和国婚姻法〉若干问题的解释（一）》

第17条：《婚姻法》第十七条关于"夫或妻对夫妻共同所有的财产，有平等的处理权"的规定，应当理解为：

（一）夫或妻在处理夫妻共同财产上的权利是平等的。因日常生活需要而处理夫妻共同财产的，任何一方均有权决定。

（二）夫或妻非因日常生活需要对夫妻共同财产做重要处理决定，夫妻双方应当平等协商，取得一致意见。他人有理由相信其为夫妻双方共同意思表示的，另一方不得以不同意或不知道为由对抗善意第三人。

▌知识链接：有配偶者与他人同居赠与纠纷的法理思考

有配偶者与他人婚外同居发生的赠与纠纷，处理时应从法律、情理与当事人之间利益平衡方面综合考虑。

（1）现行《婚姻法》第3条规定："禁止有配偶者与他人同居。"程某某在已有配偶的情况下与冯某某婚外同居，其行为违反了婚姻法的禁止性规定，其与冯某某的同居关系属于违法关系。

（2）夫妻共同财产是基于法律的规定，因夫妻关系的存在而产生的。在夫妻双方未选择其他财产制的情形下，夫妻对共同财产形成共同共有，而非按份共有。根据共同共有的一般原理，在婚姻关系存续期间，夫妻共同财产应作为一个不可分割的整体，夫妻对全部共同财产不分份额地共同享有所有权，夫妻双方无法对共同财产划分个人份额，在没有重大理由时也无权于共有期间请求分割共同财产。夫妻对共同财产享有平等的处理权，并不意味着夫妻各自对共同财产享有一半的处分权。只有在共同共有关系终止时，才可对共同财产进行分割，确定各自份额。因此，夫妻一方擅自将共同财产赠与他人的行为应为全部无效，而非部分无效。本案中程某某赠与冯某某大额财产，显然不是因日常生活需要而处理夫妻共同财产的行为，其未经妻子李某某同意赠与冯某某车辆、房屋及钱款，侵犯了李某某的财产权益，该赠与行为应认定为无效；冯某某明知程某某有配偶而与其婚外同居并接受大额财产的赠与，显然也不能视为善意第三人。

（3）超出日常生活需要对夫妻共同财产进行处分，双方应当协商一致，程某某单独将大额夫妻共同财产赠与他人，也是一种无权处分行为。在李某某事先不知情、事后未追认的情况下，根据《合同法》第51条的规定精神，除非权利人追认或处分人事后取得处分权，否则该处分行为无效。《物权法》第106条也规定："无处分权人将不动产或者动产转让给受让人的，所有权人有权追回……"当财产被他人无合法依据占有时，所有权人有权根据物权的追及效力要求非法占有人返还财产，夫妻中的受害方可以行使物上请求权，以配偶和婚外同居者为共同被告，请求法院判令其返还财产。

（4）涉及具体处理问题，对于程某某赠与冯某某的轿车和房产，究竟是返还原物还是返还相应的款项，审判实践中做法不一。一般可分为两种情况：如果赠与人给受赠人钱款让其购房、购车等且登记在受赠人名下，赠与行为被确认无效后，受赠人应返还相应的钱款；如果赠与人是把原来登记在自己名下的房屋、车辆等变更登记为受赠人，受赠人应返还原房屋或车辆等。从本案的实际情况来看，程某某给冯某某20万元现金购买轿车，登记在冯某某名下，判令冯某某返还20万元应该争议不大。诉争房屋的情况有些特别，2004年6月程某某与开发商签订购房合同并支付购房款530 500元，2005年4月程某某以合同更名的方式将房屋赠与冯某某且登记在冯某某名下。如果单纯从法律角度考虑，程某某2004年6月签订购房合同并支付购房款，可以说已经享有了房屋的准物权，以后房产登记时顺理成章地应以购房合同上的购买人为准。因此，一审法院判令冯某某向李某某返还房屋也有一定道理。但是，程某某赠与冯某某的房屋当时是以530 500元的价格购买的，现房价已大幅度增长，从不能让有过错的程某某在与他人婚外同居过程中不合理受益的角度考虑，即使判令冯某某返还，亦只应返还当时已支付车、房的对价730 500元，而不应判令将房屋和车辆实物返还。如果判令冯某某返还诉争房屋，程某某不仅没有财产损失，反而可以从房屋增值部分获利，这种人财两得的示范效应不利于婚姻家庭的和谐稳定，与婚姻法的立法本意相悖。有观点认为，实际生活中一方不知道对方有配偶而"被小三"的情况也不鲜见，此种情况应区别处理，对"被小三"一方的利益该保护也得保护。笔者不赞同这种观点，审判实践中对一方是否属于"被小三"的事实，认定难度比较大。另外，感情问题不是商业行为，有付出未必一定有收获，在当事人双方均为成年人的情况下，其应当明确预知自己行为的法律后果。

有人提出这样的问题，即夫妻一方擅自赠与婚外情人大额财产，是否属于《〈婚姻法〉司法解释（三）》第4条"转移夫妻共同财产"的情形？从辞典的解释来看，"转移"一词是指改换位置，从一方移到另一方；另外还有"改变"之意。笔者认为，一方擅自赠与婚外情人大额夫妻共同财产的行为与转移夫妻共同财产的概念有重合之处，应当认定属于《〈婚姻法〉司法解释（三）》第4条的情形，即构成分割夫妻共同财产的重大理由，另一方可以要求在婚姻关系存续期间分割夫妻共同财产。

（5）倾向性处理意见。夫妻一方与他人婚外同居违反了婚姻法的禁止性规定，这种婚外同居关系属于违法关系。在婚姻关系存续期间，夫妻双方对共同财产不分份额地共同享有所有权，夫或妻非因日常生活需要处分夫妻共同财产时，应当协商一致，任何一方无权单独处分夫妻共同财产。如果夫妻一方超出日常生活需要擅自将共同财产赠与他人，这种赠与行为应认定为无效；夫妻中的另一方以侵犯共有财产权为由请求返还的，人民法院应予支持。

4. 夫妻一方代另一方所签买卖合同效力的认定

▌案情介绍

2007年6月20日，经申某与吕某通过多次电话商定房屋出售价格后，吕某代表申某与贺某经中介签订了一份房屋购销合同。合同约定：吕某以68万元人民币的价格将位于犀浦镇以申某名字登记的房产转让给贺某，贺某支付定金5

万元给吕某，并于 2007 年 9 月 20 日前办理产权过户手续。吕某代申某在合同上签字。合同签订后，贺某当即向吕某支付了定金 5 万元。之后吕某与申某于 2007 年 9 月 18 日又将该房产转让他人并办理了过户手续。事后申某以不同意且不知道吕某出卖的房屋属于夫妻共同财产为由，主张吕某与贺某之间的买卖合同无效。

法院经过审理认为：吕某与申某在夫妻关系存续期间共同取得的房产，在未作出有效约定前应属于夫妻共同财产。吕某在向中介机构提供了相关手续，并与申某通过电话商定房屋出售价格后，与贺某签订了房屋购销合同，是对其夫妻共同财产进行转让的行为，贺某完全有理由相信吕某的处分行为代表了夫妻双方的共同意思表示，贺某与吕某签订的房屋购销合同合法有效，申某以不同意或不知道为由对抗善意第三人贺某的主张不成立。鉴于吕某、申某已将该房产转让给案外人，导致吕某与贺某签订的房屋购销合同无法履行，故对贺某要求解除房屋购销合同的诉讼请求予以支持。吕某与申某违约，应承担双倍返还定金的责任。[（2008）成民终字第 1675 号]

▌案例评析

本案涉及代理的相关知识。所谓代理是指一人在法定或者约定的权限内，以他人的名义行使的法律行为，而法律行为的后果却归属于他人的行为。在本案中，吕某代申某在房屋买卖合同上签署了名字，外在形式上符合代理的法律特征。法律上代理成立的基础是代理权。代理人的行为后果之所以能归属于被代理人，是由于被代理人的授权。

本案中申某辩称其对吕申二人的房屋买卖合同不知情，不属于代理行为的抗辩是不能成立的。就本案证据来看，吕某代申某签订合同时，提交了申某购买该房屋的买卖合同原件、抵押合同原件、借款合同原件、维修基金票据，并出示了吕某与申某的结婚证原件和申某的身份证原件，且吕某就价款问题接、打电话并声称是与申某协商，贺某据此有理由相信出售房屋系吕某、申某共同意思表示。此外，申某、吕某将房屋另行出售他人的事实也表明申某、吕某有出售房屋的共同意愿。在此前提下，吕某持有申某身份证原件、房屋相关合同及票据原件应当是基于夫妻共同售房的事由，吕某在签订合同前打电话与申某商量价格也应属实，申某对吕某与贺某签订合同的事实是应当知道并认可的。申某关于其不知道吕某与贺某签订合同的陈述不符合情理，其意图以不知情且不对房屋买卖合同追认为由逃避对贺某承担违约责任的行为不应得到法院的认可。

▌风险提示

购买夫妻共有财产时，买房人应当要求出卖人出示其配偶委托出卖人代办手续的委托书或者同意出售房屋的书面声明，以保证交易安全，同时保存好已交费用的相关票据，以避免日后发生不必要的纠纷。

▌法条依据

《婚姻法》

第17条第2款：夫妻对共同所有的财产，有平等的处理权。

《最高人民法院关于适用〈中华人民共和国婚姻法〉若干问题的解释（一）》

第17条第1款第2项：夫或妻非因日常生活需要对夫妻共同财产做重要处理决定，夫妻双方应当平等协商，取得一致意见。他人有理由相信其为夫妻双方共同意思表示的，另一方不得以不同意或不知道为由对抗善意第三人。

第18条：婚姻法第十九条所称"第三人知道该约定的"，夫妻一方对此负有举证责任。

《最高人民法院关于适用〈中华人民共和国婚姻法〉若干问题的解释（二）》

第19条：由一方婚前承租、婚后用共同财产购买的房屋，房屋权属证书登记在一方名下的，应当认定为夫妻共同财产。

第24条：债权人就婚姻关系存续期间夫妻一方以个人名义所负债务主张权利的，应当按夫妻共同债务处理。但夫妻一方能够证明债权人与债务人明确约定为个人债务，或者能够证明属于婚姻法第十九条第三款规定情形的除外。

《合同法》

第115条：当事人可以依照《中华人民共和国担保法》约定一方向对方给付定金作为债权的担保。债务人履行债务后，定金应当抵作价款或者收回。给付定金的一方不履行约定的债务的，无权要求返还定金；收受定金的一方不履行约定的债务的，应当双倍返还定金。

▌知识链接："家事代理权"的正确理解

根据《婚姻法》规定，夫妻对共同所有的财产有平等的处理权。这里有两层含义：一是夫或妻在处理夫妻共同财产上的权利是平等的，因日常生活需要而处理夫妻共同财产的，任何一方均有权决定；二是夫或妻非因日常生活需要对夫妻共同财产做重要处理决定，夫妻双方应当平等协商，取得一致意见，他人有理由相信其为夫妻双方共同意思表示的，另一方不得以不同意或不知道为由对抗善意第三人。这也就延伸出了家事代理的问题。所谓家事代理权，是配偶权中的一项重要内容，它是指夫妻一方在因家庭日常事务而与第三人为一定的法律行为时，享有代理配偶他方的权利。具体地说，夫妻一方代表家庭所为的行为，视为夫妻共同的意思表示，夫妻他方亦必须承担法律后果，夫妻双方对该行为承担共同的连带责任。故，因日常生活需要而处理夫妻共同财产的，任何一方均有权决定，但夫或妻非因日常生活需要对夫妻共同财产做重要决定，夫妻双方应当平等协商，取得一致意见。涉及夫妻一方对外所为民事法律行为效力与承担责任时，首先需要判断该行为是否属于日常生活范畴。一般来说，涉及家庭柴米油盐事务系日常生活，但如涉及住、行、子女教育等事务，自然应夫妻互商互量。一方擅自出售房屋的行为不属于日常生活范畴，不属于家事代理行为，应当认定为无权处分，房屋买卖合同也是无效的。但如果买受人有证据证明其有理由相信该出售行为系夫妻双方的意思表示，且其是善意购买人，则夫妻一方的出售行为构成表见代理，该售房行为就是合法有效的。

5. 解除同居关系后对房产分割的认定

▌案情介绍

1998 年夏某前夫因病去世。同年蒋某某与前妻解除婚姻关系。2002 年正月，夏某、蒋某某经人介绍确立恋爱关系。2002 年 5 月，双方在张家港开始同居生活。2005 年 5 月，蒋某某购买了金沙镇开发区紫金桥村东大俪鑫花苑 3 幢 506 室房产，双方在此继续同居生活。2005 年 5 月、2006 年年底，夏某祖母、外祖母先后去世，夏某、蒋某某以孙女、孙女婿及外孙女、外孙女婿的身份参与办理后事，并按农村风俗披麻戴孝为老人送终。此后，夏某父母开始接纳认可蒋某某为女婿并正常往来。其间，双方共同购有通州区某处 3 幢 506 室、崇川区某处 18 幢 1504 室、崇川区某处 5 幢 1502 室房产各一套，牌号苏 1、苏 2、苏 3 汽车各一辆。现因蒋某某见异思迁，双方关系破裂，夏某遂诉至法院要求依法分割上述共同财产。

被告蒋某某辩称：原、被告之间是恋爱关系，只是偶尔同居，没有对外以夫妻名义相称，没有形成同居关系。

生效法院判决认为：夏某提供的数张房租收条时间跨度自 2003 年至 2006 年，结合房屋租赁合同、照片、唁簿名册及多位证人证言和其他证据，可以认定双方长期以夫妻名义同居生活的事实，蒋某某认为二人只是恋爱关系的上诉主张不予采纳。双方自 2009 年下半年分开，而讼争的各项财产均系在二人同居生活期间取得，故应按一般共有财产处理。按照《物权法》的规定，蒋某某与夏某之间并不具有家庭关系，故讼争各项财产应视为双方按份共有，因目前双方均未提供证据证明自己的出资额，且两人以夫妻名义长期共同生活，对同居过程中形成的财产以不同方式做出贡献，亦无法区分贡献之大小，蒋某某称其对共同财产贡献较大无证据证明，故讼争各项财产应视为双方等额享有。判决支持原告的诉讼请求。[（2012）苏民再提字第 0124 号]

▌案例评析

本案主要涉及同居关系存续期间共同财产分割的相关问题。本案中，夏某和蒋某在同居期间共同购买了房产和车辆，双方均未提供证据证明自己的出资额，且两人以夫妻名义长期共同生活，对同居过程中形成的财产以不同方式做出贡献，亦无法区分贡献之大小，故各项财产应参照婚姻关系，视为双方等额享有。

▌风险提示

男女双方以夫妻名义同居生活，但未办理结婚登记，在同居期间取得的财产，虽登记在一方名下，但双方对财产的取得均有贡献，对该财产应认定为双方共同所有。另一方要求分割的，人民法院应根据照顾妇女、儿童的原则，并结合财产的实际情况予以合理分配。对于同居关系涉及的财产问题，为防止类似纠纷的发生，笔者建议：①双方应对所购买的房产以书面的形式进行约定，如出资比例、共有份额等；②保存在办理房产手续中的相关凭证、原始票据等；一旦发生纠纷，可以作为证据使用。

▌法条依据

《最高人民法院关于适用〈中华人民共和国婚姻法〉若干问题的解释（一）》

第 15 条：被宣告无效或被撤销的婚姻，当事人同居期间所得的财产，按共同共有处理。但有证据证明为当事人一方所有的除外。

《最高人民法院关于贯彻执行〈中华人民共和国民法通则〉若干问题的意见（试行）》

第 90 条：共同共有关系终止时，对共有财产的分割，有协议的，按协议处理；没有协议的，应当根据等分原则处理，并且考虑共有人对共有财产的贡献大小，适当照顾共有人生产、生活的实际需要等情况。但分割夫妻共有财产，应当根据婚姻法的有关规定处理。

▌知识链接：夫妻房产分割中六种情形的不同处理

《婚姻法》第 17 条明确规定，夫妻在婚姻关系存续期间所得的下列财产，归夫妻共同所有：①工资、奖金；②生产、经营的收益；③知识产权的收益；④继承或赠与所得的财产；⑤其他应当归共同所有的财产。对共同所有的财产，夫妻双方有平等的处理权。此外，根据《〈婚姻法〉司法解释（二）》的精神，房屋增值部分基于一方个人财产投资在婚后取得的收益，这种收益也视为夫妻共同财产。

明确了夫妻共同财产，接下来就来说说《〈婚姻法〉司法解释（三）》关于房产如何分割的规定。

（1）一方赠与另一方房产，离婚房产如何分割？《〈婚姻法〉司法解释（三）》第 6 条规定，婚前或者婚姻关系存续期间，当事人约定将一方所有的房产赠与另一方，赠与方在赠与房产变更登记之前撤销赠与，另一方请求判令继续履行的，人民法院可以按照《合同法》第 186 条的规定处理。此时，如果一方赠与另一方房产，哪怕是结婚很多年，只要是房产未过户的，赠与一方也可以撤销赠与，离婚时房产还是属于赠与一方，不予分割。

（2）一方父母出资购房，离婚房产如何分割？《〈婚姻法〉司法解释（三）》第 7 条规定，婚后由一方父母出资为子女购买的不动产，产权登记在出资人子女名下的，可按照《婚姻法》第 18 条第 3 项的规定，视为只对自己子女一方的赠与，该不动产应认定为夫妻一方的个人财产。此时，婚后一方父母出资买房的，产权登记在自己子女名下的，是对自己子女的赠与，与婚姻关系存储期间的另一方没有任何关系，离婚时作为夫妻一方个人财产，不予分割。

（3）双方父母出资购房，离婚房产如何分割？《〈婚姻法〉司法解释（三）》第 7 条规定，由双方父母出资购买的不动产，产权登记在一方子女名下的，该不动产可认定为双方按照各自父母的出资份额按份共有，但当事人另有约定的除外。婚后由双方父母出资购买的房屋，不管产权登记在哪一方名下，离婚时按照出资份额按份分割。

（4）一方婚前购买房屋，离婚房产如何分割？《〈婚姻法〉司法解释（三）》第 10 条规定，夫妻一方婚前签订不动产买卖合同，以个人财产支付首付款并在银行贷款，婚后用夫妻共同财产还贷，不动产登记于首付款支付方名下的，离婚时该不动产由双方协议处理。依前款规定不能达成协议的，人民法院可以判决该不动产归产权登记一方，尚未归还的贷款为产权登记一方的个人债务。双方婚后共同还贷支付的款项及其相对应财产增值部分，离婚时应根据《婚姻法》第 39 条第 1 款规定的原则，由产权登记一方对另一方进行补偿。此时，对于婚前购买的房屋，即使婚后共同还贷的，房子也属于夫妻一方个人财产，离婚时财产不予分割。

（5）以父母名义买房，离婚房产如何分割？《〈婚姻法〉司法解释（三）》第 12 条规定，婚姻关系存续期间，双方用夫妻共同财产出资购买以一方父母名义参加房改的房屋，产权登记在一方父母名下，离婚时另一方主张按照夫妻共同财产对该房屋进行分割的，人民法院不予支持。购买该房屋时的出资，可以作为债权处理。此时，双方用共同财产以父母名义买房，产权登记在一方父母名下的，房子的产权属于父母，离婚时不属于夫妻财产，不能分割，只能按照出资情况，算作债权要求偿还出资额。

（6）以按揭贷款的方式买的房屋，房产如何分割？以按揭贷款方式买的房屋所有权归属是有特殊性的。在婚姻关系存续期间，双方是以共同收入来偿还银行贷款本息的，所以只能认定该套房屋的现有价值属于夫妻共同所有。对于房屋产权的分隔，在实践中，分割夫妻共同财产，原则上应当均等分割。根据生产、生活的实际需要、财产的来源等情况，由双方协议处理。我国《〈婚姻法〉司法解释（二）》第 21 条也只规定"离婚时双方对尚未取得所有权或者尚未取得完全所有权的房屋有争议且协商不成的，人民法院不宜判决房屋所有权的归属，应当根据实际情况判决由当事人使用"。但应当分两种情况区别对待：一是夫妻一方在婚前已付了房款，那么这个房子肯定是夫妻一方婚前个人财产；二是在婚后，偿还房屋的按揭贷款是由双方共同支付的，应当归属于双方共同财产，依据按揭的数额分割。

6. 出卖人死亡，房屋买卖合同是否继续履行

▌案情介绍

刘某与贾某系母子关系，贾某系刘某与老贾的独子。2012 年 12 月 22 日，出卖人贾某、刘某与买受人熊某签订北京市存量房买卖合同，出卖诉争房屋。该房登记在老贾名下，老贾于合同签订前即已去世。合同签订当日，熊某向刘某、贾某支付定金 2 万元，刘某、贾某向熊某出具收条。2012 年 12 月 28 日，熊某向刘某、贾某支付房屋购置首付款 18 万元，刘某、贾某向熊某出具首付款收据 1 张。后双方因为房屋价格、办理贷款问题产生纠纷，最终未协商一致，熊某未办理成功住房公积金贷款。因此，熊某在法院起诉要求：吴某履行合同，

交付房屋并办理过户登记；本案的诉讼费用由吴某负担。在案件审理过程中，刘某于 2013 年 12 月 11 日去世；熊某向法院交纳剩余房屋购置款 135 万元。

北京市第一中级人民法院审理认为，依法成立的合同，对当事人均具有法律约束力，当事人应本着诚实信用的原则按照约定履行自己的义务，不得擅自变更或解除合同。本案中，诉争房屋原系老贾与刘某的夫妻共同财产，在老贾去世之后，老贾对诉争房屋的财产份额应由其合法继承人予以继承。本案现有证据证实，刘某、贾某系老贾合法的第一顺位继承人，在没有证据证明有其他合法继承人以及存在继承人丧失、放弃继承权等法定情形的前提下，刘某、贾某应是诉争房屋的共有权人，对诉争房屋有充分的处分权。故刘某、贾某与熊某签订的北京市存量房买卖合同属合法有效，当事人应依约履行。现刘某已去世，且熊某已将合同约定的剩余房屋购置款全部交纳，作为诉争房屋所有权唯一的合法继承人，贾某已通过继承取得诉争房屋的所有权，理应按照合同约定协助熊某办理诉争房屋过户手续并交付房屋。故法院判决支持熊某要求贾某继续履行合同、协助办理过户以及交付房屋的诉讼请求。

▌案例评析

本案主要涉及出卖人死亡，房屋买卖合同是否继续履行的法律问题。对于此问题，司法实践中存在两种截然不同的观点。

持房屋买卖合同不应继续履行观点的人士认为：

第一，房屋系不动产，依据《物权法》第 9 条第 1 款之规定，不动产物权的设立、变更、转让和消灭，经依法登记，发生效力；未经登记，不发生效力，但法律另有规定的除外。虽然买受人按照买卖合同支付了购房款，但由于尚未办理过户登记，该房屋的所有权并没有发生转移，买受人只享有合同债权。

第二，《继承法》第 2 条规定，继承从被继承人死亡时开始。由于出卖人的房屋所有权尚未发生转移，该房屋在出卖人去世时成为其个人遗产，其法定继承人依法有权继承该房屋。《物权法》第 29 条规定，因继承或者受遗赠取得物权的，自继承或者受遗赠开始时发生效力。依据《物权法》的规定，出卖人的法定继承人无须办理登记即依法直接取得了该房屋的财产所有权，成为新的所有权人。

第三，《合同法》第 130 条规定，买卖合同是出卖人转移标的物的所有权于买受人，买受人支付价款的合同。将房屋的所有权转移给买受人、配合办理过户登记手续，系出卖人的法定义务。出卖人在合同约定办理过户登记的期限之前去世，无法亲自完成办理过户登记的义务，那么按照买卖合同约定和合同法之规定，出卖人对买受人形成合同债务。

第四，由于房屋的所有权已经转为出卖人的法定继承人所有，法定继承人与买受人之间不存在买卖合同关系，是否转移房屋所有权是法定继承人的权利。在这种情况下，区分不同情形，买受人可以获得的权利完全不一样：①如果法定继承人也是出卖方之一的话，那么买受人要求继续履行合同于法有据，买受人可以实现合同目的；②如果买受人要求出卖人的法定继承人转移房屋所有权，而法定继承人愿意放弃所有权，继续替出卖人履行买卖合同义务，则属于对自己民事财产权利的处分，买受人可以实现买卖合同目的；③如果法定继承人不愿意转移房屋所有权，买受人享有的合同债权并不能优先于法定继承人取得的所有权，不能强制要求法定继承人转移房屋所有权，只能基于合同债权主张返还购房款及赔偿损失，而此主张相对于出卖人而言，则属于其生前的合同债务。

持合同应当继续履行观点的人士认为：

第一，买受人与出卖人就二手房买卖一事形成一致意思表示，签订了书面的房屋买卖合同，该合同从签订之时起产生法律效力，对双方具有法律约束力。双方应当依据合同约定，享有合同权利，承担合同义务，最终共同实现合同目的。

第二，出卖人在房屋买卖合同履行过程中，由于不可预测的因素，在合同没有履行完毕前死亡的，根据我国《继承法》第33条的规定，其继承人应当在继承的遗产范围内对被继承人的债务承担清偿的责任，清偿债务的范围以继承遗产的范围为限。那么，在房屋买卖合同中，出卖人死亡的，其继承人应当对原出卖人的合同义务予以承继，继续履行原合同，协助买受人办理过户手续，继承人依法享有继承房屋出卖款的权利。但是买受人应当承担继续给付尾款的责任。

在司法实践中，基于最大限度地保障不动产交易安全的考虑，结合法律规定，法院通常采纳第二种观点。这样，既尊重了出卖人生前订立房屋买卖合同时的真实意思表示，又保障了买受人的交易安全，从本案的判决来看，法院也是做出房屋买卖合同应继续履行的判决。

▌风险提示

为保障不动产交易活动的顺利完成，在此提示买受人在进行房屋交易时注意两方面内容：一是审慎购买。在购买房屋时对房屋产权情况审慎确认，不要过度依赖中介机构，宜在中介协助下，多与出卖人当面接触，核实出卖人身份、查看房产证、询问房屋产权情况等，确保房屋权属无误。二是缩短过程。鉴于当前不动产市场价格不断上涨的总体趋势，建议合同约定的履行期限不宜过长，在经济能力承受范围内，尽量缩短这个过程，防止发生出卖人反悔甚至出卖人死亡等不利于交易活动稳定性的情况。

▌法条依据

《继承法》

第 33 条：继承遗产应当清偿被继承人依法应当缴纳的税款和债务，缴纳税款和清偿债务以他的遗产实际价值为限。超过遗产实际价值部分，继承人自愿偿还的不在此限。

继承人放弃继承的，对被继承人依法应当缴纳的税款和债务可以不负偿还责任。

《北京市高级人民法院关于审理房屋买卖合同纠纷案件若干疑难问题的会议纪要》

第 18 条：出卖人在签订房屋买卖合同后死亡，买受人有权要求出卖人的继承人在继承遗产范围内继续履行合同债务，交付房屋并办理房屋过户登记。法院应当依据买受人的诉讼请求判决："出卖人的继承人协助买受人办理房屋过户登记手续"。

▌知识链接：在房屋买卖合同履行过程中，一方当事人死亡时的处理

（1）出卖人死亡的情况。出卖人在合同履行过程中，由于不可预测的因素，在合同没有履行完毕前死亡，比如房屋买卖合同，双方当事人在签订合同后，出卖人收取了定金和首付款，办理了网签，但是在办理过户并交付房屋前死亡的，合同应该如何履行？根据我国法律规定，出卖人死亡的，其继承人应当在继承的遗产范围内对被继承人的债务承担清偿的责任，清偿债务的范围以继承遗产的范围为限。

（2）买受人死亡的情况。在买卖合同履行过程中，买受人死亡的，买受人的继承人也应当承担继续履行的责任，理由如上。但是，有时候买受人的继承人没有履行能力，比如没有给付能力，那么这时候，双方的买卖合同应当解除，对于合同解除后的责任，应当由买受人的继承人在继承的遗产范围内承担。

第二节 遗产房问题

1. 房屋继承后，办理过户是否必须经过公证

▌案情介绍

原告卢建华和卢建伟、卢建红、卢建明系兄弟姐妹关系。第三人杨伏英和卢浩系卢建红的妻子和儿子。原告等人的父亲卢世佐在 1997 年 1 月 8 日去世时，名下留有一套房屋。原告父亲卢世佐去世后，该房屋一直由原告母亲张怀菊及卢建红一家居住。1999 年 5 月 19 日，原告等人的母亲张怀菊去世。1999 年 9 月份，卢建红以父母去世后其他兄弟姐妹放弃继承权为由向被告赣州市房产管理局提出申请，要求办理房屋产权转移登记。为此，卢建红向被告赣州市房产管理局提供了书面的继承证明书、放弃继承房产权利书三份。放弃继承房产权利书中记载了原告卢建华，第三人卢建明、卢建伟的签名。继承证明书、放弃继承房产权利书均由基层组织江西省赣州市汽车运输总公司居民委员会证明。被告受理后，下发赣房权证字第 1 号房屋所有权证，登记房屋所有权人为卢建红。后卢建红去世，被告于 2011 年 5 月 25 颁发了赣房权证字第 2 号房屋所有权证，登记房屋产权人为卢浩。

原告于 2011 年 7 月 28 日诉至法院，以自己放弃继承声明书的签字系伪造以及被告办理房产权属转移登记程序违法为由，请求法院依法判令撤销被告赣州市房产管理局颁发的上述两个房产证书。

江西省赣州市章贡区人民法院认为，被告赣州市房地产管理局虽要求申请人卢建红提供了继承证明书及放弃继承房产权利书等资料，但未尽行政主管部门的审查义务以及严格要求进行继承权公证的程序要求，程序违法。判决撤销上述两项房产证书。被告不服判决提起上诉。

江西省赣州市中级人民法院认为，1991 年司法部、建设部《关于房产登记管理中加强公证的联合通知》虽然规定继承房产转移登记应当持公证机关出具的继承权公证书，但比起效力更高的《房地产管理法》和《房屋登记办法》，并未明确规定继承房屋转移登记需要提交公证机关出具的继承公证书。卢建红申请继承房屋房产转移登记时，已提交由卢建华、卢建伟、卢建明签名的放弃继承房产权利书，并且附有基层组织对其签名真实性的证明及基层组织出具的继承证明书，房地产管理局据此作出继承转移登记，已履行其审慎审查义务，据此先后颁发两份协议并无不当。判决撤销原审判决，驳回卢建华的诉讼请求。

[（2012）赣行终字第13号，类似案例可参阅最高人民法院公报2014年第8期]

▌案例评析

本案涉及办理继承或者赠与房屋产权过程中，是否必须办理公证的法律问题。

司法实践中，鉴于继承公证证明效力的优越性，以及审查的便利性，对于涉及继承房产转移登记的办理，房地产管理部门习惯要求申请人在申请继承房产转移登记时，在提交申请人身份证明、房产证等材料的同时，提交公证部门出具的继承公证，否则通常会以当事人未办理"遗嘱继承权公证"为由，拒绝办理房屋产权登记。该做法的依据是1991年《司法部、建设部关于房产登记管理中加强公证的联合通知》（以下简称《通知》）的规定，即"遗嘱人死亡后，遗嘱受益人需持公证机关出具的'遗嘱公证书'或'接受遗赠公证书'以及房产所有权证、契证到房地产管理机关办理房产所有权登记手续"。

本案中，一审法院依据《通知》规定内容，认定1999年房地产管理局对争议房产进行转移登记未进行继承权公证违反法定程序，支持了原告请求被告房地产管理局撤销颁发房屋产权证的诉讼请求。但是经过分析不难发现，本案中虽然《通知》规定继承房产转移登记应当持公证机关出具的继承权公证书，但该《通知》属于规章以下的规范性文件，其位阶及效力低于《城市房地产管理法》《房屋登记办法》。《城市房地产管理法》《房屋登记办法》并未将继承公证作为继承房产转移登记的法定要件，《通知》规定的内容与上位法存在冲突，房地产管理部门不应将《通知》规定的内容作为房产转移登记的法定要件。卢建红申请继承房屋房产转移登记时，已提交由卢建华、卢建伟、卢建明签名的放弃继承房产权利书，并且附有基层组织对其签名真实性的证明及基层组织出具的继承证明书，房地产管理局据此作出继承转移登记，已履行其审慎审查义务，不存在过错，因此二审法院驳回卢建华撤销两份产权登记的诉讼请求是公正合法的。

本案判决发生在2012年，因此在房产继承是否必须办理公证的问题上具有一定的代表性，此后最高人民法院公报2014年第8期登载的陈爱华诉南京市江宁区住房和城乡建设局不履行房屋登记法定职责一案也对该问题予以认定，认为公证并非办理房产继承登记的法定要件。2016年7月5日，中华人民共和国司法部司法通［2016］63号文件正式发文废止了《司法部、建设部关于房产登记管理中加强公证的联合通知》，维护了法律的统一和稳定。

▌风险提示

继承公证不是办理房产继承登记的法定要件。根据 2016 年 1 月 1 日颁布的《不动产登记暂行条例实施细则》、1994 年《房地产管理法》第 60 条第 3 款、《房屋登记办法》第 33 条、《行政诉讼法》第 34 条的规定，只要申请人提交的证据能证实房屋因继承所有权发生转移，达到证明继承的目的即可，当事人提交的证据均属于继承证明。而继承公证仅仅是上述证明材料中的一种证据。只要申请人能够提供证明继承的相关证据，房地产管理部门就可以认定房屋因继承使其所有权发生转移，进而结合其他材料，办理继承房产转移登记。今后广大市民继承房产，具体来说有两种方法四种途径可以选择：

（一）遗嘱继承或遗赠

需要提供被继承人死亡证明、遗嘱、继承人与被继承人亲属关系证明等材料申请房屋过户登记。

（二）法定继承

具体又有三种路径：

1. "协商继承"。也即全部继承人之间如果能协商一致达成不动产分配协议的，可以提交被继承人死亡证明、全部法定继承人关于不动产分配的协议、继承人与被继承人的亲属关系证明以及其他必要的材料申请房屋过户登记。

2. "公证继承"。也就是被继承人死亡后，继承人申请继承公证，凭继承权公证书申请办理房屋过户登记。

3. "诉讼继承"。全部继承人之间如果不能协商一致或者无法取得继承权公证的，则需要到法院提起继承纠纷之诉，待法院判决、调解后，持法院出具的生效法律文书申请房屋过户登记。

此外，提醒准备将所继承房屋转卖的出卖人，房地产管理部门对继承证明主要审查以下内容：①继承人身份关系证明，其中包括继承人与被继承人的关系证明；②继承份额证明，是否有遗嘱，是否有继承权利人放弃房屋继承权等；③尽量要求所有继承人同时到场办理转移登记，不能到场的应出具授权委托书。

▌法条依据

《不动产登记暂行条例实施细则》

第 14 条：因继承、受遗赠取得不动产，当事人申请登记的，应当提交死亡证明材料、遗嘱或者全部法定继承人关于不动产分配的协议以及与被继承人的亲属关系材料等，也可以提交经公证的材料或者生效的法律文书。

《房屋登记办法》

第 33 条：申请房屋所有权转移登记，应当提交下列材料：

（一）登记申请书；

（二）申请人身份证明；

（三）房屋所有权证书或者房地产权证书；

（四）证明房屋所有权发生转移的材料；

（五）其他必要材料。

前款第（四）项材料，可以是买卖合同、互换合同、赠与合同、受遗赠证明、继承证明、分割协议、合并协议、人民法院或者仲裁委员会生效的法律文书，或者其他证明房屋所有权发生转移的材料。

《行政诉讼法》

第 33 条：证据包括：

（一）书证；

（二）物证；

（三）视听资料；

（四）电子数据；

（五）证人证言；

（六）当事人的陈述；

（七）鉴定意见；

（八）勘验笔录、现场笔录。

以上证据经法庭审查属实，才能作为定案的根据。

▌知识链接：继承取得的房屋是否需要登记

《物权法》第 29 条和第 31 条规定，"因继承或者受遗赠取得物权的，自继承或者受遗赠开始时发生效力"，"依照本法第 28 条至第 30 条规定享有不动产物权的，处分该物权时，依照法律规定需要办理登记的，未经登记，不发生物权效力"。由此可见，继承的物权自继承开始时发生效力。联系案例，卢建华依法取得对房屋的所有权，在其死亡时所有权就转移到其儿子卢浩手中，卢浩无须办理房屋过户登记手续。但是，值得注意的是，如果处分该不动产物权，比如案例中的卢浩转让其继承的房屋，如果不办理登记手续的话，是不产生物权效力的。也就是说，房屋所有权归卢浩，但如果其要转卖房产，必须办理登记。

我们知道，一般的买卖房屋是需要办理过户登记手续的，但是在下面一些特殊情况下，登记就变得有些多余了：

第一，《物权法》第 28 条所提到的因"公共权力"发生物权变动，如依法院的判决、政府的征收决定等，为什么这类物权变动不需要登记呢？其实道理很简单，法律之所以规定买卖房屋需要办理登记，就是因为登记能产生公示的效力，也就是使大家都明白究竟谁是房子的真正主人。而事实上，无论是法院的判决还是政府的征收决定，由于都是依强制机关的意志作出的，其强制力完全可以与登记相媲美，单凭这些行为就完全可以告知公众物权的归属情况了。既然其作用与登记"异曲同工"，如果再进行登记的话，就未免有"画蛇添足"之嫌了。

第二，《物权法》第 29 条所涉及的因"继承或受遗赠"而获得的物权和《物权法》第 30 条所提到的"合法建造、拆除房屋"，为什么这两类物权转移也无须办理登记呢？这两类物权的转移本来是应当办理登记的，但是根据这两类情形的法律关系的基本制度和原则，物权自行为成就时便自发的发生转移，如遗产的所有权在继开始时已经发生了转移，这些都是民法的基本传统。因此，《物权法》在此处便尊重了这些法律传统，作出了例外的规定。那么，对于这些情形下获得的物权就永远不需要办理登记了吗？如上所述，法律做出这种例外规定只是出于尊重法律传统或者行为本身就能产生公示效力，但是这种物权变动并不一定为社会所知，特别是因继承或遗赠而获得物权的情况。如果此时继承人或者受遗赠人已经开始在社会上处分，特别是房屋这类价值相对较高的财产，必然会给交易带来巨大的风险，因为也许继承或遗赠并未真正开始。针对这种情况，《物权法》第 31 条作出补充规定："依照本法第 28 条至第 30 条规定享有不动产物权的，处分该物权时，依照法律规定需要办理登记的，未经登记，不发生物权效力。"法律的这项规定，使一切相关的困惑都得以澄清了。因此，即使是合法继承或者受遗赠得来的房屋，在未办理相关登记手续时便将房屋转卖出去，只能说明双方存在合同上的债权债务关系，房屋的所有权不会发生转移。此时如果出现"一房二卖"的情形，那么只有依法办理登记的买受人才能成为房屋的真正主人。

2. 大哥去世后的房产，兄妹之间可否继承

▋案情介绍

赵家有兄弟姐妹 4 人，分别是赵一、赵二、赵三、赵四。1995 年其父亲赵某因工伤亡，母亲安某闻讯悲伤至极，终日以泪洗面。赵某生前单位为了照顾其儿女，遂聘用赵一作为单位员工继续在单位工作。1998 年赵一和裴某结婚时，单位给他们提供了一套公房居住。后来单位公房改革，赵一和安某遂购买了这

套房并登记在赵一名下。2001年赵一因疾病离开人世，但名下的这套房产一直没有变更登记。2007年，安某因病去世。2014年裴某想卖掉该套房产，但根据规定得先将这套房过户到自己名下才可出售。由于是从一个已故人名下将房产办理过户手续，房屋管理部门要求死者的全体继承人进行公证后才能办理。赵二认为，如果不是因为父亲单位照顾，大哥就不会在单位上班，更谈不上分到这套房子，三个儿女应该都有继承权；赵三认为赵二所言有理；赵四虽顾及和大嫂情分，但如果稀里糊涂放弃继承份额也不甘心。现裴某与兄妹三人因房屋的继承问题产生了分歧且已经与案外人签订了诉争房屋的买卖合同，因无法过户给买受人，无奈诉至法院。

诉讼中，赵二、赵三、赵四主张对房产享有继承权，不同意裴某出卖房屋，认为签订的买卖合同无效。

法院经过审理认为：裴某按照继承份额享有房屋2/3的权益，可以做出处分房产的决定，现赵二、赵三、赵四以其享有1/24的份额主张安某与他人所签房屋买卖合同无效的辩称不予支持。遂判决房产归安某所有，但应按照房屋价款给予其他继承人相应的份额。

▌案例评析

本案较为典型，涉及继承顺序及转继承相关知识的问题。按照逻辑顺序，我们需要明确以下问题：

（1）赵一留下的房屋是否全部属于遗产？所谓遗产，指被继承人死亡时遗留的个人所有财产和法律规定可以继承的其他财产权益。既然遗产是公民死亡时遗留的个人合法财产，那么，赵一的这套房屋是不是其个人财产？我们知道，该套房屋虽然是赵一单位的分房，但是在赵一婚后才共同购买并取得所有权的，所以，该份房产应认定为夫妻共同财产。既然是夫妻共同财产，就意味着并不是整套房屋都属于遗产。应先将属于大嫂裴某的份额分离出去，剩下的才是赵一的遗产。作为夫妻共同财产，一般在分割时各占二分之一份额。因此，属于赵一遗产的只有该房屋的二分之一。

（2）赵一的遗产谁享有继承权？按照法律规定，公民继承遗产有法定继承和遗嘱继承两种方式。赵一在死亡时没有留下遗嘱，就适用法定继承。法定继承，顾名思义，就是按照法律直接规定的继承人范围、继承顺序、遗产分配原则等进行财产继承的一种继承制度。在我国，法定继承人范围和继承顺序都是依据血缘关系的亲疏远近和婚姻关系来确定的，第一顺序继承人有配偶、子女、父母；第二顺序继承人有兄弟姐妹、祖父母、外祖父母，没有第一顺序继承人的，才由第二顺序继承人继承。这样规定的目的在于保持社会秩序的稳定，减少和避免继承争议和纠纷的发生。所以，赵一死亡时，第一顺序继承人，配偶裴某、母亲安某及赵一的孩子都健在，他们三人拥有对大哥遗产，即该套房屋1/2 份额的继承权。赵二、赵三、赵四作为第二顺位继承人，不享有继承权。因此，应该由赵一的妻子、孩子及母亲共同继承该房产的1/2，即赵一的妻子享有房屋 2/3 的份额，孩子及母亲分别享有 1/6 的份额。本案中由于赵一去世后，该房屋并没有及时进行分割，依然登记在大哥名下，所以母亲并没有实际取得该套房屋的 1/6 份额。

（3）母亲死亡后，对房屋的继承权是否同时消灭？依照法律规定，继承是在被继承人死亡时开始的，遗产的分割是指继承开始后，依法在数个继承人之间分配遗产，而使遗产实际归转各继承人所有的法律行为。对于遗产分割应当在继承开始后的什么时间内进行，我国《继承法》并没有做相应的规定，完全由继承人自行决定。正常情况下，赵一对房屋的产权应由其妻子、母亲、孩子继承。但问题在于，安某在分得继承份额前死亡，那是不是说，安某就不能享有房产份额了呢？

其实不然，根据我国法律规定，该部分还未来得及分割的份额应该由安某的子女继续继承。这种本应由安某继承但因为安某死亡转而由其子女代替继承的现象，我国法律称之为转继承，其含义是指继承人在继承开始后、遗产分割前死亡，其应继承的遗产转由他的合法继承人来继承。也就是说，赵家的四姐妹代替母亲安某来继承。回到本案，赵一的母亲死亡时该套房屋还登记在赵一的名下，即没有做任何分割，现在分割大哥的遗产时，母亲应该继承的份额就应转由她的合法继承人来继承，也即赵家的四兄妹来继承本属于母亲安某但还没来得及继承的份额。赵一、赵二、赵三、赵四可以平分属于其母亲的对于该份房产1/6 的份额，也即每人享有 1/24 的份额。

（4）赵一已经死亡，还能继承母亲的财产吗？我国法律还有一种制度叫代位继承，即被继承人的子女先于被继承人死亡时，由被继承人子女的晚辈直系血亲代替先死亡的长辈直系血亲继承被继承人遗产的一项法定继承制度。本案中由于赵一已经死亡，其享有的份额按照法律规定，可以由赵一的孩子代为继承。也即赵一的孩子可代替其父亲继承祖母的遗产。此时，赵一的孩子在 1/6的基础上，又继承到 1/24 的份额。

（5）大嫂转卖房产与他人签订的房屋买卖合同是否有效？本案中，大嫂对继承房产享有 2/3 的份额，按照《物权法》第 97 条规定，"处分共有的不动产或者动产以及对共有的不动产或者动产作重大修缮的，应当经占份额 2/3 以上的按份共有人或者全体共同共有人同意，但共有人之间另有约定的除外"。大嫂依据其享有的份额，是可以对房产出售享有决定权的，因此可以出卖房屋，与他人所签的房屋买卖合同是有效的。但问题在于，过户时需要其他权利人的同意。现赵二、赵三、赵四分别拥有房屋 1/24 的权利，如若现其三人既不同意出卖也不同意放弃继承份额，大嫂可利用法律武器维护自身的合法权益。

▍风险提示

继承房产具有一定的特殊性，如果受继承人想要转卖继承所得的房产，必须先完成过户事宜。按照我国法律规定，须其他继承人都明确表示放弃继承权，这通常需要通过公证的方式进行。如对此无法达成一致，还需要通过法院诉讼，由法院就继承问题作出判决。2016 年 7 月 5 日中华人民共和国司法部［2016］63 号文件正式废止了《司法部、建设部关于房产登记管理中加强公证的联合通知》，认为公证并非办理房产继承登记的法定要件。但是司法实践中，很多情况下，由于很多当事人生前未立下遗嘱，去世后也没有及时办理继承事宜，导致涉及的继承人数增加，加大了办理继承的难度，这点值得大家留意和预先作好处理。

▍法条依据

《继承法》

第 10 条：法定继承中，遗产按照下列顺序继承：

第一顺序：配偶、子女、父母。

第二顺序：兄弟姐妹、祖父母、外祖父母。

继承开始后，由第一顺序继承人继承，第二顺序继承人不继承。没有第一顺序继承人继承的，由第二顺序继承人继承。

本法所说的子女，包括婚生子女、非婚生子女、养子女和有扶养关系的继子女。

本法所说的父母，包括生父母、养父母和有扶养关系的继父母。

本法所说的兄弟姐妹，包括同父母的兄弟姐妹、同父异母或者同母异父的兄弟姐妹、养兄弟姐妹、有扶养关系的继兄弟姐妹。

《最高人民法院关于贯彻执行〈中华人民共和国继承法〉若干问题的意见》

第 52 条：继承开始后，继承人没有表示放弃继承，并于遗产分割前死亡的，其继承遗产的权利转移给他的合法继承人。

《物权法》

第 94 条：按份共有人对共有的不动产或者动产按照其份额享有所有权。

第 96 条：共有人按照约定管理共有的不动产或者动产；没有约定或者约定不明确的，各共有人都有管理的权利和义务。

第 97 条：处分共有的不动产或者动产以及对共有的不动产或者动产作重大修缮的，应当经占份额三分之二以上的按份共有人或者全体共同共有人同意，但共有人之间另有约定的除外。

第 99 条：共有人约定不得分割共有的不动产或者动产，以维持共有关系的，应当按照约定，但共有人有重大理由需要分割的，可以请求分割；没有约定或者约定不明确的，按份共有人可以随时请求分割，共同共有人在共有的基础丧失或者有重大理由需要分割时可以请求分割。因分割对其他共有人造成损害的，应当给予赔偿。

第 100 条：共有人可以协商确定分割方式。达不成协议，共有的不动产或者动产可以分割并且不会因分割减损价值的，应当对实物予以分割；难以分割或者因分割会减损价值的，应当对折价或者拍卖、变卖取得的价款予以分割。

共有人分割所得的不动产或者动产有瑕疵的，其他共有人应当分担损失。

第 101 条：按份共有人可以转让其享有的共有的不动产或者动产份额。其他共有人在同等条件下享有优先购买的权利。

▌知识链接：继承房产中的代位继承和转继承

很多人对代位继承和转继承较为陌生，发生纠纷时通常一头雾水，因此有必要就代位继承和转继承的区别向读者进行介绍。

（1）基本概念不同。代位继承是和本位继承相对应的一种继承制度，是法定继承的一种特殊情况，它是指被继承人的子女先于被继承人死亡时，由被继承人子女的晚辈直系血亲代替先死亡的长辈直系血亲继承被继承人遗产的一项法定继承制度。先于被继承人死亡的继承人，称被代位继承人，简称被代位人。代替被代位人继承遗产的人称代位继承人，简称代位人。代位人代替被代位人继承遗产的权利，叫代位继承权。转继承，是指继承人在继承开始后实际接受遗产前死亡，该继承人的法定继承人代其实际接受其有权继承的遗产。转继承人就是实际接受遗产的死亡继承人的继承人。

（2）继承人死亡的时间不同。代位继承是被继承人的继承人先于被继承人死亡或与被继承人同时死亡；转继承是被继承人的继承人在继承活动开始之后，遗产处理之前死亡。

（3）继承的内容不同。代位继承是继承人的子女直接参与对被继承人遗产的分割，与其他有继承权的人共同参与继承活动；转继承的继承只能对其法定继承人应继承的遗产进行分割，不能与被继承人的其他合法继承人共同分割被继承人的遗产。

（4）性质不同。转继承是在第一次继承基础上的再次继承，如爷爷死亡后，父亲还来不及得到该继承的遗产就去世的，由孙子来继承父亲从爷爷那里继承来（还未分配到手）的遗产；代位继承是直接由继承人的晚辈直系血亲继承被继承人的遗产。

（5）继承人的范围不同。代位继承只能发生与被继承人有直系血亲或拟制血亲关系的子女范围内，如子女、孙子女、外孙子女，且不受辈分限制，均可成为代位继承人；转继承人却不限于有直系血亲或拟制血亲的子女、孙子女、外孙子女范围内，由于转继承是继承继承人的遗产，因此，作为第一顺序继承人的子女、配偶、父母也都有继承权。

（6）法定事由不同。转继承既可以是法定继承，也可是遗嘱继承；代位继承只发生在法定继承中。

第八章

二手房买卖涉承租人法律问题

1. 承租人以侵犯优先购买权为由主张房屋买卖合同无效的处理

▌案情介绍

2007年8月14日，原告陈某与被告蔡某签订房屋租赁合同，约定陈某承租厦门市思明区凤屿路118号房产，租赁期为4年5个月又18天（即自2007年8月14日至2012年2月5日）。2011年1月28日，蔡某在未通知陈某的情况下将房屋转卖何某等四人并完成过户登记。陈某认为蔡某在租赁期间未经过其同意将房屋转卖何某的行为侵害了其优先购买权且何某等四人明知房屋在承租期内仍购买存在恶意，主张蔡某与何某之间签订的关于厦门市思明区凤屿路118号05室的厦门市房地产买卖合同无效。

庭审中，被告认为其与何某之间的房屋买卖是正常交易行为，交易行为对陈某不存在恶意且讼争房产已办理登记手续，陈某主张优先购买权于法无据。

厦门市思明区人民法院经过审理认为，承租人的优先购买权和善意第三人的合法权益均受法律保护。被告蔡某与被告何某等人之间签订的厦门市房地产买卖合同系双方真实意思表示，内容与法不悖，属合法有效。该房屋买卖合同已实际履行，并已办理了登记过户手续，陈某作为讼争房的承租人，请求确认被告之间签订的厦门市房地产买卖合同无效，该请求与司法解释相关规定相悖，本院不予支持。同时，原告亦无证据证明被告之间关于讼争房的交易存在明显低于市场交易的价格等恶意行为，应认定何某属善意的第三人，原告请求确认对讼争房享有优先购买权，并确认原告与被告蔡某建立以被告之间签订的厦门市房地产买卖合同内容为准的房屋买卖合同关系，缺乏法律依据，不予支持。

[（2011）思民初字第4870号]

▌案例评析

本案中，陈某作为房屋的承租人，享有法律所规定的优先购买权。蔡某在出卖房屋时，应提前通知陈某想要出卖房屋的事实，并询问陈某是否有购买房屋的意愿。蔡某在未通知陈某的情况下将房屋转卖何某等四人并完成过户登记的行为侵犯了陈某作为承租人的优先购买权利。本案中，房屋买受人何某属于善意第三人，陈某有权请求蔡某承担相应的赔偿责任，但无权据此请求确认蔡某与何某之间的房屋买卖合同无效。

▌风险提示

提醒广大二手房承租人，在出租人出卖租赁房屋侵害优先购买权时，作为承租人完全可以请求出租人承担相应的赔偿责任，但不可以此为依据，请求确认出租人与第三人签订的房屋买卖合同无效。

▌法条依据

《合同法》

第 44 条：依法成立的合同，自成立时生效。法律、行政法规规定应当办理批准、登记等手续生效的，依照其规定。

《最高人民法院关于审理城镇房屋租赁合同纠纷案件具体应用法律若干问题的解释》

第 21 条：出租人出卖租赁房屋未在合理期限内通知承租人或者存在其他侵害承租人优先购买权情形，承租人请求出租人承担赔偿责任的，人民法院应予支持。但请求确认出租人与第三人签订的房屋买卖合同无效的，人民法院不予支持。

第 24 条：具有下列情形之一，承租人主张优先购买房屋的，人民法院不予支持：

（一）房屋共有人行使优先购买权的；

（二）出租人将房屋出卖给近亲属，包括配偶、父母、子女、兄弟姐妹、祖父母、外祖父母、孙子女、外孙子女的；

（三）出租人履行通知义务后，承租人在十五日内未明确表示购买的；

（四）第三人善意购买租赁房屋并已经办理登记手续的。

《中华人民共和国民事诉讼法》

第 64 条第 1 款：当事人对自己提出的主张，有责任提供证据。

▌知识链接：承租人的优先购买权的法律适用

承租人的优先购买权是指，根据合同法的规定，出租人在出卖租赁房屋之时，承租人对所租赁的房屋有优先购买权。

行使该优先购买权的条件是：承租人在同等条件下有优先购买权，同等条件首要是指购买价格相同，当然也包括其他条件，比如支付时间、支付方式等。例如，承租人之外的人在与承租人出价相同的情况下，如承租人要购买，其他人就不能购买；如其他人出价更高，承租人不愿意以该价格购买，承租人就无权要求必须卖给他。优先权利不是义务，不是必须出价购买。考虑到买卖往往有讨价还价过程，双方应保留议价过程文件。出租人应在出卖租赁房屋之前的合理期间内通知承租人。该合理期间应根据具体情况确定，毕竟买房是件大事，买方要筹款等，因此此合理期间不宜过短，一般不应少于两周。承租人在15日内未明确表示购买的，即视为放弃优先购买权。为谨慎起见，减少日后不必要的争议，出租人在通知承租人时应采用书面方式，承租人在通知上签字、签日期，出租人保留一份。

根据最高人民法院的相关司法解释，出租人出卖租赁房屋未在合理期限内通知承租人或者存在其他侵害承租人优先购买权的情形，承租人请求出租人承担赔偿责任的，法院应予支持。但请求确认出租人与第三人签订的房屋买卖合同无效的，法院不予支持。

具有下列情形之一，承租人主张优先购买房屋的，法院不予支持：①房屋共有人行使优先购买权的；②出租人将房屋出卖给近亲属，包括配偶、父母、子女、兄弟姐妹、祖父母、外祖父母、孙子女、外孙子女的；③第三人善意购买租赁房屋并已经办理登记手续的。

2. 承租人和其他共有人都主张优先购买权时怎么处理

▌案情介绍

2012年5月，孙某与李某各出资50万元共同购买120平方米的店面房一间。当年8月，两人将该房出租给王某开办超市，约定月租金为5000元，租期为6年。在该房屋被王某租赁期间，房主之一的孙某因车祸身受重伤，住院花光了全部积蓄，还向李某借了25万元。出院后，孙某决定卖出属于自己的一半店面房，李某表示愿意购买，孙某因感念李某对自己的支持与帮助，也表示愿以低于市场的价格卖给李某。得知此事的承租人王某也表示愿意购买该店面，后孙某将店面卖给了李某。王某得知该情况后，以孙某侵犯其优先购买权为由诉至法院，要求法院确认孙某与李某之间的房屋买卖关系无效。孙某辩称：该房产系自己和李某的共有财产，李某同样享有优先购买权，自己将店面卖给李某合法。法院最终驳回了王某的诉讼请求。

▌案例评析

该案件主要涉及承租人与共有人优先购买权竞合的问题。

首先，从法律性质上说，承租人主张的优先购买权是基于租赁权，而租赁权本质上是一种债权，虽然法律赋予了租赁权一定的类似于物权的效力，如"买卖不破租赁"，但并不能从根本上改变其债权的性质。而共有人主张的优先购买权是基于共有权。共有权是一种物权，按照我国民法原理，当物权与债权同时并存时，物权的效力要优于债权。

其次，从立法目的上看，共有人的优先购买权为共有权所包含，它是为了保护共有人的财产而设立的。而承租人的优先购买权则是为了稳定租赁关系，设立承租人优先购买权的目的也可以通过"买卖不破租赁"的原则来实现。因此，即使承租人不享有优先购买权，其租赁权仍然能够得到保护。但如果共有人不享有优先购买权，其权利则难以获得其他规则的保护。

因此，李某作为共有人所享有的优先购买权优先于王某作为承租人所享有的优先购买权。法院最终判决驳回王某的诉讼请求的做法是公正合法的。

▌风险提示

优先购买权是指公民或法人在特定的买卖中，在同等条件下，依法享有优先于其他人购买出卖人财产的权利。该权利的根本是在同等条件下购买顺序上的优先，体现的是一种期待利益。当二者发生冲突时，共有人的优先购买权优先于承租人的优先购买权。

▌法条依据

《最高人民法院关于审理城镇房屋租赁合同纠纷案件具体应用法律若干问题的解释》

第24条：具有下列情形之一，承租人主张优先购买房屋的，人民法院不予支持：

（一）房屋共有人行使优先购买权的；

（二）出租人将房屋出卖给近亲属，包括配偶、父母、子女、兄弟姐妹、祖父母、外祖父母、孙子女、外孙子女的；

（三）出租人履行通知义务后，承租人在十五日内未明确表示购买的；

（四）第三人善意购买租赁房屋并已经办理登记手续的。

▌知识链接：共有人的优先购买权优先于承租人的优先购买权的法理依据

在房屋买卖关系中，我国现行立法规定的优先购买权主要有两种，即房屋共有人的优先购买权和房屋承租人的优先购买权。两者区别如下：首先，两者的法律性质不同。承租人的优先购买权来源于租赁合同关系，属于债权范畴；而共有人的优先购买权则来源于共有权，属于物权范畴。其次，两者的权利客体不同。通过上述法规规定可知：承租人的优先购买权的权利客体是"房屋"；而共有人优先购买权的客体是"份额"。再次，两者的实现条件不同。除"同等条件"这一相同要件外，共有人的优先购买权可由其自行处分；而承租人若想获得优先购买权，则须全体共有人同意。最后，两者的立法目的不同。法律设立共有人优先购买权的直接目的是为了维护共有人财产本身的安全；而设立承租人的优先购买权则是为了稳定租赁关系，保护交易秩序。

在司法实践中，大多数人认为：共有人的优先购买权与承租人的优先购买权在某些情况下会产生竞合，依据物权优先原则，共有人的优先购买权优于承租人的优先购买权。笔者认为：两种优先购买权的竞合情形是存在的，但是，只要存在共有人的优先购买权，承租人的优先购买权就不可能发生和实现。其理由为：第一，两者的买卖对象完全不同。一个是"份额"，另一个是"房屋"。而"份额"和"房屋"指向的对象分别是房屋的部分和整体，二者本身存在对立。第二，共有人的优先购买权处分的是自己的份额，而承租人的优先购买权有一个隐含的前提，即经"全体共有人同意"。所以说，只要存在共有人购买"份额"的情形，承租人对共有房屋行使优先购买权的前提条件就无法实现，承租人的优先购买权之说也就无从谈起。2009 年 6 月 22 日由最高人民法院审判委员会第 1469 次会议通过的《关于审理城镇房屋租赁合同纠纷案件具体应用法律若干问题的解释》第 24 条明确规定，房屋共有人的优先购买权优先于承租人的优先购买权。

3. 侵犯承租人优先购买权，赔偿数额不可漫天要价

▌案情介绍

2003 年 9 月 30 日，经徐某同意，夏某租赁了徐某所有的坐落于奉化市溪口镇桃源路 1 号房屋，租赁期限到 2011 年 9 月 30 日。2009 年 5 月 23 日，双方租赁期限未届满前提下，又签订了一份房屋续租协议，约定将房屋租赁期限延长

到 2014 年 9 月 30 日。2010 年 3 月 4 日，徐某在未通知夏某的情况下，将本案所涉房产出卖他人并办理了产权过户手续。现新房主要求夏某腾退房屋。夏某无奈将徐某诉至法院，请求判令徐某赔偿损失折合人民币 44 万元。

浙江省宁波市中级人民法院经过审理认为：夏某经徐某同意租赁了其所有的房产并签订了房屋租赁合同，应认定双方之间的房屋租赁合同系真实意思表示，是合法有效的。原告因被告未在合理期限内通知出卖租赁房屋而造成的经济损失应以其受到的实际损失为基数来酌情核定。被告出卖租赁房屋的行为，虽然侵害了两原告的承租人优先购买权，但原告夏某并未遭受实际损失。故对两原告要求被告支付各类经济损失至少 44 万元的诉讼请求，理由证据不足，不予支持。[（2011）浙甬民二终字第 314 号]

▌案例评析

本案中，徐某未在合理期限内通知夏某房屋出卖的事实侵犯了夏某作为承租人的优先购买权，但是根据本案情况，夏某并没有证据证明其因此遭受实际的财产损失。按照法律规定，夏某因徐某未在合理期限内通知出卖租赁房屋而造成的经济损失应以其受到的实际损失为基数来酌情核定。徐某出卖租赁房屋的行为，虽然侵害了夏某的承租人优先购买权，但原告夏某并未遭受实际损失，法院因此判决驳回了其 44 万元的诉讼请求。

▌风险提示

再次提醒广大二手房承租人，必须做好另外寻租多支付的费用、搬家的费用、购买其他不动产超过行使优先购买权购买的价格差额等相关损失证据的留存，以便日后维权所用，因为一旦涉诉，是要靠证据说话的。

▌法条依据

《合同法》

第 230 条：出租人出卖租赁房屋的，应当在出卖之前的合理期限内通知承租人，承租人享有以同等条件优先购买的权利。

《最高人民法院关于审理城镇房屋租赁合同纠纷案件具体应用法律若干问题的解释》

第 21 条：出租人出卖租赁房屋未在合理期限内通知承租人或者存在其他侵害承租人优先购买权情形，承租人请求出租人承担赔偿责任的，人民法院应予支持。

▌知识链接：因承租人优先购买权受到侵害的赔偿范围有哪些

承租人优先购买权是当今世界各国普遍确立的一项民事法律制度。《合同法》第230条规定："出租人出卖租赁房屋的，应当在出卖之前的合理期限内通知承租人，承租人享有以同等条件优先购买的权利。"据此规定，承租人优先购买权是指承租人基于租赁合同，在出租人出卖租赁物时，在同等条件下可优先于其他人购买的权利。

法律实务中，出租人侵害承租人优先购买权，应赔偿承租人的损失包括以下几个方面：

（1）直接损失，主要是指承租人为了行使优先购买权或要求出租人承担赔偿责任而支出的费用。如承租人为确定出租人是否出卖房屋进行的调查取证费用，为确定房屋价格而发生的鉴定费用，为与出租人交涉而产生的费用等。

（2）间接损失，主要是指房屋价差损失。具体分为以下几种情况：①出租人按市场价出卖房屋给第三人，但出卖房屋时的市场价格较低，而承租人要求赔偿时的市场价较高，这时承租人有权要求出租人赔偿两者的价差损失；②房屋市场价格维持不变，出租人以低于市场价的价格出售给了第三人，此时承租人有权要求出租人赔偿市场价与交易价之间的价差损失；③交易的价格高于承租人请求出租人赔偿时的市场价的，此时对承租人而言不存在价差损失。对于价差损失的赔偿，可参照以下方式：双方协商确定的，从其约定；无法协商的，原则上可比照最相类似房屋的市场成交价与买卖合同成交价之差确定房屋涨跌损失；无最相类似房屋比照的，可通过专业机构评估确定房屋涨跌损失。认定损失的时间点应从保护承租人的利益出发，以承租人的请求为基础，租赁合同终止之日、房屋过户登记之日以及审理中房屋的涨跌情况等，合理确定。另外还需注意：房屋转让和登记过程中，必然会产生各种税金和登记费用，这些费用无论由出租人承担还是由第三人承担，均应从价差损失中予以扣除；现实交易中经常出现真实交易价格与在房地产登记部门备案的合同交易价格不一致的情况，此时应根据真实交易价格来确定，而不能依据备案合同的交易价格基准来计算价差损失。

（3）附带损失。这里是指，在租赁期满后承租人另行租赁房屋所产生的相关费用。对此，应分情况而定，如果承租人已得到了房屋价差损失赔偿，此时租金若上涨了，一般不应给予租金价差的赔偿，因为此时承租人已经实现了房屋价差的损失，而租金来源于取得房屋所得到的收益，此时承租人已经确定地不能再取得房屋，当然不能要求赔偿因取得房屋所产生的收益；如果承租人没有获得房屋价差赔偿，而此时租金若上涨的，从平衡双方利益的角度考虑，出租人应适当地赔偿承租人的租金价差损失。

（4）不予赔偿部分。在租赁期满后，承租人另行购买房屋的相关费用不在赔偿范围之内。因为，即使承租人实现了优先购买权，承租人在购买房屋并进行转移登记的过程中，也必然会产生交易成本，所以不存在承租人新增损失的问题。

4. 侵犯承租人优先购买权及赔偿标准之认定

▌案情介绍

2008 年 3 月，原、被告签订上海市房屋租赁合同，约定被告将系争商铺 326.01 平方米出租给原告办公使用，租赁期限自 2008 年 3 月 8 日至 2013 年 3 月 8 日止；月租金为人民币（以下币种均为人民币）21 816 元，租金 3 年内不变，第 4 年起双方可协商对租金进行调整，有关调整事宜由双方在补充条款中约定；支付租金方式为支票或转账，被告出具正规发票；保证金为 21 816 元；合同第 8 条第（4）项约定，在租赁期内，被告如需出售该房屋，应提前三个月通知原告，原告在同等条件下有优先购买权。

2009 年 5 月 11 日，被告与第三人签订备忘录，内容主要为："第三人以总价 26 584 308 元购买系争商铺及政本路商铺，由于第三人资金原因，先支付 5 150 958 元与被告签订上海市商品房出售合同，并支付 120 万元定金。另政本路 115 - 117 号商场在九个月内以每平方米 15 000 元的价格再与被告签订上海市商品房出售合同。若第三人在九个月内未与被告签订上海市商品房出售合同，则 120 万元定金没收。"2009 年 5 月 13 日，被告与第三人就系争商铺签订上海市商品房出售合同，约定：合同单价 15 800 元，总价 5 150 958 元。在合同附件一"付款时间和付款方式"中仅约定，付款方式：一次性付款，不贷款；第三人于 2009 年 5 月 13 日与被告签约，并付首付款 100 万元。为证明备忘录履行情况，被告提交银行转账支付证明若干，认可第三人为购买两处商铺已支付约 1280 万元，同时表示因本案诉讼争议，被告与第三人尚未就政本路商铺签订房屋买卖合同，政本路商铺 1 - 3 层商场产权仍属被告。

2009 年 5 月 19 日，第三人登记成为系争商铺产权人。诉讼中，中国人民解放军南京军区空军军队干部住房发展中心上海办事处向法院表示作为系争房屋共有人，放弃主张优先购买权。为了解系争商铺价格情况，法院向上海中原物业顾问有限公司、上海鼎族房地产经纪有限公司征询 2009 年 5 月及 2011 年 3 月的价格，结论为 2009 年 5 月价格约为 2.8 ~ 2.9 万元/平方米，2011 年 3 月价格约为 3.4~3.5 万元/平方米。2011 年 4 月 13 日，法院与系争商铺和政本路商铺所在东方家园物业联系，物业工作人员表示东方家园沿街商铺由于地段因素，一直很难出售，系争商铺在 2009 年 5 月左右的市场价约为 2.2 万元/平方米，但要综合地段、人气因素的话很难卖掉。现原告认为被告未按租赁合同约定，提前三个月征询对系争商铺的买受意见，构成违约，故诉至法院。

原告远大教育公司诉称：原、被告曾于 2008 年 3 月就国顺路 126-3 号店铺房屋（以下简称系争商铺）订立租赁合同，约定原告承租该处 326.01 平方米房屋，租赁期限自 2008 年 3 月 8 日至 2013 年 3 月 8 日。同时，合同约定，在租赁期内，被告如需出售该房屋，应提前三个月通知原告，原告在同等条件下有优先购买权。租赁合同订立后，双方按约履行。2009 年 7 月，被告告知原告，被告已将房屋出售给第三人，以后的房租由新的产权人（即第三人）收取。原告当即提出异议。2009 年 9 月，原告从第三人处取得产权证复印件，明确获知房产已经转让。现原告认为被告未提前三个月向原告征询对系争商铺的买受意见，侵害了原告的优先购买权，故请求判令被告赔偿其出售给第三人的房价与审理中法院评估房价现值的差价及 2009 年 7 月至判决日止的租金损失。

被告泰润房产公司辩称：不同意原告诉讼请求。被告曾在出售前口头通知原告欲出售系争商铺和政本路 115-117 号商场（以下简称政本路商铺）事宜，但原告表示不愿意购买，被告才与第三人签订备忘录，将系争商铺和政本路商铺两处打包出售给第三人，因原告在 2009 年 7 月三方开协调会之前知道系争房屋出售情况后未提出异议，所以被告没有侵犯原告的优先购买权。关于房屋出售价格，虽然系争商铺买卖合同的单价定为人民币（以下币种均为人民币）15 800 元、总价 515 万元，但按系争商铺与政本路商铺统算，合同单价为 2 万元。

第三人严琴伟述称：被告与第三人在 2009 年 4 月已经就房屋买卖进行协商，于 2009 年 5 月 11 日达成协议，即打包购买两处商铺，捆绑总价 26 584 308 元，2009 年 5 月 13 日先就系争商铺签订买卖合同，为了避税、贷款方便才把总价写成 515 万元，而政本路商铺因资金问题约定于 2009 年底签订买卖合同，且第三人也如约支付了部分款项，故第三人是将系争商铺和政本路商铺打包购买，实际交易均价为 2 万元/平方米。2009 年 7 月，三方开过协调会，明确房屋转让条件、价格，原告当场表示不购买，故原告已经放弃优先购买权，不存在损失。

法院经审理后认为：被告未按合同约定，在出售前三个月就出售价格向原告履行通知征询义务，侵害了原告在同等条件下享有的优先购买权。原告的房屋差价损失应以争议时系争商铺可能交易发生的价格与被告真实售价的差额作为依据。判决被告上海泰润房地产开发有限公司应于本判决生效之日起十日内赔偿原告上海远大学习广场教育科技有限公司经济损失人民币652 020元；关于原告主张剩余租期的租金，从维护既有的房屋利用关系而言，"买卖不破租赁"，故租赁房屋的出售并不破坏房屋已有的租赁关系，对承租人而言，承租期限的维护是主要目的，是否取得租赁物的所有权并不包含在其预期之内。故原告要求赔偿剩余租期的租金损失之请求，法院不予支持。[（2009）杨民四（民）初字第3177号]

▌案例评析

本案在法庭审理阶段主要存在两个争议焦点，①被告是否履行合同约定的通知义务，乃至是否违约侵犯原告优先购买权；②如确认被告侵犯原告优先购买权，应以何种标准衡量原告的损失。

关于焦点一：租赁合同约定，"在租赁期内，被告如需出售该房屋，应提前三个月通知原告，原告在同等条件下有优先购买权"。故考察被告是否侵犯原告优先购买权，关键在于"提前三个月通知"及"同等条件"两个衡量标准。根据查明的事实，被告仅提供员工证明，在2009年3～4月间口头征询过原告意见，原告不予认可，且根据合同约定，被告应于出售前三个月通知，但被告有确切证据证明的询问均发生在系争商铺产权交易过户之后，故即使存在口头通知，被告仍违反了合同约定，对被告主张出售前履行了通知义务，法院不予采信。至于被告认为原告曾在系争商铺过户给第三人后，要求出具发票，以此主张原告接受房屋另行出售的事实，并放弃了优先购买权。对此，法院认为：首先，被告未对此事实提供证据证明，之后三方对2009年7月协调会的内容也说法不一，不能得出被告主张的结论；其次，即使原告曾准备接受第三人的租金发票，也只能认为原告在该时段得知被告与第三人另行出售系争商铺的事实，不能等同于被告出售前尽到通知义务，及出售后原告放弃主张优先购买权，且事实上，原告也在知晓房屋出售的事实后即提出了要求损失赔偿的诉讼，并未放弃主张。

关于被告诉讼中同意给予原告再次购买的机会，是否可免除被告责任的问题，涉及对"优先购买权"中"同等条件"的理解。审理中，被告提出原告可以按照2万元/平方米的均价购买系争商铺和政本路商铺，总价为2658.4308万元，对合同定价和首付款条件也提出要求。原告则表示只愿意按照系争商铺合同价1.58万元/平方米的条件购买。双方就购买条件未能达成一致。鉴于被告与第三人就政本路商铺并未签订房屋买卖合同，房屋也未交付使用及登记过户；

且，系争商铺和政本路商铺虽同属东方家园小区，但两处商铺的地理位置、经营内容没有关联性，不能认为必须整体出售，故被告认为给予原告"同等条件"再次购买的机会，法院难以采信。按照前述观点，被告未按合同约定，在出售前三个月就出售价格向原告履行通知征询义务，侵害了原告在同等条件下享有的优先购买权。

关于焦点二：确定损失标准，首先要确定承租人优先购买权的性质。根据法律规定的原意，优先购买权的设立，追求的主要是生存和安全价值，是对一种基本社会秩序的维护，而不是对出卖人所有权的限制。对优先购买权人而言，该项权利意味着购买机会上的优遇和排斥他人取得特定标的物所有权的保障，并不意味着购买条件上的优惠。根据相关规定，当承租人优先购买权受到侵害，要求出租人承担相应的赔偿责任时，要提供相应的证据，以证明存在实际损害的要件事实。因被告未曾在出售前以同等条件征询原告，故原告丧失了交易机会，因此，从理性的商事交易目的分析，原告诉讼主张房屋差价作为损失，可以支持，但应对确定房屋差价的计算依据作出认定。综合原、被告意见，价格标准存在系争商铺合同价1.58万元/平方米、被告与第三人确认的买卖真实价2万元/平方米、物业经理陈述的2.2万元/平方米、询价结果2009年5月2.8～2.9万元/平方米和2011年3月3.4～3.5万元/平方米。上述价格中，根据系争商铺的交易时间、地理位置等市场因素，以及物业反映的情况和询价结果，合同价明显不能反映真实交易价格，不应作为交易条件考虑。根据庭审查明，系争商铺出售于2009年5月中旬，原告确认于2009年7月初知晓出售，时间间隔短，市场价格变化不大，而在2009年7月时，第三人付出的房款已远超过系争商铺房价，故政本路商铺虽未签订买卖合同和办理过户，但被告与第三人陈述的因两处出售，故售价低于市场价是可以采信的，应以2万元/平方米作为交易价格。至于原告购买系争商铺，作为房屋买卖市场中的买受人之一，其所得到的交易价格只可能是市场价，因为被告准备两处出售的原因而给予第三人较优惠价格，该特殊原因应以金钱折合加入价格中，否则必然造成对被告所有权的侵害。关于市场价的认定，应对房屋的价值有直观的认识，单对房屋价格作出认定不能等同于原告可买受的价格，地段、人气因素都是商铺买卖需考虑的问题，故物业所反映的价格综合了系争商铺价值和可交易价格的情况。

本案中，法院考虑全案实际情况，认定原告的房屋差价损失应以争议时系争商铺可能交易发生的价格与被告真实售价的差额作为依据的做法是公正合法的。

▎风险提示

出租人侵害承租人优先购买权的，应当承担赔偿责任。承租人请求损害赔偿时，应以争议发生时系争房屋市场价格与房屋实际售价间的差额作为赔偿基准。承租人在发生此类纠纷时应恰当选择诉讼请求，以避免因请求不合理而面临败诉的风险。

▎法条依据

《合同法》

第 60 条：当事人应当按照约定全面履行自己的义务。

当事人应当遵循诚实信用原则，根据合同的性质、目的和交易习惯履行通知、协助、保密等义务。

第 107 条：当事人一方不履行合同义务或者履行合同义务不符合约定的，应当承担继续履行、采取补救措施或者赔偿损失等违约责任。

第 232 条：当事人对租赁期限没有约定或者约定不明确，依照本法第六十一条的规定仍不能确定的，视为不定期租赁。当事人可以随时解除合同，但出租人解除合同应当在合理期限之前通知承租人。

▎知识链接：因房屋租赁而发生的装饰装修处理办法

司法实践中，大部分租户都会添置物品或对承租方进行装饰装修，当租赁关系终止时，对于装饰装修发生费用的处理，通常按照以下规则处理：

（一）租赁合同无效时，装饰装修如何处理

1. 承租人经出租人同意装饰装修，未形成附合的装饰装修物：

（1）出租人同意利用的，可折价归出租人所有；

（2）不同意利用的，可由承租人拆除。因拆除造成房屋毁损的，承租人应当恢复原状。

2. 承租人经出租人同意装饰装修，已形成附合的装饰装修物：

（1）出租人同意利用的，可折价归出租人所有；

（2）不同意利用的，由双方各自按照导致合同无效的过错分担现值损失。

（二）租赁期间届满时，装饰装修如何处理

1. 承租人经出租人同意装饰装修，租赁期间届满时，未形成附合的装饰装修物可由承租人拆除。因拆除造成房屋毁损的，承租人应当恢复原状。承租人经出租人同意装饰装修，租赁期间届满时，承租人不得请求出租人补偿附合装饰装修费用。

2. 承租人经出租人同意装饰装修，租赁期间届满时，当事人另有约定的，按照约定处理。

综上所述，经出租人同意装饰装修，租赁期间届满时，除另有约定或者可以拆除以外，承租人不得要求赔偿装饰装修费用。

（三）合同解除时，装饰装修如何处理

1. 承租人经出租人同意装饰装修，合同解除时，未形成附合的装饰装修物，可由承租人拆除。因拆除造成房屋毁损的，承租人应当恢复原状。

2. 承租人经出租人同意装饰装修，合同解除时，双方对已形成附合的装饰装修物的处理没有约定的，按照下列情形分别处理：

（1）因出租人违约导致合同解除，承租人有权请求出租人赔偿剩余租赁期内装饰装修残值损失。

（2）因承租人违约导致合同解除，承租人不得请求出租人赔偿剩余租赁期内装饰装修残值损失。但出租人同意利用的，应在利用价值范围内予以适当补偿。

（3）因双方违约导致合同解除，剩余租赁期内的装饰装修残值损失，由双方根据各自的过错承担相应的责任。

（4）因不可归责于双方的事由导致合同解除的，剩余租赁期内的装饰装修残值损失由双方按照公平原则分担。法律另有规定的，适用其规定。

3. 当事人另有约定的，按照约定处理。

5. 承租人在租赁房屋内非正常死亡导致房屋贬值损失的处理

▌案情介绍

2013 年 8 月 2 日，牛某与张某签订房屋租赁合同，约定：牛某将位于白云区新市镇汇侨新城某房屋出租给张某使用；租赁期限为一年，自 2013 年 8 月 8 日起至 2014 年 8 月 7 日止；每月租金 2300 元，在当月 6 日至 10 日前付款；另付保证金和首月租金 2300 元，共计 6900 元；张某在租赁期间，一直按照约定给付租金，缴纳物业费。2013 年 11 月 25 日，张某妻子从涉案房屋坠下死亡。后张某于某日搬离涉案房屋，但未与牛某办理交接手续。牛某认为：张某之妻于 2013 年 11 月 25 日从该房内跳楼自尽，造成房屋无法重新出租、售卖。对在住宅内发生非正常死亡的时间感到恐惧，是一种客观存在的普遍现象，属于一种善良无害的人文习俗，应该受到民法所规定的公序良俗这个法律原则的调整。考虑到楼房贬值的事实确实存在，为了体现公平、合理，请求法院判决张某赔偿其因房屋内发生非正常死亡案件导致的无形贬值损失。

法院经过审理认为，虽然在合同履行期间发生了张某妻子死亡的事件，可能会引起部分迷信群众对涉案房屋的误解和恐惧，但不足以证实涉案房屋的价值必然受到减损，且合同中未约定张某妻子死亡的事件属于张某违约的范围，故牛某提出的诉讼请求缺乏事实、法律依据，本院不予支持。[（2014）穗云法民四初字第 198 号]

▌案例评析

本案中，法院认为虽然在合同履行期间发生了张某妻子死亡的事件，可能会引起部分迷信群众对涉案房屋的误解和恐惧，但不足以证实涉案房屋的价值必然受到减损，且合同中未约定张某妻子死亡的事件属于张某违约的范围，故没有支持牛某的补偿请求。对于此类"凶兆"案件，司法实践中，法官的做法也不尽相同：有的法官由于对房屋价值贬损具体金额确定标准的模糊，难以判断，没有对房屋无形贬值损失予以支持；有的法院则认为承租人在租赁房屋内出现自杀等非正常死亡的现象，虽然未对该出租屋在物理形态上造成损毁，但是鉴于该房屋内非正常死亡现象的发生确实会对该房屋的再次出卖和出租造成影响，因此最终作出出租方可以起诉到法院请求给予适当补偿的判决。笔者同意第二种做法，因为按照我国传统观念和民间传统习俗，所有房屋非正常死亡案件的发生确实会给房屋的所有人和使用人带来一定时期的心理阴影且确实会带来一定时期内可期待利益的减损，给予一定的补偿也符合民法公平正义的要求。

▌法条依据

《民法通则》

第 4 条：民事活动应当遵循自愿、公平、等价有偿、诚实信用的原则。

《合同法》

第 6 条：当事人行使权利、履行义务应当遵循诚实信用原则。

▌知识链接：出租房发生火灾或漏水给第三人造成损失由谁来承担

现代住房活动空间小、住户密集，租房期间因电气线路故障引起火灾，导致房屋被烧坏，部分家具被毁，承租人的厨具、衣物、饰品等财产也被烧毁，由此造成的经济损失究竟该由谁承担呢？

根据相关法律规定，房东对房屋及设施是负有维修责任的，房东出租房屋时首先要保证房屋符合安全居住标准，不能存在安全隐患；租客承租房屋时，也应注意仔细检查房屋的设施，看看是否存在安全隐患，有的话，要及时向房东提出并要求修复。租客应当按照合同约定的方法使用租赁物，并加以妥善保管。

租赁期间因发生火灾等安全事故造成损失时，若是因租赁物安全隐患造成的，将由房东来赔偿；若是因租客不合理使用房屋等自身因素造成的，房东不仅可以免责，还可以向租客提出索赔。

第九章

二手经济适用住房、房改房转让中的法律问题

引　言

本章节，主要对二手房买卖中涉经济适用住房及房改房的相关法律问题加以介绍。

所谓经济适用住房是指根据国家经济适用住房建设计划安排建设的住宅。一般都由国家统一下达计划，用地一般实行行政划拨的方式，免收土地出让金，对各种经批准的收费实行减半征收，出售价格实行政府指导价，按保本微利的原则确定。经济适用住房相对于商品房而言具有经济性、保障性、实用性的特征，其社会保障性质较为明显。作为连接福利房与商品房的桥梁，经济适用住房对于解决中低收入家庭住房需求和提升中低阶层的住房水平、缓解城市住房压力、保持社会稳定、拉动经济增长、在保障需求的同时抑制房价等问题具有重要作用。

经济适用住房最早出现在 1994 年由建设部、国务院房改领导小组、财政部联合发布的《城镇经济适用住房建设管理办法》中，该办法指出：经济适用住房是以中低收入家庭、住房困难户为供应对象，并按国家、住宅建设标准建设的普通住宅。经济适用住房的价格按建设成本确定，建设成本包括征地拆迁费、勘察设计及前期工程费、建安费、小区内基础设施配套建设费、贷款利息、税金、物业的管理费。

2007 年 11 月 19 日，中华人民共和国建设部、中华人民共和国国家发展和改革委员会、中华人民共和国国土资源部、中国人民银行共同发布了《经济适用住房管理办法》，对经济适用住房的优惠政策、开发建设、价格确定、交易管理、集资和合作建房、监督管理等作出了规定。就目前的房地产买卖政策来说：

经济适用住房规定未满 5 年不得正式上市交易，满 5 年后补交土地出让金把经适房转为商品房后就可合法销售，值得注意的是，目前在还未满 5 年情况下，签署的买卖合同是无效的，不受法律保护。

房改房是俗称，学名叫作已购公房，是指购买时享受国家房改优惠政策的住宅。即居民将现住公房以标准价或成本价扣除折算后（旧住宅还要扣除房屋折算）购买的公房。房改房的购买主体是政府以及国有单位的员工及其配偶。一般，房改房在自住满 5 年以后可以自由转让，但下列房改房不得上市交易：①司法机关和行政机关依法裁定、决定查封或者以其他形式限制房地产权利的；②在市房屋拆迁主管机关拆迁公告范围内的；③产权共有的房屋，其他共有人不同意上市的；④违反产权人与原产权单位购房约定的；⑤国家、省、市规定不能上市的。主要是部分央产房、军产房和教育机构院内的房产。房改房可以分为 100% 产权和部分产权，其中部分产权的房改房在许多城市是不能上市交易的。两种类型的房改房交易方式都有所不同。现实生活中，有关房改房的诉讼纠纷主要集中在两个方面：①房改房是夫妻共同财产还是一方的个人财产，即房改房的确权问题；②买房人与卖房人的诉讼纠纷。

由于历史的原因，这些经济适用住房、房改房一般地段优越，且拥有较为成熟和完善的配套设施，成为二手房市场的重要部分。下面笔者将通过案例对这两种类型的房屋所涉及的典型纠纷加以归纳总结。

第一节　经济适用住房纠纷

1. 违反经济适用住房满 5 年买卖的规定，房屋买卖合同无效

▌案情介绍

赵某在 2005 年 5 月贷款购买了北京市朝阳区经济适用住房一套，于 2007 年 6 月 1 日取得了房屋产权证。2008 年 2 月 4 日，赵某与张某签订北京市存量房屋买卖合同，以 37 万元的价格转让上述房屋。2010 年，赵某再次申请经济适用住房，被告知其与张某之间的房屋买卖合同违反了国家的相关规定，没有资格再次购买经济适用住房。赵某诉至法院，请求判令其与张某之间的房屋买卖合同无效，要求返还房屋。

张某辩称：赵某 2008 年出售房屋确实不符合经济适用住房满 5 年才可再行出售的规定，但是张某认为，自己于 2007 年 7 月 16 日取得了北京市建委核发的经济适用住房购买资格，根据相关规定，经济适用住房不满 5 年可再次出售给

具有经济适用住房购买资格的人。故双方签订的房屋买卖合同合法有效，要求赵某继续履行买卖合同并配合其办理过户手续。

法院审查认为：原告赵某在 2007 年 6 月取得了涉案房屋的所有权证书，在 2008 年 2 月又将房屋出卖给被告，违反了经济适用住房满 5 年再行出售的规定。因此，原告请求确认双方的买卖合同无效，法院准许。对于张某的辩称，法院认为，张某虽确实具有购买经济适用住房的资格，但是经济适用住房不满 5 年出售给有购买经济适用住房资格的买房合同能够有效成立的条件是，房屋在出售时的单价不得高于购买时的单价。所以，法院认定双方的买卖合同无效，驳回被告的反诉请求。[（2010）朝民初字第 21393 号]

▌案例评析

违反法律、行政法规的强制性规定的合同无效，本案赵某于 2007 年取得该经济适用房的所有权证，在 2008 年 2 月与张某签订北京市存量房买卖合同，赵某在法定的限制上市的期限内转让已购经济适用住房，违反了有关法律的规定，双方签订的房屋买卖合同是无效的。合同无效，因合同取得的财产，应当予以返还，故赵某应返还相应的购房款。

▌风险提示

经济适用住房在性质上属于向低收入住房困难家庭出售的具有保障性质的政策性住房，对于购买人是否具备购房资格有严格的审查和公示程序，在限制上市交易期限内属于限制流通物。如果允许当事人购买经济适用住房后在限制上市交易期限内任意转让房屋，既与国家制定和推行经济适用住房的政策以达到"居者有其屋"的目的相悖，也损害了广大潜在符合购买经济适用住房资格的人民群众的利益。提醒广大购房者，出卖人在相关政策、法规规定的限制上市交易期限内转让已购经济适用住房的，房屋买卖合同是无效的。

按照规定，经济适用住房在住满 5 年之前不允许按照市场价出售，这个 5 年以购房取得契税完税凭证的实践或经济适用住房房屋所有权证的发证时间为准。所以，提醒广大购房者，在准备买卖现有的经济适用住房时，一定要核对好完税凭证或房产证的发证时间，确保住满 5 年，否则的话就不能交易。

▌法条依据

《合同法》

第 58 条：合同无效或者被撤销后，因该合同取得的财产，应当予以返还；

不能返还或者没有必要返还的，应当折价补偿。有过错的一方应当赔偿对方因此所受到的损失，双方都有过错的，应当各自承担相应的责任。

《经济适用住房管理办法》

第 30 条第 1、2 款：经济适用住房购房人拥有有限产权。

购买经济适用住房不满 5 年，不得直接上市交易，购房人因特殊原因确需转让经济适用住房的，由政府按照原价格并考虑折旧和物价水平等因素进行回购。

▍知识链接：未满 5 年经济适用住房购买中的五大风险

在二手房交易中，经济适用住房购买未满 5 年不得上市交易是硬性规定，很多人都知道。但事实上，经济适用住房未满交易年限，房主私下与人签订买卖协议的事屡有发生，即使房屋买卖合同办理了公证，也不能保证房产顺利过户，具体来说有以下几大风险：

风险一：政策若变动过户将受影响

依据目前经济适用住房的相关政策，经济适用住房 5 年内不得上市交易，但是政策也存在调整的可能性，而且各地对经济适用住房过户的规定细则也略有不同。如果在未过户期间，政策发生变动，会对购房者的过户产生影响，所以二手购经济适用住房存在着政策上的风险。

风险二：原房主去世房屋变遗产被继承

如果在未过户期间原房主去世的话，依据我国《民法通则》《继承法》的相关规定，该房将有可能会被作为售房者的遗产而被其亲属继承。如果原房主没有留下遗嘱，那么根据法定继承，由其所有继承人继承该房产，需要继承人配合公证后才能过户。由于继承人可能涉及多人，所以过户比较复杂，也可能因为继承人不配合而产生纠纷。

风险三：卖方可单方面撤销公证

根据法律规定，买卖双方一旦发生纠纷，房产证是房屋所有权的第一证据，房屋买卖合同属于次要证据。一旦卖房人将房屋抵押或转售，买房人的利益将无法得到保证。另外，卖方还可以单方面撤销公证书，比如在不能办理过户登记期间，房价出现大涨，卖方为了利益，可能就会申请撤销公证委托书。根据《民法通则》有关规定，公证书可以单方面申请撤销。

风险四：存在"一房多卖"可能

由于房产并未过户，所以房屋产权仍属卖方。在此期间，即使卖方将房屋的"两证"交给了买方，但只要在报纸上刊登一则遗失声明，期限两个月，若买房人未看到声明，卖方就可以申请获得补证，然后过户给他人，造成一房二卖或者多卖的情形。

风险五：遇债务纠纷房产或被冻结

卖房人也可以拿着房产证进行房产抵押，房屋未经登记机构办理过户手续，其所有权最终还是属于原房主，卖房人如因债务遇到司法、行政等方面的纠纷，该房产仍可以被冻结。

总的来说，购买未满 5 年的经济适用住房风险极大，所以提醒购房者，不要贪图这类房子的价格便宜，购房者将不得不面临失去房子的风险，而且一旦进行诉讼，将承担律师费、一审诉讼费、二审诉讼费等费用，届时，购房者将完全可能会"赔了夫人又折兵"。

2. 按照经济适用住房管理不等于是经济适用住房，不受 5 年限制

▌案情介绍

聂某与杜某系夫妻关系，两人育有杜一、杜二、杜三、杜四、小杜五个子女，2002 年，宣武区东口危旧房改造，杜某的房屋在改造范围内，2002 年因拆除此房共获得拆迁补偿款 36 万余元，随后杜某按照危房改造优惠政策购买了位于崇文区西革新的房屋。2006 年 1 月 13 日，聂、杜二人与小杜签订北京市房屋买卖合同，将该房屋卖给小杜并办理了过户登记。2009 年 2 月 22 日，杜某过世，小杜的兄弟姐妹认为，上述房屋应属于经济适用住房，小杜在新华社上班，其妻子拥有自己的公司，家庭收入不符合购买经济适用住房的低收入困难家庭的条件，其父亲购买该房不满 5 年就再次出售，违反北京市对经济适用住房的管理规定，是一种恶意损害国家利益的行为。小杜的兄弟姐妹及母亲聂某将小杜告上法庭，要求法院判决小杜与其父亲签订的房屋买卖合同无效。

小杜辩称：争议的房屋并不是经济适用住房，2002 年宣武区南横街东口危旧房改造实施，争议房屋属于危改区内，被拆迁安置后，小杜的父亲用安置费购买了本案中的争议房屋。房屋产权按照经济适用住房产权管理，而非经济适用住房，相应的也不应受 5 年的限制。房屋权属部门也办理了过户手续，房屋如今登记在小杜的名下，性质为普通商品住房。原告将经济适用住房和按经济适用住房管理两者的概念混淆，故不同意原告的诉讼请求。

法院认为，小杜与其父亲签订的房屋买卖合同合法有效，其母亲也同意该买卖合同。上述争议房屋的性质属于按经济适用住房管理，但不是经济适用住

房，取得产权证后可以随时交易。法院判决驳回原告的诉讼请求。[（2010）崇民初字第 1609 号]

▌案例评析

实践中，按经济适用住房管理的房屋具体包括危改回迁房、安居房、康居房、绿化隔离地区农民回迁房等类型，由于其与经济适用住房在性质、购房资格和审查程序上存在根本不同，相应政策法规中对于该类房屋的转让大多也没有上市交易期限的限制，故转让该类已购房屋，不应适用上述转让已购经济适用住房的相关规定，买卖合同宜认定为有效。本案中即使如此，涉案房屋的性质属于异地安置回迁房，是"按经济适用房住房管理"的房屋，其与经济适用住房不同，产权取得后可随时上市交易。所以，杜家四姊妹认为父亲出卖给小杜该房屋的行为，违反了北京市对经济适用住房管理的规定，是无效协议的诉讼请求是不能得到法院支持的。

▌风险提示

"按经济适用住房管理"的房屋与"经济适用住房"存在明显不同，其交易转让没有上市期限的限制。

▌法条依据

《北京市高级人民法院关于审理房屋买卖合同纠纷案件适用法律若干问题的指导意见（试行）》

第 6 条第 1 款：相关政策、法规规定的限制上市交易期限内买卖已购经济适用住房，当事人主张买卖合同无效的，可予支持。政策、法规有新规定的，适用其规定。

第 7 条：出卖人转让已购按经济适用住房管理的房屋，当事人主张房屋买卖合同无效的，不予支持。

▌知识链接：经济适用住房如何选购

结合工作单位、居住习惯、生活方式等综合因素，再决定购买哪个区域内的经济适用住房项目。如上班单位离项目的远近、周边的亲朋好友居住情况等都属于综合考虑因素。

到项目现场考察，了解项目本身的配套设施，并结合自身的需要进行购买。如新婚夫妇，要考虑到幼儿园、小学以及医院等配套设施。还有，对社区的绿化率、停车、物业管理等状况都应有所了解。

根据自身的居住要求，详细了解经济适用住房的户型结构及面积大小，以及通风、采光、朝向等基础资料。

对房屋的权属关系要详细调查，特别要注意房屋是否有共有人，防止购买后，引起不必要的麻烦。

3. 借名购买经济适用住房，借名者无权拥有房屋产权

▌案情介绍

2009 年 7 月 21 日，黄某与北京新城基业公司签订了商品房预售合同，购得北京市通州区永顺镇某经济适用住房一套。2009 年 7 月黄某找到曹某，称自己无能力购买经济适用住房，愿意将名额转让给曹某，当日双方签订了房屋转让协议书，将涉案房屋原价转让给曹某。事后，曹某向黄某支付 25 000 元，并全额支付了购房款。房屋交付后，曹某装修入住。2010 年 4 月 30 日，北京出台了"国十条"实施细则，曹某因是外地户口，购房主体资格缺失。黄某认为，经济适用住房是保障性住房，被告不是北京市民，不应享有此项政策优惠，多次找曹某协商解除房屋买卖合同，曹某均置之不理。现黄某将纠纷诉至法院，要求确认经济适用住房归黄某所有，由曹某腾退房屋。

法院审理认为：经济适用住房是政府为解决城市低收入家庭、搬迁家庭等特定群体住房问题所采取的一项措施，本案曹某与黄某签订的协议实为借名协议，曹某是外埠户口，不具备购买经济适用住房的资格，双方签订的协议违反国家法律规定，判决房屋归黄某所有，由曹某腾退房屋。［（2011）通民初字第12987 号］

▌案例评析

本案涉及"借名购房"合同效力认定的问题。黄某和曹某签订的协议实质上是借名购房协议，曹某借用黄某的名义购买经济适用住房，使得原本不符合资格的自己获得了购买资格，这种行为属于《民法通则》第 58 条规定的以合法形式掩盖非法目的的民事行为，是无效的，所以曹某不能取得上述房屋的所有权。综上所述，经济适用住房是政府为了解决城市低收入家庭、搬迁家庭等特定群体住房问题所采取的措施，本案被告曹某不具备购买经济适用住房的资格，双方之间的协议违反国家法律规定，是无效合同，曹某应腾退房屋给实际所有权人黄某。

▌风险提示

经济适用住房因其特殊的公益性，政府对其取得的条件作了严格的规定，但是实践中很多不具有资格的人借用具有资格的人的名义申请购买经济适用住房，严重损害了其他符合购买条件的公民的利益，国家应当加大对这类行为的监督和处罚力度，发现存在虚假情形的应收回经济适用房，并限制被借名人在一定期限内申请经济适用住房，以维护社会公平。

▌法条依据

《民法通则》

第58条：下列民事行为无效：

（一）无民事行为能力人实施的；

（二）限制民事行为能力人依法不能独立实施的；

（三）一方以欺诈、胁迫的手段或者乘人之危，使对方在违背真实意思的情况下所为的；

（四）恶意串通，损害国家、集体或者第三人利益的；

（五）违反法律或者社会公共利益的；

（六）以合法形式掩盖非法目的的。

无效的民事行为，从行为开始起就没有法律约束力。

《经济适用住房管理办法》

第25条：城市低收入家庭申请购买经济适用住房应同时符合下列条件：

（一）具有当地城镇户口；

（二）家庭收入符合市、县人民政府划定的低收入家庭收入标准；

（三）无房或现住房面积低于市、县人民政府规定的住房困难标准。

经济适用住房供应对象的家庭收入标准和住房困难标准，由市、县人民政府根据当地商品住房价格、居民家庭可支配收入、居住水平和家庭人口结构等因素确定，实行动态管理，每年向社会公布一次。

第29条：居民个人购买经济适用住房后，应当按照规定办理权属登记。房屋、土地登记部门在办理权属登记时，应当分别注明经济适用住房、划拨土地。

第31条：已经购买经济适用住房的家庭又购买其他住房的，原经济适用住房由政府按规定及合同约定回购。政府回购的经济适用住房，仍应用于解决低收入家庭的住房困难。

第32条：已参加福利分房的家庭在退回所分房屋前不得购买经济适用住

房，已购买经济适用住房的家庭不得再购买经济适用住房。

第33条：个人购买的经济适用住房在取得完全产权以前不得用于出租经营。

▌**知识链接：借名购房中存在的法律风险**

所谓借名买房，指以他人名义购买房产，名义买房人和实际买房人作出约定，约定实际买房人以名义买房人的名义买房，等到适当的时候再将房产过户到实际买房人名下，有时候实际买房人则支付给名义买房人一定的酬金作为对价。房屋的实际出资人为事实购房人或者真正购房人，被借名之人为登记购房人。具体来说，借名买房可能存在以下法律风险：

首先，在房价大幅上涨的诱惑下，有登记购房人反悔的风险。实际出资人与登记购房人往往是亲戚朋友关系，基于信任，双方有时不签订协议，仅仅是口头约定。如果实际出资人不能证明双方之间借名买房的关系和支付购房款的事实，要想取得房屋产权或收回购房款将十分困难。即使实际出资人能够证明双方之间存在借名买房的关系和支付购房款的事实，在借名买房合同无效的情况下，实际出资人也无法取得房屋产权。

其次，物权登记具有公信公示效力，有被法院执行的风险。房屋产权证作为证明房屋归属的有利证明，记载了名义产权人的姓名，对外具有公信公示效力。如果登记购房人对外负有债务不能清偿，债权人可以要求法院查封并拍卖该房屋，这将直接导致实际出资人卷入诉讼或执行案件中，使得利益受损。

最后，登记购房人有恶意处置房屋的风险。根据我国房地产的登记制度，登记购房人可以不经实际出资人同意而将房屋卖给他人，并办理过户手续。即使借名合同有效，但因为对外登记的物权是属于登记购房人的，第三人出于善意购买房屋，支付了合理对价，并已办理过户手续的，将取得房屋的所有权。被借名人同样也需要承担风险，允许他人以自己的名义购买房屋，就会在房屋产权登记部门留下记录，在银行也会有诚信记录，即使以后房屋过户出去，这些记录也不会消除，势必影响到将来自己买房时享受的一些优惠政策。

4. 出租经济适用住房，中介委托合同无效

▌**案情介绍**

李某在北京市丰台区某处拥有一套经济适用住房。2007年11月李某委托某中介公司出租房屋，按照两人所签订的房屋委托代理合同，房的租期是3年。由于李某的房屋属于毛坯房，中介公司为了更好地出租房屋，便花费2万元对房屋进行了全面装修，且将原来的两居室隔成四居室。事后，中介公司将李某的房子出租给四户，收取的出租房费高于给李某支付的租金。现李某诉至法院请求解除房屋委托代理合同，中介公司支付拖欠的租金 8250 元，将擅自打隔断的客厅恢复原状并腾空后返还自己。中介公司同意解除合同且支付拖欠租金，但反诉要求李某赔偿装修费 2 万元，赔偿腾退现住户所需违约金 4900 元，并承担诉讼费。

北京市丰台区人民法院经审理认为，涉案房屋为经济适用住房，而经济适用住房是指政府提供政策优惠，限定套型面积和销售价格，按照合理标准建设，面向城市低收入住房困难家庭供应，具有保障性质的政策性住房。经济适用住房不得擅自改变房屋用途，不得擅自转租或转借他人居住。因双方当事人违反经济适用住房不得出租的相关规定，故所签委托代理出租的合同无效。确认合同无效后，中介公司应当返还讼争房屋及相关物品，同时将客厅隔断拆除恢复原状，第三人应由讼争房屋内迁出。此外，中介公司应参照租金标准给付李某相应房屋使用费。因造成合同无效李某及中介公司均有责任，且中介公司对其支付房屋装修费 2 万元的主张未提供相关证据，故其装修费损失法院根据实际情况酌情确定，并应由李某承担相应赔偿责任。因中介公司未提供证据证明向客户支付违约金，故对其该项主张不予支持。法院判决双方所签房屋委托代理合同无效，中介公司将涉案房屋腾空，恢复原状后交付李某，并支付房屋使用费 8250 元，李某给付中介公司房屋装修费 5000 元。

▍案例评析

涉案房屋为经济适用住房，而经济适用住房是指政府提供政策优惠，限定套型面积和销售价格，按照合理标准建设，面向城市低收入住房困难家庭供应，具有保障性质的政策性住房。经济适用住房不得擅自改变房屋用途，不得擅自转租或转借他人居住。因双方当事人违反经济适用住房不得出租的相关规定，故所签委托代理出租的合同无效。

▍风险提示

经济适用住房使用中的注意事项：经济适用住房只能自住，不得出租或出借以及从事居住以外的任何活动。违反规定擅自改变房屋用途、转租或转借他人居住的，住房保障管理部门有权责令购房人退回已购住房或按市场价补足购房款，5 年内不得再次申请。将经济适用住房出租的行为，不仅损害了社会公共利益，而且损害了广大符合经济适用住房购买资格而没有房住的城市低收入住房困难家庭的购买权和居住权。因为经济适用房资源是有限的，每年都有大量的有购买资格的人在苦苦等待轮候的机会。因此，如果经济适用住房被出租了，租赁合同无效，不受法律保护。

▌法条依据

《经济适用住房管理办法》

第 33 条：个人购买的经济适用住房在取得完全产权以前不得用于出租经营。

▌知识链接：经济适用住房如何出售和购买

（一）经济适用住房如何出售

一种是已经住满 5 年的，另一种则是尚未住满 5 年的。具体时间以购房家庭取得契税完税凭证的时间或经济适用住房房屋所有权证的发证时间为准。

1. 对于已经住满 5 年的经济适用住房，业主现在可以依照目前市场价格进行出售，但出售后业主需按房屋成交额的 10% 补交综合地价款。

2. 对于尚未住满 5 年的经济适用住房，由于政策规定则不允许按市场价格出售。因此，确需出售此类经济适用住房的业主，只能以不高于购买时的单价出售，并且只能出售给符合经济适用住房购买条件的家庭或由政府相关部门收购。

按市场价格出售经济适用住房后不能再次购买经济适用住房和其他保障性质的住房。以原价出售给有购买资格的人后，原购房人仍符合经济适用住房购房条件者还可再次购买他处的经济适用住房。

（二）二手经济适用住房如何购买

1. 购买已经住满 5 年的经济适用住房不需要符合购买经济适用住房的特殊条件，任何购买人群都能购买。购买此类二手经济适用住房除正常缴纳 1.5% 的契税、0.5% 的印花税外，不需要再缴纳成交价 3% 的土地出让金。

例如：购买一套面积为 95 平方米，原购房价格为 2650 元/平方米，现市场售价为 3600 元/平方米的已购经济适用房，其总购房款为 3600 × 95 = 342 000 元，除购房款外，购房人还需缴纳 342 000 × 1.5% = 5130 元的契税，以及 34 2000 × 0.0005 = 171 元的印花税。

2. 购买尚未住满 5 年的经济适用住房，首先必须满足普通经济适用住房的购买条件；其次购房人还需办理经济适用住房购买资格审核手续。若所购置的已购经济适用住房超过核定最高购房总价标准以外部分，则需补交 10% 的综合地价款并且所购房屋仍按经济适用住房产权管理。

5. 转让经济适用住房购房资格的，合同无效

▌案情介绍

2009 年 9 月 17 日，闫某、何某双方签订经济适用住房购房资格转让协议，主要约定：闫某将其享有的郑经（2007）09432 号经济适用住房购房资格转让给何某，由何某负责办理购房、缴款及办理房产证手续，在适当的时候，闫某需协助何某办理房产过户手续，何某应支付闫某转让费共计 6 万元。合同签订后，闫某以转让合同违反法律规定应为无效为由拒绝履行合同，何某认为经济适用住房购房资格转让协议是闫某主动找到其签订的，违反国家政策也是闫某引起的，现闫某在以营利目的收取何某转让费 6 万元后，随意认为协议无效而拒绝履行合同的行为构成违约。双方协商无效，闫某诉至法院请求确认经济适用住房购房资格转让协议无效。

法院经过审理认为：《合同法》第 52 条规定："有下列情形之一的，合同无效：（一）一方以欺诈、胁迫的手段订立合同，损害国家利益；（二）恶意串通，损害国家、集体或者第三人利益；（三）以合法形式掩盖非法目的；（四）损害社会公共利益；（五）违反法律、行政法规的强制性规定。"本案中，双方签订的经济适用住房购房资格转让协议损害了社会公共利益，应为无效，闫某应返还收取的转让费 6 万元。[（2014）郑民三终字第 1911 号]

▌案例评析

当事人订立、履行合同，应当遵守法律、行政法规，尊重社会公德，不得扰乱社会经济秩序，损害社会公共利益。经济适用住房是政府提供优惠政策、限定套型面积和销售价格、按照合理标准建设、面向城市低收入住房困难家庭供应、具有保障性质的政策性住房，如果国家允许该类资格转让行为，将会使国家建造经济适用房补贴低收入家庭的目标落空。经济适用住房产权为有限产权，购买经济适用住房主体资格具有专属性，不得随意转让，经济适用住房上市交易应当符合国家的政策规定。闫某、何某双方签订的经济适用住房购房资格转让协议损害了社会公共利益，闫某要求确认经济适用住房购房资格转让协议无效的诉讼请求，理由正当，应当予以支持。

▌风险提示

经济适用住房当前存在的问题大多属于操作层面的问题，市场秩序紊乱的根源在于相关规章、制度的不健全，经济适用住房的购房资格是国家对于低收

入人群的保障，具有社会公益的性质，再次提醒广大公民，一定要正确对待自己的权利，行使权利一定要符合国家、社会利益，不得损害社会公共利益，扰乱社会经济秩序。

▌法条依据

《民法通则》

第6条：民事活动必须遵守法律，法律没有规定的，应当遵守国家政策。

第7条：民事活动应当尊重社会公德，不得损害社会公共利益，扰乱社会经济秩序。

《合同法》

第7条：当事人订立、履行合同，应当遵守法律、行政法规，尊重社会公德，不得扰乱社会经济秩序，损害社会公共利益。

第52条：有下列情形之一的，合同无效：

（一）一方以欺诈、胁迫的手段订立合同，损害国家利益；

（二）恶意串通，损害国家、集体或者第三人利益；

（三）以合法形式掩盖非法目的；

（四）损害社会公共利益；

（五）违反法律、行政法规的强制性规定。

第58条：合同无效或者被撤销后，因该合同取得的财产，应当予以返还；不能返还或者没有必要返还的，应当折价补偿。有过错的一方应当赔偿对方因此所受到的损失，双方都有过错的，应当各自承担相应的责任。

▌知识链接：借名买房合同中的风险防范

根据《物权法》规定，不动产的所有权以登记为准。借名购买的房屋登记在名义购房人名下，对借名买房人来说，法律风险是不言而喻的。在借名购房前，实际出资人不要存有规避政策、钻法律漏洞的侥幸心理，尤其是没有购房资格的人借名购买经济适用房之类的保障性住房。对于未规避政策和不违反法律法规强制性规定的借名买房，建议双方签订书面协议，明确约定房屋所有权实际上属于实际出资人所有，登记购房人不过户房屋、迟延过户、将房屋卖与他人等违约情形及相应的违约责任。作为实际出资人，应保管好出资的各项凭证，如银行转账记录、收据收条等，在出现或者可能出现纠纷时，出资人能够尽快向法院起诉，避免房产被转移或被他人冻结拍卖，以维护自己的合法权益。同时由于借名买房行为一直存在一个潜在的又容易被人忽视的情况，如果登记购房人死亡、失踪，或下落不明，实际出资人无法进行过户，只能通过法院诉讼来解决。借名买房中的登记购房人与实际出资人之间往往存在特殊的关系，登记购房人的诚信、资金状况、双方当事人关系的好坏等情形决定了实际出资人购房风险的大小。在借名买房时，应当对登记购房人进行全面了解，包括但不限于诚信情况、为人处事等方面的内容，如果可能，完全可以让其提供相应的担保，以维护自身的合法权益。

在此提供一些规避风险的办法：签订一份完备的隐名代理委托合同，进行公证；将房屋抵押给实际出资人；实际出资人保留所有房屋买卖的凭证原件；名义产权人立一份遗嘱；等等。

6. 符合上市条件的经济适用住房，转让协议有效

▌案情介绍

2005 年 12 月，孟某因住房拆迁获得了购买北京市海淀区房屋的机会，经双方亲戚说和，孟某愿意转让并协助尚某购买海淀区 601 室的房屋；双方约定由孟某出面签署合同，尚某承担全部出资。2006 年 4 月 3 日，富民公司作为出卖人与孟某签订了北京市商品房预售合同，约定将 601 室出卖给孟某，该房屋的用途为经济适用住房，房屋总价款为 283 292.15 元，后尚某缴纳了涉案房产的房款、税费、装修费、物业费等约 40 万元。2007 年 8 月，开发商将涉案房产交付尚某，尚某装修后一直居住至今。2008 年 12 月 15 日，经双方亲戚见证和担保，孟某与尚某签署了房屋产权转让协议书，约定孟某将尚某出资购买的涉案房屋的产权转让给尚某，转让价格 18 万元，孟某承诺在该房产具备上市过户转让条件后一个月内无条件配合办理过户手续，过户手续费由尚某承担。双方的亲戚六人签名为双方履约提供担保。该协议签署后，尚某将协议约定的人民币 18 万元支付给孟某，孟某出具了该款项的收条。

2013 年 9 月，该房产具备上市交易条件后，尚某曾经多次与孟某沟通，要求孟某配合办理房产交易过户登记手续，但至今未能办理。后孟某以丢失为由私下办理了涉案房屋的房产证挂失，并申领了新的房产证，并于 2014 年 5 月 29 日向北京市海淀区人民法院起诉要求尚某腾房。尚某认为，房屋产权转让协议书是双方真实意思表示，协议内容不违反法律行政法规的强制性规定，合法有效，双方应按照约定履行各自义务。鉴于尚某早已将房屋转让款项全额付清，且交易房产已具备过户条件，孟某理应诚信守约履行合同义务，依据房屋产权转让协议书的约定，尽快办理交易房产的过户转让登记手续。故诉至法院请求孟某立即办理过户登记手续并承担诉讼费用。

法院经过审理认为，依法成立的合同，对当事人具有法律约束力，当事人应当按照约定履行自己的义务。根据本案查明的事实，2006年4月，尚某以孟某名义购买了涉案房屋，并进行了装修、入住，后双方又约定孟某在达到符合产权转让政策规定后一个月内配合尚某办理房屋产权变更手续，因此可以认定双方存在借名买房的法律关系，该合同成立在2008年4月11日前，不违反法律法规的强制性规定，故双方的借名买房合同有效，现涉案房屋已经具备了上市交易的条件，孟某应当按照合同约定配合尚某办理房屋过户。[（2015）一中民终字第3414号]

▋案例评析

本案中争议焦点是双方是否存在借名买房的关系及其效力的认定。孟某主张双方存在借名买房的关系，且该关系违反了社会公共利益，应依据相关规定被认定为无效，尚某主张双方是房屋买卖合同关系。对此，法院认为，房屋价款、契税、公共维修基金全部由尚某交纳，涉案房屋现由尚某居住，而房屋登记在孟某名下的事实，可以认定双方存在借名买房关系。虽然房屋产权转让协议书签订时间为2008年4月11日之后，但涉案房屋合同的签订、尚某支付房屋价款均形成于2008年4月11日之前，双方借名买房关系并未规避住房限购政策，且房屋产权转让协议书系孟某和尚某的真实意思表示，故房屋产权转让协议书有效，对双方均有约束力，双方应依约全面履行各自的义务。现涉案房屋已经具备了上市交易的条件，在尚某履行了合同义务后，孟某应依约配合尚某就涉案房屋办理房屋变更登记手续，故对尚某提出的将涉案房屋过户至其名下的诉讼请求，法院予以支持。

▋风险提示

对于已经住满5年的经济适用住房，上市时可以按照市场的价格为自己的二手房定价，但在交易完成时，出卖人需要补交最终成交价的10%的土地出让金。

▋法条依据

《经济适用住房管理办法》

第30条：经济适用住房购房人拥有有限产权。

购买经济适用住房不满5年，不得直接上市交易，购房人因特殊原因确需转让经济适用住房的，由政府按照原价格并考虑折旧和物价水平等因素进行回购。

购买经济适用住房满5年，购房人上市转让经济适用住房的，应按照届时同地段普通商品住房与经济适用住房差价的一定比例向政府交纳土地收益等相关价款，具体交纳比例由市、县人民政府确定，政府可优先回购；购房人也可以按照政府所定的标准向政府交纳土地收益等相关价款后，取得完全产权。

上述规定应在经济适用住房购买合同中予以载明，并明确相关违约责任。

第31条：已经购买经济适用住房的家庭又购买其他住房的，原经济适用住房由政府按规定及合同约定回购。政府回购的经济适用住房，仍应用于解决低收入家庭的住房困难。

第32条：已参加福利分房的家庭在退回所分房屋前不得购买经济适用住房，已购买经济适用住房的家庭不得再购买经济适用住房。

《北京市高级人民法院关于审理房屋买卖合同纠纷案件适用法律若干问题的指导意见（试行)》

第6条第1、2款：相关政策、法规规定的限制上市交易期限内买卖已购经济适用住房，当事人主张买卖合同无效的，可予支持。政策、法规有新规定的，适用其规定。

出卖人转让的经济适用住房的原购房合同系2008年4月11日（含）之前签订，当事人又在转让该已购房屋的合同中约定在限制上市交易期限届满后再办理房屋所有权转移登记或在一审法庭辩论终结前该房屋已具备上市交易条件的，可以认定合同有效。

▌知识链接：经济适用住房上市的注意事项

经济适用住房取得契税完税凭证或房屋所有权证未满5年的不得上市，确需出售的，产权人应当向户口所在区县住房保障管理部门提出申请，由区县住房保障管理部门确定符合条件的购房人再次购买或由区县住房保障管理部门按原价回购。

满5年期限的经济适用住房上市的，需要补交土地收益金等费用。

家庭出售经济适用住房后不可再购买其他保障性住房。将已购经济适用住房按市场价格出售的购房家庭，不得再购买经济适用住房、限价商品住房或其他保障性住房。将已购经济适用住房按原价出售的购房家庭，如再次申购经济适用住房的，应当按照现行规定重新申请。

经济适用住房申请家庭审核通过后，购买资格非终身有效。已经由市住房保障管理部门备案的申请家庭，在家庭收入、住房或资产情况等方面发生变化的，应如实向区（县）住房保障管理部门报告，对弄虚作假、隐瞒家庭收入和住房情况及伪造相关证明的申请人，由区（县）住房保障管理部门取消其申请资格，构成犯罪的，提请司法机关依法追究刑事责任；已骗购经济适用住房的，由区（县）住房保障管理部门责令申请人退回已购住房或按市场价补足购房款。查实的骗购家庭由市住房保障管理部门组织媒体曝光，5年内不得再次申请。

购买经济适用住房可以申请贷款。既可以申请商业贷款，也可以申请住房公积金贷款。

经济适用住房房产证与其他商品房产权证存在区别。经济适用住房房产登记在购房人名下，房屋权属证书上注明"经济适用住房"字样。

经济适用住房超出配售面积部分仍按确定的销售价格计算。

7. 符合上市条件的经济适用住房土地出让金缴纳方式的处理

▌案情介绍

2012年1月21日，李某与郭某签订了一份购房协议，约定：交易房产位于老城区某路四号，建筑面积132.67平方米；交易净价款52.5万元，此价款为不含税费价，由此交易所产生的一切税费由郭某承担；协议签订之日即2012年1月21日付给定金50万元，余款2.5万元到房管局办过户手续前付清，李某配合郭某办理各项交接手续。该合同签订后，2012年1月21日，郭某付给李某定金50万元。2012年2月6日，郭某向洛阳市房地产产权产籍监理处交付了经济适用住房上市交易收益所得52 602元和土地出让金6975元，缴款单位为李某。2012年2月21日，郭某付给李某房款2.5万元。现郭某诉至法院要求李某返还郭某垫付的经济适用房上市交易应缴纳的土地出让金6975元。另查明本案涉及房产性质为经济适用住房，已购买满5年，符合上市交易条件。

河南省洛阳市老城区人民法院经审理认为：原告郭某与被告李某于2012年1月21日签订的购房协议系双方真实意思表示，且不违反法律规定，合法有效，双方均应按照合同约定履行自己的义务。郭某在签订购房协议时已经收到李某的房屋所有权证、土地证、产权界定卡，对该房屋属于经济适用房的性质是明知的。购房协议第二条明确约定："房产交易价：交易净价款52.5万元整，此价款为不含税费价，由此交易所产生的一切税费由郭某承担。"该条款概括性地将交易所产生的一切税收和费用约定由郭某承担，以保证李某在此次房产交易中获得交易净价款52.5万元整。6975元的土地出让金属于政府征收的费用，根据双方协议约定属于郭某应承担的费用。郭某在缴纳6975元时并没有与李某协商一致约定是为李某垫付的6975元，也没有拒绝缴纳此款并为此提出解除合同的行为。2012年2月6日郭某交付了经济适用房土地出让金6975元，2012年2月21日郭某付给李某房款2.5万元也证明郭某在缴纳6975元时并没有与李某协商一致约定是为李某垫付的 6975 元。据此判决，驳回原告郭某的诉讼请求。

宣判后，郭某不服，提起上诉。洛阳市中级人民法院审理后认为：本案当事人双方间经济适用住房转让合同约定明确，且双方已经履行完毕。现上诉人郭某称双方争执的土地出让金 6975 元应由被上诉人李某支付，其本人系垫付行为，该款李某应予返还的理由，依据不足，本院不予采信。二审判决：驳回上诉，维持原判。[（2015）洛民终字第 1906 号]

▌案例评析

根据 2007 年建设部、国家发展和改革委员会、监察部等七部门联合发布的《经济适用住房管理办法》和 2011 年洛阳市政府《关于经济适用住房上市交易管理的意见》，经济适用住房上市交易需缴纳土地出让金，缴纳主体描述为购房人或产权人，但没有强制规定由谁缴纳。在房屋买卖行为中有个常用的交易习惯，即土地出让金由卖房人承担。但是，根据民事法律行为意思自治原则，买卖双方可以对相应的权利义务进行约定，只要约定不违反国家强制性规定或损害第三人合法权益，该约定即对双方有约束力。如果买卖双方对土地出让金的缴纳有约定则应从其约定。

本案中，相关证据可以证明郭某明知其所交易的房产为经济适用住房，对所要缴纳的税费也是明确知道的。本案所涉及交易房产的全部手续均为郭某自行办理，李某配合签字，因所涉及交易的房产是经济适用住房，办理交易过户手续的第一个步骤是在房管局窗口提交经济适用住房上市交易申请书，由政府审核是否允许上市交易，审核符合上市条件就下发《经济适用住房上市交易意见书》，凭该意见书方可办理交易手续。该意见书是郭某拿着李某已经签字的申请书办理并领取的，并自行交付了经济适用住房上市交易所得 52 602 元以及土地出让金 6975 元，随后郭某拿着该房屋的房屋所有权证、土地使用证和经济适用住房产权界定卡，自行办理了其他手续，对该房屋为经济适用住房未提出异议，也未对缴纳的费用提出异议。

郭某缴纳 6975 元土地出让金属于履行协议约定的义务，不是垫付行为。郭某提出"该笔费用在交易时因李某未带钱，双方协商由郭某垫付"的说法没有证据证实，且不符合协议约定。根据双方签订的协议第二条约定"交易净价人民币 52.5 万元，此价款为不含税费价，由此交易所产生的一切税费由郭某承担"，"交易净价"的约定能够说明该价格是李某的净收益，且协议也明确约定"由此交易所产生的一切税费由郭某承担"，进一步对交易价格做出了限定性解释，即李某净收 52.5 万元，此交易产生的一切税费由郭某承担。故郭某应当承担6975元的土地出让金，其缴纳行为是对双方协议的实际履行，不得撤销。

▌风险提示

经济适用住房符合条件上市交易的，需补缴土地出让金。根据交易习惯，土地出让金一般由出卖人承担。如果交易双方约定了土地出让金缴纳方式，且已实际履行，则一方不得以该约定违反国家规定和交易习惯为由撤销该履行。

▌法条依据

《经济适用著房管理办法》

第30条第3款：购买经济适用住房满5年，购房人上市转让经济适用住房的，应按照届时同地段普通商品住房与经济适用住房差价的一定比例向政府交纳土地收益等相关价款，具体交纳比例由市、县人民政府确定，政府可优先回购；购房人也可以按照政府所定的标准向政府交纳土地收益等相关价款后，取得完全产权。

▌知识链接：土地出让金补交责任中的法律风险

购买划拨土地上建造的房产，交易双方应明确出卖人是否已补交土地出让金，是否符合房屋（土地）转让条件；无论出卖人是否已缴纳土地出让金，出卖人现转让的房屋价款是否包含土地出让金，均需在合同中明确，否则会影响过户。

对于房屋办理土地使用权证是否需要缴纳土地出让金及由谁负担，即购房款是否包含土地出让金，双方在合同中应明确。购买划拨土地上的房屋，在双方对土地出让金未约定的情况下，法院可能认为变更土地用途和类型系买方自愿，由此产生的土地出让金应由买方承担。

对于房屋出卖人持有的产权证上已明确标明土地使用权类型系"划拨"性质的，应视为卖方尽到告知义务，买方以此作为重大误解要求撤销合同的，通常不会得到法院的支持。

办理产权手续，还应包括办理土地使用权证，由此产生的费用应在房屋买卖合同中明确约定，同时对于因一方迟延办理，因政策原因导致办证费用新增的损失承担亦应明确。

企业自行开发的房产，涉及土地划拨性质的变更，应明确与职工签订的房屋买卖合同性质。商品房买卖与二手房买卖性质的不同，可能导致土地出让金缴纳的主体不同。

第二节 房改房纠纷

1. 买卖房改房合同效力的认定

▌案情介绍

广西桂林市某退休职工于某 2006 年底在婚后购买了位于桂林市秀峰区榕荫路的某处房改房一套。2010 年，于某欲出售该套房屋，但根据相关房改政策规定，房改房属政策性住房，上市交易必须经过房屋行政管理部门审批批准，且因于某夫妇二人均各自购买了房改房，于某须补缴 8 万元超标价款才能取得该套房屋的上市交易许可证。于某不愿补缴相关款项，亦未办理该套房屋的上市交易许可证。2011 年某日，于某经朋友介绍将该套房屋卖给了蒋某。合同约定，于某将其名下的榕荫路一套房屋售予蒋某，蒋某按房屋现状购入并按现状过户。房屋总价 32 万；于某负担房屋过户税费，蒋某负担房改房上市前的公示费、超标费。蒋某交纳定金 1 万元以及预付房款 5 万元。后因蒋某发现其购买的房屋无法办理过户手续，与于某多次协商未果，遂将于某诉至广西壮族自治区桂林市秀峰区人民法院，要求解除合同，并要求于某承担相应的违约责任。

桂林市秀峰区法院审理认为，于某、蒋某之间达成的买卖合同是双方当事人的真实意思表示，根据房改法律、法规及政策以及房改办的通知，标的房屋只要补缴超标款，是可以获得上市交易许可资格的。诉争标的房屋不属于法律、法规强制性禁止交易的范畴，因此，房屋买卖合同合法有效，双方当事人应按合同履行权利义务。卖方于某在签订合同之前已明知标的房应补缴超标款才能上市交易，其在交易时隐瞒了未办上市交易证的事实，并且签订合同后亦未办相关手续，导致合同不能履行，应承担相应的责任。

▌案例评析

本案主要的争议焦点是未取得上市交易许可证的房改房，是否属于法律、法规强制性禁止交易的范畴而导致合同无效。我们知道涉案房屋没有取得该上市交易许可证是由于于某不愿补缴相关款项导致的。于某、蒋某之间订立的买卖合同是双方当事人的真实意思表示，根据房改法律、法规及政策以及房改办的通知，标的房屋只要补缴超标款，是可以获得上市交易许可资格的。所以，本案诉争标的房屋不属于法律、法规强制性禁止交易的范畴，房屋买卖合同是合法有效的。

▌风险提示

购买二手房改房，需要特别注意是否允许上市的问题，还要确认是否需要原单位同意该房子的出售。因为按照我国的房改政策，在房改的不同时期实行不同的政策，对于以标准价购买的公有住房，须确定是否已按成本价补足差价，或者已与原单位确定了如何按比例分成。另外，有些单位在向职工售房时，为了维持单位人员的稳定，与职工签订了服务年限合同，原单位有优先购回权。所以，对于房改房的买卖，最好有单位同意出售的证明。对于军队、医院、学校的公有住房，一般情况下，该公房单位都保留了优先回购权，且这些公房大多集中在单位的一个大院内，不宜外人入住，所以这种公房在没有获得单位同意以前，很难获得上市资格。对产权有纠纷、产权不清、无产权的房子，最好不要购买，因为这些买卖合同不能受法律保护，当事人双方的权益都不能得到保障。

▌法条依据

《合同法》

第 6 条：当事人行使权利、履行义务应当遵循诚实信用原则。

▌知识链接：房改房的买卖过程中，买房人的注意事项

在房改房的买卖过程中，买房人应该注意以下问题：

（1）了解产权可靠性。确认产权的房主是否与卖房人是同一人，可到房管部门查询产权证的真实性，要确定法律、法规以及原单位是否允许转卖。一定要确认原单位是否同意出让，因为部分公房进行房改时原单位都保留优先回购权。

（2）确定卖方是否欠缴土地出让金，如果欠缴，应该由卖方缴齐。

（3）了解房屋背景与周边环境。买家须了解该房改房是否欠缴物业管理费以及水电煤气费用，或者房屋是否抵押给银行，可向管理处或就近的居民了解情况。如有配套设施的，要现场使用以确认是否有损坏，观察户内外电线是否有老化现象，"三表"是否出户，电话线的接通情况，是普通电话还是宽频，小区绿化保安情况以及住宅电梯质量等。

（4）确定房价的合理性。通过对市场上房屋买卖交易信息反复比较判断房屋的价值，买家还要多留意媒体信息、广告、宣传，然后与自己所中意的房屋进行比较，还可委托中介机构或评估事务所进行评估，让双方达成合理的房价。

（5）慎重办理交易过户手续。办理交易过户手续是房屋买卖的最后环节也是最重要的一关，不要轻易先交钱再过户或者先过户再交钱。付款和交房时间也是一个很重要的问题，建议买卖双方可以考虑将房款放在双方都信得过的单位（如中介公司）代为保管，等过户手续完成后，再将相应房款交回卖方。值得注意的是，产权过户须报经房屋土地管理部门办理完毕才算是完成过户手续，中介、律师、公证的保证或口头协议都不算已完成交易过程。对买方来说，产权过户手续完成后房屋产权才真正属于自己，在此之前，卖方随时可能毁约。另外，房改房上市交易的手续比一般的二手房交易程序多了一条，即原业主夫妻双方带房产证、身份证原件去房改办申请上市，经过鉴定，拿到交易审批方可按二手房交易程序进行交易。

2. 房改房交易中，土地出让金未约定的由受让方承担

▌案情介绍

张某系原海宁市五金装潢商店职工，1999 年 12 月，海宁市五金装潢商店为顺利实施解体方案，上报海宁市第二百货公司、海宁市商业局后，将其所有的职工住房出售给住户职工，充作企业解体人员分流的经济补偿金。后海宁市五金装潢商店将原海宁市海马路昌福弄 51 号 205 室房屋作价 16 866 元出售给张某。1999 年 12 月 22 日，双方在海宁市房产交易所登记海宁市房屋买卖审批表，办理产权登记手续。2000 年 11 月 14 日，上述讼争房屋登记于张某名下。2013 年 1 月 15 日，张某和海宁市第二百货公司签订改变土地使用者协议书一份，载明海宁市第二百货公司所辖的原海宁市五金装潢商店依房改房政策将诉争房屋出售给张某，双方现同意将土地使用权转让给张某。因讼争房屋的土地使用权性质原为以划拨方式取得，张某在 2013 年 2 月为办理讼争房屋的土地使用权证，缴纳土地出让金 38 598 元。张某认为，海宁市第二百货公司将上述房屋过户给张某的同时，应当办理土地使用权的过户手续并缴纳土地出让金，固诉至本院，请求判令海宁市第二百货公司向张某给付土地出让费 38 598 元。

海宁市第二百货公司辩称：其已经全面履行卖房义务，双方从未就土地出让费的负担作出约定，张某的诉讼请求没有法律和事实依据，请求法院予以驳回。

本院认为，张某作为职工在企业解体时受让取得讼争房屋，房屋所涉土地使用权性质原为以划拨方式取得的土地使用权，在转让房地产时应缴纳土地出让金。关于土地出让金的负担，双方在转让讼争房屋时未就土地出让金由谁承担作出约定；其次，根据法律相关规定，张某作为受让方，理应承担该笔费用。

综上判决驳回张某的诉讼请求。[（2015）嘉海民初字第 2208 号]

▌案例评析

本案涉及房改房交易中，未约定土地出让金由谁进行缴纳的处理。张某作为职工在企业解体时受让取得讼争房屋，房屋所涉土地使用权性质原为以划拨方式取得的土地使用权，在转让房地产时应缴纳土地出让金。关于土地出让金的负担双方在转让讼争房屋时未作出约定，按照《城市房地产管理法》第 40 条第 1 款之规定："以划拨方式取得土地使用权的，转让房地产时，应当按照国务院规定，报有批准权的人民政府审批。有批准权的人民政府准予转让的，应当由受让方办理土地使用权出让手续，并依国家有关规定缴纳土地使用权出让金。"张某作为受让方，理应承担该笔费用。法院的判决是正确的。

▌风险提示

房改房不同于商品房，购房者往往要面对情况多样且资讯不太明朗的"个体"，在实施交易之前，弄清房改房"产权"是房屋买卖的"必修课"。二手房市场上的"房改房"无外乎两种：完全产权和部分产权。形成这两种"房改房"的原因，要追溯至当年的房改政策，当年职工参加房改购买房屋时，有市场价、成本价和标准价购房三种选择，这三种价格出示的手续是有区别的，在购买"房改房"之前一定要调查清楚，做到心中有数。当年按市场价购房的，产权归个人所有，可以随时上市交易；按成本价购房的，产权归个人，但一般 5 年后才能进入市场交易，交易前要缴纳土地出让金；按标准价购房的，个人拥有部分产权，具体按照当年标准价占成本价的比重来确定。20 世纪 90 年代以前，许多职工都是按标准价购买的住房，按相关规定，以标准价购得的"房改房"上市时，应先补足标准价和成本价之间的差价。购房者在购买这种二手"房改房"时，要弄清楚该房屋是否已按照成本价补足差价、是否已缴纳土地出让金等问题，以避免日后发生纠纷。

▌法条依据

《城市房地产管理法》

第 40 条第 1 款规定：以划拨方式取得土地使用权的，转让房地产时，应当按照国务院规定，报有批准权的人民政府审批。有批准权的人民政府准予转让的，应当由受让方办理土地使用权出让手续，并依照国家有关规定缴纳土地使用权出让金。

▌知识链接：房改房交易的流程

（1）买卖双方建立信息沟通渠道，买方要了解房屋整体现状及产权状况，要求卖方提供合法的证件，包括房屋所有权证书、身份证件及其他证件。

（2）如卖方提供的房屋合法，可以上市交易，买方可以交纳购房定金（交纳购房定金不是商品房买卖的必经程序），买卖双方签订房屋买卖合同。买卖双方通过协商，对房屋坐落位置、产权状况及成交价格、房屋交付时间、房屋交付、产权办理等达成一致意见后，双方签订至少一式三份的房屋买卖合同。

（3）买卖双方共同向房地产交易管理部门提出申请，接受审查。买卖双方向房地产管理部门提出申请手续后，管理部门要查验有关证件，审查产权，对符合上市条件的房屋准予办理过户手续，对无产权或部分产权又未得到其他产权共有人书面同意的情况下拒绝申请，禁止上市交易。

（4）立契。房地产交易管理部门根据交易房屋的产权状况和购买对象，按交易部门事先设定的审批权限逐级申报审核批准后，交易双方才能办理立契手续。现在北京市已取消了交易过程中的房地产卖契，即大家所俗称的"白契"。

（5）缴纳税费。税费的构成比较复杂，要根据交易房屋的性质而定。比如房改房、危改回迁房、经济适用住房与其他商品房的税费构成是不一样的。

（6）办理产权转移过户手续。交易双方在房地产交易管理部门办理完产权变更登记后，交易材料移送到发证部门，买方凭领取房屋所有权证通知单到发证部门申领新的产权证。

（7）对贷款的买受人来说，在与卖方签订完房屋买卖合同后由买卖双方共同到贷款银行办理贷款手续，银行审核买方的资信，对双方欲交易的房屋进行评估，以确定买方的贷款额度，然后批准买方的贷款，待双方完成产权登记变更，买方领取房屋所有权证后，银行将贷款一次性发放。

（8）买方领取房屋所有权证、付清所有房款，卖方交付房屋并结清所有物业费后双方的二手房屋买卖合同全部履行完毕。

3. 夫妻一方擅自处分共有房改房的处理

▌案情介绍

薛某与郑某系夫妻。薛某原系西安压缩机厂职工，于1985年调离。1993年8月15日，压缩机厂、薛某签订公有住房售购契约，约定：西安压缩机厂将其位于环城西路某处公有住宅出售给薛某；薛某同意按照西安市有关房改规定签字，产权比例为：西安压缩机厂占60%，薛某占40%，实际售价6345.18元。

薛某实际交纳购房款 6345.18 元和私房补贴款 1133.06 元。2004 年 2 月 21 日，西安压缩机厂与薛某签订协议，又约定：薛某于 2004 年 12 月 31 日将房屋交还西安压缩机厂，厂方在薛某交还房屋时支付薛某 24 000 元（含薛某原交给甲方的 7478.25 元及装修补偿），厂方付清款时，薛某将所有房屋手续交还西安压缩机厂。后薛某未能履行交房约定，压缩机厂诉至法院要求薛某腾房。

薛某辩称，2004 年 2 月 21 日与西安压缩机厂达成协议属实，因未能与薛某配偶郑某协商，故该协议应为无效，不同意腾房。

生效法院经审理认为，薛某与西安压缩机厂签订交还房屋协议时，郑某在杭州居住，本案争议房屋产权比例 40% 的部分应为薛某与郑某的共同财产，现实生活中，夫或妻非因日常生活需要对夫妻共同财产做出重要处理决定，双方应平等协商，取得一致意见。本案讼争房屋个人享有的产权部分应属薛某与郑某的重大财产，任何一方都无权独自处置。薛某在与西安压缩机厂签订交还房屋协议时应征得郑某的同意或有其明确授权，否则应属对郑某合法权益的一种侵犯，综合全案因素，在西安压缩机厂提供不出郑某同意交还房屋证据的情况下，仅以薛某与郑某系夫妻关系、购房合同与交还房屋协议均由薛某一人完成，而认定薛某与西安压缩机厂于 2004 年 2 月 21 日签订的协议构成表见代理，证据不足，判决房屋买卖合同无效，驳回压缩机厂的诉讼请求。[（2005）西民一终字第 726 号]

▌案例评析

现实生活中，夫或妻非因日常生活需要对夫妻共同财产做出重要处理决定，双方应平等协商，取得一致意见。本案讼争房屋个人享有的产权部分应属薛某与郑某的重大财产，任何一方都无权独自处置。西安压缩机厂主张的 2004 年 2 月 21 日交还房屋协议是当事人双方达成共识，完全出于自愿签订的构成表见代理的抗辩是不能成立的。本案中，薛某与压缩机厂之间签订的交房协议是无效的。

▌风险提示

《合同法》规定了表见代理制度，但未明确规定生活中常见的各种表见代理情形如何界定。夫妻之间在家庭日常事务中享有相互代理权，发生表见代理，但在重大事项如夫妻一方对表现为房屋有限产权的共同共有财产进行处分时，不构成表见代理。

▌法条依据

《婚姻法》

第 17 条第 2 款：夫妻对共同所有的财产，有平等的处理权。

《民法通则》

第 106 条：公民、法人违反合同或者不履行其他义务的，应当承担民事责任。

公民、法人由于过错侵害国家的、集体的财产，侵害他人财产、人身的应当承担民事责任。

没有过错，但法律规定应当承担民事责任的，应当承担民事责任。

▌知识链接：离婚诉讼中房改房纠纷的处理情形

（一）用夫妻共同财产购买一方父母的房改房，离婚时按以下情况处理：

1. 产权登记在父母名下，根据《〈婚姻法〉司法解释（三）》第 12 条的规定，婚姻关系存续期间，双方用夫妻共同财产出资购买以一方父母名义参加房改的房屋，产权登记在一方父母名下，离婚时另一方主张按照夫妻共同财产对该房屋进行分割的，人民法院不予支持。购买该房屋时的出资，可以作为债权处理。

2. 登记在夫妻一方名下，那么该房屋就属于夫妻共同财产，离婚时可以作为共同财产分割。

（二）以男方名义购买的房改房，离婚时按以下情况处理：

1. 以市场价和成本价购买的，对婚前以个人财产购买的并登记在自己名下的，视为个人财产；对婚前一方承租，婚后以个人财产购买的，法院具体可酌情处理；对婚前由一方承租，婚后以共同财产购买的，不论是登记在一方名下，还是双方名下，均为共同财产。《〈婚姻法〉司法解释（二）》第 19 条规定，由一方婚前承租，婚后用共同财产购买的房屋，房屋权属证书登记在一方名下的，应当认定为夫妻共同财产。

2. 公民以标准价购买的房改房属拥有部分产权房，人民法院不能判决房屋所有权的归属，可判决由当事人使用，当事人取得完全所有权后，可以另行起诉。

4. 一方利用已故配偶工龄出资购买的房改房，是否是夫妻共同财产的认定

▌**案情介绍**

朱某与孙某于 1961 年 10 月结婚，婚后共生育两个子女，即孙学兰、孙学平。孙某于 1992 年 9 月病故。孙某去世后，未进行过遗产分割，朱某亦未再婚。1995 年 6 月，朱某与其单位桂林百货纺织公司签订房地产买卖契约，朱某以成本价 11 418.6 元向桂林百货纺织批发总公司购买位于桂林市叠彩区某处房屋。该房屋在购房时依据当时房改政策，享用了朱某本人及其死亡配偶孙某的工龄，合计 70 年，其中使用朱某工龄 26 年，孙某工龄 44 年。2000 年 4 月，朱某取得该房屋的房屋所有权证。后两子女认为，该房屋应属于孙某，属于继承范围，主张享有继承权而分割遗产，朱某现诉请法院确认桂林市叠彩区处房屋为其个人财产。

法院经过审理认为：朱某与孙某的婚姻关系因孙某的死亡而终止，孙某死亡近 3 年后，朱某购买了本案争议房屋，现房屋权属登记在朱某个人名下，该房屋并非朱某与孙某婚姻关系存续期间取得的财产，在没有相反证据证明的情况下，对朱某诉称该房屋为其个人财产出资购买的主张，本院予以认定。对于享受已故配偶工龄折扣权的主体，系已故者的配偶，而非孙某本人，房改政策规定已故者配偶享有该权利，并规定其享受前提为未再婚，即考虑到照顾以及安抚已故者配偶的缘故。若非购买房改房，该工龄权并未体现任何财产或财产利益，故该权利应当视为一种购房折扣，而非就此确认房屋物权归属依据。综上，判决支持朱某的诉讼请求。[（2015）桂市民一终字第 433 号]

▌**案例评析**

房改房是根据国家现行房改政策的有关规定，单位将原公房通过优惠形式出售给已经承租或使用该房屋的职工，职工对其享有部分产权或者全部产权的居住用房。本案例主要涉及房改房是否是夫妻共同财产的认定问题。

根据《婚姻法》第 17 条"夫妻在婚姻关系存续期间所得的下列财产，归夫妻共同所有"的规定看，认定夫妻共同财产的前提为"夫妻关系存续期间"，本案所涉房产的取得未在此期间；根据《继承法》第 3 条"遗产是公民死亡时遗留的个人合法财产"的规定看，本案孙某死亡时，房改尚未开始；根据《物权法》第 6 条"不动产物权的设立、变更、转让和消灭，应当依照法律规定登记"的规定看，不动产物权经登记发生物权效力，本案所涉房屋购买、签订合同等行为均发生在孙某死亡后，登记更是在孙某死亡后 7 年多时间。本案中孙学平称购房款应该是父母共同积蓄购买，但并未提供有关证据证明上述主张。朱某

与孙某的婚姻关系因孙某的死亡而终止，孙某死亡近 3 年后，朱某购买了本案争议房屋，现房屋权属登记在朱某个人名下，该房屋并非朱某与孙某婚姻关系存续期间取得的财产，在没有相反证据证明的情况下，该房屋应为朱某一方个人财产。此外由于享受已故配偶工龄折扣权的主体系已故者的配偶，而非孙某，房改政策规定已故者配偶享有该权利，并规定其享受前提为未再婚，即考虑到照顾以及安抚已故者配偶的缘故。若非购买房改房，该工龄权并未体现任何财产或财产利益，故该权利应当视为一种购房折扣，而非确认房屋物权归属的依据。

本案中虽然房屋为朱某一方的个人财产，本案朱某所购的讼争房改房中享受的已死亡配偶孙某的 44 年工龄优惠，应属已死亡配偶的一种财产性利益，可按照房改政策将夫妻双方的工龄因素在房改房出售价格中的比例予以折算，将隐藏在房改房价格中的福利政策具体物化，作为死亡配偶的遗产，孙学平可另案对此部分可继承利益予以主张。

▌风险提示

在此提醒读者，购买该房时所享受的已死亡配偶的工龄优惠只是一种政策性补贴，而非财产或财产权益，常常会通过配偶的购买行为转化为房屋形态，将工龄优惠折扣通过房价表现出来。一方职工去世后，配偶用其工龄折扣购买房改房，亦属于可继承的财产性权益。在判断房改房是夫妻共同财产还是个人财产的问题上应当具体问题具体分析，不能一概而论。

▌法条依据

《婚姻法》

第 17 条：夫妻在婚姻关系存续期间所得的下列财产，归夫妻共同所有：

（一）工资、奖金；

（二）生产、经营的收益；

（三）知识产权的收益；

（四）继承或赠与所得的财产，但本法第十八条第三项规定的除外；

（五）其他应当归共同所有的财产。夫妻对共同所有的财产，有平等的处理权。

《继承法》

第 3 条：遗产是公民死亡时遗留的个人合法财产，包括：

（一）公民的收入；

（二）公民的房屋、储蓄和生活用品；

（三）公民的林木、牲畜和家禽；

（四）公民的文物、图书资料；

（五）法律允许公民所有的生产资料；

（六）公民的著作权、专利权中的财产权利；

（七）公民的其他合法财产。

《物权法》

第 14 条：不动产物权的设立、变更、转让和消灭，依照法律规定应当登记的，自记载于不动产登记簿时发生效力。

第 17 条：不动产权属证书是权利人享有该不动产物权的证明。不动产权属证书记载的事项，应当与不动产登记簿一致；记载不一致的，除有证据证明不动产登记簿确有错误外，以不动产登记簿为准。

▌知识链接：房改房是否是夫妻共同财产的认定

首先需要指出，最高人民法院（2000）法民字第 4 号从逻辑上看，以政策优惠对购房款的比值来决定房屋的权属是错误的。2011 年 11 月 23 日，最高人民法院《关于对"修改〈最高人民法院关于在享受本人工龄和已死亡配偶生前工龄优惠后所购公房是否属夫妻共同财产的函的复函〉（2000）法民字第 4 号"建议的答复》撤销了该文件，并规定："……此类问题不能一概而论，而是应当具体问题，具体分析。"

拿上述案件举例，法定的购房人就是健在的一方朱某，死去的配偶孙某不是购房人，孙某的子女按照房改政策也不是购房人。而国家给死亡一方的政策优惠应该理解为因为死亡一方的贡献而给生存配偶在房改中的优惠，理由如下：①购买该房时所享受的已死亡配偶的工龄优惠只是属于一种政策性补贴，而非财产或财产权益，不是夫妻关系存续期间一方或双方的所得；②只有健在一方是合法的购房人，才有资格享受这种优惠；③这种优惠是否享有完全取决于健在一方是否购房以及购房时是否接受这种优惠，即完全取决于健在一方的意志和行为，而与子女的意志和行为无关。也就是说，作为购房人的健在一方完全可以对这种补贴优惠行使占有、处分的权利，购房以后，其还可以通过居住、出租住房对这种补贴优惠的变形行使使用和收益的权利。这样，购房人对这种补贴优惠便享有占有、使用、收益和处分四项权能，也就是说享有所有权。

判断房改房是夫妻共同财产还是个人财产的一个合法有效的方法：确定房改时间，即交款时间。交款时存在夫妻关系的，就认定为夫妻共同财产，否则认定为一方个人财产。

5. 房改房遗产分割纠纷

▌案情介绍

王军红、王军伟系弟兄,其母亲张婵于 1989 年去世,其父亲王效增系西安电力机械厂职工。王军伟、薛延红于 1997 年结婚。2002 年,西安电力机械厂集资建房。2002 年至 2006 年期间,在王效增名下分五次交纳集资建房款,共计86 188 元,另外,王效增原在西安电力机械厂的旧房房款 11 125.73 元折抵相应集资建房款。2007 年 5 月 24 日王效增病故。2008 年,王军伟、薛延红交纳办证费 1028 元,房款 3077 元并保管所有交款票据。2008 年 11 月 5 日西安市房屋管理局发放了房屋所有权证,该证载明的集资购买的房屋所有权人为王效增,房屋坐落于西安市灞桥区半引路,房屋状况为 31 号楼 201 号,建筑面积 96.90 平方米,房改单位西安电力机械厂,产权人占 100%。现王军红请求法院主张分割父亲名下房改房遗产。

王军伟、薛延红辩称:本案讼争的房屋系以父亲王效增的名义购买的西安电力机械厂的房改房,房款计 102 510 元,除旧房折价 11 447 元充抵相应房款外,其余房款均由其与妻子薛延红出资并交纳,应当多分遗产。

西安中院生效裁判认为:诉争房屋所有权证载明房屋所有权人为王效增,虽然所有交款票据载明交款人为王效增,但交款票据由王军伟、薛延红持有,结合相关证人证言,可以认定王军伟、薛延红二人以夫妻共同财产出资购买以其父王效增名义参加房改的房屋,其中王效增出资 11 125.73 元,王军伟、薛延红出资 89 265 元。故王军伟、薛延红二人购买该房屋时的出资 89 265 元,作为其对王效增的债权,应从现房款中予以扣除。现房屋价值 290 700 元,故王效增实际遗产应为 201 435 元,由第一顺序继承人王军伟、王军红继承。又因王军伟、薛延红二人长期与被继承人王效增共同生活,对被继承人王效增尽的扶养义务较多,并对王效增的房屋购买贡献较大,且长期在该房屋居住,故房屋由王军伟、薛延红所有为宜,分配遗产时予以多分。最终判决,诉争房屋归王军伟夫妻所有,王军伟应给付王军红房屋补偿款 80 000 元。[(2012)西民一终字第 390 号]

▌案例评析

本案涉及房改房作为遗产分割时的处理,本案的焦点问题是,婚姻关系存续期间,双方用夫妻共同财产出资购买以一方父母名义参加房改的房屋,产权登记在一方父母名下的，购买该房屋时的出资如何认定。就本案来看，结合相关证人证言，可以认定诉争房屋是王军伟、薛延红二人以夫妻共同财产出资购买以其父王效增名义参加房改的房屋，其中王效增出资 11 125.73 元，王军伟、薛延红出资 89 265 元。王军伟夫妇的出资应视为债权处理。遗产的范围应当是房屋现价扣除债权的范围，由于王军伟夫妇对其父尽的扶养义务较多，故法院在遗产分割时多予以考虑，法院最终判决房屋归王军伟夫妇，补偿王军红 8 万元的做法是合法合情的。

▋ 风险提示

婚姻关系存续期间，双方用夫妻共同财产出资购买以一方父母名义参加房改的房屋，产权登记在一方父母名下的，购买该房屋时的出资作为债权处理。

▋ 法条依据

《最高人民法院关于适用〈中华人民共和国婚姻法〉若干问题的解释（三）》

第 12 条：婚姻关系存续期间，双方用夫妻共同财产出资购买以一方父母名义参加房改的房屋，产权登记在一方父母名下，离婚时另一方主张按照夫妻共同财产对该房屋进行分割的，人民法院不予支持。购买该房屋时的出资，可以作为债权处理。

《继承法》

第 3 条：遗产是公民死亡时遗留的个人合法财产，包括：

（一）公民的收入；

（二）公民的房屋、储蓄和生活用品；

（三）公民的林木、牲畜和家禽；

（四）公民的文物、图书资料；

（五）法律允许公民所有的生产资料；

（六）公民的著作权、专利权中的财产权利；

（七）公民的其他合法财产。

第 10 条：遗产按照下列顺序继承：

第一顺序：配偶、子女、父母。

第二顺序：兄弟姐妹、祖父母、外祖父母。

继承开始后，由第一顺序继承人继承，第二顺序继承人不继承。没有第一顺序继承人继承的，由第二顺序继承人继承。

本法所说的子女，包括婚生子女、非婚生子女、养子女和有扶养关系的继子女。

本法所说的父母，包括生父母、养父母和有扶养关系的继父母。

本法所说的兄弟姐妹，包括同父母的兄弟姐妹、同父异母或者同母异父的兄弟姐妹、养兄弟姐妹、有扶养关系的继兄弟姐妹。

第13条：同一顺序继承人继承遗产的份额，一般应当均等。

对生活有特殊困难的缺乏劳动能力的继承人，分配遗产时，应当予以照顾。

对被继承人尽了主要扶养义务或者与被继承人共同生活的继承人，分配遗产时，可以多分。

有扶养能力和有扶养条件的继承人，不尽扶养义务的，分配遗产时，应当不分或者少分。

继承人协商同意的，也可以不均等。

▌知识链接：房改房如何办理继承

继承房产产权的问题，是以死者没有遗嘱为前提的，必要条件是直系亲属才能有权利分享继承权。所以，在继承权之前一定要先确定可同时享有该物业产权的人数，并提供有效的证明。要去办理公证，需要提交的材料有被继承人死亡证明、该套房屋的产权证明或其他凭证、户口簿或其他可以证明被继承人与法定继承人的亲属关系的证明文件、继承人的身份证件和其他公证处要求提供的文件。有遗嘱的继承权公证比没有遗嘱的要多提供一份已经被公证过的遗嘱。继承权公证费按照受益额，也就是继承人所继承房屋经过专业部门评估后的评估价值来收取。办理完继承权的公证，就可以带着继承权公证书的原件、继承过户的申请书（房地产交易中心有规范的格式）、继承人的身份证明、房地产权证原件、房屋平面图及地籍图原件、以前购房时的契税完税证和契税完税贴花、被继承人死亡证明到房地产中心进行房地产继承的登记了。

因为继承房产涉及税收的问题，房地产中心要求继承人必须到被认可的专业房地产评估机构进行房产价值的评估。评估费的收取，国家有专门的标准，使用差额定率累进来计费。这和缴纳个人所得税时候采用的累进税率原理很类似，也就是按照房地产价格总额大小划分费率档次，分档计算各档的收费，各档收费额累计之和为收费总额。办理继承登记的时候，还需要缴纳一些费用，包括登记费、权证印花税、继承房屋评估价百分比的合同印花税。

第十章
农村房交易中的法律问题

引　言

　　近年来，随着二手房地产市场的持续火热，无论是商品房还是二手房的价格都持续攀升，这类房子的价格远远超过了普通民众的购买能力。在城乡一体化进程逐步推进的大背景下，城乡人口流动加大、居住区域界限日渐模糊，许多购房者将目光转而投向农村集体土地上建造的房屋。土地的稀缺进一步带动了农村集体土地上建造房屋的价值的翻倍增长，进而导致该类集体土地上房屋转让纠纷的频发。

　　按照法律规定，中国实行二元制土地所有权结构，即国有土地所有制和集体土地所有制。根据《土地管理法》的规定，农村宅基地属集体所有，村民对宅基地只享有使用权。农民申请宅基地建造住房有严格的规定，根据《土地管理法》第62条的规定，农村村民一户只能拥有一处宅基地，其宅基地的面积不得超过省、自治区、直辖市规定的标准。农村村民住宅用地要经乡政府审核，由县级人民政府批准。尽管《土地管理法》未明确规定宅基地使用权不得转让和抵押，但有关"农村村民出卖、出租住房后，再申请宅基地的，不予批准"的规定，也反映出不允许宅基地使用权向本集体经济组织之外的人转让的本意。按照《物权法》的相关规定，宅基地使用权为用益物权，宅基地使用权人无权处分。《物权法》第152条规定："宅基地使用权人依法对集体所有的土地享有占有和使用的权利，有权利用该土地建造住宅及其附属设施。"与第135条规定的建设用地使用权人对国家所有的土地享有的占有、使用、收益权利相比，宅基地使用权人无收益权利。《物权法》第184条还规定，宅基地使用权不得抵押。结合第153条"宅基地使用权的取得、行使和转让，适用土地管理法等法律和国家有关规定"的明文,可以确定,宅基地使用权的权利人只能是农村本集体经济组织的成员,宅基地使用权人依法无权出卖、出租宅基地使用权而为收益或处分。

这里还涉及一个概念,即"小产权房",它并不是一个法律概念,是人们在社会实践中形成的一种约定俗成的称谓。具体是指在农村集体土地上建设的房屋,未缴纳土地出让金等费用,其产权证不是由国家房管部门颁发,而是由乡政府或村政府颁发,亦称"乡产权房"。该类房没有国家发放的土地使用证和预售许可证,购房合同在国土房管局不会给予备案。所谓产权证亦不是真正合法有效的产权证。小产权房的出现与城市房价蹿升密不可分,其成为社会关注的热点亦是从房价上涨迈入快速之年的 2007 年开始的。2008 年 1 月,国务院下发的《关于严格执行有关农村集体建设用地法律和政策的通知》指出,任何涉及土地管理制度的试验和探索,都不能违反国家的土地用途管制制度;2008 年 7 月 15 日,国土部下发通知,要求尽快落实农村宅基地确权发证工作,但明确指出不得为小产权房办理任何形式的产权证明;2009 年 9 月 1 日,国土部下发《关于严格建设用地管理促进批而未用土地利用的通知》,再次向地方政府重申,坚决叫停各类小产权房;2010 年 1 月 31 日,国土资源部表示将重点清理"小产权房";2012 年 2 月 21 日,国土部在"2011 年房地产用地管理调控等情况"新闻发布会上表示 2012 年起各地土地市场流标、流拍类现象须及时上报,同时将限期处理土地闲置等违法违规类案件,包括试点处理小产权房问题;2013 年 11 月,十八届三中全会通过的《中共中央关于全面深化改革若干重大问题的决定》提出,在符合规划和用途管制前提下,允许农村集体经营性建设用地出让、租赁、入股,实行与国有土地同等入市、同权同价;2013 年 11 月 22 日,国土资源部、住房城乡建设部下发紧急通知,要求全面、正确地领会十八届三中全会关于建立城乡统一的建设用地市场等措施,严格执行土地利用总体规划和城乡建设规划,严格实行土地用途管制制度,严守耕地红线,坚决遏制在建、在售"小产权房"行为。党的十八届三中全会以后,怀着对农村集体土地允许自由流转的期待,不少群众更是跃跃欲试希望购买。

司法实践中,对于农村集体房屋的转卖,在一定程度上确实缓解了部分低收入群众的购房压力,但是由于产权及土地权属性质问题面临诸多法律法规和国家政策的限制,矛盾纠纷极为高发,纠纷往往和当事人的趋利心理有关。有的房屋转让合同已经签订履行多年,土地房屋价值翻倍增长,不少转让方意图以转让行为违法进而提出转让行为无效的恶意确认之诉,以此为由达到要求买受人返还房屋或占有巨大的拆迁补偿利益。如何正确处理该类纠纷,成为审判实践的热点难点，下面笔者通过案例对涉农村房转让的相关法律问题加以分类梳理。

1. 城市居民购买农村宅基地房屋合同无效

▌案情介绍

2012年2月15日，杜某、吴某二人签订房屋买卖协议，吴某将位于秭归县茅坪镇杨贵店村一组自建房屋出售给杜某，房屋价格184 800元。双方约定，杜某先付定金8万元，余款待土地使用证办下来后付清。协议签订的当日，杜某向吴某交付购房定金8万元，吴某出具收条。事后杜某得知双方签订房屋买卖协议违背了法律的相关规定，请求法院确认双方签订的房屋买卖协议无效，要求吴某返还购房款8万元并承担从2012年2月15日起至还清之日止按银行同期贷款利率的利息。

吴某辩称：双方签订房屋买卖协议一事的经过无异议，合同是依法成立的，其理由是：①双方均具有完全民事行为能力，签订协议的行为是双方真实意愿，买房前杜某明知只有集体土地使用证，没有房产证的事实。②双方签订的房屋买卖协议并没有违背法律、法规强制性规定，双方所签订的协议是成立的，而且有效，法律并没有强制禁止农村房屋转让给集体组织以外的单位或者是个人。③双方在协议中明确约定，吴某不负责办理房屋过户手续，如杜某想要办理房屋过户手续，应通过合法手续将户口迁移到杨贵店即可办理。④双方签订了协议期间，许多购房者在3、4月间要以高于杜某所出的价格购买房屋，但考虑到已与杜某签订了协议，吴某仍然诚实守约。现杜某要求解除合同，延误了转让房屋的最佳时期，给其造成了一定的经济损失，杜某应予以承担。综上，原告的诉讼请求不能成立，所交定金不退。请求法院依法驳回杜某的诉讼请求。

法院经过审理认为：所有人对自己的不动产或动产，依法享有占有、使用、收益和处分的权利，但其对自己财产的处分不得违反法律、行政法规的强制性规定。原、被告签订房屋买卖协议虽属自愿，在协议中约定土地不转让，但根据"地随房走"的原则，农村房屋买卖必然涉及宅基地转让。被告人自建的房屋，虽属其所有，但所建房屋的土地是属村集体所有，村集体所有的土地由本村村民集体所有。原、被告所签订的房屋买卖协议的买卖标的物不仅是房屋，还包含相应的宅基地使用权，该买卖合同非同正常的可以在市场上流通交易的商品房屋买卖合同，原告不是茅坪镇杨贵店村村民，不具备该区域内购房权利。被告将在村集体所有的土地上建设的房屋出售给不属本村村民的原告，双方签订的房屋买卖协议违反了我国《土地管理法》的强制性规定，该合同应认定为无效。我国《合同法》第 58 条规定："合同无效或被撤销后，因该合同取得的财产，应当予以返还。"故二被告基于合同而收取的原告购房款 8 万元应予返还。[（2012）鄂秭归民初字第 00780 号]

▍案例评析

本案涉及了非农村经济组织成员买卖宅基地使用权效力的认定问题。按照法律规定，宅基地使用权是农村集体经济组织成员享有的权利，与享有者特定的身份相联系，非本集体经济组织成员无权取得或变相取得。当今社会宅基地分配仍具有社会保障性质，宅基地若大量交易将导致强势群体对宅基地的兼并，大量失地农民将生活无着，会对社会秩序造成巨大冲击。我国人多地少的国情决定国家对土地使用采取严格的限制政策，其目的是让农民保住自己的住宅，是维护和谐稳定的社会秩序的需要，也是为农民负责、保障其基本生存权的需要。

本案中，杜某和吴某之间的房屋买卖协议，因违反了国家法律强制性的规定，依据《合同法》第 52 条第 5 项的规定，是无效的，也就必然不能得到法律的保护。

▍风险提示

非本村村民购买集体土地上的房屋，因违反《土地管理法》的规定，侵害了村集体其他成员宅基地使用权，合同应属无效。我国法律明文规定农村住宅即所谓的小产权房只能分配给本村村民，并禁止向城市居民出售，但并没有禁止小产权房在同一集体组织成员之间流转、买卖。根据私法原理，法无禁止即可为，只要同一集体成员具有相应的民事权利能力和民事行为能力，签订小产权房买卖合同时意思表示真实，不违反法律或社会公共利益，一般认定该小产权房买卖合同有效。

▍法条依据

《宪法》

第 10 条：城市的土地属于国家所有。

农村和城市郊区的土地，除由法律规定属于国家所有的以外，属于集体所有；宅基地和自留地、自留山，也属于集体所有。

任何组织或者个人不得侵占、买卖或者以其他形式非法转让土地。……

《关于加强土地转让管理严禁炒卖土地的通知》[国办发（1999）39号]

第2条：加强对农民集体土地的转让管理，严禁非法占用农民集体土地进行房地产开发；农民集体土地使用权不得出让、转让或出租用于非农业建设；农民的住宅不得向城市居民出售，也不得批准城市居民占用农民集体土地建住宅，有关部门不得为违法建造和购买的住宅发放土地使用证和房产证。

《关于严格执行有关农村集体建设用地法律和政策的通知》[国办发（2007）71号]

第2条：农村住宅用地只能分配给本村村民，城镇居民不得到农村购买宅基地、农民住宅或"小产权房"。

《合同法》

第52条：有下列情形之一的，合同无效：

……

（五）违反法律、行政法规的强制性规定。

第132条：出卖的标的物，应当属于出卖人所有或者出卖人有权处分。

法律、行政法规禁止或者限制转让的标的物，依照其规定。

《物权法》

第152条：宅基地使用权人依法对集体所有的土地享有占有和使用的权利，有权依法利用该土地建造住宅及其附属设施。

第153条：宅基地使用权的取得、行使和转让，适用土地管理法等法律和国家有关规定。

《土地管理法》

第10条：农民集体所有的土地依法属于村农民集体所有的，由村集体经济组织或者村民委员会经营、管理；已经分别属于村内两个以上农村集体经济组织的农民集体所有的，由村内各该农村集体经济组织或者村民小组经营、管理；已经属于小（镇）农民集体所有的，由小（镇）农村集体经济组织经营、管理。

第63条：农民集体所有的土地的使用权不得出让、转让或者出租用于非农业建设；但是，符合土地利用总体规划并依法取得建设用地的企业，因破产、兼并等情形致使土地使用权依法发生转移的除外。

▌知识链接：农村小产权房的购买风险

根据我国现行的房地产法律，农村土地属于集体土地。集体土地的用途目前主要有两种：一是作为宅基地供农民居住；二是作为农用地进行农业生产。

而在国家对集体土地进行征收前，集体土地是不能在市场上自由流通的。所以相对于普通商品房产权而言，小产权房如果仅从法律层面上来看，是不能买卖的。但即便如此，在目前房地产交易市场，小产权房依然占有一席之地，并且有愈演愈烈的趋势。小产权房的存在并旺销，必然有其存在的合理性。购买农村小产权房主要存在以下六方面风险：

（1）法律风险。小产权房只具备普通商品房的使用性质，不具备普通商品房的法律性质。法律提供给商品房的相关保障与救济制度大部分对小产权房是无效的，人民法院针对商品房买卖制定的司法解释也无法适用于小产权房。

（2）政策风险。在购房人与开发商签订合同并交付房款后，如果遇上房管部门整顿房地产市场，可能就会导致该项目停建甚至被强迫拆除，那么结果只能是购房人找开发商索要购房款，进而陷入进退两难的困境。

（3）如果遇到国家征地拆迁，由于小产权房没有国家认可的合法产权，购房人实际只拥有房屋的永久使用权，所以其拆迁补偿要比普通商品房低很多。

（4）商品房开发过程中大量的开发资金是需要政府和银行进行监管的，而小产权房在这方面比较薄弱，几乎没有得力的监管机构，主要依靠开发商自律进行开发建设，所以其开发资金是否按时到位，是否能够按质按时的交付房屋存在一定风险。

（5）由于小产权房没有在房管部门备案，不在政府机构对商品房的统一管理范围内，这样在使用房屋的过程中，如果遇到一些房屋质量问题、公共设施维护问题，其救济途径可能会不太畅通。

（6）购买小产权房无法办理贷款，只能一次性或分期付款，会加大购房人的资金压力，提前将全部购房款交付开发商也存在一定的风险。

2. 同经济组织成员之间转让宅基地的行为有效

▌案情介绍

原告单某、汪某与被告单某一均系绍兴市越城区东浦镇某某村集体经济组织成员。1986年10月19日，两原告经申请取得坐落于绍兴市越城区东浦镇朝西坟头农田的宅基地使用权一宗，面积为36平方米。被告单某一亦于1986年10月19日经申请取得坐落于绍兴市越城区东浦镇朝西坟头农田的宅基地一宗，面积亦为36平方米。上述两宅基地相邻。2003年2月9日，经时任村委主任的协调，两原告与被告签订转让协议一份，协议约定，为有利于生活上的便利，两原告自愿将坐落上秧田朝西坟头的宅基地使用权转让给被告，转让价为11 000元整，转让后任其翻建修造，恐后无凭，特立此书为凭，决不反悔，决不回赎。

过户时转让人必须提供方便，国家征用都由受主负责权属，转让人无权干涉。后被告在受让宅基地使用权后建造了房屋，该房屋因高教园建设工程被拆迁征用，拆迁部门于 2010 年 12 月 8 日与被告签订房屋拆迁补偿协议和安置协议并给被告进行了安置补偿。现两原告认为双方之间转让协议无效遂诉至法院请求被告返还拆迁征用款。

法院经过审理认为：宅基地使用权在同一集体经济组织内部成员之间转让，法律和行政法规并未有禁止性的规定。原、被告均系同一集体经济组织的内部成员，转让时经村委主任的协调，转让后经村委会的追认，转让协议系双方当事人的真实意思表示，转让协议明确约定转让后征用补偿权利归被告，转让人无权干涉，故认定原、被告签订的转让协议依法成立，合法有效，对双方当事人具有法律约束力，判决驳回原告单某、汪某的诉讼请求。[（2012）浙绍民终字第 77 号]

▌案例评析

本案主要涉及同经济组织成员买卖宅基地使用权合同效力的认定问题。《土地管理法》第 62 条规定："农村村民出卖、出租住房后，再申请宅基地的，不予批准。"可见农村宅基地是可以在本村村民之间买卖的，但是村民买卖后不得再申请宅基地。本案中，原、被告双方属于同村村民，属于同一个集体经济组织成员，双方之间的宅基地相邻，为了使宅基地发挥最大的价值，双方是可以对宅基地的转让、出租等事项作出约定的。

2003 年 2 月 9 日，本案双方经时任村委主任的协调签订宅基地转让协议，并在协议上签名予以鉴证，签约双方按协议履行了交付面积为 36 平方米宅基地和支付价款 11 000 元的约定，单某一在转让所得的宅基地上建房居住至该房被征用。双方签订宅基地转让协议的行为并未违反上述法律规定，双方所签订的转让协议有效，对双方具有约束力，双方均应履行宅基地转让协议的约定。法院判决驳回两原告的诉讼请求的做法是公正合法的。

▌风险提示

提醒广大购房者，购买农村宅基地上所建的私有房屋一定要注意，由于农村宅基地是农民集体经济组织所有，只有该组织成员才享有宅基地使用权，任何组织成员外部的人都不可以获得其使用权；并且农村一户只能拥有一处宅基地，如果农村村民出卖、出租住房后，再申请宅基地的不予批准，所以在农村宅基地买卖出售上面，双方都应该谨慎小心，莫违反法律规定，以免造成经济损失。即使是同村村民之间买卖宅基地房屋也一定要签订书面的转让协议，还要注意尽快去房地产管理机关办理产权使用登记手续，取得权利凭证，避免日后纠纷的发生。

▌法条依据

《民法通则》

第 4 条：民事活动应当遵循自愿、公平、等价有偿、诚实信用的原则。

第 6 条：民事活动必须遵守法律，法律没有规定的，应当遵守国家政策。

《物权法》

第 153 条：宅基地使用权的取得、行使和转让，适用土地管理法等法律和国家有关规定。

《土地管理法》

第 62 条：农村村民一户只能拥有一处宅基地，其宅基地的面积不得超过省、自治区、直辖市规定的标准。

农村村民建住宅，应当符合乡（镇）土地利用总体规划，并尽量使用原有的宅基地和村内空闲地。

农村村民住宅用地，经乡（镇）人民政府审核，由县级人民政府批准；其中，涉及占用农用地的，依照本法第四十四条的规定办理审批手续。

农村村民出卖、出租住房后，再申请宅基地的，不予批准。

▌知识链接：农村宅基地转让条件及遵循的原则

（一）农村宅基地转让中易发生纠纷的主要原因

1. 买卖合同不规范埋下纠纷隐患。原、被告双方买卖房屋、宅基地时有的仅为口头协议未签订买卖合同，或者虽签订买卖合同但内容不规范，欠缺法律上的形式要件，合同自身存有瑕疵，使得买卖双方履行过程中对合同内容出现争议，酿成纠纷。

2. 房屋升值的利益驱动，使当事人背弃诚信。巨大的经济利益当前，一些已经出卖房屋、宅基地或转让社区楼房名额的农村村民以及出卖了农村房屋、宅基地的城镇居民开始反悔，想方设法地想收回房屋，导致纠纷时有发生。

3. 城镇居民购买农村房屋的政策禁止性为当事人请求返还提供了空间和依据。受我国传统思想的影响，很多在外上班的城镇居民退休前后逐渐盛行在农村老家置办房产，以便老来"叶落归根"。由于农村宅基地的福利性质和土地资源的紧缺，国务院办公厅及国土资源部均出台了严格规定："严禁城镇居民在农村购置宅基地，严禁为城镇居民在农村购买和违法建造的住宅发放土地使用证。"以此来加强农村宅基地管理。这些政策规定将城镇居民购买农村房屋限定为禁止性行为，为卖房户要求确认合同无效、返还房屋、赢得诉讼提供了法律支撑，也不可避免地助长了当事人违背诚信的恶习。

（二）农村宅基地使用权转让的条件

1. 经本村村民委员会同意，且最终取得乡级政府的批准。

2. 转让人与受让人同为本村村民。

3. 受让人无宅基地，符合宅基地申请条件。

4. 宅基地使用权不能单独转让，须与住房一并转让。另外，转让人户口应该已迁出本村或属于"一户多宅或多房"。如系一户一宅，须明确表示不再申请宅基地，且有证据表明其已有住房保障，如与其他近亲属合户居住。符合以上条件，该房屋买卖可保万无一失。

（三）农村宅基地转让的原则

1. 履行相关审批手续。房屋所有权证是确认房屋所有权的合法凭证，宅基地使用证和集体土地建设用地使用证是农民合法取得宅基地使用权的重要凭据，因买卖房屋而转移宅基地使用权的，宅基地使用权主体发生变化，应当依照《土地管理法》《土地管理法实施条例》及其他规定履行审查、批准等手续，并完成权利主体的变更登记。实践中有些地区的房屋管理部门和土地管理部门对房、地管理脱节，有些当事人在进行变更登记时，只到房屋管理部门办理产权过户登记手续，没有进行宅基地使用权的主体变更，使土地管理部门的工作陷入被动。还有的当事人在买卖时未经任何部门批准，既没有进行房屋产权的变更登记，又没有完成宅基地的变更登记。严格地说，此类情况下宅基地使用权和房屋所有权并未发生转移。

2. 受让人主体资格应受限制。宅基地分配制度的福利性必然产生权利主体的身份特定性与权利取得的受限性，使用权主体应是该农业集体经济组织成员，或与成员有直系亲属关系或其他规定的身份的人。因经济发展、人口流动等，原使用权人不再使用宅基地，依法可以转让，但是，对于宅基地使用权的受让主体，应当有所限制，即宅基地使用权只可在本集体经济组织内部自由转让，因为一旦转让给城市居民或其他农业集体经济组织成员，受让主体便不再符合法定的条件，除非转让时，该受让人已经将户口迁入本乡或本村，成为本集体经济组织内部成员。

3. 转让后原则上仍遵循"一户一宅"原则。《土地管理法》第 62 条第 4 款规定明确了宅基地"一户一宅"的原则，因此农民买卖房屋涉及宅基地使用权的转移时，还应当满足宅基地标准的限制。当取得宅基地超过省、自治区、直辖市规定标准时，应在土地登记卡和土地证书内注明超标的数量。以后分户建房或现有房屋拆迁、改建、翻建或政府依法实施规划重新建设时，按当地政府规定的面积标准重新确定使用权，超过部分归还集体经济组织。实践中还有对超标部分由本集体经济组织收回，并对收回宅基地上的房屋给予适当补偿的做法。

（四）上述条件是否影响房屋买卖合同的效力

1. 是否办理过户登记不影响买卖合同效力。有观点认为农村宅基地、房屋买卖合同违反了法律关于此类合同在订立前后应当办理申请、审查、批准和登记手续的规定，因此应当认定房屋买卖合同无效。其理由是，根据《城市房地产管理法》第 60 条的规定，房地产转让应办理变更登记；根据《土地管理法实施条例》第 6 条和《土地登记规则》第 25 条的规定，土地使用权的变更自登记之日起生效，不办理变更登记的不具有法律效力。应当指出，宅基地使用权和房屋所有权是否经过户登记并不是房屋买卖合同的有效要件，未办理过户登记不影响买卖合同的效力，只要买卖合同符合合同的有效要件，合同即为有效。我国《合同法》第 44 条规定："依法成立的合同，自成立时生效，法律、行政法规规定应当办理批准、登记等手续生效的，依照其规定。"依据该规定需要办理批准、登记等手续后生效的合同，必须要有法律或者行政法规上的依据，因此《土地登记规则》并不能作为认定合同须依法登记后生效的依据。《城市房地产管理法》调整的是城市规划区国有土地范围内取得房地产开发用地的土地使用权，其不应适用于农村宅基地使用权。《土地管理法实施条例》虽可适用，但相关条文规定的是土地使用权自登记之日起生效，因而规范的是物权行为，而非规范属于债权行为的买卖合同。就登记设立的目的考察，登记作为不动产物权变动的公示方式，就宅基地房屋买卖行为而言，登记的只能是宅基地使用权和房屋所有权的变动，而非房屋买卖合同本身。就登记的性质而言，登记是生效房屋买卖合同的履行内容之一，如果认为房屋买卖合同自登记之日起生效，则混淆了物权行为和债权行为的生效要件。进行过户登记是生效房屋买卖合同当事人的义务之一，而不是合同有效的要件。

2. 主体条件和"一户一宅"标准不影响买卖合同效力。合同的效力的判断应以法律规定的合同有效要件为标准，可能导致农村宅基地房屋买卖合同无效的理由是其违反了法律、行政法规的强制性规定，此外即使合同的订立违背了其他部门颁布的规范性文件的强制性规定，也不能据此认定合同无效。虽然《关于加强土地转让管理严禁土地炒卖的通知》规定"农村房屋不得向城市居民出售",但其发文机关是国务院办公厅,并非行政法规,不能作为判断合同效力的依据;而《土地管理法》第62条规定"农村村民出卖、出租住房后,再申请宅基地的,不予批准",并未禁止农村宅基地上房屋的出售和出租。至于第63条"农民集体所有土地的使用权不得出让、转让或者出租用于非农业建设"的规定,其立法目的是为限制农村集体土地用于非农业建设,而农村宅基地上的房屋即使出售也未改变宅基地的性质,仍属于农村建设用地。故农村宅基地房屋买卖合同并不存在法定的无效事由,因此如果违反了受让主体的身份条件和"一户一宅"的标准,买卖合同仍应认定有效,如果取得了有关组织或部门批准并办理了过户登记手续的,应继续履行;经过有关组织或部门批准但未办理过户登记手续的,可责令补办;未经批准而无法办理过户登记手续的,属于合同无法履行,如出卖方要求解除合同返还房屋的,应当支持其主张,判决返还房屋。由此造成买受方损失的,买受方可要求出卖方赔偿损失。

3. 城镇户籍居民对宅基地上房屋依法享有继承权

▌案情介绍

1954年11月11日,薛万田父亲薛三明与母亲于降鱼结婚,双方均系再婚。双方婚前各有宅院一处,于降鱼的宅院系与前夫离婚时分割而得,薛三明的宅院为继承而来。双方结婚时,薛三明与前妻所生二子一女,长子薛大田(2008年10月21日去世),次子薛玉田(1995年9月17日去世),女儿薛全英(结婚另过,已申请放弃参加诉讼)。婚后薛三明的长子薛大田与次子薛玉田、女儿薛全英居住在薛三明的祖遗宅院内。1964年薛三明、于降鱼共同拆建了原薛三明祖遗宅院的房屋,并由薛大田、薛玉田、薛全英居住。1964年5月14日,薛万田出生,其与父母在于降鱼的宅院内居住生活。1992年,原忻州市人民政府根据忻政发〔1992〕68号文件精神,对全市农村居民个人建房用地进行了调查勘丈、审批。1992年10月10日,原忻州市人民政府作出忻集建(1992)字第025993号《集体土地建设用地使用证》,将薛大田、薛玉田共同居住的争议宅院颁证于薛大田名下。2005年8月25日,薛三明去世,于降鱼和薛万田搬迁至该争议宅院居住生活。2011年5月18日,于降鱼去世。2011年薛万田发现宅基地已登记在薛大田名下,其认为宅院系薛三明继承所得,生前从未给子女进行过分家析产,忻州市忻府区人民政府颁证时未进行实际调查,错把本属于薛三明的宅基地登记在薛大田名下的行为侵犯了其合法继承权益,请求对登记予以撤销。

法院经过审理认为:薛万田作为薛三明、于降鱼二人的儿子,对涉及薛三明、于降鱼二人的合法财产具有继承权。虽然薛万田是城镇户籍人口，但不能据此丧失对集体土地性质的宅基地上所建房屋的继承权。忻府区人民政府仅依据忻府区播明镇西播明村民委员会出具的证明，而没有对诉争宅基地使用权的权属进行实质性审查，在没有查明土地历史使用情况和现状的情况下颁发宅基地使用权证，程序违法，最终判决支持原告的诉讼请求。［（2012）忻中行终字第31号］

█ 案例评析

依据《继承法》第3条的规定，遗产是公民死亡时遗留的个人合法财产。农村宅基地上的房屋也属于遗产，可以继承，但是需要注意的是，农村的宅基地是不能被继承给城镇居民的。这可以看作是"地随房走"原则的一个例外。因为依据我国法律规定，宅基地的所有权和使用权是分离的，宅基地的所有权属于集体，使用权属于房屋所有人，农村宅基地的使用权是基于本经济组织成员的特殊身份取得的，农民只是享有使用权。但建造在宅基地上的房屋属于公民个人所有，是可以被合法继承的。

本案中，根据2011年《国土资源部、中央农村工作领导小组办公室、财政部、农业部关于农村集体土地确权登记发证的若干意见》第6条的规定，薛万田虽然是城镇户口，但仍然对本案诉争宅基地上所建房屋拥有继承权。忻府区人民政府仅依据忻府区播明镇西播明村民委员会出具的证明，而没有对诉争宅基地使用权的权属进行实质性审查，在没有查明土地历史使用情况和现状的情况下颁发宅基地使用权证，程序违法。法院判决支持原告的诉讼请求是公正合法的。

█ 风险提示

城镇户籍的继承人因继承房屋占用农村宅基地的，可按规定登记发证。政府宅基地颁证行为侵犯其合法权益时，可以依法向人民法院提起行政诉讼。此外，为了避免此类分家析产纠纷的发生，相关权利人可以提前做一份分家析产的协议或者遗嘱，对遗产进行分配，避免日后子女及其他亲属之间发生矛盾。

█ 法条依据

《继承法》

第3条：遗产是公民死亡时遗留的个人合法财产，包括：

（一）公民的收入；

（二）公民的房屋、储蓄和生活用品；

（三）公民的林木、牲畜和家禽；

（四）公民的文物、图书资料；

（五）法律允许公民所有的生产资料；

（六）公民的著作权、专利权中的财产权利；

（七）公民的其他合法财产。

第 26 条：夫妻在婚姻关系存续期间所得的共同所有的财产，除有约定的以外，如果分割遗产，应当先将共同所有的财产的一半分出为配偶所有，其余的为被继承人的遗产。

遗产在家庭共有财产之中的，遗产分割时，应当先分出他人的财产。

《国土资源部、中央农村工作领导小组办公室、财政部、农业部关于农村集体土地确权登记发证的若干意见》

第 6 条：严格规范确认宅基地使用权主体宅基地使用权应该按照当地省级人民政府规定的面积标准，依法确认给本农民集体成员。非本农民集体的农民，因地质灾害防治、新农村建设、移民安置等集中迁建，在符合当地规划的前提下，经本农民集体大多数成员同意并经有权机关批准异地建房的，可按规定确权登记发证。已拥有一处宅基地的本农民集体成员、非本农民集体成员的农村或城镇居民，因继承房屋占用农村宅基地的，可按规定登记发证，在《集体土地使用证》记事栏应注记"该权利人为本农民集体原成员住宅的合法继承人"。非农业户口居民（含华侨）原在农村合法取得的宅基地及房屋，房屋产权没有变化的，经该农民集体出具证明并公告无异议的，可依法办理土地登记，在《集体土地使用证》记事栏应注记"该权利人为非本农民集体成员"。

▌知识链接：宅基地使用权申请的条件和程序

宅基地使用权，是指公民个人在依法取得的国家所有或农村集体组织所有的宅基地上建筑房屋并享有居住使用的权利，它包括以下内容：

（1）依法取得农村村民宅基地的使用权，必须履行完备的申请手续，经有关部门批准后才能取得。

（2）永久拥有宅基地使用权的公民，使用权没有期限，由公民长期使用，长期不变。权利人可在宅基地上建造房屋、厕所等建筑物，并享有所有权；在房前屋后种植花草、树木，发展庭院经济，并对其收益享有所有权。

（3）随房屋转移宅基地的使用权依房屋的合法存在而存在，并随房屋所有权的转移而转移。房屋因继承、赠与、买卖等方式转让时，其使用范围内的宅基地使用权也随之转移。在买卖房屋时，宅基地使用权须经过申请批准后方可随房屋转移。

（4）依法取得的宅基地使用权受国家法律保护，任何单位或者个人不得侵犯。否则，宅基地使用权人可以请求侵权人停止侵害、排除妨碍、返还占有、赔偿损失。《土地管理法》第62条规定："农村村民一户只能拥有一处宅基地，其宅基地的面积不得超过省、自治区、直辖市规定的标准。农村村民出卖、出租住房后，再申请宅基地的，不予批准。"

农村村民符合下列条件之一的可以申请使用宅基地：

（1）现在住房影响乡（镇）村建设规划，需要搬迁重建的。

（2）农村村民户除身边留一子女外，其他子女确需另立门户而已有的宅基地低于分户标准的。

（3）经主管部门批准，由外地迁入的农户无住房的。

（4）集体组织招聘的技术人员要求在当地落户且户口已迁入的。

（5）离休、退休、退职的干部职工，复退军人和华侨、侨眷、港澳台同胞持合法证明回原籍定居，需要建房而又无宅基地的。

（6）居住拥挤，宅基地面积少于规定的限额标准的。

属于以下情况的，不得申请宅基地：

（1）出卖、出租或以其他形式非法转让现有住宅后，再申请宅基地的。

（2）一户一子（女）有一处以上（含一处）宅基地的。

（3）户口已迁出不在当地居住的。

（4）年龄未满18周岁，又不具备分户条件的。

（5）虽在农村居住而户口未迁入当地的。

（6）其他规定不应建房和安排宅基地的。

申请宅基地的程序：

（1）申请。申请人持申请材料向当地村委会提出书面用地申请。村委会应当在每一个季度集中申请材料，依法召开村委会或村民代表大会进行审议，并张榜公布，在张榜公布之日起15个工作日内本村村民未提出异议或者异议不成立的，上报给乡镇国土资源所初审。

（2）现场勘查。乡（镇）人民政府组织国土资源所进行现场勘查和群众调查，审查建房用地和建设申请条件，并制作勘查笔录和审查意见书。

（3）填申请表。国土资源所初审合格后发放《农村村民住宅用地与建设申请表》。

（4）村委会审查。村委会对申请人提交的农村村民住宅用地与建设申请表进行审查并签署意见，证明申请人的原住宅用地情况和家庭成员现居住情况，由负责人签字，同时加盖村民委员会公章，报乡（镇）人民政府审核。

（5）审核上报。乡（镇）人民政府在收到村委会上报的住宅建设用地申请材料后完成审核并现场确定规划用地范围，并报县国土资源局初审。县国土资源局对符合审批条件的上报县人民政府。

（6）审批。县人民政府批准用地的，由县国土资源局颁发建设用地批准书。

（7）放样。到实地放样，划定范围，填写放样记录卡，放样参加人应当在放样记录卡上签字。放样后，用地申请人方能动工建设。

（8）验收发证。新建、改建、扩建农村村民住宅，应当自房屋竣工验收合格之日起 30 个工作日内依法申请办理土地初始登记或者变更登记手续和房屋产权登记手续，领取土地使用权证书和房屋所有权证书，需建住宅的村民向所在的村民委员会提出申请。

另外需引起注意的是，农民朋友在申请宅基地使用权时，一定要根据所在地的有关具体规定先行申请，待批准后方可动工建设。申请宅基地使用权其实就是申请宅基地，但是即使您是该集体经济组织的成员，在申请宅基地的时候也要具备相应的条件，同时还要注意办理申请宅基地的手续，才能最后获得宅基地使用权。

4. 宅基地使用权不可作为遗产单独继承

▌案情介绍

陈刚系陈村村民，陈明系陈刚之子。1980 年陈刚向本村村委会申请宅基地建房，经批准后，陈刚在宅基地上建了三间房屋。1992 年陈明考上某城市一所大学，户口随之迁出。大学毕业后，陈明通过了公务员考试，成为一名公务员，随后一直在市里工作。2002 年陈刚和其妻子相继去世，陈村宅基地无人居住。2004 年陈村村委会通知陈明，因其父母去世，宅基地无人居住，村里按要求要将宅基地使用权收回，并要求陈明在规定的时间里将宅基地上的三间房屋拆除，或者按照规定将该宅基地连同房屋卖给本村有宅基地使用权的村民。陈明拒绝，认为其父母的房屋连同宅基地使用权都应作为遗产由其继承。村委会最后将陈明告上法庭，要求陈明返还宅基地使用权，拆除宅基地上的房屋。

法院经过审理认为：农村村民的宅基地使用权基于村民的特定身份取得，村民只有宅基地使用权，不能对宅基地进行处置。根据法律规定，由于宅基地不属于公民的个人财产，因此，宅基地的使用权人去世后，宅基地使用权不能作为遗产被继承。因此，陈明主张宅基地作为遗产被继承因违反法律规定而不予支持。根据《继承法》第3条的规定，农村宅基地上的房屋属于遗产，继承人有权继承。因此陈明有权继承父母去世后留下的农村宅基地上的房屋及其他财产。房屋所有权的转移涉及宅基地的使用权问题，两者作为一个整体而存在，宅基地使用权的收回导致房屋所有权的消灭，陈明也就无法继承遗产，抹杀了他物权的继承性。最终法院判决驳回村委会的诉讼请求，陈明可继续使用宅基地上三间房屋，该房屋不得翻建、改建、扩建，但可以修葺，当被继承房屋不可居住时，宅基地由农村集体经济组织收回。

▍案例评析

随着我国城镇化进程的加快，越来越多的农民脱离了农村集体户口迁入城镇户口，成为城市居民。随着我国教育水平的提高，越来越多的农村孩子考上大学，在城市安家落户，成为城市居民。但是与此同时，由于父母和子女的户口差别，处理农村遗产继承会出现很多问题，城镇居民是否可以继承农村房屋？房屋附属的宅基地使用权是否在继承的范围之内？

（1）宅基地能不能作为遗产被继承？遗产是公民死亡时遗留的个人合法财产。农村集体经济组织的宅基地是分配给以户为单位的家庭全体成员共同使用的，不属于个人的财产，独立的宅基地的使用权依法不能进行继承。宅基地的所有权是集体经济组织的，使用权才属于集体经济组织成员，宅基地的非私有财产性，宅基地取得的特殊条件要求等特点决定了在丧失村民身份的情况下，宅基地使用权也自然灭失。因此宅基地使用权不可以作为遗产被继承。

首先，农村宅基地使用权具有很强的人身依附性，通常情况下，宅基地使用权的取得以具有农村集体经济组织成员的资格为必要条件，因集体经济组织成员资格的失去而失去，不产生在不同农民个体之间的流转，即不可以被继承。《土地管理法》第62条规定："农村村民一户只能拥有一处宅基地，其宅基地的面积不得超过省、自治区、直辖市规定的标准。"农村宅基地使用权主要是为了保障每户农民的居住需求，具有社会保障功能，如果允许继承，将导致宅基地无限扩大。

其次，在特殊情况下，根据"地随房走"的原则，继承人对宅基地上所造的房屋的继承将会导致其对宅基地的继承。也就是说，如果继承人继承了房屋，那么继承人是可以继续使用房屋的，村集体经济组织是不会强行要求拆除房屋将宅基地给腾退出来的，但是不得对该房进行翻建、改建、扩建。

最后，本案中，随着陈明户口的迁出，陈明的宅基地使用权资格消灭，其父母的土地使用权也因其死亡而消灭，因此无论是陈明还是陈刚，都不再是宅基地使用权的主体。当然陈明无权将宅基地当作遗产来继承。但也并不意味着，陈明对其父母的遗产——宅基地上的房屋没有继承权。《确定土地所有权和使用权的若干规定》（1955 年 4 月 9 日）第 49 条规定："接受转让、购买房屋取得的宅基地，与原所有宅基地合计面积超过当地政府规定标准，按照有关规定处理后允许继续使用的，可暂定其集体土地建设用地使用权。继承房屋取得的宅基地，可确定集体土地建设用地使用权。"显然，这一规定明确了继承房屋在一定程度上是可以使用宅基地的。

（2）村委会是否有权收回宅基地？根据《宪法》第 10 条和《土地管理法》第 8 条的规定，宅基地的性质并非私人所有，而是集体所有。村民在符合的条件下可以申请宅基地建房，村民对宅基地只拥有使用权而不是所有权，其所有权属于当地农村经济组织所有。但是宅基地使用权人对宅基地的使用有一定的特殊性，村委会虽然代表其对土地的所有权，但并不意味着村委会可以不受限制地随时收回他人占有的宅基地。

若继承人是当地本集体经济组织成员，并且符合宅基地申请条件的，也就是符合农村村民一户只拥有一处宅基地，且不超过规定的宅基地的使用面积的情况下，则可以经批准后取得被继承房屋及其宅基地，可以翻盖房屋；若继承人不符合在被继承房屋所在地申请宅基地条件，则可以将房屋卖给本村其他符合申请条件的人，若不愿意出卖，则该房屋不得翻建、改建、扩建，但可以修葺，当被继承房屋不可居住，宅基地由农村集体经济组织收回。

由于陈明户口已经不在陈村集体组织，不属于该集体组织的成员，因此陈明只有权继承该宅基地上的房屋，在继承房屋的同时可以继续使用房下的宅基地，但不能对该房进行翻建、改建、扩建，只能维持现状或卖给同村其他符合取得该宅基地条件的人。

▌风险提示

宅基地使用权不属于遗产，无法被继承。但宅基地上的房屋属于遗产，可以被继承。因此在司法实践中，遵循"地随房走"的原则，若继承人是本农村集体经济组织成员则可以通过继承房屋，通过村委会的批准，即可以获得宅基地使用权；若继承人是非农村集体经济组织成员，则只能继承房屋所有权，又因房屋所有权和宅基地使用权不可分离，继承人可以继续使用房屋，但不能对该房进行翻建、改建、扩建，只能维持现状或卖给同村其他符合取得该宅基地条件的人。宅基地上若无房屋或房屋灭失，则村委会可直接收回宅基地使用权。

▌法条依据

《继承法》

第3条：遗产是公民死亡时遗留的个人合法财产，包括：

（一）公民的收入；

（二）公民的房屋、储蓄和生活用品；

（三）公民的林木、牲畜和家禽；

……

（七）公民的其他合法财产。

《土地管理法》

第62条第1款：农村村民一户只能拥有一处宅基地，其宅基地的面积不得超过省、自治区、直辖市规定的标准。

《确定土地所有权和使用权的若干规定》

第49条：接受转让、购买房屋取得的宅基地，与原所有宅基地合计面积超过当地政府规定标准，按照有关规定处理后允许继续使用的，可暂定其机体土地建设用地使用权。继承房屋取得的宅基地，可确定集体土地建设用地使用权。

▌知识链接：宅基地使用权及其上房屋继承中的法律问题

根据我国现行相关法律法规的规定，宅基地和宅基地之上所建的房屋是不同的所有权的客体，是两个分别存在的物，但在实际生活中，这两个独立的物确需相互依存，宅基地是其上房屋存在的基础，而地上房屋直接体现了宅基地的价值。

实践中，农村宅基地的继承主要涉及如下法律规定：

（1）农村的宅基地属于农村集体经济组织所有，只能在集体中交易。

（2）农村村民一户只能拥有一处宅基地，农村村民出售、出租住房，再申请宅基地的，不予批准。

（3）农村宅基地的使用权的取得是无偿的，具有农民福利的性质。

（4）村民在取得农村宅基地使用权后可以世代使用，没有时间限制（对本集体经济组织成员且符合申请宅基地的继承人而言）。

（5）公民依法享有财产继承权，公民的遗产包括宅基地上的房屋。

农村宅基地继承有以下几种情况：

（1）继承人与被继承人共同生活，并且在同一农村集体组织的，可以继承。

（2）继承人不和被继承人一起生活，但属于同一农村集体组织的，可以继承。

（3）不与继承人一起生活，属于同一农村集体组织，但不符合宅基地申请条件的（比如自己申请了宅基地），不可以继承。

（4）不是同一个集体经济组织的继承人，不可以继承。

（5）城市居民的继承人，不可以继承。

也就是说，具体分以下两种情况讨论：一是继承人是本集体成员。符合宅基地申请条件的，经批准后可取得被继承房屋的宅基地。二是继承人非本集体经济组织成员。按照法律规定，城镇居民不是农村宅基地使用权的法定承受主体，城镇居民不能继承取得集体经济组织的宅基地使用权。由于宅基地是村民按户申请使用，宅基地使用权属于村民户内家庭成员共同共有，户内某个家庭成员死亡，并不必然导致户的消灭，宅基地使用权仍然是家庭共有财产而非被继承人的个人财产。实践中，可以将房屋卖给本村其他符合申请条件的村民，如果不愿出卖，则该房屋不得翻建、改建、扩建，待处于不可居住状态时，宅基地由集体经济组织收回。

此外，还应注意即使是合法继承到的宅基地使用权也要受到法律的严格限制。首先是用途限制。对已取得宅基地使用权的，权利人如需变更土地用途，必须依法经过批准。其次是面积限制。《土地管理法》第 62 条第 1 款规定，农村村民一户只能拥有一处宅基地，其宅基地面积不能超过省、自治区、直辖市规定的标准。最后是宅基地使用权的转让限制。《土地管理法》第 62 条第 4 款规定："农村农民出卖、出租住房后再申请宅基地的，不予批准。"第 63 条规定："农村集体所有的土地使用权不得出让、转让或者出租用于非农业建设；但是，符合土地利用总体规划并依法取得建设用地的企业，因破产、兼并等情形致使土地使用权依法发生转移的除外。"

5. 小产权房买卖合同被认定无效之后的处理规则

▌案情介绍

2008 年，徐海燕和其丈夫金立和（甲方，现已去世）与丁德军（乙方）签订了房屋买卖合同一份，约定甲方将自己的房屋及房屋占用范围内的土地使用权出售给乙方，具体情况如下：价款为人民币 36 万元；付款时间为 2008 年 8 月 8 日至 2011 年 8 月 8 日，每年年终付一次；交房时间为 2008 年 8 月；乙方未按合同约定期限付款的，应按逾期付款向甲方支付银行同期存款利息；合同还对办理过户手续、违约责任等条款进行了约定。2008 年 8 月中旬，金立和向丁德军交付了涉案房屋后，丁德军开始对涉案房屋进行装修，装修完工后搬进去居住，后丁德军因故搬离该房，该房屋一直闲置至今。丁德军共向徐海燕夫妻俩支付购房款97 700元。2011年12月19日，丁德军后得知房屋买卖合同违反了宅基地使用权转让的法律强制性规定，应属于无效合同后，数次要求被告退还购房款、支付装潢费用，均不被理睬，故诉至法院，请求依法判决买卖合同无效，被告返还原告购房款10万元并支付从2008年8月30日起至实际还款之日止按银行同期贷款利率计算的利息、赔偿装潢损失56 862元并承担本案的诉讼费用。

徐海燕辩称：2008年8月8日，其与丁德军签订合同后，丁德军搬进去结婚并居住至今，但房款一直拒绝支付。现突然以房屋买卖合同无效为由，要求返还购房款10万元让人难以理解和接受。首先，导致合同无效是丁德军的全部过错造成的，其明知涉案房屋只有土地证，没有房产证，所以才诱使双方签订买卖合同，并将房屋占有使用至今，根本不存在返还购房款的问题。其次，丁德军提出赔偿装修费56 862元，于法无据，丁德军自从居住该房至今，我方为其垫付了水电费1000多元，这一费用应当由其承担，同时我方装修支付的3万多元的费用也应当由其承担，故请求法院判决丁德军给付房屋租金10.7万元；赔偿装修损失3万元，给付水电费1000元并承担本案的诉讼费用。

连云港市连云区人民法院经审理认为：而本案争议的房屋系农村村民在集体土地上建造的住宅，丁德军作为城镇居民和徐海燕夫妻签订的关于涉案房屋买卖的合同违反了国家法律和政策的规定，该合同为无效合同，故对丁德军要求确认合同无效的诉请依法予以支持。《中华人民共和国合同法》第56条规定，无效的合同自始没有法律约束力；第58条规定，合同无效后，因该合同取得的财产，应当予以返还。依据上述法律规定，丁德军应当向徐海燕、金立和返还涉案房屋，徐海燕、金立和向丁德军返还已经收取的购房款97 700元及按照物价部门估价确定的丁德军对涉案房屋的投入即装修款34 758元。《中华人民共和国合同法》第58条还规定，合同无效后，有过错的一方应当赔付对方因此所遭受的损失，双方都有过错的，应当各自承担相应的责任。本案原、被告签订的合同因违反国家法律和政策而无效，双方均有过错，因而双方应当各自承担对方因此而遭受的损失。丁德军的损失为其已经缴纳的购房款97 700元从缴纳之日（2008年8月30日）起至返还之日的银行贷款利息，双方各应承担50%，关于徐海燕要求丁德军搬走涉案装潢，因为上述装潢无法搬走，故对该主张不能支持。最终判决：原告丁德军和被告徐海燕、金立和（已故）签订的房屋买卖合同无效；被告徐海燕于本判决生效之日起十日内返还原告丁德军购房款97 700元和装潢款34 758元；被告徐海燕于本判决生效之日起十日内给付原告丁德军自2008年8月30日起至本判决确定的履行期限止以97 700元为本金按照

中国人民银行同期同类贷款利率计算出的利息的一半。[（2013）连民终字第0453号]

▌案例评析

宅基地是农村集体经济组织分配给成员用于建造住宅的土地。根据我国《土地管理法》和《物权法》的规定，宅基地使用权的主体具有特定性，即只能是农村居民，具有社会保障和社会福利性质。尽管中央正在研究盘活农民资产推动农村发展问题，但土地问题事关基本国策，若认可城镇居民购买农民房屋和宅基地有效，则势必形成对国家基本国策和战略发展以及社会公平、稳定的冲击。

本案中，争议的房屋土地使用权为集体土地，丁德军作为城镇居民购买徐海燕夫妻房屋，双方签订的房屋买卖合同违反了国家法律和政策规定，合同为无效合同。对于该无效合同，当事人双方均有过错，应当各自承担相应的责任。法院判决被告返还购房款97 700元及50%的利息、34 758元装潢款，丁德军赔偿徐海燕房屋租金的一半的判决是公正合法的。

▌风险提示

宅基地使用权是农村居民凭借其作为集体经济组织成员这一特殊身份取得的，是国家为了保障农民的基本居住问题而设定的一项权利，具有社会保障和社会福利性质。我国《土地管理法》《物权法》均规定，宅基地使用权的主体是农村居民，城镇居民无权取得农民宅基地使用权。尽管中央正在研究盘活农民资产推动农村发展问题，但土地问题事关国家的基本国策和科学发展，同样极其重要。故城镇居民购买农村居民宅基地上的房屋，因违反我国法律和政策的规定，应认定为无效。购房合同无效后，因该合同取得的财产，应当予以返还，有过错的一方应当赔偿对方因此所遭受的损失，双方都有过错的，应当各自承担相应的责任。

▌法条依据

《合同法》

第42条：当事人在订立合同的过程中有下列情形之一，给对方造成损失的，应当负损害赔偿责任：

（一）假借订立合同，恶意进行磋商；

（二）故意隐瞒与订立合同有关的重要事实或提供虚假情报；

（三）有其他违背诚实信用原则的行为。

第 56 条：无效的合同或者被撤销的合同自始没有法律约束力。合同部分无效，不影响其他部分效力的，其他部分仍然有效。

第 58 条：合同无效或者被撤销后，因该合同取得的财产，应当予以返还；不能返还或者没有必要返还的，应当折价补偿。有过错的一方应当赔偿对方因此所受到的损失，双方都有过错的，应当各自承担相应的责任。

▋知识链接：宅基地房屋买卖被认定无效后责任的承担

《合同法》第 58 条规定："合同无效或者被撤销后，因该合同取得的财产，应当予以返还；不能返还或者没有必要返还的，应当折价补偿。有过错的一方应当赔偿对方因此所受到的损失，双方都有过错的，应当各自承担相应的责任。"可见，合同被认定无效后的法律后果主要有以下几方面：

（1）返还财产，即合同当事人在合同被确认为无效或者被撤销以后，对已经交付给对方的财产，享有返还财产的请求权，对方当事人对于已经接受的财产负有返还财产的义务。合同无效后就意味着双方当事人之间没有任何合同关系存在，此时，财产状况理应恢复到合同订立之前的状态。无论接受财产的一方是否具有过错，都应当负有返还财产的义务。

（2）折价补偿，即在因无效合同所取得的对方当事人的财产不能返还或者没有必要返还时，按照所取得的财产的价值进行折算，以金钱的方式对对方当事人进行补偿，实际上也是为了达到恢复合同订立之前财产状态的目的。

（3）赔偿损失。根据《合同法》第 58 条之规定，当合同被确认为无效后，如果由于一方或者双方的过错给对方造成损失，还要承担损害赔偿责任。此种损害赔偿责任应具备以下构成要件：①有损害事实存在；②赔偿义务人具有过错；③过错行为与遭受损失之间有因果关系。如果合同双方当事人都有过错，依第 58 条的规定，双方应各自承担相应的责任。赔偿损害的承担方式是赔偿对方信赖利益的损失，具体包括：①缔约费用，包括邮电费用、赶赴缔约地查验标的物支出的合理费用；②准备履行所支出的费用；③上诉费用的利息；④因对方未经照顾、保护义务所遭受的损失；⑤因丧失与第三人缔约机会所遭受的损失等。

6. 农村房屋买卖无效，卖房人应赔偿买房人房屋升值利益

▋案情介绍

2002 年 4 月 9 日，家住昌平区的王某与从山东来京的李某签订了一份房屋

买卖协议，王某将位于昌平区沙河镇农村的房屋卖给李某。约定房产总价13万元，附属电气设备及旧家具折价5000元，共计135 000元。协议签订后，双方履行了合同约定。后李某对该院落内的部分房屋进行了装修，并增建了部分房屋。2008年，王某将李某起诉到了法院，认为虽履行了合同，但买卖行为违反了法律有关农村宅基地和房屋不允许买卖的相关规定，是违法买卖行为。请求法院确认房屋买卖合同无效，李某将房屋返还给自己。

李某认为当初的买卖合同是双方真实意思表示，并未违反法律规定，法院应依法驳回原告的请求。合同签订后，自己对房屋进行了装修，并增建了房屋，如果认定合同无效，应赔偿自己经济损失。李某当庭提出反诉，要求王某赔偿自己信赖利益损失80万元。王某则表示只同意返还当初的购房款。

法院委托鉴定机构对争议的房屋进行了鉴定，估价结果为地上建筑物及相关附属物合计为137 116元，宅基地区位补偿总价为340 032元。法院审理后认为，集体所有的土地依照法律属于农民集体所有。本案中李某并非当地集体组织成员，其购买农民集体所有土地上房屋的行为，违反了相关法律规定，系无效行为，故认定双方签订售房协议无效。双方当事人基于无效的买卖协议所取得的房产或价款应当予以互相返还。在审理中，法院综合考虑因买卖无效对双方当事人的利益影响，尤其是出卖人因土地升值等原因所获经济利益，而买受人因房屋现值和原买卖价格的差异造成的损失。在王某主张合同无效后，若仅依原价款相互返还，对李某显失公平。法院综合考量双方利益和本案具体情况，依据公平原则酌情予以判定，王某与李某签订和房屋买卖合同无效，王某返还李某购房款135 000元，并补偿经济损失200 000元。李某在收到上述款项后，将房屋交还给王某。[（2008）朝民初字第05204号]

▎案例评析

本案主要涉及房屋增值利益损失是否应赔偿及数额认定的问题。《合同法》第58条规定："合同无效或者被撤销后，因该合同取得的财产，应当予以返还；不能返还或者没有必要返还的，应当折价补偿。有过错的一方应当赔偿对方因此所受到的损失，双方都有过错的，应当各自承担相应的责任。"在确定损失时，《合同法》第113条第1款规定："当事人一方不履行合同义务或者履行合同义务不符合约定，给对方造成损失的，损失赔偿额应当相当于因违约所造成的损失，包括合同履行后可以获得的利益，但不得超过违反合同一方订立合同时预见到或者应当预见到的因违反合同可能造成的损失。"可见，赔偿损失既包括实际损失，也包括可得利益损失。对于二手房房屋买卖合同来说，由于房价的上涨，合同价款与合同解除或被认定无效时房屋现时价格之间的差价部分（房屋增值部分）就是买房人因合同履行所应获得的利益，在合同被认定无效的情况下，买受人有权按照出卖人的过错程度要求出卖人承担房屋增值部分的损失。

本案中，王某在房屋及土地增值后提出确认合同无效的做法违背了诚实信用原则。此时，李某已经不可能按照合同订立时的价格再购买其他房屋。出卖人因其不诚信行为可获得巨大经济利益，买受人因房屋现值和原买卖价格的差异而遭受损失，若仅依原价款相互返还，对李某显失公平。法院最后综合考量双方利益和具体情况，依据公平原则酌情予以判定王某返还李某购房款 135 000 元，并补偿其经济损失 200 000 元的判决，笔者认为是公平合理的。

▌风险提示

卖房人以自己卖出的房子是农村的宅基地为由要求确认买卖房屋合同无效，向法院起诉，认为尽管双方买卖房屋合同因违反了法律规定而无效，但卖房人明知农村宅基地不允许卖给外村的人，仍然签订买卖合同，导致了买房人信赖利益损失，应当予以赔偿。在此提醒广大购房者，购买农村房屋一定要保管好购房的所有资料，包括购房以后对房屋进行装修或者改建的相关证据，方便日后发生纠纷作为证据使用。此外，即使最后房屋买卖合同被认定为无效，也要尽力采取法律方法，挽回自己的损失。

▌法条依据

《合同法》

第 42 条：当事人在订立合同的过程中有下列情形之一，给对方造成损失的，应当负损害赔偿责任：

（一）假借订立合同，恶意进行磋商；

（二）故意隐瞒与订立合同有关的重要事实或提供虚假情报；

（三）有其他违背诚实信用原则的行为。

第 58 条：合同无效或者被撤销后，因该合同取得的财产，应当予以返还；不能返还或者没有必要返还的，应当折价补偿。有过错的一方应当赔偿对方因此所受到的损失，双方都有过错的，应当各自承担相应的责任。

第 113 条第 1 款：当事人一方不履行合同义务或者履行合同义务不符合约定，给对方造成损失的，损失赔偿额应当相当于因违约所造成的损失，包括合同履行后可以获得的利益，但不得超过违反合同一方订立合同时预见到或者应当预见到的因违反合同可能造成的损失。

▎知识链接：宅基地房屋增值损失的确定标准

关于宅基地房屋增值损失的确定，法律和司法解释对此并无相应的规定，目前司法实践确定了如下认定原则：

（1）如果双方当事人对房屋升值的差价损失能够通过协商确定的，则按照其约定。

（2）如双方当事人不能协商确定的，原则上可比照最类似房屋的市场成交价与买卖合同成交价之差确定房屋增值损失，仍无最相类似房屋比照的，可通过专业机构评估确定房屋增值的差价损失。

（3）认定损失的时间点应从保护守约方的利益出发，以守约方的请求为基础，结合合同约定的履行期限届满之日、违约方的违约行为确定之日以及案件审理中房屋增值情况等，合理确定。

（4）守约的买受人损失的认定还应综合考虑守约方的履约情况、违约方能预见的因房屋增值而产生的损失及双方是否已采取必要措施防止损失扩大等因素。

7. 城镇居民与农村居民在宅基地上共建房屋产权的认定

▎案情介绍

陈忠进与杨立志为连襟关系，陈忠进为农业户口，杨立志为城镇居民户口。1995年6月6日，陈忠进因其位于海安镇人民东路的住宅被列入拆迁，与海安县城镇房屋拆迁事务所签订了房屋拆迁补偿安置协议。后陈忠进因家中经济较为拮据，拿出拆迁补偿款中的3万元给杨立志，请其购买建房材料。1995年7月，陈忠进以妻子刘培兰名义在海安镇海园村六组申请建房。双方协商后在批准地址上共同建房，所建房屋分东、西两个独立使用单元。房屋建成后，陈忠进家居住东侧单元，杨立志家居住西侧单元。后陈忠进、杨立志的岳父因故从上海返回海安，帮助双方核对了建房账目，并确定双方各半分摊建房费用。杨立志于1998年7月将其家庭户口迁至该合建房处，为海安镇海园路26号。2001年8月，陈忠进领取了所建房屋的土地使用权证，2006年8月领取了海园路26号部分房屋的所有权证。2008年3月10日，陈忠进以杨立志系借用，现儿子结婚需用房为由，诉请杨立志迁出。

江苏省南通市中级人民法院经审理认为：原被告双方基于亲戚关系共同建房，建成后双方已实际分别居住十多年，双方共同建房的行为并不为法律所禁止。虽然由于房屋产权的特有属性以及我国土地政策的规定，不能认定被告为讼争房屋的共同所有权人，但其因参与共同建房而居住讼争房屋，系合法占有、使用。原告认为被告系向其借住房屋，无证据佐证。原告在没有对被告占有使用房屋进行对价补偿的情况下，要求其腾让房屋显然是不恰当的，遂判决驳回原告诉讼请求。[（2009）通中民一终字第0087号]

▌案例评析

本案反映了农村存在的一类具有普遍性和典型性的案件类型，即农村宅基地使用权人与非本集体经济组织成员共同在自己的宅基地上建造房屋后，因房屋分割或已分割后产权归属发生的纠纷。由于我国土地政策对农村宅基地使用权人有身份方面的特殊要求，致杨立志无法取得讼争之房的所有权证，但共同建房行为法律并未禁止，杨立志基于共建行为而占有、使用讼争之房的西侧单元亦不违反法律规定。因此，在双方未能协商一致的情况下，陈忠进无权要求杨立志腾让所居住的房屋。

现实生活中，农民在宅基地上建造住宅时，因资金、能力有限而与他人共同建造的现象比较普遍。共建人中非本集体经济组织成员一方往往是亲戚朋友，可能是农民，也可能是城镇居民，但都对该块宅基地无使用权。共建人往往约定房屋产权分配份额，但由于现时的政策，共建人中往往只有本集体经济组织成员一方能取得宅基地使用权证和房屋产权证。因此，当共建双方对建成的房屋因分配发生纠纷或分配后一方反悔发生纠纷诉至法院时，法院如何适用法律常常成为实务中的疑难问题。对于农村宅基地上共建房屋的行为，法律并无明确规定，虽系不动产物权的原始取得，不涉及交易流转，但因国家政策的原因，人们往往认为共建人必定共同行使宅基地使用权，违反了非本集体经济组织成员不得成为宅基地使用权人、宅基地使用权不得向城镇居民流转的规定。因此，关于共建房屋分配份额的约定往往被认定无效。事实上，这种观点忽视了占有、使用宅基地与成为宅基地使用权人的区别，忽视了两者在经济成本上的差别和法律上的区分，把宅基地上部分房屋的所有权人与宅基地使用权人强行合一了。本案中，法院保护了杨立志不被逐出共建房屋的权利，但其理由是基于杨立志对房屋的占有。

▌风险提示

农民与非本集体经济组织成员在宅基地上共建住宅时，往往约定房屋产权分配份额，但由于政策禁止非本集体经济组织成员取得宅基地使用权及地上房屋，共建人中只有本集体经济组织成员一方能取得宅基地使用权证和房屋产权证，另一方对房屋的权利则处于不确定状态。我国的法律、行政法规并未禁止非本集体经济组织成员取得宅基地上房屋，因此，此类共建合同应认定合法有效，其应能取得共建房屋分得份额的所有权。

▌法条依据

《土地管理法》

第 62 条：农村村民一户只能拥有一处宅基地，其宅基地的面积不得超过省、自治区、直辖市规定的标准。

农村村民建住宅，应当符合乡（镇）土地利用总体规划，并尽量使用原有的宅基地和村内空闲地。

农村村民住宅用地，经乡（镇）人民政府审核，由县级人民政府批准；其中涉及占用农用地的，依照本法第四十四条的规定办理审批手续。

农村村民出卖、出租住房后，再申请宅基地的，不予批准。

《物权法》

第 152 条：宅基地使用权人依法对集体所有的土地享有占有和使用的权利，有权依法利用该土地建造住宅及其附属设施。

▌知识链接：小产权房认识误区的梳理

目前民众对小产权房的认识存在以下三个误区：

误区一：小产权房就是非法建筑。其实小产权房本身是合法建筑，建造小产权房同样是需要经过政府主管部门规划审批的，它只是在销售环节和销售对象方面和现行法律法规发生冲突，才让人误认为是非法建筑。

误区二：小产权房屋不能转让，城镇居民不能继承。法律的真实含义是小产权房不能以普通商品房的转让方式去转让，而不是说绝对禁止转让。既然是房屋，它必然是可以在二级市场流通转让的，小产权房转让方式不同于普通商品房，普通商品房在建委办理转让手续，而小产权房屋在乡（镇）政府或村委会办理转让手续，即使这种转让法律不予承认，但在实践中市场是认可的，并且其交易成本比普通商品房低很多。

误区三：如果与开发商产生纠纷或遇上拆迁，购房款就血本无归。其实不是这样。在购买小产权房后，如果购房人与开发商或第三方发生纠纷，经过司法程序解除购房合同，是可以要求开发商返还购房款的。如果遇上国家征地拆迁，购房人作为房屋实际使用权人，是有权从国家或开发商处取得部分拆迁补偿款的，只是补偿数额比普通商品房低些。除此之外，小产权房还具有价格、费用优势，具有较高的性价比，目前小产权房的销售价格基本是同区域商品房的一半甚至更低，并且没有契税，交易费用、物业费等相关费用都较低。所以对于有自主需求的广大购房者，还是非常有吸引力的。

8. 小产权房抵押权效力问题的认定

▌案情介绍

被告童某与被告朱某系夫妻关系。2013 年 8 月，被告童某向原告左某借款人民币 60 万元。2013 年 8 月 22 日，原告通过刘某的银行账户将借款转入被告童某的银行账户。2014 年 8 月 22 日，原告与被告童某进行结算后，由被告童某重新出具一份借条。借条载明："今借到左某人民币陆拾万元整，时间自 2014 年 8 月 22 日起，按月结息，月息贰分"。2014 年 9 月 3 日，原告与被告童某签订了一份抵押合同，约定被告童某将位于贵溪市志光镇信江村委会石鼓村小组的四层半钢筋结构房屋（赣志村建字村镇房屋建设许可证 2007 年 9 月 14 日）作为向原告的抵押。该房屋未办理抵押登记。因被告童某自 2014 年 8 月 22 日起未支付原告利息，故原告诉至法院，请求确认对该房屋享有抵押权优先受偿权。

江西省鹰潭市月湖区人民法院经过审理认为，原告与被告童某系民间借贷关系，借条为当事人真实意思表示，双方约定月息两分，并未违反法律法规的强制性规定，应认定为合法有效。借条中对被告童某的借款期限没有约定，原告可随时要求被告童某返还，但因被告童某未按约向原告支付利息，故对原告要求被告童某归还借款本金 60 万元，并按照约定支付利息 2.4 万元的请求，本院予以支持。原告要求优先受偿抵押合同中约定的房屋，因法律规定建筑物抵押应当办理抵押登记，抵押权自登记时设立，本案中原告与被告童某签订了抵押合同，但未办理抵押登记，抵押权未设立，故对该诉讼请求不予支持。最终判决：被告童某、朱某应返还原告左某借款本金 60 万元，利息 2.4 万元，驳回对房屋享有抵押权并优先受偿的诉讼请求。[（2014）月民一初字第 960 号]

▌案例评析

原告要求优先受偿抵押合同中约定的房屋，因法律规定建筑物抵押应当办理抵押登记，抵押权自登记时设立，本案中原告与被告童某签订了抵押合同，但未办理抵押登记，抵押权未设立，故对该诉讼请求法院不予支持。

▌风险提示

根据我国目前的相关法律、法规，小产权房是无法在银行作抵押的。《关于农村集体土地确权登记发证的若干意见》中明确指出小产权房不得登记发证。银行抵押贷款的前提条件是必须提供房产证明，而要去银行办理抵押贷款，必须要有国家房产管理部门发放的房屋产权证，否则是不能办理抵押登记手续的。因此，小产权房是不可以在银行进行抵押贷款的，除非将小产权房转化为大产权房后拥有产权证。

▌法条依据

《民法通则》

第90条：合法的借贷关系受法律保护。

《物权法》

第180条：债务人或者第三人有权处分的下列财产可以抵押：

（一）建筑物和其他土地附着物；

（二）建设用地使用权；

（三）以招标、拍卖、公开协商等方式取得的荒地等土地承包经营权；

（四）生产设备、原材料、半成品、产品；

（五）正在建造的建筑物、船舶、航空器；

（六）交通运输工具；

（七）法律、行政法规未禁止抵押的其他财产。抵押人可以将前款所列财产一并抵押。

第187条：以本法第一百八十条第一款第一项至第三项规定的财产或者第五项规定的正在建造的建筑物抵押的，应当办理抵押登记。抵押权自登记时设立。

▌知识链接：不得办理抵押贷款的十类房屋

但我们在日常生活中经常会发现，并不是所有的房子都可以办抵押。经过总结，主要有以下十种房产无法办理抵押贷款：

（1）公益房屋。一般像学校、幼儿园、医院等以公益为目的的公益房屋或设施，不论其属于事业单位、社会团体还是个人，都无法办理抵押。

（2）小产权房。小产权房是办不了房产证的，你有使用权，但没有归属权。也无法办理抵押贷款。

（3）贷款未结清的房屋。已经办理过一次抵押贷款的房屋还能再次抵押吗？在第一次抵押贷款时，银行已经拥有了这所房产的他项权利，而法律不允许两家银行获得同一所房屋的他项权。因此答案是否定的。

（4）房龄太久的房屋。是不是几百年前的房屋都可以办理抵押？不一定，私房中房龄太久，而且面积过小的都不行。一般超过 20 年，面积在 50 平以下的，许多银行都不会办理。

（5）未满 5 年的经济适用房。这是规定的未满 5 年无法交易，就算法院拍卖，银行同样无法取得他项权利证，办理不了抵押。

（6）某些公房。某些公房是单位分发或内部购置的，没有购房合同或协议，也没办法抵押。

（7）文物建筑。列入文物保护的建筑物和有重要纪念意义的其他建筑物不得抵押。有人会说，有些文物古迹银行也给贷款。那一定不是抵押贷款，而是其他政策性的拨款或商业运营等。

（8）违章建筑。违章建筑物或临时建筑物不能用于抵押。

（9）有争议的房子。有争议和被依法查封、扣押、监管或者以其他形式限制的房子，都不得抵押。

（10）拆迁范围内的房子。你的房子已经被列入拆迁范围，而且已经公示公告，银行也不会办抵押。

第一节　土地使用权中的法律问题

1. "土地使用权"到期，需花三成房价续费

▌案情介绍

据 2016 年 4 月 18 日每日新闻报道，2016 年 3 月，温州市民王女士买了一套二手房，后办理房产证和契证，但是 4 月 7 日，买卖双方去过户土地证时却发现，房子的土地使用证只有 20 年，而且已在 3 月 4 日过期了。王女士来到温州市鹿城区行政审批窗口，工作人员告诉他，要拿到新的土地证，必须补缴费用延长土地使用期限。初步估算，这笔续期费大约要 30 万元，而这套房子，总价才 65.8 万元。这并非个别情况，经温州国土部门初步摸排，单市区土地使用年限在 2017 年底到期的房产有 600 套。该案一发生，便引发了社会对土地使用权期限相关法律问题的热议。

▌案例评析

案例中，温州部分市民拥有房产的土地使用年限到期或即将到期，续期面临要花费占到房产交易价 1/3 到一半左右、数十万元高额土地出让金"买地"，才能重新办理土地证。这到底是怎么回事呢？土地使用权年限到了，真的要花费高额费用才能重新办理土地证吗？其法律依据是什么？该如何续期呢？

按照我国法律规定，中国城市的土地是国家所有，个人或单位因需要使用土地，需申请国有土地的使用权。使用权的获得有两种方式：划拨和出让，前一种是国家机关、公用事业等机构获得国有土地使用权的主要方式，没有期限

限制，而居民、商业企业等获得国有土地使用权的主要方式是出让，期限最高为 70 年。土地是不动产的主体，没有土地使用权，土地上附着的房产也就没了基础，所以土地使用权的保护历来被不动产所有人关注。

2007 年 3 月通过的《物权法》第 149 条明确写到，"住宅建设用地使用权期间届满的，自动续期"，但同年 8 月修订通过的《城市房地产管理法》第 22 条又规定，"土地使用权出让合同约定的使用年限届满，土地使用者未申请续期或者虽申请续期但依照前款规定未获批准的，土地使用权由国家无偿收回"。温州那些市民房产土地使用权到期以后，不再拥有出让性质的土地使用权，但法律规定可将土地使用权"自动续期"，政府不能无偿、强制收回这块土地。如果居民不缴纳土地出让金，房产所有人相当于是在无偿使用这块土地，近似于划拨性质的土地使用权。当然，这种性质的土地使用权会限制房产所有人在房地产转让、抵押等方面的权利，他需要补缴土地出让金等才可重新拥有这些权利。理论上讲，出让性质的土地使用权到期的市民，如果仅仅是居住需求，可以不用缴纳土地出让金而继续住在房子里。但若考虑到未来有转让、抵押房产的可能，那么缴纳土地出让金获得出让性质的土地使用权证是必要前提，或者在转让不动产时补交土地出让金。

需要注意土地使用权出让年限的起算点，并不是从合同生效之日起计算，而是从土地使用者领取土地使用证即取得土地使用权时计算。那么，获得出让性质的土地使用权要缴纳多少土地出让金？新房开发时，开发商在一级土地市场上竞价拍卖获得土地使用权并支付土地出让金，而土地使用权到期以后，续期的土地出让金价格没法采用拍卖竞价方式，各地实践中，一般通过基准地价来计算土地出让金。所谓基准地价是指土地在正常市场条件的熟地价格，包括土地取得费、土地开发费用和土地纯收益。各地都会定期公布最新的"国有土地使用权基准地价表"，一般按用途、区片、容积率等因素核定，通常相当于房价的 1/3。只是应缴的土地出让金占房价比重如此之高，300 万的房产，要缴 100 万的土地出让金，相当于京沪地区职工年平均工资的十几倍，高房价地区的房地产恐怕是所有人都无力承担的。

未来住宅的土地使用权密集到期的年份，如果强行要求以现行土地出让金的计算方式来缴纳土地出让金，恐会影响社会稳定。可行的解决路径有两种：第一，大幅度降低"续期"的土地出让金；第二，以每年征收的房产税代替一次性征收的土地出让金，在房产税全面开征以后，对"续期"的土地使用权不再征收出让金。由于之前尚无实际案例，物权法也未做详细说明。此事关系到目前土地制度的基石，不能简单按照现行规定从事，相关部门正在积极协商解决办法，希望尽快给出指导原则和操作细则。

▌法条依据

《宪法》

第 10 条：城市的土地属于国家所有。

农村和城市郊区的土地，除由法律规定属于国家所有的以外，属于集体所有；宅基地和自留地、自留山，也属于集体所有。

国家为了公共利益的需要，可以依照法律规定对土地实行征收或者征用并给予补偿。任何组织或者个人不得侵占、买卖或者以其他形式非法转让土地。土地的使用权可以依照法律的规定转让。一切使用土地的组织和个人必须合理地利用土地。

《城镇国有土地使用权出让和转让暂行条例》

第 12 条：土地使用权出让最高年限按下列用途确定：

（一）居住用地七十年；

（二）工业用地五十年；

（三）教育、科技、文化、卫生、体育用地五十年；

（四）商业、旅游、娱乐用地四十年；

（五）综合或者其他用地五十年。

《物权法》

第 64 条：私人对其合法的收入、房屋、生活用品、生产工具、原材料等不动产和动产享有所有权。

第 149 条第 1 款：住宅建设用地使用权期间届满的，自动续期。

《城市房地产管理法》

第 22 条：土地使用权出让合同约定的使用年限届满，土地使用者需要继续使用土地的，应当至迟于届满前一年申请续期，除根据社会公共利益需要收回该幅土地的，应当予以批准。经批准准予续期的，应当重新签订土地使用权出让合同，依照规定支付土地使用权出让金。土地使用权出让合同约定的使用年限届满，土地使用者未申请续期或者虽申请续期但依照前款规定未获批准的，土地使用权由国家无偿收回。

第 41 条：房地产转让，应当签订书面转让合同，合同中应当载明土地使用权取得的方式。

《土地管理法》：

第 58 条：有下列情形之一的，由有关人民政府土地行政主管部门报经原批准用地的人民政府或者有批准权的人民政府批准，可以收回国有土地使用权：

（一）为公共利益需要使用土地的；

（二）为实施城市规划进行旧城区改建，需要调整使用土地的；

（三）土地出让等有偿使用合同约定的使用期限届满，土地使用者未申请续期或者申请续期未获批准的；

（四）因单位撤销、迁移等原因，停止使用原划拨的国有土地的；

（五）公路、铁路、机场、矿场等经核准报废的。

依照前款第（一）项、第（二）项的规定收回国有土地使用权的，对土地使用权人应当给予适当补偿。

▌知识链接：土地所有权、土地使用权、房屋所有权的区别

很多民众将土地使用权、土地所有权、房屋所有权混为一谈，实际上，按照我国法律规定，它们是不同的权利，也有不同的内在价值。

首先需要明确的是房与地的关系。从立法角度看，我国与世界上很多国家不同。在国际上，很多国家采用房地一体的原则，即单一化的住宅，以土地为主，以房屋作为地上附着物，土地有所有权就意味着房屋所有权。但我国是二元化的所有权体系模式，就是将土地的所有权、房屋的所有权作为两个权利来看待。

我国建立房地二元化所有权体系，是基于历史、现实实际考量后权衡的结果。一是我国《宪法》规定，城市土地一律归国家所有，私人不能取得城市土地所有权。但根据市场经济的规则，人们对自己购买的商品房拥有所有权。这是中国特有的法律基础。二是考虑到了我国特殊的土地资源和人口资源。中国人多地少，无法采取单一化住宅模式，让每家每户都有一块地或一处独立住宅，而必须采取公寓化住宅模式。公寓化住宅模式产生的问题是，房子与土地无法一一对应。这是一个法律现实问题。三是历史沿革的原因。改革开放后，我国在城市土地归国家所有的基础上，采取出让土地使用权的方式吸引外资，将土地使用权有期限地出让给企业，尤其是外资企业，许可他们在我国投资。1988年土地市场全面启动后，这种权利出让模式应用在城市住宅买卖中，意味着人们购买的土地使用权是有期限的，定为 70 年。

按照我国《宪法》规定：城市的土地属于国家所有。也就是说，土地的所有权只能属于国家。而我们通常所说的房屋产权，其实是由房屋所有权和土地使用权两部分组成的。其中，土地使用权在出让时根据开发类型分为不同的使用年限，民用住宅用地权属年限最高为 70 年，工业用建筑用地和综合类用地最

高为 50 年，商用建筑用地最高为 40 年。房屋所有权属于个人产权。根据《物权法》第 64 条规定，私人对其合法的收入、房屋不动产享有所有权。其年限是永久的。同时，第 149 条明确写到，"住宅建设用地使用权期间届满的，自动续期"，而《城市房地产管理法》第 22 条又规定，"土地使用权出让合同约定的使用年限届满，土地使用者未申请续期或者虽申请续期但依照前款规定未获批准的，土地使用权由国家无偿收回"。续期的，应重新签订土地使用权出让合同，依照规定支付土地使用权出让金。讲到这，读者可能明白了其中的关系，国家只是说住宅建设用地的土地使用权届满自动续期，但并不等于免费续期，如需续期，需要按照相关规定缴纳土地出让金才可。但人们对房屋的所有权从一开始是没有期限的，我们通常所说的购买商品房，其实是购买了房屋所有权，以及房屋所在土地的使用权。这就是为什么有的地方人们买房后会有两本证，一本土地使用权证，一本房屋所有权证，房屋所有权没有期限，有期限的是土地使用权而已。

第二节　出卖人非产权人引发的纠纷

1. 构成表现代理的二手房买卖合同有效

▌案情介绍

高某系王某之母，2012 年 12 月 20 日，高某委托王某将其名下的位于北京市顺义区某室楼房出售。2013 年 3 月 5 日，王某代替高某与戴某签订了北京市存量房屋买卖合同及补充协议。同日戴某向对方交付定金 5 万元。2013 年 3 月 9 日，戴某依约向对方支付购房首付款 65 万元整。在此之后，戴某多次联系对方办理后续手续，王某均以高某本人不在北京短期内不能到场办理过户手续为由进行推脱，后高某称其并没有出售房屋的意愿，王某系无权代理，主张撤销房屋买卖合同。

戴某诉称：因王某在向戴某出售房屋的过程中，一直声称是受到其母亲高某授权，戴某在通过中介购买房屋的过程中看到了中介所称高某本人签字的授权委托书，也看到王某拿出的高某本人的身份证、户口本以及涉诉房屋房产证的原件，在中介的陪同下戴某也实际查看涉诉房屋，对高某、王某的母女关系予以核实，对于涉诉房屋内有租赁事实也予以查看且租户也向戴某表明其知道高某出卖涉诉房屋的事实。其作为善意第三人已经尽到了合理的注意义务，王某的代理行为构成表见代理。请求法院确认房屋买卖合同有效并要求被告交付房屋并办理过户。

高某辩称：其从未与戴某签订过买卖合同，也没有授权王某出售涉诉房屋，王某给戴某出示的其本人的身份证、户口本以及涉诉房屋房产证的原件系王某从家中偷拿的。委托书上"高某"的签字和指纹均不是其所写和所按，戴某与王某签订的房屋买卖合同是处置了她的财产，应当确定无效。

法院经过审理认为：《合同法》第 49 条规定，行为人没有代理权、超越代理权或者代理权终止后以被代理人名义订立合同，相对人有理由相信行为人有代理权的，该代理行为有效。本案中，结合各方陈述及现有证据可以认定，戴某基于高某与王某系母女关系的前提，见到王某持有涉诉房屋房产证原件、高某的身份证和户口本原件，以及王某之前就留存在中介公司的委托书；了解到涉案房屋已由王某操办过一次出售过程，并通过王某实地察看了涉案房屋等情形下，戴某有理由相信王某有代理权，所以王某该代理行为有效，王某代高某所签署的涉案合同对高某具有约束力，高某应履行合同约定的相关内容。判决支持戴某的诉讼请求，高某应将房屋交付戴某并协助办理过户手续。［(2015) 三中民终字第 04233 号］

▌案例评析

案例中主要涉及表见代理的相关知识。根据《合同法》第 49 条的规定，相对人有理由相信行为人有代理权的，该代理行为有效。本案中，王某系高某的女儿，可以使一般人相信存在委托的可能性，王某向戴某出示了高某的身份证、户口本、房屋产权证原件及授权委托书，且戴某了解到涉案房屋已由王某操办过一次出售的经历，戴某还通过王某实地察看了涉案房屋等情形，戴某作为善意第三人，其有理由相信王某有代理权，且支付了相应的对价，故从维护交易稳定的角度出发，法院最终认定房屋买卖合同有效的判决是公正合法的。高某因女儿无权处分所遭受的损失，可以要求无权代理人赔偿。

▌风险提示

无权处分行为符合表见代理的情形时，存在权利人和善意相对人两种需要保护的利益，实际上无论怎样裁判，或者说法律确定保护哪一方无辜者的利益，情理上乃至法理上均不缺乏依据。这就告诫广大购房者，在签约时，除审查权属状态外，对有代理人代为交易的情形，应对授权真实性多加留意。

（1）购买房屋前，签约人虽为产权人，作为房产共有人的配偶另一方亦书面同意出售，但仍可能存在冠名产权人之外的其他权利人嗣后主张权利。按

《物权法》和《合同法》，善意取得不动产有法律依据，仍需买受人就对价、善意进行举证。为避免诉讼风险，买受人在源头上对权属是否存在争议有必要多做一些了解。

（2）无论是正式签订的购房合同，还是为登记而签订的备案合同，当事人主体应保持一致，善始善终，对于委托他人签订的，务必核实并保留授权凭证。

（3）房屋买卖合同订立后，应及时办理产权过户手续，即使依合同取得的所有权受法律保护，但因未登记，也不能产生对抗第三人的效力。

（4）夫妻离婚就房产约定归孩子的，与孩子一同生活的离婚夫妻一方处分该房产，是否须征求对方或孩子意见，未征求意见是否必然导致转让房屋合同无效，依现行法律条文推导不出明确结论。笔者认为，除非该处分行为明显侵害作为受益人的未成年利益，买受人又难以认定为善意，否则应认定合同有效。

▍法条依据

《合同法》

第 49 条：行为人没有代理权、超越代理权或者代理权终止后以被代理人名义订立合同，相对人有理由相信行为人有代理权的，该代理行为有效。

《最高人民法院关于适用〈中华人民共和国合同法〉若干问题的解释（二）》

第 13 条：被代理人依照《合同法》第 49 条的规定承担有效代理行为所产生的责任后，可以向无权代理人追偿因代理行为而遭受的损失。

▍知识链接：表现代理的认定

我国《合同法》第 49 条确立了表见代理制度，其是基于被代理人的过失或被代理人与无权代理人之间存在特殊关系，使相对人有理由相信无权代理人享有代理权而与之为民事法律行为，代理行为的后果由被代理人承担的一种特殊的无权代理。

表见代理制度的设立是商品经济发展对代理制度提出的必然要求。在二手房买卖交易中，表见代理制度的确立，对于维护交易安全和被代理人的利益等方面有重要意义，其有利于贯彻公平原则、倡导社会正义和公序良俗。具体来讲，根据《合同法》第 49 条的精神以及我国的司法实践，表见代理应具有如下构成要件：

（1）无权代理人以本人名义进行民事行为。表见代理属于广义的无权代理，只能在无代理权而从事代理行为的情况下发生。因此，作为表见代理构成的表面要件是，要求代理人没有获得本人的授权，却以本人的名义为法律行为。如果代理人获得了本人的授权，即使授权不明，也不发生表见代理的后果。另外，表见代理应符合一般代理的表面特征，即代理人以本人名义为法律行为，否则不能将本人引入表见代理的法律关系中，更谈不上让本人承担法律责任的问题。

（2）第三人有合理的理由相信行为人的权利外观。尽管在表见代理的情形下，代理人并无代理权，但从表面上能够使他人产生合理的信赖，即信任代理人具有合理代理权。因为法律没有理由要求相对人必须仔细与本人核对代理人是否有代理权及代理权的范围，也不能责成本人必须随时向公众公示其代理人及其权限。而相对人也只能凭代理人持有的授权委托书或本人的某些行为来判断代理人是否具有代理权，这样才能从事正常的交易。所以，只要相对人已经对行为人产生合理的信赖，即信任代理具有合理代理权，构成权利外观，就可能形成表见代理。应当注意的是，在确定权利外观是否存在时，不能从事后本人的行为或事后本人与行为人之间发生的关系来确定，而要从相对人在与行为人进行民事行为时是否有理由相信的角度来考虑。只有在相对人已经且应当相信无权代理人具有代理权的情况下，才能构成权利外观。

（3）相对人主观上是善意的且无过失。相对人主观上是善意的，才应当使相对人受到保护，如果为恶意，则应当自己承担无权代理的后果。相对人具有善意，一方面是指相对人不知无权代理人未获得授权。所谓不知，是指在当时的情形之下，权利外观的形成使相对人根本不可能怀疑其未获授权。另一方面，相对人不应当知道无权代理人未获得授权。还应当指出，相对人必须是在与无权代理人从事交易时有理由相信。如果是在交易时没有理由相信，而是以后才有理由相信，则不能认为相对人主观上是善意的。此外，还应当强调相对人的无过失。所谓无过失，是指相对人不知道行为人没有代理权并非因疏忽大意或懈怠造成的。如果相对人明知行为人无代理权，或者应当知道行为人无代理权，却因过失而不知，则他对无权代理行为亦负有责任，因此在法律上没有必要对其进行保护。

2. 二手房买卖涉及"隐名代理"的法律处理

▌案情介绍

2007年7月29日，张某到嘉立城公司看到关于昆明市绿园小区5幢3单元101号房屋出卖广告时要求购买该套房屋，中介公司后通知了出卖人徐某。后双方签订了房屋买卖定金合同，张某向徐某支付购房定金1万元。张某诉称：该房屋的实际产权人为尹某，徐某故意隐瞒争议房屋产权人及其作为代理人的真实身份，并以其自己名义订立房屋买卖定金合同的行为，违反了隐名代理的规定。嘉立城公司作为房屋买卖的专业机构，亦没有向上诉人披露争议房屋产权人的真实情况，其对上述合同的订立亦有不可推卸的责任，故请求依法判令撤销原、被告签订的房屋买卖定金合同并要求徐某返还原告所付定金人民币 1 万元，被告嘉立城公司一分部承担连带责任。

徐某及嘉立城公司辩称：根据现有证据材料，徐某作为本案所涉房屋产权人尹某委托售房的代理人，双方就委托事项做过公证，徐某有权处置该套房屋。况且，徐某从未说过自己就是房的产权人，亦没有对上诉人隐瞒该套房屋实际产权人的相关情况，故不存在对上诉人就售房问题实施欺诈的情形。相反，张某在本案双方合同约定办理房屋过户的时间即 2007 年 8 月 10 日之前，于 2007 年 8 月 7 日即购买了与本案所涉房屋相距不远的同一小区的另外一套房屋，且房屋成交价格低于本案房屋的成交价格。因此，导致本案合同不能履行的责任在张某。嘉立城公司一分部作为房屋中介机构只是提供房产信息，收取中介费用，故承担连带责任无相应法律依据。

法院经过审理认为：原、被告双方订立的房屋买卖定金合同合法有效。徐某作为诉争房屋产权人尹某的代理人，其根据 2007 年 4 月 13 日委托书的记载，从该日起即有权代理出售该套房屋并代为办理一切售房手续包括代为收取售房款的事实客观存在，故 2007 年 7 月 29 日被上诉人徐某作为代理人就上述房屋买卖事宜与上诉人张某订立房屋买卖定金合同并收取定金的行为具有相应法律依据。本案被上诉人徐某以自己名义所实施的代理行为不违反《合同法》第 403 条关于"隐名代理"的具体法律规定。张某要求撤销该定金合同并要求徐某及嘉立城公司返还所付定金 1 万元的诉请因无事实和法律依据，不予支持。[（2008）昆民一终字第 63 号]

▌案例评析

本案中主要涉及"隐名代理"的相关法律问题，徐某以自己名义所实施的代理行为不违反《合同法》第 403 条关于"隐名代理"的具体法律规定，即"受托人以自己的名义与第三人订立合同时，第三人不知道受托人与委托人之间的代理关系的，受托人因第三人的原因对委托人不履行义务，受托人应当向委托人披露第三人，委托人因此可以行使受托人对第三人的权利，但第三人与受托人订立合同时如果知道该委托人就不会订立合同的除外。受托人因委托人的原因对第三人不履行义务，受托人应当向第三人披露委托人，第三人因此可以选择受托人或者委托人作为相对人主张其权利，但第三人不得变更选定的相对人"。故根据前述法律规定，不论徐某在实施该代理行为之前还是之后对其行为的相对人披露被代理人的具体情况，均不影响其委托代理关系的成立。并且，如果受托人徐某因房屋产权人的原因对第三人张某不履行合同义务，张某可直接选定房屋产权人主张其相应的合同权利。为此，本案张某认为徐某故意隐瞒争议房屋权属状况，且在没有披露其与房屋产权人就该套房屋存在代理关系的情况下即以自己作为出卖方与张某订立房屋买卖定金合同，该行为已对张某构成欺诈的主张，缺乏事实和法律依据。

实际上本案张某找到了临近一处价优的房产，便意图以徐某隐名代理为由撤销合同追回定金。鉴于房屋买卖定金合同真实有效，且徐某和中介公司并没有违约行为，张某的诉讼请求是不能得到支持的。除此之外，张某的不诚信行为会使其在失去定金的同时承担相应的违约责任。

▌风险提示

非产权人的受托人基于私下委托以自己的名义签订房屋买卖合同的，构成隐名代理，买方以欺诈为由主张合同无效难以被法院支持。提醒广大购房者，在签约前就应对房屋产权人的身份去房产交易中心进行审查，不可轻易相信中介公司的承诺和担保，以避免日后纠纷的发生。

▌法条依据

《合同法》

第9条第2款：当事人依法可以委托代理人订立合同。

第402条：受托人以自己的名义，在委托人的授权范围内与第三人订立的合同，第三人在订立合同时知道受托人与委托人之间的代理关系的，该合同直接约束委托人和第三人，但有确切证据证明该合同只约束受托人和第三人的除外。

第403条第1、2款：受托人以自己的名义与第三人订立合同时，第三人不知道受托人与委托人之间的代理关系的，受托人因第三人的原因对委托人不履行义务，受托人应当向委托人披露第三人，委托人因此可以行使受托人对第三人的权利，但第三人与受托人订立合同时如果知道该委托人就不会订立合同的除外。

受托人因委托人的原因对第三人不履行义务，受托人应当向第三人披露委托人，第三人因此可以选择受托人或者委托人作为相对人主张其权利，但第三人不得变更选定的相对人。

▌知识链接：二手房隐名代理和借名购房纠纷中的风险防范

房屋权利人虽应以房地产交易中心登记为准，但当事人之间约定产权实际归属的，该约定在当事人之间有效。二手房买受人基于他人委托，以自己名义购买房屋的，应将处理委托事务取得的财产转交给实际购买人。隐名或借名人违反相关政策、法规规定购房，并登记在他人名下，隐名或借名人主张确认房屋归其所有或者依据双方之间的约定要求登记人办理房屋所有权转移登记的，一般不予支持。

（1）借他人之名购买房屋，如系规避法律禁止性规定，有可能导致最终合同无效的风险。

（2）非产权人的受托人基于私下委托以自己名义签订售房协议，构成隐名代理，买方以受欺诈主张合同无效难以被法院支持。故买方对房屋产权人身份审查的义务在签约前就应完成，不应受中介方承诺或担保的影响。

（3）借名购房必然意味着登记物权非属实际权利人所有，在借名行为不违背法律禁止性规定的情况下，借用人只享有债权，在借名人无权处分的情形下，存在借用人丧失房屋所有权而无法向第三人追及的风险。如不能证明借名购房的事实，甚至连向借名人主张过户的权利都会丧失，即双方只有单纯的金钱借贷或垫付的债权关系。

（4）经开发商同意，从亲友手中购买转售商品房，即使实际交款并入住，但产权人未变更，亦无书面的房屋买卖合同可资证明，就会存在某现实案例中的风险：即便是兄妹，交了钱，不过是双方还没选房、没签合同或是替人垫付；住了房，不过是私下借住而已。故购买转售商品房，不仅要签订书面合同，还要最终达致产权过户的结果。

3. 诈骗买房案件的法律处理

▌案情介绍

2007年7月20日，韩雷虚构自己能够买到内部优惠住房等事实，与佟玲达成购房意向，收取佟玲购房款11万元，并出具收条保证在2008年6月份之前签订网上备案合同，双方约定如有违约，除退还原款外，另赔55 000元。同日，韩雷还向佟玲出具盖有徐州普达置业有限公司财务专用章的购房定金10万元收据一份。后经佟玲核实售房事宜，得知盖有徐州普达置业有限公司章的收据是假的，其便找到韩雷索要购房款，韩雷还给佟玲9000元后，余款一直未还，佟玲遂向公安机关报案。2008年5月3日，韩雷被刑事拘留。2008年12月1日，徐州市泉山区人民法院以合同诈骗罪判处韩雷有期徒刑 13 年，韩雷违法所得应追缴发还各被害人。佟玲认为向韩雷交付购房款购房事宜系孙晓凤介绍，遂又多次找孙晓凤交涉未果。2008 年 10 月 24 日，佟玲诉至徐州市泉山区人民法院，请求依法判令韩雷、孙晓凤返还购房款 110 000 元、支付利息 31 680 元。

法院经过审理认为：佟玲对韩雷单独提起民事诉讼，要求韩雷、孙晓凤承担民事赔偿责任的立案，虽然先于原审法院对韩雷的刑事判决，但在民事案件审理过程中，该刑事案件已认定韩雷犯诈骗罪名成立，并追缴其诈骗所得钱款，其中包括佟玲被骗的购房款 110 000 元。因此，不应再以民事判决的形式再次对韩雷所收取的购房款进行实体上的处理，韩雷的刑事判决书中已经对该笔款项认定为犯罪所得并予追缴。因此，裁定驳回佟玲的起诉 [（2010）徐民再终字第 0002 号]

▌案例评析

该案佟玲起诉时虽然符合《民事诉讼法》规定的起诉条件，但该民事纠纷与韩雷刑事犯罪案件系同一事实，其主张的购房款 110 000 元问题，已经（2008）泉刑初字第 247 号刑事判决书予以认定，并判决向韩雷追缴。根据"一事不再理"的原则，法院裁定驳回佟玲的起诉的做法是正确的。

▌风险提示

提醒广大购房人，诈骗行为人为了达到诈取和占有他人财产的非法目的，往往会利用订立"房屋买卖合同"这种合法形式，设置种种陷阱，实施合同诈骗。因此，为了防止在签订房屋买卖合同时上当受骗，房屋买卖合同当事人必须注意防范，具体来说应注意以下几点：

（1）审查当事人身份证件、资质状况及代理权限。订立房屋买卖合同之时，且不可被对方当事人表面状况，如衣着、办公场地及设施、所驾名车或所住豪宅及其所声称的办事能力等外在现象迷惑，切不可听信出卖人的一面之词使自己遭受财产损失。应当委托可靠的房屋中介机构或者认真审查其所提供的身份证件或资质状况，调查了解相关购房政策，只有如此才有可能将风险降到最低。

（2）审慎核实房源的真实合法性。在房屋交易过程中，购房者特别注意对房屋出卖人所提供的身份证件进行核查，对其提供的房屋产权证书要到房屋管理部门进行全面核查，包括产权人的姓名、房屋的用途、面积及出卖人的照片等。尤其要注意那些低于市价的房屋及那些游手好闲和无固定住址的房屋出卖人，审查其是否有出卖房屋的合法身份，对是否有其所承诺的出卖条件等要进行认真核实，还要防止中介公司与房屋出卖人相互勾结，实施联合诈骗。

（3）公平合理地约定合同权利义务。合同行骗者往往通过允诺不合常理的过高利益吸引他人上钩，或者通过在合同中设定不利于己方的条款来骗取信任，因此，在签订房屋买卖合同时，面对对方允诺过分利益或者承担过高违约责任时应当保持警惕，要知道"天上不会掉馅饼"。切勿被对方假象迷惑，应善于观察和冷静思考，以便做出正确的判断和采取适当的对策。

▎法条依据

《刑法》

第 64 条：犯罪分子违法所得的一切财物，应当予以追缴或者责令退赔；对被害人的合法财产，应当及时返还；违禁品和供犯罪所用的本人财物，应当予以没收。没收的财物和罚金一律上缴国库，不得挪用和自行处理。

《刑事诉讼法》

第 102 条：附带民事诉讼应当同刑事案件一并审判，只有为了防止刑事案件审判的过分迟延，才可以在刑事案件审判后，由同一审判组织继续审理附带民事诉讼。

《最高人民法院关于在审理经济纠纷案件中涉及经济犯罪嫌疑若干问题的规定》

第 5 条：行为人盗窃、盗用单位的公章、业务介绍信、盖有公章的空白合同书，或者私刻单位的公章签订经济合同，骗取财物归个人占有、使用、处分或者进行其他犯罪活动构成犯罪的，单位对行为人该犯罪行为所造成的经济损失不承担民事责任。

行为人私刻单位公章或者擅自使用单位公章、业务介绍信、盖有公章的空白合同书以签订经济合同的方法进行的犯罪行为，单位有明显过错，且该过错行为与被害人的经济损失之间具有因果关系的，单位对该犯罪行为所造成的经济损失，依法应当承担赔偿责任。

▎知识链接：二手房合同诈骗案件的风险防范

冒用他人的名义将他人的房产出售给别人，骗得房款后逃之夭夭，虽然这种情况在房产交易中出现的概率非常低，但一旦碰到，将给自己造成巨大的经济损失。提示广大购房人：在二手房交易中一定要睁大眼睛，认真识别交易对象的真实身份。

一般来说，冒名顶替出售他人的房产有以下几种情况：

（1）将承租房出售。先将房屋从产权人手上租赁下来，然后伪造房东的身份证以及房产证，再到中介处挂牌将房屋出售。

（2）与房东有特定关系，冒用房东的名义出售。由于与房东有一定的关系，比如亲戚关系或朋友关系，将房东的身份证和房产证骗到手，再冒用房东的名义将房子卖掉。

（3）利用委托公证，以房东代理人的名义出售。先找一个与房东外貌相似的人，再持房东的身份证到公证处办理委托公证，以房东名义委托自己将房子卖掉。

当然，不管哪种方式都会经过房地产交易中心的审核，但是，交易中心工作人员对交易资料一般很难进行实质审核而只能进行形式审核。比如，交易中心很难去判断卖方身份证以及公证委托书的真假，而只能判断材料是否齐备、材料表面是否有明显漏洞。因此，买方对卖方真实身份的审查不能寄希望于交易中心。

买方应通过以下几个途径对卖方身份进行审查：

（1）对产权人的户籍情况进行调查。对卖方亲自签订合同并办理过户手续的，应当到公安机关调查产权人的户籍情况。公安机关的户籍基本信息上都会有相应的照片，这个照片与身份证上的照片是一致的，因此应当查清楚以便与卖方进行比对。

（2）对委托公证书进行调查。如果涉及到委托公证书的，应当到公证机关调查公证书的真实性，以防止公证书被伪造。

（3）对代理人的户籍情况进行调查。代理人持委托公证书办理交易手续的，除了调查公证书的真实性，还要确保委托公证书上指定的代理人与办理交易手续的是同一个人。因此还应当核实代理人的身份。

除此之外，还应当注意，房款应尽量从自己的银行卡号汇入产权人的银行账号，而不要以现金交付，或者汇入代理人的银行卡号。

第三节　户口纠纷

1. 卖房人未如约迁出户口，买房人依法获得违约金

▌案情介绍

2012 年 10 月，经中介公司居间服务，王女士以 160 万元的价格将自己一套 100 余平方米的房屋出售给赵女士，双方签订房屋买卖合同并约定：出卖人应当

在房屋所有权转移之日起 10 日内，向房屋所在地的户籍管理机关办理完成户口迁出手续。如因出卖人自身原因未如期将本房屋相关的户口迁出的，应向买受人支付 1 万元的违约金。逾期 7 日未迁出的，自期限届满之日起，出卖人应当按日计算向买受人支付全部已付款万分之二的违约金。2013 年 1 月 24 日，王女士及其丈夫将户籍迁至涉案房屋。2013 年 3 月 5 日，赵女士给付王女士全部购房款，王女士将房屋过户至赵女士的名下，但王女士一直未及时将户口迁出。在多次催促未果后，赵女士一纸诉状将王女士起诉至北京市通州区人民法院，要求王女赔偿违约金 45 000 余元。

被告王女士辩称，自己迁入户口时经过赵女士的同意，未能及时迁出是因为一直未能找到合适的落户处，现自己正在积极办理户口迁出手续。但赵女士称，自己对于王女士迁入户口的事情开始并不知情，在得知后一直催促王女士将户口迁出，但王女士不予配合，故王女士应当赔偿迟延迁出户口的违约金。

通州区人民法院审理后认为，当事人应当按照约定全面履行自己的义务。当事人一方不履行合同义务或者履行合同义务不符合约定的，应当承担继续履行、采取补救措施或者赔偿损失等违约责任。当事人可以约定一方违约时应当根据违约情况向对方支付一定数额的违约金，也可以约定因违约产生的损失赔偿额的计算方法。赵女士与王女士签订房屋买卖合同后，已依约履行了支付全部购房款的义务，王女士却未能按照合同约定办理户口迁出手续，其行为已构成违约，应按照双方的约定承担相应的违约责任。因此，通州区人民法院一审判决王女士给付赵女士违约金 45 000 余元。

▌案例评析

本案中，权利义务关系相对明确，王女士与赵女士在签订房屋买卖合同之时就对户口迁移事宜进行规定，并约定逾期户口未迁出的违约责任。诉讼中王女士称迁户事宜事先经过赵女士同意，且未能及时迁出户口是由于暂时未找到落户的辩称无法成立，其应按照合同约定给付赵女士相应的赔偿金。

▌风险提示

二手房买卖交易中，户口迁移问题极易产生纠纷，二手房买卖合同一方当事人因户口迁出问题提起诉讼，因户口迁移属于行政管理问题，法院可能以不属于民事案件的受理范围为由对买受人要求出卖方将户口迁出的诉讼请求不予支持。但买受人以出卖方逾期迁出户口构成违约为由，要求出卖方承担违约责任的，属于民事案件受理范围。对户口迁出的约定，应注意到该住处除出卖人以外是否存在其他近亲属或亲属的户口，在迁出存在障碍的情况下，违约责任应对此约定明确。

不少购房者交房后很久才发现，所购买房屋还有其他上家户口。常见的买卖合同中一般也会约定上家交房前或者在交后一段时间内迁户口。如果买的房屋还有别人的户口没有及时迁走，会存在如下纠纷隐患：

（1）影响自己户口的迁入。户口虽然不影响房产交易，但会影响下家落户。就司法实践的情况来看，各地的规定不尽相同，有的地方允许同时存在两本户口簿，有的地方则要求卖家的户口迁出后，买家才能将户口迁入。针对此问题，需要买卖双方到当地派出所详细咨询后再签订房屋买卖合同，避免不必要纠纷的发生。

（2）影响房屋再次销售。如果下家买的是"学区房"，或者买房就是为了落户，那么购买者必定会对房屋内的户口情况有详细的了解，对上家户口迁出时间有明确的要求，否则很难达成一致且极大地影响房屋售价。

（3）可能遭遇无法起诉的困境。如果上家签合同后无处落户或者恶意不迁户口，下家也不能直接到法院起诉要求对方迁户口，目前法院会以户口迁移属公安机关行政管理范围为由不予受理。这样会造成购房者生活上的诸多不便。

综上所述，二手房买卖交易中，购买者在户口问题上一定要防患于未然，予以充分重视。

▌法条依据

《合同法》

第60条：当事人应当按照约定全面履行自己的义务。当事人应当遵循诚实信用原则，根据合同的性质、目的和交易习惯履行通知、协助、保密等义务。

第107条：当事人一方不履行合同义务或者履行合同义务不符合约定的，应当承担继续履行、采取补救措施或者赔偿损失等违约责任。

《中华人民共和国户口登记条例》

第3条第1、2款：户口登记工作，由各级公安机关主管。

城市和设有公安派出所的镇，以公安派出所管辖区为户口管辖区；乡和不设公安派出所的镇，以乡、镇管辖区为户口管辖区。乡、镇人民委员会和公安派出所为户口登记机关。

第10条第1款：公民迁出本户口管辖区，由本人或者户主在迁出前向户口登记机关申报迁出登记，领取迁移证件，注销户口。

第四节　"一房二卖"纠纷

1. "一房二卖"案件中惩罚性赔偿条款的适用

▌案情介绍

原告胡百卿与被告临沂沂兴房地产开发有限公司于 2010 年 8 月 9 日达成了购房意向：原告购买被告沂兴公司位于费城镇中山路南端明珠花苑 9 号楼 101 号楼房一套，并于当天交给被告沂兴公司定金 50 000 元，当时被告的经办人承诺半个月后交齐购房款即给钥匙并给办理房权证。2013 年 8 月 23 日，原告（买受人）与被告沂兴公司（出卖人）签订了购房合同，合同约定房屋总价款为 187 944 元，出卖人应于 2010 年 8 月 30 日前依照国家和地方人民政府的有关规定将验收合格的商品房交付给买受人，原告又支付给被告沂兴公司购房款 130 000 元。后被告沂兴公司作为出卖人未按合同约定将原告所购楼房交付原告。另查明，被告出卖给原告的楼房，已于 2006 年 10 月 17 日卖给了杨平，杨平在费县房管局通过产权登记取得了涉案楼房的所有权证。2008 年 9 月 8 日，杨平又将涉案楼房卖给了李文平，并到费县房管局办理了产权转移登记。后费县公安局经侦大队因被告法定代表人刘伟涉嫌刑事犯罪将其刑事拘留。刘伟之妻李永梅与原告约定：李永梅自愿筹集现金 180 000 元替被告归还原告购房款，后费县公安局经侦大队将 180 000 元购房款转交给了原告。因损失赔偿事宜，原告诉至法院，请求依法判令被告解除原告和被告签订的购房合同，双倍返还原告所交购房定金 50 000 元，承担赔偿责任 180 000 元，并由被告负担诉讼费用。

山东省费县人民法院经过审理认为，原告与被告沂兴公司于 2013 年 8 月 23 日签订的购房合同内容不违反有关法律规定，为有效合同。被告本应按照《中华人民共和国合同法》第 60 条的规定，履行其交付房产的义务。但因合同约定的标的物已被他人以合法的方式取得所有权，原告与被告沂兴公司签订的购房合同已不能履行，原告请求解除该合同并承担赔偿责任的请求予以支持。最后判决被告赔偿原告损失并返还定金，共计 180 000 元。（最高人民法院发布 19 起合同纠纷典型案例之七）

▌案例评析

"一房二卖"是指出卖人先后或同时以两个以上的买卖合同将同一特定的房屋出卖给两个以上不同的买受人，又称房屋的二重买卖。本案是涉及商品房买卖合同中因出卖方故意隐瞒所售房屋已经出卖给第三人的事实，导致合同无效或者被撤销、解除的惩罚性赔偿条款适用的典型案件。被告沂兴公司故意隐瞒所售房屋已经出卖给第三人的事实，又与原告签订商品房买卖合同，显系不诚信行为，故原告请求被告承担赔偿责任，并返还定金。本案由于当事人约定的定金数额超过主合同标的额20%，遂人民法院按照主合同标的额20%（187 944×20%）的标准确定了被告的赔偿责任。本案对商品房买卖中惩罚性赔偿原则与定金罚则并存时应如何适用作出了阐述。提醒广大购房者，商品房买卖合同中，惩罚性赔偿原则并非以"双倍返还"为限，双方当事人愿意在合同中加入惩罚性赔偿的内容，并不违背法律法规的强制性规定，该条款可以视为双方给自己可能造成的损害而采取的额外保护措施，法院对此应予支持。

▌风险提示

提醒广大购房者，如果购买的是期房，可以进行预告登记，以制约开发商把已出售的住房再次出售或者进行抵押；如果购买的是二手房，购房者在购房前就应积极调取产权证，对房屋的基本信息有一定的认识。此外，在看房时多留心房屋的实际状况，及时办理房屋过户手续。只有如此，才能有效降低出卖方将房屋转卖他人的风险。

▌法条依据

《合同法》

第54条第2款：一方以欺诈、胁迫的手段或者乘人之危，使对方在违背真实意思的情况下订立的合同，受损害方有权请求人民法院或者仲裁机构变更或者撤销。

《最高人民法院关于审理商品房买卖合同纠纷案件适用法律若干问题的解释》

第8条：具有下列情形之一，导致商品房买卖合同目的不能实现的，无法取得房屋的买受人可以请求解除合同、返还已付购房款及利息、赔偿损失，并可以请求出卖人承担不超过已付购房款一倍的赔偿责任：

（一）商品房买卖合同订立后，出卖人未告知买受人又将该房屋抵押给第三人；

（二）商品房买卖合同订立后，出卖人又将该房屋出卖给第三人。

第9条：具有下列情形之一，导致合同无效或者被撤销、解除的，买受人可以请求返还已付购房款及利息、赔偿损失，并可以请求出卖人承担不超过已付购房款一倍的赔偿责任：

......

（三）故意隐瞒所售房屋已经出卖给第三人或者未拆迁补偿安置房屋的事实。

▌知识链接："一房二卖"在司法实践中的具体情形及处理

"一房二卖"在实践中具体的处理应当分情况而定，一般会有以下三种情形：

（1）出卖人先后与两个不同的买受人订立合同后，对后买受人履行了合同义务，办理了房产过户登记手续的情形。在该情形下，两个房屋买卖合同均有效。但因成立在后的合同已经履行完毕，该合同中的买受人（即第二位买受人）已实际取得房屋所有权。此时出卖人无法实际履行与第一个买受人签订的合同，因此出卖人应当对第一个买受人承担违约责任。

（2）出卖人将房屋售与前买受人并办理了产权过户登记之后，又与后买受人成立就同一房屋为标的物的买卖合同。此时，由于房屋产权已经过户，出卖人已非房屋所有权人。出卖人系出卖他人之物。根据《最高人民法院关于审理买卖合同案件适用法律问题的解释》第3条，当事人一方以出卖人在缔约时对标的物没有所有权或者处分权为由主张合同无效的，人民法院不予支持。出卖人因未取得所有权或者处分权致使标的物所有权不能转移，买受人要求出卖人承担违约责任或者要求解除合同并主张损害赔偿的，人民法院应予支持。在这种情况下，出卖人的卖房行为虽然构成无权处分，但是并不影响其与第二个买受人之间合同的效力。出卖人应当对第二个买受人承担违约责任。买受人要求出卖人承担违约责任或者要求解除合同并主张损害赔偿的，人民法院应予支持。

注意：《最高人民法院关于审理商品房买卖合同纠纷案件适用法律若干问题的解释》第9条规定，此时出卖人还应当对第二位出卖人承担不超过已付购房款一倍的赔偿责任。这种赔偿责任属于额外的惩罚性赔偿。

（3）出卖人先后与两个不同的买受人订立合同，两次买卖均未完成过户登记的处理，在这种情形下，房屋所有权仍为出卖人享有，而两次买卖的买受人均未取得房屋的所有权。原则上讲，买受人只能通过债权保护方法保护自己的权益。基于先后买卖合同而生的此二重债权，系处于平等地位，并无位序关系，故前买受人及后买受人均得随时向出卖人请求履行债务。

房屋所有权过户登记请求权是房屋买卖合同买受人的权利之一，也是履行的重要内容。在两个债权的实现构成竞争关系的前提下，谁先取得登记申请权，谁就有优先的效果。故就两个合同的履行而言，首先应当以请求办理过户登记的先后，确认买受人中先行使请求权方的行使登记请求权的优先权。同时请求的，应以约定的履行期届至日的先后，确认履行期先届至的合同的买受人行使登记请求权的优先权；一合同约定了履行期限，另一合同没有约定履行期限，可确认没有约定履行期限的合同的买受人行使登记申请权的优先权；均没有约定履行期限的，原则上认为两合同的买受人自合同成立时起即享有登记请求权，但订立在先的合同的买受人获得登记请求权的时间在前，应以订立合同的先后来保护订立在先的合同。但这种保护并不是确认前买受人拥有房屋所有权，而是保护前买受人得以行使登记请求权的优先权，登记机关应优先受理前买受人的登记申请，法院可判决强制出卖人履行前一合同，督促其及时办理登记手续。

2. "一房二卖"案件中合同解除权的行使

▌案情介绍

2012 年 6 月 18 日，在北京某房地产经纪有限公司的居间下，谭先生与张女士签订北京市存量房屋买卖合同，约定谭先生以 115 万元的价格购买张女士的一处房产，同时三方签订补充协议、买卖定金协议书、居间服务合同、房屋交易保障服务合同。合同签订后，谭先生向张女士支付定金 2 万元，并向中介支付居间服务费及担保服务费 28 750 元。事后，张女士擅自将房屋卖给他人，并告知谭先生双方房屋买卖合同终止。

谭先生认为，按照双方签订的北京市存量房屋买卖合同补充协议第 4 条第 2 款的约定，张女士将房屋出售给第三方的，自己有权解除合同，张女士应在违约行为发生之日起 15 日内以相当于该房屋总价款的 20% 支付违约金，并赔偿中介收取的居间服务费，遂将张女士告上北京市顺义区人民法院，要求解除双方签订的北京市存量房屋买卖合同及补充协议；判令被告返还定金 2 万元，支付居间服务费及担保服务费 28 750 元，违约金 230 000 元，共计 278 750 元。

庭审中，被告张女士辩称，自己与原告所签订的房屋买卖合同及补充协议和定金协议都没有确定房款支付日期，原告贷款也无期限限制，自己无期限等下去不公平，所以房屋买卖合同属于无效合同，而原告设下陷阱以 2 万元定金为诱饵讹诈 278 750 元，已构成合同诈骗行为。

顺义区人民法院审理后认为，依法成立的合同，对当事人具有法律约束力。当事人应当按照约定履行自己的义务，不得擅自变更或者解除合同。谭先生与张女士达成的北京市存量房屋买卖合同、补充协议系双方真实意思表示，且不违反法律、行政法规的强制性规定，合法有效。张女士将该房屋另售他人，构成根本违约，应当承担违约责任。张女士的抗辩意见，无事实及法律依据，本院不予采信。现谭先生要求解除其与张女士签订的北京市存量房屋买卖合同、补充协议，法院对此予以支持。根据双方约定，张女士应当将其收取的定金及居间代理费、保障服务费直接赔付给谭先生。针对违约金数额，考虑到双方针对违约金数额约定过高，法院结合张女士违约程度酌情予以确定。

因此，顺义区人民法院一审判决确认谭先生与张女士达成的北京市存量房屋买卖合同、补充协议解除；张女士给付谭先生定金2万元、居间服务费损失及保障服务费损失28 750元及违约金10万元，共计148 750元。

▌案例评析

本案涉及目前我国房地产市场存在的"一房二卖"现象。许多消费者因缺乏对相关法律的认识，在购房时，未注意自身权益的保护而令自身权益受损。本案中，张女士将房屋先售予谭先生，在合同履行过程中，又将房屋转卖第三人，其行为已经构成违约，谭先生有权依据合同条款行使解除权并要求张女士承担违约责任。

▌风险提示

提醒广大购房人，合同未得到履行的买房人，在追究卖房人的违约责任时，分以下两种情况对待：①如果卖房者是开发商，则买房人可通过向开发商主张返还已付购房款、利息及赔偿损失来追究其违约责任。此外，还可以请求出卖人承担不超过已付购房款一倍的赔偿责任。②如果卖房者是私人业主，则买房人不能向违约者主张惩罚性赔偿。这时，违约纠纷的处理应以《合同法》作为依据，买房人可主张返还购房款和利息，赔偿损失。

为防止出卖人"一房二卖"，具体来说可有以下几方面的努力：

（1）购房者要进行产权调查。交易中心通常备有房屋的原始记录，包含房屋所有的基本信息，如房屋土地状况、产权共有人等。发现房屋产权证上的记载与调查结果不相符时，购房者要注意了，卖房者有可能是一房二卖。

（2）提存房屋产权证。签订买卖合同后，若未办理过户手续，房屋产权证仍由卖房者持有。有些购房者看到房屋产权证后，会误认为产权仍为卖房者所有，为卖房者一房二卖提供了便利。购房者可要求卖房者将房屋产权证提存在第三人处，待办理过户时，再从第三人处取出。

（3）购房者要在交易中心登记后，再向业主支付首付款。这样可以避免某些人一房二卖后，再诈骗购房者的购房款。

▌法条依据

《合同法》

第54条第2款：一方以欺诈、胁迫的手段或者乘人之危，使对方在违背真实意思的情况下订立的合同，受损害方有权请求人民法院或者仲裁机构变更或者撤销。

第94条：有下列情形之一的，当事人可以解除合同：

（一）因不可抗力致使不能实现合同目的；

（二）在履行期限届满之前，当事人一方明确表示或者以自己的行为表明不履行主要债务；

（三）当事人一方迟延履行主要债务，经催告后在合理期限内仍未履行；

（四）当事人一方迟延履行债务或者有其他违约行为致使不能实现合同目的；

（五）法律规定的其他情形。

第95条：法律规定或者当事人约定解除权行使期限，期限届满当事人不行使的，该权利消灭。

法律没有规定或者当事人没有约定解除权行使期限，经对方催告后在合理期限内不行使的，该权利消灭。

▌知识链接："一房二卖"案件中合同解除权的行使

二手房买卖合同的解除在房产纠纷案件中比较常见，因此有必要再次向读者就房屋买卖合同解除权加以介绍。

买卖合同解除，是在买卖合同成立后，未履行或未完全履行前，经当事人协议，或者当具备合同解除的条件时，由解除权人行使解除权使合同关系自始或向将来消灭的一种行为。合同的解除包括三类：

1. 协议解除。合同成立后，未履行或者未完全履行前，当事人协商解除合同，使合同效力消灭。

2. 约定解除。当事人在合同中约定了合同解除的条件，在合同履行完毕之前约定解除条件成就的，解除权人可以行使解除权，解除合同。

3. 法定解除，即在合同成立后，未履行或者未完全履行完毕前，当事人一方通过行使法定的解除权而使合同效力消灭的行为。《合同法》第94条规定了一般法定解除权的情形，具体包括：

（1）因不可抗力致使不能实现合同目的。合同双方当事人均有权解除合同，双方当事人对因合同解除产生的损害均不负赔偿责任。但若一方迟延履行合同义务期间发生不可抗力导致合同解除的，迟延一方需承担损害赔偿责任。

（2）预期违约，包括明示违约和默示违约。此时，对方当事人有三种救济途径：①解除合同；②履行期限届满前请求对方承担违约责任；③等待对方当事人所附义务的履行期限界至后，再请求对方承担违约责任。

（3）当事人一方迟延履行主要债务，经催告后在合理期限内仍未履行。该情形限于履行期限与订约目的不具有密切联系的迟延履行。如果履行期限对合同目的的实现具有重要意义，则一方当事人履行迟延，构成根本违约，无须催告即可行使解除权。

（4）当事人一方迟延履行债务或者有其他违约行为致使不能实现合同目的的。

特别提醒广大购房者：

第一，若二手房买卖合同因违约被解除的，不影响违约责任的承担。但若买卖合同不成立、无效、被撤销的，无违约责任的问题。

第二，对于约定解除权的合同，解除权成立时，合同不能自动终止，需发出解除通知。

第三，合同中的违约金、定金条款属于结算、清理条款，不因合同的解除而终止，合同约定了违约金的，合同因违约解除后，守约方仍有权请求支付违约金。

第四，解除权形式的期限。《合同法》第95条规定："法律规定或者当事人约定解除权行使期限，期限届满当事人不行使的，该权利消灭。法律没有规定或者当事人没有约定解除权行使期限，经对方催告后在合理期限内不行使的，该权利消灭。"因此，解除权人应当积极履行自己的权利，避免因时间届满而丧失权利。

第三篇

相关法律依据及合同范本

一、二手房买卖纠纷所涉法律法规目录

1. 房屋买卖合同类法规

《中华人民共和国城市房地产管理法》（2009.8.27 修正）

《中华人民共和国合同法》（1999.3.15）

《最高人民法院关于审理商品房买卖合同纠纷案件适用法律若干问题的解释》（2003.4.28）

《城市商品房预售管理办法》（1994.11.15）（2004..7.20 修正）

《城市房地产转让管理规定》（1995.8.7）（2001.8.15 修正）

《房地产广告发布暂行规定》（1996.12.30）（1998.12.3 修订）

《已购公有住房和经济适用住房上市出售管理暂行办法》（1999.4.22）

《原建设部关于已购公有住房和经济适用住房上市出售若干问题的说明》（1999.7.27）

《商品房销售明码标价规定》（2011.3.16）

《国务院办公厅关于促进房产市场健康发展的若干意见》（2008.12.20）

《国务院办公厅关于促进房地产市场平稳健康发展的通知》（2010.1.7）

《国务院关于坚决遏制部分城市房价过快上涨的通知》（2010.4.17）

《国务院办公厅关于进一步做好房地产市场调控工作有关问题的通知》（2011.1.26）

《国务院办公厅关于继续做好房地产市场调控工作的通知》（2013.2.26）

《住房和城乡建设部、国家外汇管理局关于进一步规范境外机构和个人购房管理的通知》（2010.11.4）

《最高人民法院关于当前形势下进一步做好房地产纠纷案件审判工作的指导意见》（2009.7.9）

2. 住房贷款类法规

《中华人民共和国合同法》（1999.3.15）

《中华人民共和国物权法》（2007.3.16）

《中华人民共和国担保法》（1995.6.30）

《最高人民法院关于适用〈中华人民共和国担保法〉若干问题的解释》（2000.12.8）

《住房公积金管理条例》（1999.4.3）（2002.3.24修订）

《住房和城乡建设部关于进一步加强住房公积金监管工作的通知》（2012.2.6）

《关于加强中央国家机关住房公积金个人贷款差别化管理的通知》（2013.12.31）

《贷款通则》（1996.6.28）

《城市房地产抵押管理办法》（1997.5.9）（2001.8.15修正）

《住房置业担保管理试行办法》（2000.5.11）

《个人贷款管理暂行办法》（2010.2.12）

《最高人民法院关于人民法院审理借贷案件的若干意见》（2008.12.16修正）

3. 房屋买卖税收政策类法规

《中华人民共和国个人所得税法》（1980.9.10）（2011.6.30修正）

《中华人民共和国契税暂行条例》（1997.7.7）

《财政部、国家税务总局关于购房人办理退房有关契税问题的通知》（2011.4.26）

《中华人民共和国营业税暂行条例》（1993.12.13）（2008.11.10修订）

《中华人民共和国房产税暂行条例》（1986.9.15）（2011.1.8修订）

《中华人民共和国印花税暂行条例》（1988.8.6）（2011.1.8修订）

《中华人民共和国土地增值税暂行条例》（1993.12.13）（2011.1.8修订）

《国家税务总局、财政部、建设部关于加强房产税收管理的通知》（2005.5.27）

《国家税务总局关于房地产税收政策执行中几个具体问题的通知》（2005.10.20）

《国家税务总局关于个人住房转让所得征收个人所得税有关问题的通知》（2006.7.18）

《财政部、国家税务总局关于调整房地产交易环节税收政策的通知》（2008.10.22）

《财政部、国家税务总局、住房和城乡建设部关于调整房地产交易环节契税个人所得税优惠政策的通知》（2010.9.29）

《财政部、国家税务总局关于调整个人住房转让营业税政策的通知》（2011. 1. 27）

《财政部、国家税务总局关于夫妻之间房屋土地权属变更有关契税政策的通知》（2013. 12. 31）

4. 房屋权属登记类法规

《中华人民共和国物权法》（2007. 3. 16）

《最高人民法院关于审理房屋登记案件若干问题的规定》（2010. 11. 5）

《房屋登记办法》（2008. 2. 15）

《城市房地产权属档案管理办法》（2001. 8. 29）

《房屋权属登记信息查询暂行办法》（2006. 10. 8）

《房屋登记簿管理试行办法》（2008. 5. 6）

《房产测绘管理办法》（2000. 12. 28）

《建设部关于房屋建筑面积计算与房屋权属登记有关问题的通知》（2002. 3. 27）

《国家发展改革委、财政部关于规范房屋登记费计费方式和收费标准等有关问题的通知》（2008. 4. 15）

5. 房地产经纪服务类法规

《中华人民共和国合同法》（1999. 3. 15）

《城市房地产市场评估管理暂行办法》（1992. 9. 7）

《房地产估价机构管理办法》（2005. 10. 12）（2013. 10. 16 修正）

《房地产经纪管理办法》（2011. 1. 20）

《建设部、中国人民银行关于加强房地产经纪管理规范交易结算资金账户管理有关问题的通知》（2006. 12. 29）

《住房和城乡建设部、国家发展和改革委员会关于加强房地产经纪管理进一步规范房地产交易秩序的通知》（2011. 5. 11）

二、相关法律依据节选

1. 中华人民共和国合同法（节录）

（1999 年 3 月 15 日第九届全国人民代表大会第二次会议通过，1999 年 3 月 1 日中华人民共和国主席令第 15 号公布，自 1999 年 10 月 1 日起实施）

总　则

第一章　一般规定

第一条　为了保护合同当事人的合法权益，维护社会经济秩序，促进社会主义现代化建设，制定本法。

第二条　本法所称合同是平等主体的自然人、法人、其他组织之间设立、变更、终止民事权利义务关系的协议。

婚姻、收养、监护等有关身份关系的协议，适用其他法律的规定。

第三条　合同当事人的法律地位平等，一方不得将自己的意志强加给另一方。

第四条　当事人依法享有自愿订立合同的权利，任何单位和个人不得非法干预。

第五条　当事人应当遵循公平原则确定各方的权利和义务。

第六条　当事人行使权利、履行义务应当遵循诚实信用原则。

第七条　当事人订立、履行合同，应当遵守法律、行政法规，尊重社会公德，不得扰乱社会经济秩序，损害社会公共利益。

第八条　依法成立的合同，对当事人具有法律约束力。当事人应当按照约定履行自己的义务，不得擅自变更或者解除合同。

依法成立的合同，受法律保护。

第二章　合同的订立

第九条　当事人订立合同，应当具有相应的民事权利能力和民事行为能力。当事人依法可以委托代理人订立合同。

第十条　当事人订立合同，有书面形式、口头形式和其他形式。

法律、行政法规规定采用书面形式的，应当采用书面形式。当事人约定采用书面形式的，应当采用书面形式。

第十一条　书面形式是指合同书、信件和数据电文（包括电报、电传、传真、电子数据交换和电子邮件）等可以有形地表现所载内容的形式。

第十二条　合同的内容由当事人约定，一般包括以下条款：

（一）当事人的名称或者姓名和住所；

（二）标的；

（三）数量；

（四）质量；

（五）价款或者报酬；

（六）履行期限、地点和方式；

（七）违约责任；

（八）解决争议的方法。

当事人可以参照各类合同的示范文本订立合同。

第十三条　当事人订立合同，采取要约、承诺方式。

第十四条　要约是希望和他人订立合同的意思表示，该意思表示应当符合下列规定：

（一）内容具体确定；

（二）表明经受要约人承诺，要约人即受该意思表示约束。

第十五条　要约邀请是希望他人向自己发出要约的意思表示。寄送的价目表、拍卖公告、招标公告、招股说明书、商业广告等为要约邀请。

商业广告的内容符合要约规定的，视为要约。

第十六条　要约到达受要约人时生效。

采用数据电文形式订立合同，收件人指定特定系统接收数据电文的，该数据电文进入该特定系统的时间，视为到达时间；未指定特定系统的，该数据电文进入收件人的任何系统的首次时间，视为到达时间。

第十七条　要约可以撤回。撤回要约的通知应当在要约到达受要约人之前或者与要约同时到达受要约人。

第十八条　要约可以撤销。撤销要约的通知应当在受要约人发出承诺通知之前到达受要约人。

第十九条　有下列情形之一的，要约不得撤销：

（一）要约人确定了承诺期限或者以其他形式明示要约不可撤销；

（二）受要约人有理由认为要约是不可撤销的，并已经为履行合同作了准备工作。

第二十条　有下列情形之一的，要约失效：

（一）拒绝要约的通知到达要约人；

（二）要约人依法撤销要约；

（三）承诺期限届满，受要约人未作出承诺；

（四）受要约人对要约的内容作出实质性变更。

第二十一条　承诺是受要约人同意要约的意思表示。

第二十二条　承诺应当以通知的方式作出，但根据交易习惯或者要约表明可以通过行为作出承诺的除外。

第二十三条　承诺应当在要约确定的期限内到达要约人。

要约没有确定承诺期限的，承诺应当依照下列规定到达：

（一）要约以对话方式作出的，应当即时作出承诺，但当事人另有约定的除外；

（二）要约以非对话方式作出的，承诺应当在合理期限内到达。

第二十四条　要约以信件或者电报作出的，承诺期限自信件载明的日期或者电报交发之日开始计算。信件未载明日期的，自投寄该信件的邮戳日期开始计算。要约以电话、传真等快速通讯方式作出的，承诺期限自要约到达受要约人时开始计算。

第二十五条　承诺生效时合同成立。

第二十六条　承诺通知到达要约人时生效。承诺不需要通知的，根据交易习惯或者要约的要求作出承诺的行为时生效。

采用数据电文形式订立合同的，承诺到达的时间适用本法第十六条第二款的规定。

第二十七条　承诺可以撤回。撤回承诺的通知应当在承诺通知到达要约人之前或者与承诺通知同时到达要约人。

第二十八条　受要约人超过承诺期限发出承诺的，除要约人及时通知受要约人该承诺有效的以外，为新要约。

第二十九条　受要约人在承诺期限内发出承诺，按照通常情形能够及时到达要约人，但因其他原因承诺到达要约人时超过承诺期限的，除要约人及时通知受要约人因承诺超过期限不接受该承诺的以外，该承诺有效。

第三十条　承诺的内容应当与要约的内容一致。受要约人对要约的内容作出实质性变更的，为新要约。有关合同标的、数量、质量、价款或者报酬、履行期限、履行地点和方式、违约责任和解决争议方法等的变更，是对要约内容的实质性变更。

第三十一条　承诺对要约的内容作出非实质性变更的，除要约人及时表示反对或者要约表明承诺不得对要约的内容作出任何变更的以外，该承诺有效，合同的内容以承诺的内容为准。

第三十二条　当事人采用合同书形式订立合同的，自双方当事人签字或者盖章时合同成立。

第三十三条　当事人采用信件、数据电文等形式订立合同的，可以在合同成立之前要求签订确认书。签订确认书时合同成立。

第三十四条　承诺生效的地点为合同成立的地点。

采用数据电文形式订立合同的，收件人的主营业地为合同成立的地点；没有主营业地的，其经常居住地为合同成立的地点。当事人另有约定的，按照其约定。

第三十五条　当事人采用合同书形式订立合同的，双方当事人签字或者盖章的地点为合同成立的地点。

第三十六条　法律、行政法规规定或者当事人约定采用书面形式订立合同，当事人未采用书面形式但一方已经履行主要义务，对方接受的，该合同成立。

第三十七条　采用合同书形式订立合同，在签字或者盖章之前，当事人一方已经履行主要义务，对方接受的，该合同成立。

第三十八条　国家根据需要下达指令性任务或者国家订货任务的，有关法人、其他组织之间应当依照有关法律、行政法规规定的权利和义务订立合同。

第三十九条　采用格式条款订立合同的，提供格式条款的一方应当遵循公平原则确定当事人之间的权利和义务，并采取合理的方式提请对方注意免除或者限制其责任的条款，按照对方的要求，对该条款予以说明。

格式条款是当事人为了重复使用而预先拟定，并在订立合同时未与对方协商的条款。

第四十条　格式条款具有本法第五十二条和第五十三条规定情形的，或者提供格式条款一方免除其责任、加重对方责任、排除对方主要权利的，该条款无效。

第四十一条　对格式条款的理解发生争议的，应当按照通常理解予以解释。对格式条款有两种以上解释的，应当作出不利于提供格式条款一方的解释。格式条款和非格式条款不一致的，应当采用非格式条款。

第四十二条　当事人在订立合同过程中有下列情形之一，给对方造成损失的，应当承担损害赔偿责任：

（一）假借订立合同，恶意进行磋商；

（二）故意隐瞒与订立合同有关的重要事实或者提供虚假情况；

（三）有其他违背诚实信用原则的行为。

第四十三条　当事人在订立合同过程中知悉的商业秘密，无论合同是否成立，不得泄露或者不正当地使用。泄露或者不正当地使用该商业秘密给对方造成损失的，应当承担损害赔偿责任。

第三章　合同的效力

第四十四条　依法成立的合同，自成立时生效。

法律、行政法规规定应当办理批准、登记等手续生效的，依照其规定。

第四十五条　当事人对合同的效力可以约定附条件。附生效条件的合同，自条件成就时生效。附解除条件的合同，自条件成就时失效。

当事人为自己的利益不正当地阻止条件成就的，视为条件已成就；不正当地促成条件成就的，视为条件不成就。

第四十六条　当事人对合同的效力可以约定附期限。附生效期限的合同，自期限届至时生效。附终止期限的合同，自期限届满时失效。

第四十七条　限制民事行为能力人订立的合同，经法定代理人追认后，该合同有效，但纯获利益的合同或者与其年龄、智力、精神健康状况相适应而订立的合同，不必经法定代理人追认。

相对人可以催告法定代理人在一个月内予以追认。法定代理人未作表示的，视为拒绝追认。合同被追认之前，善意相对人有撤销的权利。撤销应当以通知的方式作出。

第四十八条　行为人没有代理权、超越代理权或者代理权终止后以被代理人名义订立的合同，未经被代理人追认，对被代理人不发生效力，由行为人承担责任。

相对人可以催告被代理人在一个月内予以追认。被代理人未作表示的，视为拒绝追认。合同被追认之前，善意相对人有撤销的权利。撤销应当以通知的方式作出。

第四十九条　行为人没有代理权、超越代理权或者代理权终止后以被代理人名义订立合同，相对人有理由相信行为人有代理权的，该代理行为有效。

第五十条　法人或者其他组织的法定代表人、负责人超越权限订立的合同，除相对人知道或者应当知道其超越权限的以外，该代表行为有效。

第五十一条　无处分权的人处分他人财产，经权利人追认或者无处分权的人订立合同后取得处分权的，该合同有效。

第五十二条　有下列情形之一的，合同无效：

（一）一方以欺诈、胁迫的手段订立合同，损害国家利益；

（二）恶意串通，损害国家、集体或者第三人利益；

（三）以合法形式掩盖非法目的；

（四）损害社会公共利益；

（五）违反法律、行政法规的强制性规定。

第五十三条　合同中的下列免责条款无效：

（一）造成对方人身伤害的；

（二）因故意或者重大过失造成对方财产损失的。

第五十四条　下列合同，当事人一方有权请求人民法院或者仲裁机构变更或者撤销：

（一）因重大误解订立的；

（二）在订立合同时显失公平的。

一方以欺诈、胁迫的手段或者乘人之危，使对方在违背真实意思的情况下订立的合同，受损害方有权请求人民法院或者仲裁机构变更或者撤销。

当事人请求变更的，人民法院或者仲裁机构不得撤销。

第五十五条　有下列情形之一的，撤销权消灭：

（一）具有撤销权的当事人自知道或者应当知道撤销事由之日起一年内没有行使撤销权；

（二）具有撤销权的当事人知道撤销事由后明确表示或者以自己的行为放弃撤销权。

第五十六条　无效的合同或者被撤销的合同自始没有法律约束力。合同部分无效，不影响其他部分效力的，其他部分仍然有效。

第五十七条　合同无效、被撤销或者终止的，不影响合同中独立存在的有关解决争议方法的条款的效力。

第五十八条　合同无效或者被撤销后，因该合同取得的财产，应当予以返还；不能返还或者没有必要返还的，应当折价补偿。有过错的一方应当赔偿对方因此所受到的损失，双方都有过错的，应当各自承担相应的责任。

第五十九条 当事人恶意串通，损害国家、集体或者第三人利益的，因此取得的财产收归国家所有或者返还集体、第三人。

第四章 合同的履行

第六十条 当事人应当按照约定全面履行自己的义务。

当事人应当遵循诚实信用原则，根据合同的性质、目的和交易习惯履行通知、协助、保密等义务。

第六十一条 合同生效后，当事人就质量、价款或者报酬、履行地点等内容没有约定或者约定不明确的，可以协议补充；不能达成补充协议的，按照合同有关条款或者交易习惯确定。

第六十二条 当事人就有关合同内容约定不明确，依照本法第六十一条的规定仍不能确定的，适用下列规定：

（一）质量要求不明确的，按照国家标准、行业标准履行；没有国家标准、行业标准的，按照通常标准或者符合合同目的的特定标准履行。

（二）价款或者报酬不明确的，按照订立合同时履行地的市场价格履行；依法应当执行政府定价或者政府指导价的，按照规定履行。

（三）履行地点不明确，给付货币的，在接受货币一方所在地履行；交付不动产的，在不动产所在地履行；其他标的，在履行义务一方所在地履行。

（四）履行期限不明确的，债务人可以随时履行，债权人也可以随时要求履行，但应当给对方必要的准备时间。

（五）履行方式不明确的，按照有利于实现合同目的的方式履行。

（六）履行费用的负担不明确的，由履行义务一方负担。

第六十三条 执行政府定价或者政府指导价的，在合同约定的交付期限内政府价格调整时，按照交付时的价格计价。逾期交付标的物的，遇价格上涨时，按照原价格执行；价格下降时，按照新价格执行。逾期提取标的物或者逾期付款的，遇价格上涨时，按照新价格执行；价格下降时，按照原价格执行。

第六十四条 当事人约定由债务人向第三人履行债务的，债务人未向第三人履行债务或者履行债务不符合约定，应当向债权人承担违约责任。

第六十五条 当事人约定由第三人向债权人履行债务的，第三人不履行债务或者履行债务不符合约定，债务人应当向债权人承担违约责任。

第六十六条 当事人互负债务，没有先后履行顺序的，应当同时履行。一方在对方履行之前有权拒绝其履行要求。一方在对方履行债务不符合约定时，有权拒绝其相应的履行要求。

第六十七条 当事人互负债务，有先后履行顺序，先履行一方未履行的，后履行一方有权拒绝其履行要求。先履行一方履行债务不符合约定的，后履行一方有权拒绝其相应的履行要求。

第六十八条 应当先履行债务的当事人，有确切证据证明对方有下列情形之一的，可以中止履行：

（一）经营状况严重恶化；

（二）转移财产、抽逃资金，以逃避债务；

（三）丧失商业信誉；

（四）有丧失或者可能丧失履行债务能力的其他情形。

当事人没有确切证据中止履行的，应当承担违约责任。

第六十九条 当事人依照本法第六十八条的规定中止履行的，应当及时通知对方。对方提供适当担保时，应当恢复履行。中止履行后，对方在合理期限内未恢复履行能力并且未提供适当担保的，中止履行的一方可以解除合同。

第七十条 债权人分立、合并或者变更住所没有通知债务人，致使履行债务发生困难的，债务人可以中止履行或者将标的物提存。

第七十一条 债权人可以拒绝债务人提前履行债务，但提前履行不损害债权人利益的除外。

债务人提前履行债务给债权人增加的费用，由债务人负担。

第七十二条 债权人可以拒绝债务人部分履行债务，但部分履行不损害债权人利益的除外。

债务人部分履行债务给债权人增加的费用，由债务人负担。

第七十三条 因债务人怠于行使其到期债权，对债权人造成损害的，债权人可以向人民法院请求以自己的名义代位行使债务人的债权，但该债权专属于债务人自身的除外。

代位权的行使范围以债权人的债权为限。债权人行使代位权的必要费用，由债务人负担。

第七十四条 因债务人放弃其到期债权或者无偿转让财产，对债权人造成损害的，债权人可以请求人民法院撤销债务人的行为。债务人以明显不合理的低价转让财产，对债权人造成损害，并且受让人知道该情形的，债权人也可以请求人民法院撤销债务人的行为。

撤销权的行使范围以债权人的债权为限。债权人行使撤销权的必要费用，由债务人负担。

第七十五条 撤销权自债权人知道或者应当知道撤销事由之日起一年内行使。自债务人的行为发生之日起五年内没有行使撤销权的，该撤销权消灭。

第七十六条 合同生效后，当事人不得因姓名、名称的变更或者法定代表人、负责人、承办人的变动而不履行合同义务。

第五章 合同的变更和转让

第七十七条 当事人协商一致，可以变更合同。

法律、行政法规规定变更合同应当办理批准、登记等手续的，依照其规定。

第七十八条 当事人对合同变更的内容约定不明确的，推定为未变更。

第七十九条 债权人可以将合同的权利全部或者部分转让给第三人，但有下列情形之一的除外：

（一）根据合同性质不得转让；

（二）按照当事人约定不得转让；

（三）依照法律规定不得转让。

第八十条 债权人转让权利的，应当通知债务人。未经通知，该转让对债务人不发生效力。

债权人转让权利的通知不得撤销，但经受让人同意的除外。

第八十一条 债权人转让权利的，受让人取得与债权有关的从权利，但该从权利专属于债权人自身的除外。

第八十二条 债务人接到债权转让通知后，债务人对让与人的抗辩，可以向受让人主张。

第八十三条 债务人接到债权转让通知时，债务人对让与人享有债权，并且债务人的债权先于转让的债权到期或者同时到期的，债务人可以向受让人主张抵销。

第八十四条 债务人将合同的义务全部或者部分转移给第三人的，应当经债权人同意。

第八十五条 债务人转移义务的，新债务人可以主张原债务人对债权人的抗辩。

第八十六条 债务人转移义务的，新债务人应当承担与主债务有关的从债务，但该从债务专属于原债务人自身的除外。

第八十七条 法律、行政法规规定转让权利或者转移义务应当办理批准、登记等手续的，依照其规定。

第八十八条 当事人一方经对方同意，可以将自己在合同中的权利和义务一并转让给第三人。

第八十九条　权利和义务一并转让的，适用本法第六十九条、第八十一条至第八十三条、第八十五条至第八十七条的规定。

第九十条　当事人订立合同后合并的，由合并后的法人或者其他组织行使合同权利，履行合同义务。当事人订立合同后分立的，除债权人和债务人另有约定的以外，由分立的法人或者其他组织对合同的权利和义务享有连带债权，承担连带债务。

第六章　合同的权利义务终止

第九十一条　有下列情形之一的，合同的权利义务终止：

（一）债务已经按照约定履行；

（二）合同解除；

（三）债务相互抵销；

（四）债务人依法将标的物提存；

（五）债权人免除债务；

（六）债权债务同归于一人；

（七）法律规定或者当事人约定终止的其他情形。

第九十二条　合同的权利义务终止后，当事人应当遵循诚实信用原则，根据交易习惯履行通知、协助、保密等义务。

第九十三条　当事人协商一致，可以解除合同。

当事人可以约定一方解除合同的条件。解除合同的条件成就时，解除权人可以解除合同。

第九十四条　有下列情形之一的，当事人可以解除合同：

（一）因不可抗力致使不能实现合同目的；

（二）在履行期限届满之前，当事人一方明确表示或者以自己的行为表明不履行主要债务；

（三）当事人一方迟延履行主要债务，经催告后在合理期限内仍未履行；

（四）当事人一方迟延履行债务或者有其他违约行为致使不能实现合同目的；

（五）法律规定的其他情形。

第九十五条　法律规定或者当事人约定解除权行使期限，期限届满当事人不行使的，该权利消灭。

法律没有规定或者当事人没有约定解除权行使期限，经对方催告后在合理期限内不行使的，该权利消灭。

第九十六条 当事人一方依照本法第九十三条第二款、第九十四条的规定主张解除合同的，应当通知对方。合同自通知到达对方时解除。对方有异议的，可以请求人民法院或者仲裁机构确认解除合同的效力。

法律、行政法规规定解除合同应当办理批准、登记等手续的，依照其规定。

第九十七条 合同解除后，尚未履行的，终止履行；已经履行的，根据履行情况和合同性质，当事人可以要求恢复原状、采取其他补救措施，并有权要求赔偿损失。

第九十八条 合同的权利义务终止，不影响合同中结算和清理条款的效力。

第九十九条 当事人互负到期债务，该债务的标的物种类、品质相同的，任何一方可以将自己的债务与对方的债务抵销，但依照法律规定或者按照合同性质不得抵销的除外。

当事人主张抵销的，应当通知对方。通知自到达对方时生效。抵销不得附条件或者附期限。

第一百条 当事人互负债务，标的物种类、品质不相同的，经双方协商一致，也可以抵销。

第一百零一条 有下列情形之一，难以履行债务的，债务人可以将标的物提存：

（一）债权人无正当理由拒绝受领；

（二）债权人下落不明；

（三）债权人死亡未确定继承人或者丧失民事行为能力未确定监护人；

（四）法律规定的其他情形。

标的物不适于提存或者提存费用过高的，债务人依法可以拍卖或者变卖标的物，提存所得的价款。

第一百零二条 标的物提存后，除债权人下落不明的以外，债务人应当及时通知债权人或者债权人的继承人、监护人。

第一百零三条 标的物提存后，毁损、灭失的风险由债权人承担。提存期间，标的物的孳息归债权人所有。提存费用由债权人负担。

第一百零四条 债权人可以随时领取提存物，但债权人对债务人负有到期债务的，在债权人未履行债务或者提供担保之前，提存部门根据债务人的要求应当拒绝其领取提存物。

债权人领取提存物的权利，自提存之日起五年内不行使而消灭，提存物扣除提存费用后归国家所有。

第一百零五条　债权人免除债务人部分或者全部债务的，合同的权利义务部分或者全部终止。

第一百零六条　债权和债务同归于一人的，合同的权利义务终止，但涉及第三人利益的除外。

第七章　违约责任

第一百零七条　当事人一方不履行合同义务或者履行合同义务不符合约定的，应当承担继续履行、采取补救措施或者赔偿损失等违约责任。

第一百零八条　当事人一方明确表示或者以自己的行为表明不履行合同义务的，对方可以在履行期限届满之前要求其承担违约责任。

第一百零九条　当事人一方未支付价款或者报酬的，对方可以要求其支付价款或者报酬。

第一百一十条　当事人一方不履行非金钱债务或者履行非金钱债务不符合约定的，对方可以要求履行，但有下列情形之一的除外：

（一）法律上或者事实上不能履行；

（二）债务的标的不适于强制履行或者履行费用过高；

（三）债权人在合理期限内未要求履行。

第一百一十一条　质量不符合约定的，应当按照当事人的约定承担违约责任。对违约责任没有约定或者约定不明确，依照本法第六十一条的规定仍不能确定的，受损害方根据标的的性质以及损失的大小，可以合理选择要求对方承担修理、更换、重作、退货、减少价款或者报酬等违约责任。

第一百一十二条　当事人一方不履行合同义务或者履行合同义务不符合约定的，在履行义务或者采取补救措施后，对方还有其他损失的，应当赔偿损失。

第一百一十三条　当事人一方不履行合同义务或者履行合同义务不符合约定，给对方造成损失的，损失赔偿额应当相当于因违约所造成的损失，包括合同履行后可以获得的利益，但不得超过违反合同一方订立合同时预见到或者应当预见到的因违反合同可能造成的损失。

经营者对消费者提供商品或者服务有欺诈行为的，依照《中华人民共和国消费者权益保护法》的规定承担损害赔偿责任。

第一百一十四条　当事人可以约定一方违约时应当根据违约情况向对方支付一定数额的违约金，也可以约定因违约产生的损失赔偿额的计算方法。

约定的违约金低于造成的损失的，当事人可以请求人民法院或者仲裁机构予以增加；约定的违约金过分高于造成的损失的，当事人可以请求人民法院或者仲裁机构予以适当减少。

当事人就迟延履行约定违约金的，违约方支付违约金后，还应当履行债务。

第一百一十五条 当事人可以依照《中华人民共和国担保法》约定一方向对方给付定金作为债权的担保。债务人履行债务后，定金应当抵作价款或者收回。给付定金的一方不履行约定的债务的，无权要求返还定金；收受定金的一方不履行约定的债务的，应当双倍返还定金。

第一百一十六条 当事人既约定违约金，又约定定金的，一方违约时，对方可以选择适用违约金或者定金条款。

第一百一十七条 因不可抗力不能履行合同的，根据不可抗力的影响，部分或者全部免除责任，但法律另有规定的除外。当事人迟延履行后发生不可抗力的，不能免除责任。

本法所称不可抗力，是指不能预见、不能避免并不能克服的客观情况。

第一百一十八条 当事人一方因不可抗力不能履行合同的，应当及时通知对方，以减轻可能给对方造成的损失，并应当在合理期限内提供证明。

第一百一十九条 当事人一方违约后，对方应当采取适当措施防止损失的扩大；没有采取适当措施致使损失扩大的，不得就扩大的损失要求赔偿。

当事人因防止损失扩大而支出的合理费用，由违约方承担。

第一百二十条 当事人双方都违反合同的，应当各自承担相应的责任。

第一百二十一条 当事人一方因第三人的原因造成违约的，应当向对方承担违约责任。当事人一方和第三人之间的纠纷，依照法律规定或者按照约定解决。

第一百二十二条 因当事人一方的违约行为，侵害对方人身、财产权益的，受损害方有权选择依照本法要求其承担违约责任或者依照其他法律要求其承担侵权责任。

第八章 其他规定

第一百二十三条 其他法律对合同另有规定的，依照其规定。

第一百二十四条 本法分则或者其他法律没有明文规定的合同，适用本法总则的规定，并可以参照本法分则或者其他法律最相类似的规定。

第一百二十五条 当事人对合同条款的理解有争议的，应当按照合同所使用的词句、合同的有关条款、合同的目的、交易习惯以及诚实信用原则，确定该条款的真实意思。

合同文本采用两种以上文字订立并约定具有同等效力的，对各文本使用的词句推定具有相同含义。各文本使用的词句不一致的，应当根据合同的目的予以解释。

第一百二十六条　涉外合同的当事人可以选择处理合同争议所适用的法律，但法律另有规定的除外。涉外合同的当事人没有选择的，适用与合同有最密切联系的国家的法律。

在中华人民共和国境内履行的中外合资经营企业合同、中外合作经营企业合同、中外合作勘探开发自然资源合同，适用中华人民共和国法律。

第一百二十七条　工商行政管理部门和其他有关行政主管部门在各自的职权范围内，依照法律、行政法规的规定，对利用合同危害国家利益、社会公共利益的违法行为，负责监督处理；构成犯罪的，依法追究刑事责任。

第一百二十八条　当事人可以通过和解或者调解解决合同争议。

当事人不愿和解、调解或者和解、调解不成的，可以根据仲裁协议向仲裁机构申请仲裁。涉外合同的当事人可以根据仲裁协议向中国仲裁机构或者其他仲裁机构申请仲裁。当事人没有订立仲裁协议或者仲裁协议无效的，可以向人民法院起诉。当事人应当履行发生法律效力的判决、仲裁裁决、调解书；拒不履行的，对方可以请求人民法院执行。

第一百二十九条　因国际货物买卖合同和技术进出口合同争议提起诉讼或者申请仲裁的期限为四年，自当事人知道或者应当知道其权利受到侵害之日起计算。因其他合同争议提起诉讼或者申请仲裁的期限，依照有关法律的规定。

分　则

第九章　买卖合同

第一百三十条　买卖合同是出卖人转移标的物的所有权于买受人，买受人支付价款的合同。

第一百三十一条　买卖合同的内容除依照本法第十二条的规定以外，还可以包括包装方式、检验标准和方法、结算方式、合同使用的文字及其效力等条款。

第一百三十二条　出卖的标的物，应当属于出卖人所有或者出卖人有权处分。

法律、行政法规禁止或者限制转让的标的物，依照其规定。

第一百三十三条　标的物的所有权自标的物交付时起转移，但法律另有规定或者当事人另有约定的除外。

第一百三十四条 当事人可以在买卖合同中约定买受人未履行支付价款或者其他义务的，标的物的所有权属于出卖人。

第一百三十五条 出卖人应当履行向买受人交付标的物或者交付提取标的物的单证，并转移标的物所有权的义务。

第一百三十六条 出卖人应当按照约定或者交易习惯向买受人交付提取标的物单证以外的有关单证和资料。

第一百三十七条 出卖具有知识产权的计算机软件等标的物的，除法律另有规定或者当事人另有约定的以外，该标的物的知识产权不属于买受人。

第一百三十八条 出卖人应当按照约定的期限交付标的物。约定交付期间的，出卖人可以在该交付期间内的任何时间交付。

第一百三十九条 当事人没有约定标的物的交付期限或者约定不明确的，适用本法第六十一条、第六十二条第四项的规定。

第一百四十条 标的物在订立合同之前已为买受人占有的，合同生效的时间为交付时间。

第一百四十一条 出卖人应当按照约定的地点交付标的物。

当事人没有约定交付地点或者约定不明确，依照本法第六十一条的规定仍不能确定的，适用下列规定：

（一）标的物需要运输的，出卖人应当将标的物交付给第一承运人以运交给买受人；

（二）标的物不需要运输，出卖人和买受人订立合同时知道标的物在某一地点的，出卖人应当在该地点交付标的物；不知道标的物在某一地点的，应当在出卖人订立合同时的营业地交付标的物。

第一百四十二条 标的物毁损、灭失的风险，在标的物交付之前由出卖人承担，交付之后由买受人承担，但法律另有规定或者当事人另有约定的除外。

第一百四十三条 因买受人的原因致使标的物不能按照约定的期限交付的，买受人应当自违反约定之日起承担标的物毁损、灭失的风险。

第一百四十四条 出卖人出卖交由承运人运输的在途标的物，除当事人另有约定的以外，毁损、灭失的风险自合同成立时起由买受人承担。

第一百四十五条 当事人没有约定交付地点或者约定不明确，依照本法第一百四十一条第二款第一项的规定标的物需要运输的，出卖人将标的物交付给第一承运人后，标的物毁损、灭失的风险由买受人承担。

第一百四十六条 出卖人按照约定或者依照本法第一百四十一条第二款第二项的规定将标的物置于交付地点，买受人违反约定没有收取的，标的物毁损、灭失的风险自违反约定之日起由买受人承担。

第一百四十七条　出卖人按照约定未交付有关标的物的单证和资料的，不影响标的物毁损、灭失风险的转移。

第一百四十八条　因标的物质量不符合质量要求，致使不能实现合同目的的，买受人可以拒绝接受标的物或者解除合同。买受人拒绝接受标的物或者解除合同的，标的物毁损、灭失的风险由出卖人承担。

第一百四十九条　标的物毁损、灭失的风险由买受人承担的，不影响因出卖人履行债务不符合约定，买受人要求其承担违约责任的权利。

第一百五十条　出卖人就交付的标的物，负有保证第三人不得向买受人主张任何权利的义务，但法律另有规定的除外。

第一百五十一条　买受人订立合同时知道或者应当知道第三人对买卖的标的物享有权利的，出卖人不承担本法第一百五十条规定的义务。

第一百五十二条　买受人有确切证据证明第三人可能就标的物主张权利的，可以中止支付相应的价款，但出卖人提供适当担保的除外。

第一百五十三条　出卖人应当按照约定的质量要求交付标的物。出卖人提供有关标的物质量说明的，交付的标的物应当符合该说明的质量要求。

第一百五十四条　当事人对标的物的质量要求没有约定或者约定不明确，依照本法第六十一条的规定仍不能确定的，适用本法第六十二条第一项的规定。

第一百五十五条　出卖人交付的标的物不符合质量要求的，买受人可以依照本法第一百一十一条的规定要求承担违约责任。

第一百五十六条　出卖人应当按照约定的包装方式交付标的物。对包装方式没有约定或者约定不明确，依照本法第六十一条的规定仍不能确定的，应当按照通用的方式包装，没有通用方式的，应当采取足以保护标的物的包装方式。

第一百五十七条　买受人收到标的物时应当在约定的检验期间内检验。没有约定检验期间的，应当及时检验。

第一百五十八条　当事人约定检验期间的，买受人应当在检验期间内将标的物的数量或者质量不符合约定的情形通知出卖人。买受人怠于通知的，视为标的物的数量或者质量符合约定。

当事人没有约定检验期间的，买受人应当在发现或者应当发现标的物的数量或者质量不符合约定的合理期间内通知出卖人。买受人在合理期间内未通知或者自标的物收到之日起两年内未通知出卖人的，视为标的物的数量或者质量符合约定，但对标的物有质量保证期的，适用质量保证期，不适用该两年的规定。

出卖人知道或者应当知道提供的标的物不符合约定的，买受人不受前两款规定的通知时间的限制。

第一百五十九条 买受人应当按照约定的数额支付价款。对价款没有约定或者约定不明确的，适用本法第六十一条、第六十二条第二项的规定。

第一百六十条 买受人应当按照约定的地点支付价款。对支付地点没有约定或者约定不明确，依照本法第六十一条的规定仍不能确定的，买受人应当在出卖人的营业地支付，但约定支付价款以交付标的物或者交付提取标的物单证为条件的，在交付标的物或者交付提取标的物单证的所在地支付。

第一百六十一条 买受人应当按照约定的时间支付价款。对支付时间没有约定或者约定不明确，依照本法第六十一条的规定仍不能确定的，买受人应当在收到标的物或者提取标的物单证的同时支付。

第一百六十二条 出卖人多交标的物的，买受人可以接收或者拒绝接收多交的部分。买受人接收多交部分的，按照合同的价格支付价款；买受人拒绝接收多交部分的，应当及时通知出卖人。

第一百六十三条 标的物在交付之前产生的孳息，归出卖人所有，交付之后产生的孳息，归买受人所有。

第一百六十四条 因标的物的主物不符合约定而解除合同的，解除合同的效力及于从物。因标的物的从物不符合约定被解除的，解除的效力不及于主物。

第一百六十五条 标的物为数物，其中一物不符合约定的，买受人可以就该物解除，但该物与他物分离使标的物的价值显受损害的，当事人可以就数物解除合同。

第一百六十六条 出卖人分批交付标的物的，出卖人对其中一批标的物不交付或者交付不符合约定，致使该批标的物不能实现合同目的的，买受人可以就该批标的物解除。

出卖人不交付其中一批标的物或者交付不符合约定，致使今后其他各批标的物的交付不能实现合同目的的，买受人可以就该批以及今后其他各批标的物解除。

买受人如果就其中一批标的物解除，该批标的物与其他各批标的物相互依存的，可以就已经交付和未交付的各批标的物解除。

第一百六十七条 分期付款的买受人未支付到期价款的金额达到全部价款的五分之一的，出卖人可以要求买受人支付全部价款或者解除合同。

出卖人解除合同的，可以向买受人要求支付该标的物的使用费。

第一百六十八条 凭样品买卖的当事人应当封存样品，并可以对样品质量予以说明。出卖人交付的标的物应当与样品及其说明的质量相同。

　　第一百六十九条　凭样品买卖的买受人不知道样品有隐蔽瑕疵的，即使交付的标的物与样品相同，出卖人交付的标的物的质量仍然应当符合同种物的通常标准。

　　第一百七十条　试用买卖的当事人可以约定标的物的试用期间。对试用期间没有约定或者约定不明确，依照本法第六十一条的规定仍不能确定的，由出卖人确定。

　　第一百七十一条　试用买卖的买受人在试用期内可以购买标的物，也可以拒绝购买。试用期间届满，买受人对是否购买标的物未作表示的，视为购买。

　　第一百七十二条　招标投标买卖的当事人的权利和义务以及招标投标程序等，依照有关法律、行政法规的规定。

　　第一百七十三条　拍卖的当事人的权利和义务以及拍卖程序等，依照有关法律、行政法规的规定。

　　第一百七十四条　法律对其他有偿合同有规定的，依照其规定；没有规定的，参照买卖合同的有关规定。

　　第一百七十五条　当事人约定易货交易，转移标的物的所有权的，参照买卖合同的有关规定。

　　第一百七十六条至第四百二十八条（略）

2. 最高人民法院关于适用
《中华人民共和国合同法》若干问题的解释（一）

(1999 年 12 月 1 日由最高人民法院审判委员会第 1090 次会议通过，自 1999 年 12 月 29 日起施行，法释〔1999〕19 号)

为了正确审理合同纠纷案件，根据《中华人民共和国合同法》（以下简称合同法）的规定，对人民法院适用合同法的有关问题作出如下解释：

一、法律适用范围

第一条　合同法实施以后成立的合同发生纠纷起诉到人民法院的，适用合同法的规定；合同法实施以前成立的合同发生纠纷起诉到人民法院的，除本解释另有规定的以外，适用当时的法律规定，当时没有法律规定的，可以适用合同法的有关规定。

第二条　合同成立于合同法实施之前，但合同约定的履行期限跨越合同法实施之日或者履行期限在合同法实施之后，因履行合同发生的纠纷，适用合同法第四章的有关规定。

第三条　人民法院确认合同效力时，对合同法实施以前成立的合同，适用当时的法律合同无效而适用合同法合同有效的，则适用合同法。

第四条　合同法实施以后，人民法院确认合同无效，应当以全国人大及其常委会制定的法律和国务院制定的行政法规为依据，不得以地方性法规、行政规章为依据。

第五条　人民法院对合同法实施以前已经作出终审裁决的案件进行再审，不适用合同法。

二、诉讼时效

第六条　技术合同争议当事人的权利受到侵害的事实发生在合同法实施之前，自当事人知道或者应当知道其权利受到侵害之日起至合同法实施之日超过一年的，人民法院不予保护；尚未超过一年的，其提起诉讼的时效期间为二年。

第七条　技术进出口合同争议当事人的权利受到侵害的事实发生在合同法

实施之前，自当事人知道或者应当知道其权利受到侵害之日起至合同法施行之日超过二年的，人民法院不予保护；尚未超过二年的，其提起诉讼的时效期间为四年。

第八条　合同法第五十五条规定的"一年"、第七十五条和第一百零四条第二款规定的"五年"为不变期间，不适用诉讼时效中止、中断或者延长的规定。

三、合同效力

第九条　依照合同法第四十四条第二款的规定，法律、行政法规规定合同应当办理批准手续，或者办理批准、登记等手续才生效，在一审法庭辩论终结前当事人仍未办理批准手续的，或者仍未办理批准、登记等手续的，人民法院应当认定该合同未生效；法律、行政法规规定合同应当办理登记手续，但未规定登记后生效的，当事人未办理登记手续不影响合同的效力，合同标的物所有权及其他物权不能转移。合同法第七十七条第二款、第八十七条、第九十六条第二款所列合同变更、转让、解除等情形，依照前款规定处理。

第十条　当事人超越经营范围订立合同，人民法院不因此认定合同无效。但违反国家限制经营、特许经营以及法律、行政法规禁止经营规定的除外。

四、代位权

第十一条　债权人依照合同法第七十三条的规定提起代位权诉讼，应当符合下列条件：

（一）债权人对债务人的债权合法；

（二）债务人怠于行使其到期债权，对债权人造成损害；

（三）债务人的债权已到期；

（四）债务人的债权不是专属于债务人自身的债权。

第十二条　合同法第七十三条第一款规定的专属于债务人自身的债权，是指基于扶养关系、抚养关系、赡养关系、继承关系产生的给付请求权和劳动报酬、退休金、养老金、抚恤金、安置费、人寿保险、人身伤害赔偿请求权等权利。

第十三条　合同法第七十三条规定的"债务人怠于行使其到期债权，对债权人造成损害的"，是指债务人不履行其对债权人的到期债务，又不以诉讼方式或者仲裁方式向其债务人主张其享有的具有金钱给付内容的到期债权，致使债权人的到期债权未能实现。次债务人（即债务人的债务人）不认为债务人有怠于行使其到期债权情况的，应当承担举证责任。

第十四条 债权人依照合同法第七十三条的规定提起代位权诉讼的，由被告住所地人民法院管辖。

第十五条 债权人向人民法院起诉债务人以后，又向同一人民法院对次债务人提起代位权诉讼，符合本解释第十三条的规定和《中华人民共和国民事诉讼法》第一百零八条规定的起诉条件的，应当立案受理；不符合本解释第十三条规定的，告知债权人向次债务人住所地人民法院另行起诉。受理代位权诉讼的人民法院在债权人起诉债务人的诉讼裁决发生法律效力以前，应当依照《中华人民共和国民事诉讼法》第一百三十六条第（五）项的规定中止代位权诉讼。

第十六条 债权人以次债务人为被告向人民法院提起代位权诉讼，未将债务人列为第三人的，人民法院可以追加债务人为第三人。两个或者两个以上债权人以同一次债务人为被告提起代位权诉讼的，人民法院可以合并审理。

第十七条 在代位权诉讼中，债权人请求人民法院对次债务人的财产采取保全措施的，应当提供相应的财产担保。

第十八条 在代位权诉讼中，次债务人对债务人的抗辩，可以向债权人主张。债务人在代位权诉讼中对债权人的债权提出异议，经审查异议成立的，人民法院应当裁定驳回债权人的起诉。

第十九条 在代位权诉讼中，债权人胜诉的，诉讼费由次债务人负担，从实现的债权中优先支付。

第二十条 债权人向次债务人提起的代位权诉讼经人民法院审理后认定代位权成立的，由次债务人向债权人履行清偿义务，债权人与债务人、债务人与次债务人之间相应的债权债务关系即予消灭。

第二十一条 在代位权诉讼中，债权人行使代位权的请求数额超过债务人所负债务额或者超过次债务人对债务人所负债务额的，对超出部分人民法院不予支持。

第二十二条 债务人在代位权诉讼中，对超过债权人代位请求数额的债权部分起诉次债务人的，人民法院应当告知其向有管辖权的人民法院另行起诉。债务人的起诉符合法定条件的，人民法院应当受理；受理债务人起诉的人民法院在代位权诉讼裁决发生法律效力以前，应当依法中止。

五、撤销权

第二十三条 债权人依照合同法第七十四条的规定提起撤销权诉讼的，由被告住所地人民法院管辖。

第二十四条 债权人依照合同法第七十四条的规定提起撤销权诉讼时只以

债务人为被告，未将受益人或者受让人列为第三人的，人民法院可以追加该受益人或者受让人为第三人。

第二十五条　债权人依照合同法第七十四条的规定提起撤销权诉讼，请求人民法院撤销债务人放弃债权或转让财产的行为，人民法院应当就债权人主张的部分进行审理，依法撤销的，该行为自始无效。两个或者两个以上债权人以同一债务人为被告，就同一标的提起撤销权诉讼的，人民法院可以合并审理。

第二十六条　债权人行使撤销权所支付的律师代理费、差旅费等必要费用，由债务人负担；第三人有过错的，应当适当分担。

六、合同转让中的第三人

第二十七条　债权人转让合同权利后，债务人与受让人之间因履行合同发生纠纷诉至人民法院，债务人对债权人的权利提出抗辩的，可以将债权人列为第三人。

第二十八条　经债权人同意，债务人转移合同义务后，受让人与债权人之间因履行合同发生纠纷诉至人民法院，受让人就债务人对债权人的权利提出抗辩的，可以将债务人列为第三人。

第二十九条　合同当事人一方经对方同意将其在合同中的权利义务一并转让给受让人，对方与受让人因履行合同发生纠纷诉至人民法院，对方就合同权利义务提出抗辩的，可以将出让方列为第三人。

七、请求权竞合

第三十条　债权人依照合同法第一百二十二条的规定向人民法院起诉时作出选择后，在一审开庭以前又变更诉讼请求的，人民法院应当准许。对方当事人提出管辖权异议，经审查异议成立的，人民法院应当驳回起诉。

3. 最高人民法院关于适用
《中华人民共和国合同法》 若干问题的解释 （二）

（2009 年 2 月 9 日最高人民法院审判委员会第 1462 次会议通过，自 2009 年 5 月 13 日起施行，法释 ［2009］ 5 号）

为了正确审理合同纠纷案件，根据《中华人民共和国合同法》的规定，对人民法院适用合同法的有关问题作出如下解释：

一、合同的订立

第一条 当事人对合同是否成立存在争议，人民法院能够确定当事人名称或者姓名、标的和数量的，一般应当认定合同成立。但法律另有规定或者当事人另有约定的除外。

对合同欠缺的前款规定以外的其他内容，当事人达不成协议的，人民法院依照合同法第六十一条、第六十二条、第一百二十五条等有关规定予以确定。

第二条 当事人未以书面形式或者口头形式订立合同，但从双方从事的民事行为能够推定双方有订立合同意愿的，人民法院可以认定是以合同法第十条第一款中的"其他形式"订立的合同。但法律另有规定的除外。

第三条 悬赏人以公开方式声明对完成一定行为的人支付报酬，完成特定行为的人请求悬赏人支付报酬的，人民法院依法予以支持。但悬赏有合同法第五十二条规定情形的除外。

第四条 采用书面形式订立合同，合同约定的签订地与实际签字或者盖章地点不符的，人民法院应当认定约定的签订地为合同签订地；合同没有约定签订地，双方当事人签字或者盖章不在同一地点的，人民法院应当认定最后签字或者盖章的地点为合同签订地。

第五条 当事人采用合同书形式订立合同的，应当签字或者盖章。当事人在合同书上摁手印的，人民法院应当认定其具有与签字或者盖章同等的法律效力。

第六条 提供格式条款的一方对格式条款中免除或者限制其责任的内容，在合同订立时采用足以引起对方注意的文字、符号、字体等特别标识，并按照对方的要求对该格式条款予以说明的，人民法院应当认定符合合同法第三十九条所称"采取合理的方式"。

提供格式条款一方对已尽合理提示及说明义务承担举证责任。

第七条　下列情形，不违反法律、行政法规强制性规定的，人民法院可以认定为合同法所称"交易习惯"：

（一）在交易行为当地或者某一领域、某一行业通常采用并为交易对方订立合同时所知道或者应当知道的做法；

（二）当事人双方经常使用的习惯做法。

对于交易习惯，由提出主张的一方当事人承担举证责任。

第八条　依照法律、行政法规的规定经批准或者登记才能生效的合同成立后，有义务办理申请批准或者申请登记等手续的一方当事人未按照法律规定或者合同约定办理申请批准或者未申请登记的，属于合同法第四十二条第（三）项规定的"其他违背诚实信用原则的行为"，人民法院可以根据案件的具体情况和相对人的请求，判决相对人自己办理有关手续；对方当事人对由此产生的费用和给相对人造成的实际损失，应当承担损害赔偿责任。

二、合同的效力

第九条　提供格式条款的一方当事人违反合同法第三十九条第一款关于提示和说明义务的规定，导致对方没有注意免除或者限制其责任的条款，对方当事人申请撤销该格式条款的，人民法院应当支持。

第十条　提供格式条款的一方当事人违反合同法第三十九条第一款的规定，并具有合同法第四十条规定的情形之一的，人民法院应当认定该格式条款无效。

第十一条　根据合同法第四十七条、第四十八条的规定，追认的意思表示自到达相对人时生效，合同自订立时起生效。

第十二条　无权代理人以被代理人的名义订立合同，被代理人已经开始履行合同义务的，视为对合同的追认。

第十三条　被代理人依照合同法第四十九条的规定承担有效代理行为所产生的责任后，可以向无权代理人追偿因代理行为而遭受的损失。

第十四条　合同法第五十二条第（五）项规定的"强制性规定"，是指效力性强制性规定。

第十五条　出卖人就同一标的物订立多重买卖合同，合同均不具有合同法第五十二条规定的无效情形，买受人因不能按照合同约定取得标的物所有权，请求追究出卖人违约责任的，人民法院应予支持。

三、合同的履行

第十六条 人民法院根据具体案情可以将合同法第六十四条、第六十五条规定的第三人列为无独立请求权的第三人，但不得依职权将其列为该合同诉讼案件的被告或者有独立请求权的第三人。

第十七条 债权人以境外当事人为被告提起的代位权诉讼，人民法院根据《中华人民共和国民事诉讼法》第二百四十一条的规定确定管辖。

第十八条 债务人放弃其未到期的债权或者放弃债权担保，或者恶意延长到期债权的履行期，对债权人造成损害，债权人依照合同法第七十四条的规定提起撤销权诉讼的，人民法院应当支持。

第十九条 对于合同法第七十四条规定的"明显不合理的低价"，人民法院应当以交易当地一般经营者的判断，并参考交易当时交易地的物价部门指导价或者市场交易价，结合其他相关因素综合考虑予以确认。

转让价格达不到交易时交易地的指导价或者市场交易价百分之七十的，一般可以视为明显不合理的低价；对转让价格高于当地指导价或者市场交易价百分之七十的，一般可以视为明显不合理的高价。

债务人以明显不合理的高价收购他人财产，人民法院可以根据债权人的申请，参照合同法第七十四条的规定予以撤销。

第二十条 债务人的给付不足以清偿其对同一债权人所负的数笔相同种类的全部债务，应当优先抵充已到期的债务；几项债务均到期的，优先抵充对债权人缺乏担保或者担保数额最少的债务；担保数额相同的，优先抵充债务负担较重的债务；负担相同的，按照债务到期的先后顺序抵充；到期时间相同的，按比例抵充。但是，债权人与债务人对清偿的债务或者清偿抵充顺序有约定的除外。

第二十一条 债务人除主债务之外还应当支付利息和费用，当其给付不足以清偿全部债务时，并且当事人没有约定的，人民法院应当按照下列顺序抵充：

（一）实现债权的有关费用；

（二）利息；

（三）主债务。

四、合同的权利义务终止

第二十二条 当事人一方违反合同法第九十二条规定的义务，给对方当事人造成损失，对方当事人请求赔偿实际损失的，人民法院应当支持。

第二十三条 对于依照合同法第九十九条的规定可以抵销的到期债权，当事人约定不得抵销的，人民法院可以认定该约定有效。

第二十四条　当事人对合同法第九十六条、第九十九条规定的合同解除或者债务抵销虽有异议，但在约定的异议期限届满后才提出异议并向人民法院起诉的，人民法院不予支持；当事人没有约定异议期间，在解除合同或者债务抵销通知到达之日起三个月以后才向人民法院起诉的，人民法院不予支持。

第二十五条　依照合同法第一百零一条的规定，债务人将合同标的物或者标的物拍卖、变卖所得价款交付提存部门时，人民法院应当认定提存成立。

提存成立的，视为债务人在其提存范围内已经履行债务。

第二十六条　合同成立以后客观情况发生了当事人在订立合同时无法预见的、非不可抗力造成的不属于商业风险的重大变化，继续履行合同对于一方当事人明显不公平或者不能实现合同目的，当事人请求人民法院变更或者解除合同的，人民法院应当根据公平原则，并结合案件的实际情况确定是否变更或者解除。

五、违约责任

第二十七条　当事人通过反诉或者抗辩的方式，请求人民法院依照合同法第一百一十四条第二款的规定调整违约金的，人民法院应予支持。

第二十八条　当事人依照合同法第一百一十四条第二款的规定，请求人民法院增加违约金的，增加后的违约金数额以不超过实际损失额为限。增加违约金以后，当事人又请求对方赔偿损失的，人民法院不予支持。

第二十九条　当事人主张约定的违约金过高请求予以适当减少的，人民法院应当以实际损失为基础，兼顾合同的履行情况、当事人的过错程度以及预期利益等综合因素，根据公平原则和诚实信用原则予以衡量，并作出裁决。

当事人约定的违约金超过造成损失的百分之三十的，一般可以认定为合同法第一百一十四条第二款规定的"过分高于造成的损失"。

六、附则

第三十条　合同法施行后成立的合同发生纠纷的案件，本解释施行后尚未终审的，适用本解释；本解释施行前已经终审，当事人申请再审或者按照审判监督程序决定再审的，不适用本解释。

4. 最高人民法院关于审理买卖合同 纠纷案件适用法律问题的解释

（2012 年 3 月 31 日由最高人民法院审判委员会第 1545 次会议通过，自 2012 年 7 月 1 日起施行，法释〔2012〕8 号）

为正确审理买卖合同纠纷案件，根据《中华人民共和国民法通则》《中华人民共和国合同法》《中华人民共和国物权法》《中华人民共和国民事诉讼法》等法律的规定，结合审判实践，制定本解释。

一、买卖合同的成立及效力

第一条 当事人之间没有书面合同，一方以送货单、收货单、结算单、发票等主张存在买卖合同关系的，人民法院应当结合当事人之间的交易方式、交易习惯以及其他相关证据，对买卖合同是否成立作出认定。

对账确认函、债权确认书等函件、凭证没有记载债权人名称，买卖合同当事人一方以此证明存在买卖合同关系的，人民法院应予支持，但有相反证据足以推翻的除外。

第二条 当事人签订认购书、订购书、预订书、意向书、备忘录等预约合同，约定在将来一定期限内订立买卖合同，一方不履行订立买卖合同的义务，对方请求其承担预约合同违约责任或者要求解除预约合同并主张损害赔偿的，人民法院应予支持。

第三条 当事人一方以出卖人在缔约时对标的物没有所有权或者处分权为由主张合同无效的，人民法院不予支持。

出卖人因未取得所有权或者处分权致使标的物所有权不能转移，买受人要求出卖人承担违约责任或者要求解除合同并主张损害赔偿的，人民法院应予支持。

第四条 人民法院在按照合同法的规定认定电子交易合同的成立及效力的同时，还应当适用电子签名法的相关规定。

二、标的物交付和所有权转移

第五条 标的物为无需以有形载体交付的电子信息产品，当事人对交付方式约定不明确，且依照合同法第六十一条的规定仍不能确定的，买受人收到约定的电子信息产品或者权利凭证即为交付。

第六条 根据合同法第一百六十二条的规定，买受人拒绝接收多交部分标的物的，可以代为保管多交部分标的物。买受人主张出卖人负担代为保管期间的合理费用的，人民法院应予支持。

买受人主张出卖人承担代为保管期间非因买受人故意或者重大过失造成的损失的，人民法院应予支持。

第七条 合同法第一百三十六条规定的"提取标的物单证以外的有关单证和资料"，主要应当包括保险单、保修单、普通发票、增值税专用发票、产品合格证、质量保证书、质量鉴定书、品质检验证书、产品进出口检疫书、原产地证明书、使用说明书、装箱单等。

第八条 出卖人仅以增值税专用发票及税款抵扣资料证明其已履行交付标的物义务，买受人不认可的，出卖人应当提供其他证据证明交付标的物的事实。

合同约定或者当事人之间习惯以普通发票作为付款凭证，买受人以普通发票证明已经履行付款义务的，人民法院应予支持，但有相反证据足以推翻的除外。

第九条 出卖人就同一普通动产订立多重买卖合同，在买卖合同均有效的情况下，买受人均要求实际履行合同的，应当按照以下情形分别处理：

（一）先行受领交付的买受人请求确认所有权已经转移的，人民法院应予支持；

（二）均未受领交付，先行支付价款的买受人请求出卖人履行交付标的物等合同义务的，人民法院应予支持；

（三）均未受领交付，也未支付价款，依法成立在先合同的买受人请求出卖人履行交付标的物等合同义务的，人民法院应予支持。

第十条 出卖人就同一船舶、航空器、机动车等特殊动产订立多重买卖合同，在买卖合同均有效的情况下，买受人均要求实际履行合同的，应当按照以下情形分别处理：

（一）先行受领交付的买受人请求出卖人履行办理所有权转移登记手续等合同义务的，人民法院应予支持；

（二）均未受领交付，先行办理所有权转移登记手续的买受人请求出卖人履行交付标的物等合同义务的，人民法院应予支持；

（三）均未受领交付，也未办理所有权转移登记手续，依法成立在先合同的买受人请求出卖人履行交付标的物和办理所有权转移登记手续等合同义务的，人民法院应予支持；

（四）出卖人将标的物交付给买受人之一，又为其他买受人办理所有权转移登记，已受领交付的买受人请求将标的物所有权登记在自己名下的，人民法院应予支持。

三、标的物风险负担

第十一条 合同法第一百四十一条第二款第（一）项规定的"标的物需要运输的"，是指标的物由出卖人负责办理托运，承运人系独立于买卖合同当事人之外的运输业者的情形。标的物毁损、灭失的风险负担，按照合同法第一百四十五条的规定处理。

第十二条 出卖人根据合同约定将标的物运送至买受人指定地点并交付给承运人后，标的物毁损、灭失的风险由买受人负担，但当事人另有约定的除外。

第十三条 出卖人出卖交由承运人运输的在途标的物，在合同成立时知道或者应当知道标的物已经毁损、灭失却未告知买受人，买受人主张出卖人负担标的物毁损、灭失的风险的，人民法院应予支持。

第十四条 当事人对风险负担没有约定，标的物为种类物，出卖人未以装运单据、加盖标记、通知买受人等可识别的方式清楚地将标的物特定于买卖合同，买受人主张不负担标的物毁损、灭失的风险的，人民法院应予支持。

四、标的物检验

第十五条 当事人对标的物的检验期间未作约定，买受人签收的送货单、确认单等载明标的物数量、型号、规格的，人民法院应当根据合同法第一百五十七条的规定，认定买受人已对数量和外观瑕疵进行了检验，但有相反证据足以推翻的除外。

第十六条 出卖人依照买受人的指示向第三人交付标的物，出卖人和买受人之间约定的检验标准与买受人和第三人之间约定的检验标准不一致的，人民法院应当根据合同法第六十四条的规定，以出卖人和买受人之间约定的检验标准为标的物的检验标准。

第十七条 人民法院具体认定合同法第一百五十八条第二款规定的"合理期间"时，应当综合当事人之间的交易性质、交易目的、交易方式、交易习惯、标的物的种类、数量、性质、安装和使用情况、瑕疵的性质、买受人应尽的合理注意义务、检验方法和难易程度、买受人或者检验人所处的具体环境、自身技能以及其他合理因素，依据诚实信用原则进行判断。

合同法第一百五十八条第二款规定的"两年"是最长的合理期间。该期间为不变期间，不适用诉讼时效中止、中断或者延长的规定。

第十八条　约定的检验期间过短，依照标的物的性质和交易习惯，买受人在检验期间内难以完成全面检验的，人民法院应当认定该期间为买受人对外观瑕疵提出异议的期间，并根据本解释第十七条第一款的规定确定买受人对隐蔽瑕疵提出异议的合理期间。

约定的检验期间或者质量保证期间短于法律、行政法规规定的检验期间或者质量保证期间的，人民法院应当以法律、行政法规规定的检验期间或者质量保证期间为准。

第十九条　买受人在合理期间内提出异议，出卖人以买受人已经支付价款、确认欠款数额、使用标的物等为由，主张买受人放弃异议的，人民法院不予支持，但当事人另有约定的除外。

第二十条　合同法第一百五十八条规定的检验期间、合理期间、两年期间经过后，买受人主张标的物的数量或者质量不符合约定的，人民法院不予支持。

出卖人自愿承担违约责任后，又以上述期间经过为由翻悔的，人民法院不予支持。

五、违约责任

第二十一条　买受人依约保留部分价款作为质量保证金，出卖人在质量保证期间未及时解决质量问题而影响标的物的价值或者使用效果，出卖人主张支付该部分价款的，人民法院不予支持。

第二十二条　买受人在检验期间、质量保证期间、合理期间内提出质量异议，出卖人未按要求予以修理或者因情况紧急，买受人自行或者通过第三人修理标的物后，主张出卖人负担因此发生的合理费用的，人民法院应予支持。

第二十三条　标的物质量不符合约定，买受人依照合同法第一百一十一条的规定要求减少价款的，人民法院应予支持。当事人主张以符合约定的标的物和实际交付的标的物按交付时的市场价值计算差价的，人民法院应予支持。

价款已经支付，买受人主张返还减价后多出部分价款的，人民法院应予支持。

第二十四条　买卖合同对付款期限作出的变更，不影响当事人关于逾期付款违约金的约定，但该违约金的起算点应当随之变更。

买卖合同约定逾期付款违约金，买受人以出卖人接受价款时未主张逾期付款违约金为由拒绝支付该违约金的，人民法院不予支持。

买卖合同约定逾期付款违约金，但对账单、还款协议等未涉及逾期付款责任，出卖人根据对账单、还款协议等主张欠款时请求买受人依约支付逾期付款违约金的，人民法院应予支持，但对账单、还款协议等明确载有本金及逾期付款利息数额或者已经变更买卖合同中关于本金、利息等约定内容的除外。

买卖合同没有约定逾期付款违约金或者该违约金的计算方法，出卖人以买受人违约为由主张赔偿逾期付款损失的，人民法院可以中国人民银行同期同类人民币贷款基准利率为基础，参照逾期罚息利率标准计算。

第二十五条 出卖人没有履行或者不当履行从给付义务，致使买受人不能实现合同目的，买受人主张解除合同的，人民法院应当根据合同法第九十四条第（四）项的规定，予以支持。

第二十六条 买卖合同因违约而解除后，守约方主张继续适用违约金条款的，人民法院应予支持；但约定的违约金过分高于造成的损失的，人民法院可以参照合同法第一百一十四条第二款的规定处理。

第二十七条 买卖合同当事人一方以对方违约为由主张支付违约金，对方以合同不成立、合同未生效、合同无效或者不构成违约等为由进行免责抗辩而未主张调整过高的违约金的，人民法院应当就法院若不支持免责抗辩，当事人是否需要主张调整违约金进行释明。

一审法院认为免责抗辩成立且未予释明，二审法院认为应当判决支付违约金的，可以直接释明并改判。

第二十八条 买卖合同约定的定金不足以弥补一方违约造成的损失，对方请求赔偿超过定金部分的损失的，人民法院可以并处，但定金和损失赔偿的数额总和不应高于因违约造成的损失。

第二十九条 买卖合同当事人一方违约造成对方损失，对方主张赔偿可得利益损失的，人民法院应当根据当事人的主张，依据合同法第一百一十三条、第一百一十九条、本解释第三十条、第三十一条等规定进行认定。

第三十条 买卖合同当事人一方违约造成对方损失，对方对损失的发生也有过错，违约方主张扣减相应的损失赔偿额的，人民法院应予支持。

第三十一条 买卖合同当事人一方因对方违约而获有利益，违约方主张从损失赔偿额中扣除该部分利益的，人民法院应予支持。

第三十二条 合同约定减轻或者免除出卖人对标的物的瑕疵担保责任，但出卖人故意或者因重大过失不告知买受人标的物的瑕疵，出卖人主张依约减轻或者免除瑕疵担保责任的，人民法院不予支持。

第三十三条 买受人在缔约时知道或者应当知道标的物质量存在瑕疵，主张出卖人承担瑕疵担保责任的，人民法院不予支持，但买受人在缔约时不知道该瑕疵会导致标的物的基本效用显著降低的除外。

六、所有权保留

第三十四条 买卖合同当事人主张合同法第一百三十四条关于标的物所有权保留的规定适用于不动产的，人民法院不予支持。

第三十五条 当事人约定所有权保留，在标的物所有权转移前，买受人有下列情形之一，对出卖人造成损害，出卖人主张取回标的物的，人民法院应予支持：

（一）未按约定支付价款的；

（二）未按约定完成特定条件的；

（三）将标的物出卖、出质或者作出其他不当处分的。

取回的标的物价值显著减少，出卖人要求买受人赔偿损失的，人民法院应予支持。

第三十六条 买受人已经支付标的物总价款的百分之七十五以上，出卖人主张取回标的物的，人民法院不予支持。

在本解释第三十五条第一款第（三）项情形下，第三人依据物权法第一百零六条的规定已经善意取得标的物所有权或者其他物权，出卖人主张取回标的物的，人民法院不予支持。

第三十七条 出卖人取回标的物后，买受人在双方约定的或者出卖人指定的回赎期间内，消除出卖人取回标的物的事由，主张回赎标的物的，人民法院应予支持。

买受人在回赎期间内没有回赎标的物的，出卖人可以另行出卖标的物。

出卖人另行出卖标的物的，出卖所得价款依次扣除取回和保管费用、再交易费用、利息、未清偿的价金后仍有剩余的，应返还原买受人；如有不足，出卖人要求原买受人清偿的，人民法院应予支持，但原买受人有证据证明出卖人另行出卖的价格明显低于市场价格的除外。

七、特种买卖

第三十八条 合同法第一百六十七条第一款规定的"分期付款"，系指买受人将应付的总价款在一定期间内至少分三次向出卖人支付。

分期付款买卖合同的约定违反合同法第一百六十七条第一款的规定，损害买受人利益，买受人主张该约定无效的，人民法院应予支持。

第三十九条 分期付款买卖合同约定出卖人在解除合同时可以扣留已受领价金，出卖人扣留的金额超过标的物使用费以及标的物受损赔偿额，买受人请求返还超过部分的，人民法院应予支持。

当事人对标的物的使用费没有约定的，人民法院可以参照当地同类标的物的租金标准确定。

第四十条 合同约定的样品质量与文字说明不一致且发生纠纷时当事人不能达成合意，样品封存后外观和内在品质没有发生变化的，人民法院应当以样品为准；外观和内在品质发生变化，或者当事人对是否发生变化有争议而又无法查明的，人民法院应当以文字说明为准。

第四十一条 试用买卖的买受人在试用期内已经支付一部分价款的，人民法院应当认定买受人同意购买，但合同另有约定的除外。

在试用期内，买受人对标的物实施了出卖、出租、设定担保物权等非试用行为的，人民法院应当认定买受人同意购买。

第四十二条 买卖合同存在下列约定内容之一的，不属于试用买卖。买受人主张属于试用买卖的，人民法院不予支持：

（一）约定标的物经过试用或者检验符合一定要求时，买受人应当购买标的物；

（二）约定第三人经试验对标的物认可时，买受人应当购买标的物；

（三）约定买受人在一定期间内可以调换标的物；

（四）约定买受人在一定期间内可以退还标的物。

第四十三条 试用买卖的当事人没有约定使用费或者约定不明确，出卖人主张买受人支付使用费的，人民法院不予支持。

八、其他问题

第四十四条 出卖人履行交付义务后诉请买受人支付价款，买受人以出卖人违约在先为由提出异议的，人民法院应当按照下列情况分别处理：

（一）买受人拒绝支付违约金、拒绝赔偿损失或者主张出卖人应当采取减少价款等补救措施的，属于提出抗辩；

（二）买受人主张出卖人应支付违约金、赔偿损失或者要求解除合同的，应当提起反诉。

第四十五条 法律或者行政法规对债权转让、股权转让等权利转让合同有规定的，依照其规定；没有规定的，人民法院可以根据合同法第一百二十四条和第一百七十四条的规定，参照适用买卖合同的有关规定。

权利转让或者其他有偿合同参照适用买卖合同的有关规定的，人民法院应当首先引用合同法第一百七十四条的规定，再引用买卖合同的有关规定。

第四十六条　本解释施行前本院发布的有关购销合同、销售合同等有偿转移标的物所有权的合同的规定，与本解释抵触的，自本解释施行之日起不再适用。

本解释施行后尚未终审的买卖合同纠纷案件，适用本解释；本解释施行前已经终审，当事人申请再审或者按照审判监督程序决定再审的，不适用本解释。

5. 中华人民共和国物权法（节录）

（于 2007 年 3 月 16 日第十届全国人民代表大会第五次会议通过，自 2007 年 10 月 1 日起施行。）

第一编　总　则

第一章　基本原则

第一条　为了维护国家基本经济制度，维护社会主义市场经济秩序，明确物的归属，发挥物的效用，保护权利人的物权，根据宪法，制定本法。

第二条　因物的归属和利用而产生的民事关系，适用本法。

本法所称物，包括不动产和动产。法律规定权利作为物权客体的，依照其规定。

本法所称物权，是指权利人依法对特定的物享有直接支配和排他的权利，包括所有权、用益物权和担保物权。

第三条　国家在社会主义初级阶段，坚持公有制为主体、多种所有制经济共同发展的基本经济制度。

国家巩固和发展公有制经济，鼓励、支持和引导非公有制经济的发展。

国家实行社会主义市场经济，保障一切市场主体的平等法律地位和发展权利。

第四条　国家、集体、私人的物权和其他权利人的物权受法律保护，任何单位和个人不得侵犯。

第五条　物权的种类和内容，由法律规定。

第六条　不动产物权的设立、变更、转让和消灭，应当依照法律规定登记。动产物权的设立和转让，应当依照法律规定交付。

第七条　物权的取得和行使，应当遵守法律，尊重社会公德，不得损害公共利益和他人合法权益。

第八条　其他相关法律对物权另有特别规定的，依照其规定。

第二章　物权的设立、变更、转让和消灭

第一节　不动产登记

第九条　不动产物权的设立、变更、转让和消灭，经依法登记，发生效力；未经登记，不发生效力，但法律另有规定的除外。

依法属于国家所有的自然资源，所有权可以不登记。

第十条　不动产登记，由不动产所在地的登记机构办理。

国家对不动产实行统一登记制度。统一登记的范围、登记机构和登记办法，由法律、行政法规规定。

第十一条　当事人申请登记，应当根据不同登记事项提供权属证明和不动产界址、面积等必要材料。

第十二条　登记机构应当履行下列职责：

（一）查验申请人提供的权属证明和其他必要材料；

（二）就有关登记事项询问申请人；

（三）如实、及时登记有关事项；

（四）法律、行政法规规定的其他职责。

申请登记的不动产的有关情况需要进一步证明的，登记机构可以要求申请人补充材料，必要时可以实地查看。

第十三条　登记机构不得有下列行为：

（一）要求对不动产进行评估；

（二）以年检等名义进行重复登记；

（三）超出登记职责范围的其他行为。

第十四条　不动产物权的设立、变更、转让和消灭，依照法律规定应当登记的，自记载于不动产登记簿时发生效力。

第十五条　当事人之间订立有关设立、变更、转让和消灭不动产物权的合同，除法律另有规定或者合同另有约定外，自合同成立时生效；未办理物权登记的，不影响合同效力。

第十六条　不动产登记簿是物权归属和内容的根据。不动产登记簿由登记机构管理。

第十七条　不动产权属证书是权利人享有该不动产物权的证明。不动产权属证书记载的事项，应当与不动产登记簿一致；记载不一致的，除有证据证明不动产登记簿确有错误外，以不动产登记簿为准。

第十八条 权利人、利害关系人可以申请查询、复制登记资料，登记机构应当提供。

第十九条 权利人、利害关系人认为不动产登记簿记载的事项错误的，可以申请更正登记。不动产登记簿记载的权利人书面同意更正或者有证据证明登记确有错误的，登记机构应当予以更正。

不动产登记簿记载的权利人不同意更正的，利害关系人可以申请异议登记。登记机构予以异议登记的，申请人在异议登记之日起十五日内不起诉，异议登记失效。异议登记不当，造成权利人损害的，权利人可以向申请人请求损害赔偿。

第二十条 当事人签订买卖房屋或者其他不动产物权的协议，为保障将来实现物权，按照约定可以向登记机构申请预告登记。预告登记后，未经预告登记的权利人同意，处分该不动产的，不发生物权效力。

预告登记后，债权消灭或者自能够进行不动产登记之日起三个月内未申请登记的，预告登记失效。

第二十一条 当事人提供虚假材料申请登记，给他人造成损害的，应当承担赔偿责任。

因登记错误，给他人造成损害的，登记机构应当承担赔偿责任。登记机构赔偿后，可以向造成登记错误的人追偿。

第二十二条 不动产登记费按件收取，不得按照不动产的面积、体积或者价款的比例收取。具体收费标准由国务院有关部门会同价格主管部门规定。

第二节 动产交付

第二十三条 动产物权的设立和转让，自交付时发生效力，但法律另有规定的除外。

第二十四条 船舶、航空器和机动车等物权的设立、变更、转让和消灭，未经登记，不得对抗善意第三人。

第二十五条 动产物权设立和转让前，权利人已经依法占有该动产的，物权自法律行为生效时发生效力。

第二十六条 动产物权设立和转让前，第三人依法占有该动产的，负有交付义务的人可以通过转让请求第三人返还原物的权利代替交付。

第二十七条 动产物权转让时，双方又约定由出让人继续占有该动产的，物权自该约定生效时发生效力。

第三节 其他规定

第二十八条 因人民法院、仲裁委员会的法律文书或者人民政府的征收决定等，导致物权设立、变更、转让或者消灭的，自法律文书或者人民政府的征收决定等生效时发生效力。

第二十九条 因继承或者受遗赠取得物权的，自继承或者受遗赠开始时发生效力。

第三十条 因合法建造、拆除房屋等事实行为设立或者消灭物权的，自事实行为成就时发生效力。

第三十一条 依照本法第二十八条至第三十条规定享有不动产物权的，处分该物权时，依照法律规定需要办理登记的，未经登记，不发生物权效力。

第三章 物权的保护

第三十二条 物权受到侵害的，权利人可以通过和解、调解、仲裁、诉讼等途径解决。

第三十三条 因物权的归属、内容发生争议的，利害关系人可以请求确认权利。

第三十四条 无权占有不动产或者动产的，权利人可以请求返还原物。

第三十五条 妨害物权或者可能妨害物权的，权利人可以请求排除妨害或者消除危险。

第三十六条 造成不动产或者动产毁损的，权利人可以请求修理、重作、更换或者恢复原状。

第三十七条 侵害物权，造成权利人损害的，权利人可以请求损害赔偿，也可以请求承担其他民事责任。

第三十八条 本章规定的物权保护方式，可以单独适用，也可以根据权利被侵害的情形合并适用。

侵害物权，除承担民事责任外，违反行政管理规定的，依法承担行政责任；构成犯罪的，依法追究刑事责任。

第二编 所有权

第四章 一般规定

第三十九条 所有权人对自己的不动产或者动产，依法享有占有、使用、收益和处分的权利。

第四十条 所有权人有权在自己的不动产或者动产上设立用益物权和担保物权。用益物权人、担保物权人行使权利，不得损害所有权人的权益。

第四十一条 法律规定专属于国家所有的不动产和动产，任何单位和个人不能取得所有权。

第四十二条 为了公共利益的需要，依照法律规定的权限和程序可以征收集体所有的土地和单位、个人的房屋及其他不动产。

征收集体所有的土地，应当依法足额支付土地补偿费、安置补助费、地上附着物和青苗的补偿费等费用，安排被征地农民的社会保障费用，保障被征地农民的生活，维护被征地农民的合法权益。

征收单位、个人的房屋及其他不动产，应当依法给予拆迁补偿，维护被征收人的合法权益；征收个人住宅的，还应当保障被征收人的居住条件。

任何单位和个人不得贪污、挪用、私分、截留、拖欠征收补偿费等费用。

第四十三条 国家对耕地实行特殊保护，严格限制农用地转为建设用地，控制建设用地总量。不得违反法律规定的权限和程序征收集体所有的土地。

第四十四条 因抢险、救灾等紧急需要，依照法律规定的权限和程序可以征用单位、个人的不动产或者动产。被征用的不动产或者动产使用后，应当返还被征用人。单位、个人的不动产或者动产被征用或者征用后毁损、灭失的，应当给予补偿。

第五章　国家所有权和集体所有权、私人所有权

第四十五条 法律规定属于国家所有的财产，属于国家所有即全民所有。

国有财产由国务院代表国家行使所有权；法律另有规定的，依照其规定。

第四十六条 矿藏、水流、海域属于国家所有。

第四十七条 城市的土地，属于国家所有。法律规定属于国家所有的农村和城市郊区的土地，属于国家所有。

第四十八条 森林、山岭、草原、荒地、滩涂等自然资源，属于国家所有，但法律规定属于集体所有的除外。

第四十九条 法律规定属于国家所有的野生动植物资源，属于国家所有。

第五十条 无线电频谱资源属于国家所有。

第五十一条 法律规定属于国家所有的文物，属于国家所有。

第五十二条 国防资产属于国家所有。

铁路、公路、电力设施、电信设施和油气管道等基础设施，依照法律规定

为国家所有的，属于国家所有。

第五十三条 国家机关对其直接支配的不动产和动产，享有占有、使用以及依照法律和国务院的有关规定处分的权利。

第五十四条 国家举办的事业单位对其直接支配的不动产和动产，享有占有、使用以及依照法律和国务院的有关规定收益、处分的权利。

第五十五条 国家出资的企业，由国务院、地方人民政府依照法律、行政法规规定分别代表国家履行出资人职责，享有出资人权益。

第五十六条 国家所有的财产受法律保护，禁止任何单位和个人侵占、哄抢、私分、截留、破坏。

第五十七条 履行国有财产管理、监督职责的机构及其工作人员，应当依法加强对国有财产的管理、监督，促进国有财产保值增值，防止国有财产损失；滥用职权，玩忽职守，造成国有财产损失的，应当依法承担法律责任。

违反国有财产管理规定，在企业改制、合并分立、关联交易等过程中，低价转让、合谋私分、擅自担保或者以其他方式造成国有财产损失的，应当依法承担法律责任。

第五十八条 集体所有的不动产和动产包括：

（一）法律规定属于集体所有的土地和森林、山岭、草原、荒地、滩涂；

（二）集体所有的建筑物、生产设施、农田水利设施；

（三）集体所有的教育、科学、文化、卫生、体育等设施；

（四）集体所有的其他不动产和动产。

第五十九条 农民集体所有的不动产和动产，属于本集体成员集体所有。

下列事项应当依照法定程序经本集体成员决定：

（一）土地承包方案以及将土地发包给本集体以外的单位或者个人承包；

（二）个别土地承包经营权人之间承包地的调整；

（三）土地补偿费等费用的使用、分配办法；

（四）集体出资的企业的所有权变动等事项；

（五）法律规定的其他事项。

第六十条 对于集体所有的土地和森林、山岭、草原、荒地、滩涂等，依照下列规定行使所有权：

（一）属于村农民集体所有的，由村集体经济组织或者村民委员会代表集体行使所有权；

（二）分别属于村内两个以上农民集体所有的，由村内各该集体经济组织或者村民小组代表集体行使所有权；

（三）属于乡镇农民集体所有的，由乡镇集体经济组织代表集体行使所有权。

第六十一条 城镇集体所有的不动产和动产，依照法律、行政法规的规定由本集体享有占有、使用、收益和处分的权利。

第六十二条 集体经济组织或者村民委员会、村民小组应当依照法律、行政法规以及章程、村规民约向本集体成员公布集体财产的状况。

第六十三条 集体所有的财产受法律保护，禁止任何单位和个人侵占、哄抢、私分、破坏。

集体经济组织、村民委员会或者其负责人作出的决定侵害集体成员合法权益的，受侵害的集体成员可以请求人民法院予以撤销。

第六十四条 私人对其合法的收入、房屋、生活用品、生产工具、原材料等不动产和动产享有所有权。

第六十五条 私人合法的储蓄、投资及其收益受法律保护。

国家依照法律规定保护私人的继承权及其他合法权益。

第六十六条 私人的合法财产受法律保护，禁止任何单位和个人侵占、哄抢、破坏。

第六十七条 国家、集体和私人依法可以出资设立有限责任公司、股份有限公司或者其他企业。国家、集体和私人所有的不动产或者动产，投到企业的，由出资人按照约定或者出资比例享有资产收益、重大决策以及选择经营管理者等权利并履行义务。

第六十八条 企业法人对其不动产和动产依照法律、行政法规以及章程享有占有、使用、收益和处分的权利。

企业法人以外的法人，对其不动产和动产的权利，适用有关法律、行政法规以及章程的规定。

第六十九条 社会团体依法所有的不动产和动产，受法律保护。

第六章　业主的建筑物区分所有权（略）

第七章　相邻关系（略）

第八章　共　有

第九十三条 不动产或者动产可以由两个以上单位、个人共有。共有包括按份共有和共同共有。

第九十四条 按份共有人对共有的不动产或者动产按照其份额享有所有权。

第九十五条 共同共有人对共有的不动产或者动产共同享有所有权。

第九十六条 共有人按照约定管理共有的不动产或者动产；没有约定或者约定不明确的，各共有人都有管理的权利和义务。

第九十七条 处分共有的不动产或者动产以及对共有的不动产或者动产作重大修缮的，应当经占份额三分之二以上的按份共有人或者全体共同共有人同意，但共有人之间另有约定的除外。

第九十八条 对共有物的管理费用以及其他负担，有约定的，按照约定；没有约定或者约定不明确的，按份共有人按照其份额负担，共同共有人共同负担。

第九十九条 共有人约定不得分割共有的不动产或者动产，以维持共有关系的，应当按照约定，但共有人有重大理由需要分割的，可以请求分割；没有约定或者约定不明确的，按份共有人可以随时请求分割，共同共有人在共有的基础丧失或者有重大理由需要分割时可以请求分割。因分割对其他共有人造成损害的，应当给予赔偿。

第一百条 共有人可以协商确定分割方式。达不成协议，共有的不动产或者动产可以分割并且不会因分割减损价值的，应当对实物予以分割；难以分割或者因分割会减损价值的，应当对折价或者拍卖、变卖取得的价款予以分割。

共有人分割所得的不动产或者动产有瑕疵的，其他共有人应当分担损失。

第一百零一条 按份共有人可以转让其享有的共有的不动产或者动产份额。其他共有人在同等条件下享有优先购买的权利。

第一百零二条 因共有的不动产或者动产产生的债权债务，在对外关系上，共有人享有连带债权、承担连带债务，但法律另有规定或者第三人知道共有人不具有连带债权债务关系的除外；在共有人内部关系上，除共有人另有约定外，按份共有人按照份额享有债权、承担债务，共同共有人共同享有债权、承担债务。偿还债务超过自己应当承担份额的按份共有人，有权向其他共有人追偿。

第一百零三条 共有人对共有的不动产或者动产没有约定为按份共有或者共同共有，或者约定不明确的，除共有人具有家庭关系等外，视为按份共有。

第一百零四条 按份共有人对共有的不动产或者动产享有的份额，没有约定或者约定不明确的，按照出资额确定；不能确定出资额的，视为等额享有。

第一百零五条 两个以上单位、个人共同享有用益物权、担保物权的，参照本章规定。

第九章 所有权取得的特别规定

第一百零六条 无处分权人将不动产或者动产转让给受让人的，所有权人有权追回；除法律另有规定外，符合下列情形的，受让人取得该不动产或者动产的所有权：

（一）受让人受让该不动产或者动产时是善意的；

（二）以合理的价格转让；

（三）转让的不动产或者动产依照法律规定应当登记的已经登记，不需要登记的已经交付给受让人。

受让人依照前款规定取得不动产或者动产的所有权的，原所有权人有权向无处分权人请求赔偿损失。

当事人善意取得其他物权的，参照前两款规定。

第一百零七条 所有权人或者其他权利人有权追回遗失物。该遗失物通过转让被他人占有的，权利人有权向无处分权人请求损害赔偿，或者自知道或者应当知道受让人之日起二年内向受让人请求返还原物，但受让人通过拍卖或者向具有经营资格的经营者购得该遗失物的，权利人请求返还原物时应当支付受让人所付的费用。权利人向受让人支付所付费用后，有权向无处分权人追偿。

第一百零八条 善意受让人取得动产后，该动产上的原有权利消灭，但善意受让人在受让时知道或者应当知道该权利的除外。

第一百零九条 拾得遗失物，应当返还权利人。拾得人应当及时通知权利人领取，或者送交公安等有关部门。

第一百一十条 有关部门收到遗失物，知道权利人的，应当及时通知其领取；不知道的，应当及时发布招领公告。

第一百一十一条 拾得人在遗失物送交有关部门前，有关部门在遗失物被领取前，应当妥善保管遗失物。因故意或者重大过失致使遗失物毁损、灭失的，应当承担民事责任。

第一百一十二条 权利人领取遗失物时，应当向拾得人或者有关部门支付保管遗失物等支出的必要费用。

权利人悬赏寻找遗失物的，领取遗失物时应当按照承诺履行义务。

拾得人侵占遗失物的，无权请求保管遗失物等支出的费用，也无权请求权利人按照承诺履行义务。

第一百一十三条 遗失物自发布招领公告之日起六个月内无人认领的，归国家所有。

第一百一十四条　拾得漂流物、发现埋藏物或者隐藏物的，参照拾得遗失物的有关规定。文物保护法等法律另有规定的，依照其规定。

第一百一十五条　主物转让的，从物随主物转让，但当事人另有约定的除外。

第一百一十六条　天然孳息，由所有权人取得；既有所有权人又有用益物权人的，由用益物权人取得。当事人另有约定的，按照约定。

法定孳息，当事人有约定的，按照约定取得；没有约定或者约定不明确的，按照交易习惯取得。

第三编　用益物权（略）

第十章　一般规定（略）

第十一章　土地承包经营权（略）

第十二章　建设用地使用权（略）

第十三章　宅基地使用权

第一百五十二条　宅基地使用权人依法对集体所有的土地享有占有和使用的权利，有权依法利用该土地建造住宅及其附属设施。

第一百五十三条　宅基地使用权的取得、行使和转让，适用土地管理法等法律和国家有关规定。

第一百五十四条　宅基地因自然灾害等原因灭失的，宅基地使用权消灭。对失去宅基地的村民，应当重新分配宅基地。

第一百五十五条　已经登记的宅基地使用权转让或者消灭的，应当及时办理变更登记或者注销登记。

第十四章　地役权（略）

第四编　担保物权

第十五章　一般规定

第一百七十条　担保物权人在债务人不履行到期债务或者发生当事人约定的实现担保物权的情形，依法享有就担保财产优先受偿的权利，但法律另有规定的除外。

第一百七十一条 债权人在借贷、买卖等民事活动中，为保障实现其债权，需要担保的，可以依照本法和其他法律的规定设立担保物权。

第三人为债务人向债权人提供担保的，可以要求债务人提供反担保。反担保适用本法和其他法律的规定。

第一百七十二条 设立担保物权，应当依照本法和其他法律的规定订立担保合同。担保合同是主债权债务合同的从合同。主债权债务合同无效，担保合同无效，但法律另有规定的除外。

担保合同被确认无效后，债务人、担保人、债权人有过错的，应当根据其过错各自承担相应的民事责任。

第一百七十三条 担保物权的担保范围包括主债权及其利息、违约金、损害赔偿金、保管担保财产和实现担保物权的费用。当事人另有约定的，按照约定。

第一百七十四条 担保期间，担保财产毁损、灭失或者被征收等，担保物权人可以就获得的保险金、赔偿金或者补偿金等优先受偿。被担保债权的履行期未届满的，也可以提存该保险金、赔偿金或者补偿金等。

第一百七十五条 第三人提供担保，未经其书面同意，债权人允许债务人转移全部或者部分债务的，担保人不再承担相应的担保责任。

第一百七十六条 被担保的债权既有物的担保又有人的担保的，债务人不履行到期债务或者发生当事人约定的实现担保物权的情形，债权人应当按照约定实现债权；没有约定或者约定不明确，债务人自己提供物的担保的，债权人应当先就该物的担保实现债权；第三人提供物的担保的，债权人可以就物的担保实现债权，也可以要求保证人承担保证责任。提供担保的第三人承担担保责任后，有权向债务人追偿。

第一百七十七条 有下列情形之一的，担保物权消灭：

（一）主债权消灭；

（二）担保物权实现；

（三）债权人放弃担保物权；

（四）法律规定担保物权消灭的其他情形。

第一百七十八条 担保法与本法的规定不一致的，适用本法。

第十六章 抵押权

第一节 一般抵押权

第一百七十九条 为担保债务的履行，债务人或者第三人不转移财产的占有，将该财产抵押给债权人的，债务人不履行到期债务或者发生当事人约定的实现抵押权的情形，债权人有权就该财产优先受偿。

前款规定的债务人或者第三人为抵押人，债权人为抵押权人，提供担保的财产为抵押财产。

第一百八十条　债务人或者第三人有权处分的下列财产可以抵押：

（一）建筑物和其他土地附着物；

（二）建设用地使用权；

（三）以招标、拍卖、公开协商等方式取得的荒地等土地承包经营权；

（四）生产设备、原材料、半成品、产品；

（五）正在建造的建筑物、船舶、航空器；

（六）交通运输工具；

（七）法律、行政法规未禁止抵押的其他财产。

抵押人可以将前款所列财产一并抵押。

第一百八十一条　经当事人书面协议，企业、个体工商户、农业生产经营者可以将现有的以及将有的生产设备、原材料、半成品、产品抵押，债务人不履行到期债务或者发生当事人约定的实现抵押权的情形，债权人有权就实现抵押权时的动产优先受偿。

第一百八十二条　以建筑物抵押的，该建筑物占用范围内的建设用地使用权一并抵押。以建设用地使用权抵押的，该土地上的建筑物一并抵押。

抵押人未依照前款规定一并抵押的，未抵押的财产视为一并抵押。

第一百八十三条　乡镇、村企业的建设用地使用权不得单独抵押。以乡镇、村企业的厂房等建筑物抵押的，其占用范围内的建设用地使用权一并抵押。

第一百八十四条　下列财产不得抵押：

（一）土地所有权；

（二）耕地、宅基地、自留地、自留山等集体所有的土地使用权，但法律规定可以抵押的除外；

（三）学校、幼儿园、医院等以公益为目的的事业单位、社会团体的教育设施、医疗卫生设施和其他社会公益设施；

（四）所有权、使用权不明或者有争议的财产；

（五）依法被查封、扣押、监管的财产；

（六）法律、行政法规规定不得抵押的其他财产。

第一百八十五条　设立抵押权，当事人应当采取书面形式订立抵押合同。

抵押合同一般包括下列条款：

（一）被担保债权的种类和数额；

（二）债务人履行债务的期限；

（三）抵押财产的名称、数量、质量、状况、所在地、所有权归属或者使用权归属；

（四）担保的范围。

第一百八十六条 抵押权人在债务履行期届满前，不得与抵押人约定债务人不履行到期债务时抵押财产归债权人所有。

第一百八十七条 以本法第一百八十条第一款第一项至第三项规定的财产或者第五项规定的正在建造的建筑物抵押的，应当办理抵押登记。抵押权自登记时设立。

第一百八十八条 以本法第一百八十条第一款第四项、第四项规定的财产或者第5项规定的正在建造的船舶、航空器抵押的，抵押权自抵押合同生效时设立；未经登记，不得对抗善意第三人。

第一百八十九条 企业、个体工商户、农业生产经营者以本法第一百八十一条规定的动产抵押的，应当向抵押人住所地的工商行政管理部门办理登记。抵押权自抵押合同生效时设立；未经登记，不得对抗善意第三人。

依照本法第一百八十一条规定抵押的，不得对抗正常经营活动中已支付合理价款并取得抵押财产的买受人。

第一百九十条 订立抵押合同前抵押财产已出租的，原租赁关系不受该抵押权的影响。抵押权设立后抵押财产出租的，该租赁关系不得对抗已登记的抵押权。

第一百九十一条 抵押期间，抵押人经抵押权人同意转让抵押财产的，应当将转让所得的价款向抵押权人提前清偿债务或者提存。转让的价款超过债权数额的部分归抵押人所有，不足部分由债务人清偿。

抵押期间，抵押人未经抵押权人同意，不得转让抵押财产，但受让人代为清偿债务消灭抵押权的除外。

第一百九十二条 抵押权不得与债权分离而单独转让或者作为其他债权的担保。债权转让的，担保该债权的抵押权一并转让，但法律另有规定或者当事人另有约定的除外。

第一百九十三条 抵押人的行为足以使抵押财产价值减少的，抵押权人有权要求抵押人停止其行为。抵押财产价值减少的，抵押权人有权要求恢复抵押财产的价值，或者提供与减少的价值相应的担保。抵押人不恢复抵押财产的价值也不提供担保的，抵押权人有权要求债务人提前清偿债务。

第一百九十四条　抵押权人可以放弃抵押权或者抵押权的顺位。抵押权人与抵押人可以协议变更抵押权顺位以及被担保的债权数额等内容，但抵押权的变更，未经其他抵押权人书面同意，不得对其他抵押权人产生不利影响。

债务人以自己的财产设定抵押，抵押权人放弃该抵押权、抵押权顺位或者变更抵押权的，其他担保人在抵押权人丧失优先受偿权益的范围内免除担保责任，但其他担保人承诺仍然提供担保的除外。

第一百九十五条　债务人不履行到期债务或者发生当事人约定的实现抵押权的情形，抵押权人可以与抵押人协议以抵押财产折价或者以拍卖、变卖该抵押财产所得的价款优先受偿。协议损害其他债权人利益的，其他债权人可以在知道或者应当知道撤销事由之日起一年内请求人民法院撤销该协议。

抵押权人与抵押人未就抵押权实现方式达成协议的，抵押权人可以请求人民法院拍卖、变卖抵押财产。

抵押财产折价或者变卖的，应当参照市场价格。

第一百九十六条　依照本法第一百八十一条规定设定抵押的，抵押财产自下列情形之一发生时确定：

（一）债务履行期届满，债权未实现；

（二）抵押人被宣告破产或者被撤销；

（三）当事人约定的实现抵押权的情形；

（四）严重影响债权实现的其他情形。

第一百九十七条　债务人不履行到期债务或者发生当事人约定的实现抵押权的情形，致使抵押财产被人民法院依法扣押的，自扣押之日起抵押权人有权收取该抵押财产的天然孳息或者法定孳息，但抵押权人未通知应当清偿法定孳息的义务人的除外。

前款规定的孳息应当先充抵收取孳息的费用。

第一百九十八条　抵押财产折价或者拍卖、变卖后，其价款超过债权数额的部分归抵押人所有，不足部分由债务人清偿。

第一百九十九条　同一财产向两个以上债权人抵押的，拍卖、变卖抵押财产所得的价款依照下列规定清偿：

（一）抵押权已登记的，按照登记的先后顺序清偿；顺序相同的，按照债权比例清偿；

（二）抵押权已登记的先于未登记的受偿；

（三）抵押权未登记的，按照债权比例清偿。

第二百条　建设用地使用权抵押后，该土地上新增的建筑物不属于抵押财产。该建设用地使用权实现抵押权时，应当将该土地上新增的建筑物与建设用地使用权一并处分，但新增建筑物所得的价款，抵押权人无权优先受偿。

第二百零一条 依照本法第一百八十一条第一款第三项规定的土地承包经营权抵押的，或者依照本法第一百八十三条规定以乡镇、村企业的厂房等建筑物占用范围内的建设用地使用权一并抵押的，实现抵押权后，未经法定程序，不得改变土地所有权的性质和土地用途。

第二百零二条 抵押权人应当在主债权诉讼时效期间行使抵押权；未行使的，人民法院不予保护。

第二百零三条 为担保债务的履行，债务人或者第三人对一定期间内将要连续发生的债权提供担保财产的，债务人不履行到期债务或者发生当事人约定的实现抵押权的情形，抵押权人有权在最高债权额限度内就该担保财产优先受偿。

最高额抵押权设立前已经存在的债权，经当事人同意，可以转入最高额抵押担保的债权范围。

第二百零四条 最高额抵押担保的债权确定前，部分债权转让的，最高额抵押权不得转让，但当事人另有约定的除外。

第二百零五条 最高额抵押担保的债权确定前，抵押权人与抵押人可以通过协议变更债权确定的期间、债权范围以及最高债权额，但变更的内容不得对其他抵押权人产生不利影响。

第二百零六条 有下列情形之一的，抵押权人的债权确定：

（一）约定的债权确定期间届满；

（二）没有约定债权确定期间或者约定不明确，抵押权人或者抵押人自最高额抵押权设立之日起满二年后请求确定债权；

（三）新的债权不可能发生；

（四）抵押财产被查封、扣押；

（五）债务人、抵押人被宣告破产或者被撤销；

（六）法律规定债权确定的其他情形。

第二百零七条 最高额抵押权除适用本节规定外，适用本章第一节一般抵押权的规定。

第十七章　质权（略）

第五编　占有（略）

6. 中华人民共和国担保法（节录）

（1995 年 6 月 30 日第八届全国人民代表大会常务委员会第十四次会议通过，自 1995 年 10 月 1 日起施行）

第一章 总 则

第一条 为促进资金融通和商品流通，保障债权的实现，发展社会主义市场经济，制定本法。

第二条 在借贷、买卖、货物运输、加工承揽等经济活动中，债权人需要以担保方式保障其债权实现的，可以依照本法规定设定担保。

本法规定的担保方式为保证、抵押、质押、留置和定金。

第三条 担保活动应当遵循平等、自愿、公平、诚实信用的原则。

第四条 第三人为债务人向债权人提供担保时，可以要求债务人提供反担保。

反担保适用本法担保的规定。

第五条 担保合同是主合同的从合同，主合同无效，担保合同无效。担保合同另有约定的，按照约定。

担保合同被确认无效后，债务人、担保人、债权人有过错的，应当根据其过错各自承担相应的民事责任。

第二章 保 证

第一节 保证和保证人

第六条 本法所称保证，是指保证人和债权人约定，当债务人不履行债务时，保证人按照约定履行债务或者承担责任的行为。

第七条 具有代为清偿债务能力的法人、其他组织或者公民，可以作保证人。

第八条 国家机关不得为保证人，但经国务院批准为使用外国政府或者国际经济组织贷款进行转贷的除外。

第九条 学校、幼儿园、医院等以公益为目的的事业单位、社会团体不得为保证人。

第十条 企业法人的分支机构、职能部门不得为保证人。

企业法人的分支机构有法人书面授权的，可以在授权范围内提供保证。

第十一条 任何单位和个人不得强令银行等金融机构或者企业为他人提供保证；银行等金融机构或者企业对强令其为他人提供保证的行为，有权拒绝。

第十二条 同一债务有两个以上保证人的，保证人应当按照保证合同约定的保证份额，承担保证责任，没有约定保证份额的，保证人承担连带责任，债权人可以要求任何一个保证人承担全部保证责任，保证人都负有担保全部债权实现的义务。已经承担保证责任的保证人，有权向债务人追偿，或者要求承担连带责任的其他保证人清偿其应当承担的份额。

第二节 保证合同和保证方式

第十三条 保证人与债权人应当以书面形式订立保证合同。

第十四条 保证人与债权人可以就单个主合同分别订立保证合同，也可以协议在最高债权额限度内就一定期间连续发生的借款合同或者某项商品交易合同订立一个保证合同。

第十五条 保证合同应当包括以下内容：

（一）被保证的主债权种类、数额；

（二）债务人履行债务的期限；

（三）保证的方式；

（四）保证担保的范围；

（五）保证的期间；

（六）双方认为需要约定的其他事项。

保证合同不完全具备前款规定内容的，可以补正。

第十六条 保证的方式有：

（一）一般保证；

（二）连带责任保证。

第十七条 当事人在保证合同中约定，债务人不能履行债务时，由保证人承担保证责任的，为一般保证。

一般保证的保证人在主合同纠纷未经审判或者仲裁，并就债务人财产依法强制执行仍不能履行债务前，对债权人可以拒绝承担保证责任。

有下列情形之一的，保证人不得行使前款规定的权利：

（一）债务人住所变更，致使债权人要求其履行债务发生重大困难的；

（二）人民法院受理债务人破产案件，中止执行程序的；

（三）保证人以书面形式放弃前款规定的权利的。

第十八条　当事人在保证合同中约定保证人与债务人对债务承担连带责任的，为连带责任保证。

连带责任保证的债务人在主合同规定的债务履行期届满没有履行债务的，债权人可以要求债务人履行债务，也可以要求保证人在其保证范围内承担保证责任。

第十九条　当事人对保证方式没有约定或者约定不明确的，按照连带责任保证承担保证责任。

第二十条　一般保证和连带责任保证的保证人享有债务人的抗辩权。债务人放弃对债务的抗辩权的，保证人仍有权抗辩。

抗辩权是指债权人行使债权时，债务人根据法定事由，对抗债权人行使请求权的权利。

第三节　保证责任

第二十一条　保证担保的范围包括主债权及利息、违约金、损害赔偿金和实现债权的费用。保证合同另有约定的，按照约定。

当事人对保证担保的范围没有约定或者约定不明确的，保证人应当对全部债务承担责任。

第二十二条　保证期间，债权人依法将主债权转让给第三人的，保证人在原保证担保的范围内继续承担保证责任。保证合同另有约定的，按照约定。

第二十三条　保证期间，债权人许可债务人转让债务的，应当取得保证人书面同意，保证人对未经其同意转让的债务，不再承担保证责任。

第二十四条　债权人与债务人协议变更主合同的，应当取得保证人书面同意，未经保证人书面同意的，保证人不再承担保证责任。保证合同另有约定的，按照约定。

第二十五条　一般保证的保证人与债权人未约定保证期间的，保证期间为主债务履行期届满之日起六个月。

在合同约定的保证期间和前款规定的保证期间，债权人未对债务人提起诉讼或者申请仲裁的，保证人免除保证责任；债权人已提起诉讼或者申请仲裁的，保证期间适用诉讼时效中断的规定。

第二十六条 连带责任保证的保证人与债权人未约定保证期间的，债权人有权自主债务履行期届满之日起六个月内要求保证人承担保证责任。

在合同约定的保证期间和前款规定的保证期间，债权人未要求保证人承担保证责任的，保证人免除保证责任。

第二十七条 保证人依照本法第十四条规定就连续发生的债权作保证，未约定保证期间的，保证人可以随时书面通知债权人终止保证合同，但保证人对于通知到债权人前所发生的债权，承担保证责任。

第二十八条 同一债权既有保证又有物的担保的，保证人对物的担保以外的债权承担保证责任。

债权人放弃物的担保的，保证人在债权人放弃权利的范围内免除保证责任。

第二十九条 企业法人的分支机构未经法人书面授权或者超出授权范围与债权人订立保证合同的，该合同无效或者超出授权范围的部分无效，债权人和企业法人有过错的，应当根据其过错各自承担相应的民事责任；债权人无过错的，由企业法人承担民事责任。

第三十条 有下列情形之一的，保证人不承担民事责任：

（一）主合同当事人双方串通，骗取保证人提供保证的；

（二）主合同债权人采取欺诈、胁迫等手段，使保证人在违背真实意思的情况下提供保证的。

第三十一条 保证人承担保证责任后，有权向债务人追偿。

第三十二条 人民法院受理债务人破产案件后，债权人未申报债权的，保证人可以参加破产财产分配，预先行使追偿权。

第三章 抵押 （略）

第四章 质押 （略）

第五章 留置 （略）

第六章 定 金

第八十九条 当事人可以约定一方向对方给付定金作为债权的担保。债务人履行债务后，定金应当抵作价款或者收回。给付定金的一方不履行约定的债务的，无权要求返还定金；收受定金的一方不履行约定的债务的，应当双倍返还定金。

第九十条　定金应当以书面形式约定。当事人在定金合同中应当约定交付定金的期限，定金合同从实际交付定金之日起生效。

第九十一条　定金的数额由当事人约定，但不得超过主合同标的额的百分之二十。

第七章　附　则

第九十二条　本法所称不动产是指土地以及房屋、林木等地上定着物。

本法所称动产是指不动产以外的物。

第九十三条　本法所称保证合同、抵押合同、质押合同、定金合同可以是单独订立的书面合同，包括当事人之间的具有担保性质的信函、传真等，也可以是主合同中的担保条款。

第九十四条　抵押物、质物、留置物折价或者变卖，应当参照市场价格。

第九十五条　海商法等法律对担保有特别规定的，依照其规定。

第九十六条　本法自 1995 年 10 月 1 日起施行。

7. 中华人民共和国城市房地产管理法（节录）

（根据 2007 年 8 月 30 日第十届全国人民代表大会常务委员会第二十九次会议《关于修改〈中华人民共和国城市房地产管理法〉的决定》第一次修正，根据 2009 年 8 月 27 日第十一届全国人民代表大会常务委员会第十次会议《关于修改部分法律的决定》第二次修正）

第一章 总 则

第一条 为了加强对城市房地产的管理，维护房地产市场秩序，保障房地产权利人的合法权益，促进房地产业的健康发展，制定本法。

第二条 在中华人民共和国城市规划区国有土地（以下简称国有土地）范围内取得房地产开发用地的土地使用权，从事房地产开发、房地产交易，实施房地产管理，应当遵守本法。

本法所称房屋，是指土地上的房屋等建筑物及构筑物。

本法所称房地产开发，是指在依据本法取得国有土地使用权的土地上进行基础设施、房屋建设的行为。

本法所称房地产交易，包括房地产转让、房地产抵押和房屋租赁。

第三条 国家依法实行国有土地有偿、有限期使用制度。但是，国家在本法规定的范围内划拨国有土地使用权的除外。

第四条 国家根据社会、经济发展水平，扶持发展居民住宅建设，逐步改善居民的居住条件。

第五条 房地产权利人应当遵守法律和行政法规，依法纳税。房地产权利人的合法权益受法律保护，任何单位和个人不得侵犯。

第六条 为了公共利益的需要，国家可以征收国有土地上单位和个人的房屋，并依法给予拆迁补偿，维护被征收人的合法权益；征收个人住宅的，还应当保障被征收人的居住条件。具体办法由国务院规定。

第七条 国务院建设行政主管部门、土地管理部门依照国务院规定的职权划分，各司其职，密切配合，管理全国房地产工作。

县级以上地方人民政府房产管理、土地管理部门的机构设置及其职权由省、自治区、直辖市人民政府确定。

第二章　房地产开发用地（略）

第三章　房地产开发（略）

第四章　房地产交易

第一节　一般规定

第三十二条　房地产转让、抵押时，房屋的所有权和该房屋占用范围内的土地使用权同时转让、抵押。

第三十三条　基准地价、标定地价和各类房屋的重置价格应当定期确定并公布。具体办法由国务院规定。

第三十四条　国家实行房地产价格评估制度。

房地产价格评估，应当遵循公正、公平、公开的原则，按照国家规定的技术标准和评估程序，以基准地价、标定地价和各类房屋的重置价格为基础，参照当地的市场价格进行评估。

第三十五条　国家实行房地产成交价格申报制度。

房地产权利人转让房地产，应当向县级以上地方人民政府规定的部门如实申报成交价，不得瞒报或者作不实的申报。

第三十六条　房地产转让、抵押，当事人应当依照本法第五章的规定办理权属登记。

第二节　房地产转让

第三十七条　房地产转让，是指房地产权利人通过买卖、赠与或者其他合法方式将其房地产转移给他人的行为。

第三十八条　下列房地产，不得转让：

（一）以出让方式取得土地使用权的，不符合本法第三十九条规定的条件的；

（二）司法机关和行政机关依法裁定、决定查封或者以其他形式限制房地产权利的；

（三）依法收回土地使用权的；

（四）共有房地产，未经其他共有人书面同意的；

（五）权属有争议的；

（六）未依法登记领取权属证书的；

（七）法律、行政法规规定禁止转让的其他情形。

第三十九条 以出让方式取得土地使用权的，转让房地产时，应当符合下列条件：

（一）按照出让合同约定已经支付全部土地使用权出让金，并取得土地使用权证书；

（二）按照出让合同约定进行投资开发，属于房屋建设工程的，完成开发投资总额的百分之二十五以上，属于成片开发土地的，形成工业用地或者其他建设用地条件。

转让房地产时房屋已经建成的，还应当持有房屋所有权证书。

第四十条 以划拨方式取得土地使用权的，转让房地产时，应当按照国务院规定，报有批准权的人民政府审批。有批准权的人民政府准予转让的，应当由受让方办理土地使用权出让手续，并依照国家有关规定缴纳土地使用权出让金。

以划拨方式取得土地使用权的，转让房地产报批时，有批准权的人民政府按照国务院规定决定可以不办理土地使用权出让手续的，转让方应当按照国务院规定将转让房地产所获收益中的土地收益上缴国家或者作其他处理。

第四十一条 房地产转让，应当签订书面转让合同，合同中应当载明土地使用权取得的方式。

第四十二条 房地产转让时，土地使用权出让合同载明的权利、义务随之转移。

第四十三条 以出让方式取得土地使用权的，转让房地产后，其土地使用权的使用年限为原土地使用权出让合同约定的使用年限减去原土地使用者已经使用年限后的剩余年限。

第四十四条 以出让方式取得土地使用权的，转让房地产后，受让人改变原土地使用权出让合同约定的土地用途的，必须取得原出让方和市、县人民政府城市规划行政主管部门的同意，签订土地使用权出让合同变更协议或者重新签订土地使用权出让合同，相应调整土地使用权出让金。

第四十五条 商品房预售，应当符合下列条件：

（一）已交付全部土地使用权出让金，取得土地使用权证书；

（二）持有建设工程规划许可证；

（三）按提供预售的商品房计算，投入开发建设的资金达到工程建设总投资的百分之二十五以上，并已经确定施工进度和竣工交付日期；

（四）向县级以上人民政府房产管理部门办理预售登记，取得商品房预售许可证明。

商品房预售人应当按照国家有关规定将预售合同报县级以上人民政府房产管理部门和土地管理部门登记备案。

商品房预售所得款项，必须用于有关的工程建设。

第四十六条　商品房预售的，商品房预购人将购买的未竣工的预售商品房再行转让的问题，由国务院规定。

第三节　房地产抵押

第四十七条　房地产抵押，是指抵押人以其合法的房地产以不转移占有的方式向抵押权人提供债务履行担保的行为。债务人不履行债务时，抵押权人有权依法以抵押的房地产拍卖所得的价款优先受偿。

第四十八条　依法取得的房屋所有权连同该房屋占用范围内的土地使用权，可以设定抵押权。

以出让方式取得的土地使用权，可以设定抵押权。

第四十九条　房地产抵押，应当凭土地使用权证书、房屋所有权证书办理。

第五十条　房地产抵押，抵押人和抵押权人应当签订书面抵押合同。

第五十一条　设定房地产抵押权的土地使用权是以划拨方式取得的，依法拍卖该房地产后，应当从拍卖所得的价款中缴纳相当于应缴纳的土地使用权出让金的款额后，抵押权人方可优先受偿。

第五十二条　房地产抵押合同签订后，土地上新增的房屋不属于抵押财产。需要拍卖该抵押的房地产时，可以依法将土地上新增的房屋与抵押财产一同拍卖，但对拍卖新增房屋所得，抵押权人无权优先受偿。

第四节　房屋租赁

第五十三条　房屋租赁，是指房屋所有权人作为出租人将其房屋出租给承租人使用，由承租人向出租人支付租金的行为。

第五十四条　房屋租赁，出租人和承租人应当签订书面租赁合同，约定租赁期限、租赁用途、租赁价格、修缮责任等条款，以及双方的其他权利和义务，并向房产管理部门登记备案。

第五十五条　住宅用房的租赁，应当执行国家和房屋所在城市人民政府规定的租赁政策。租用房屋从事生产、经营活动的，由租赁双方协商议定租金和其他租赁条款。

第五十六条 以营利为目的，房屋所有权人将以划拨方式取得使用权的国有土地上建成的房屋出租的，应当将租金中所含土地收益上缴国家。具体办法由国务院规定。

第五节 中介服务机构

第五十七条 房地产中介服务机构包括房地产咨询机构、房地产价格评估机构、房地产经纪机构等。

第五十八条 房地产中介服务机构应当具备下列条件：

（一）有自己的名称和组织机构；

（二）有固定的服务场所；

（三）有必要的财产和经费；

（四）有足够数量的专业人员；

（五）法律、行政法规规定的其他条件。

设立房地产中介服务机构，应当向工商行政管理部门申请设立登记，领取营业执照后，方可开业。

第五十九条 国家实行房地产价格评估人员资格认证制度。

第五章 房地产权属登记管理

第六十条 国家实行土地使用权和房屋所有权登记发证制度。

第六十一条 以出让或者划拨方式取得土地使用权，应当向县级以上地方人民政府土地管理部门申请登记，经县级以上地方人民政府土地管理部门核实，由同级人民政府颁发土地使用权证书。

在依法取得的房地产开发用地上建成房屋的，应当凭土地使用权证书向县级以上地方人民政府房产管理部门申请登记，由县级以上地方人民政府房产管理部门核实并颁发房屋所有权证书。

房地产转让或者变更时，应当向县级以上地方人民政府房产管理部门申请房产变更登记，并凭变更后的房屋所有权证书向同级人民政府土地管理部门申请土地使用权变更登记，经同级人民政府土地管理部门核实，由同级人民政府更换或者更改土地使用权证书。

法律另有规定的，依照有关法律的规定办理。

第六十二条 房地产抵押时，应当向县级以上地方人民政府规定的部门办理抵押登记。

因处分抵押房地产而取得土地使用权和房屋所有权的，应当依照本章规定办理过户登记。

第六十三条 经省、自治区、直辖市人民政府确定，县级以上地方人民政府由一个部门统一负责房产管理和土地管理工作的，可以制作、颁发统一的房地产权证书，依照本法第六十一条的规定，将房屋的所有权和该房屋占用范围内的土地使用权的确认和变更，分别载入房地产权证书。

第六章　法律责任

第六十四条 违反本法第十一条、第十二条的规定，擅自批准出让或者擅自出让土地使用权用于房地产开发的，由上级机关或者所在单位给予有关责任人员行政处分。

第六十五条 违反本法第三十条的规定，未取得营业执照擅自从事房地产开发业务的，由县级以上人民政府工商行政管理部门责令停止房地产开发业务活动，没收违法所得，可以并处罚款。

第六十六条 违反本法第三十九条第一款的规定转让土地使用权的，由县级以上人民政府土地管理部门没收违法所得，可以并处罚款。

第六十七条 违反本法第四十条第一款的规定转让房地产的，由县级以上人民政府土地管理部门责令缴纳土地使用权出让金，没收违法所得，可以并处罚款。

第六十八条 违反本法第四十五条第一款的规定预售商品房的，由县级以上人民政府房产管理部门责令停止预售活动，没收违法所得，可以并处罚款。

第六十九条 违反本法第五十八条的规定，未取得营业执照擅自从事房地产中介服务业务的，由县级以上人民政府工商行政管理部门责令停止房地产中介服务业务活动，没收违法所得，可以并处罚款。

第七十条 没有法律、法规的依据，向房地产开发企业收费的，上级机关应当责令退回所收取的钱款；情节严重的，由上级机关或者所在单位给予直接责任人员行政处分。

第七十一条 房产管理部门、土地管理部门工作人员玩忽职守、滥用职权，构成犯罪的，依法追究刑事责任；不构成犯罪的，给予行政处分。

房产管理部门、土地管理部门工作人员利用职务上的便利，索取他人财物，或者非法收受他人财物为他人谋取利益，构成犯罪的，依法追究刑事责任；不构成犯罪的，给予行政处分。

第七章　附　则

第七十二条　在城市规划区外的国有土地范围内取得房地产开发用地的土地使用权，从事房地产开发、交易活动以及实施房地产管理，参照本法执行。

第七十三条　本法自 1995 年 1 月 1 日起施行。

8. 已购公有住房和经济适用住房
上市出售管理暂行办法

（1999 年 4 月 19 日建设部第十一次部常务会议通过，自 1999 年 5 月 1 日起施行）

第一条　为规范已购公有住房和经济适用住房的上市出售活动，促进房地产市场的发展和存量住房的流通，满足居民改善居住条件的需要，根据《国务院关于进一步深化城镇住房制度改革加快住房建设的通知》及有关规定，制定本办法。

第二条　本办法适用于已购公有住房和经济适用住房首次进入市场出售的管理。

第三条　本办法所称已购公有住房和经济适用住房，是指城镇职工根据国家和县级以上地方人民政府有关城镇住房制度改革政策规定，按照成本价（或者标准价）购买的公有住房，或者按照地方人民政府指导价购买的经济适用住房。

本办法所称经济适用住房包括安居工程住房和集资合作建设的住房。

第四条　经省、自治区、直辖市人民政府批准，具备下列条件的市、县可以开放已购公有住房和经济适用住房上市出售的交易市场：

（一）已按照个人申报、单位审核、登记立档的方式对城镇职工家庭住房状况进行了普查，并对申报人在住房制度改革中有违法、违纪行为的进行了处理；

（二）已制定了已购公有住房和经济适用住房上市出售收益分配管理办法；

（三）已制定了已购公有住房和经济适用住房上市出售的具体实施办法；

（四）法律、法规规定的其他条件。

第五条　已取得合法产权证书的已购公有住房和经济适用住房可以上市出售，但有下列情形之一的已购公有住房和经济适用住房不得上市出售：

（一）以低于房改政策规定的价格购买且没有按照规定补足房价款的；

（二）住房面积超过省、自治区、直辖市人民政府规定的控制标准，或者违反规定利用公款超标准装修，且超标部分未按照规定退回或者补足房价款及装修费用的；

（三）处于户籍冻结地区并已列入拆迁公告范围内的；

（四）产权共有的房屋，其他共有人不同意出售的；

（五）已抵押且未经抵押权人书面同意转让的；

（六）上市出售后形成新的住房困难的；

（七）擅自改变房屋使用性质的；

（八）法律、法规以及县级以上人民政府规定其他不宜出售的。

第六条 已购公有住房和经济适用住房所有权人要求将已购公有住房和经济适用住房上市出售的，应当向房屋所在地的县级以上人民政府房地产行政主管部门提出申请，并提交下列材料：

（一）职工已购公有住房和经济适用住房上市出售申请表；

（二）房屋所有权证书、土地使用权证书或者房地产权证书；

（三）身份证及户籍证明或者其他有效身份证件；

（四）同住成年人同意上市出售的书面意见；

（五）个人拥有部分产权的住房，还应当提供原产权单位在同等条件下保留或者放弃优先购买权的书面意见。

第七条 房地产行政主管部门对已购公有住房和经济适用住房所有权人提出的上市出售申请进行审核，并自收到申请之日起十五日内作出是否准予其上市出售的书面意见。

第八条 经房地产行政主管部门审核，准予出售的房屋，由买卖当事人向房屋所在地房地产交易管理部门申请办理交易过户手续，如实申报成交价格。并按照规定到有关部门缴纳有关税费和土地收益。

成交价格按照政府宏观指导下的市场原则，由买卖双方协商议定。房地产交易管理部门对所申报的成交价格进行核实，对需要评估的房屋进行现场查勘和评估。

第九条 买卖当事人在办理完毕交易过户手续之日起三十日内，应当向房地产行政主管部门申请办理房屋所有权转移登记手续，并凭变更后的房屋所有权证书向同级人民政府土地行政主管部门申请土地使用权变更登记手续。

在本办法实施前，尚未领取土地使用权证书的已购公有住房和经济适用住房在2000年底以前需要上市出售的，房屋产权人可以凭房屋所有权证书先行办理交易过户手续，办理完毕房屋所有权转移登记手续之日起三十日内由受让人持变更后的房屋所有权证书到房屋所在地的市、县人民政府土地行政主管部门办理土地使用权变更登记手续。

第十条 城镇职工以成本价购买、产权归个人所有的已购公有住房和经济适用住房上市出售的，其收入在按照规定交纳有关税费和土地收益后归职工个人所有。

以标准价购买、职工拥有部分产权的已购公有住房和经济适用住房上市出售的，可以先按照成本价补足房价款及利息，原购住房全部产权归个人所有后，该已购公有住房和经济适用住房上市出售收入按照本条前款的规定处理；也可以直接上市出售，其收入在按照规定交纳有关税费和土地收益后，由职工与原产权单位按照产权比例分成。原产权单位撤销的，其应当所得部分由房地产交易管理部门代收后，纳入地方住房基金专户管理。

第十一条　鼓励城镇职工家庭为改善居住条件，将已购公有住房和经济适用住房上市出售换购住房。已购公有住房和经济适用住房上市出售后一年内该户家庭按照市场价购买住房，或者已购公有住房和经济适用住房上市出售前一年内该户家庭已按照市场价购买住房的，可以视同房屋产权交换。

第十二条　已购公有住房和经济适用住房上市出售后，房屋维修仍按照上市出售前公有住房售后维修管理的有关规定执行。个人缴交的住房共用部位、共用设施设备维修基金的结余部分不予退还，随房屋产权同时过户。

第十三条　已购公有住房和经济适用住房上市出售后，该户家庭不得再按照成本价或者标准价购买公有住房，也不得再购买经济适用住房等政府提供优惠政策建设的住房。

第十四条　违反本办法第五条的规定，将不准上市出售的已购公有住房和经济适用住房上市出售的，处以 1 万元以上 3 万元以下罚款。

第十五条　违反本办法第十三条的规定，将已购公有住房和经济适用住房上市出售后，该户家庭又以非法手段按照成本价（或者标准价）购买公有住房或者政府提供优惠政策建设的住房的，由房地产行政主管部门责令退回所购房屋，不予办理产权登记手续，并处以 1 万元以上 3 万元以下罚款；或者按照商品房市场价格补齐房价款，并处以 1 万元以上 3 万元以下罚款。

第十六条　房地产行政主管部门工作人员玩忽职守、滥用职权、徇私舞弊、贪污受贿的，由其所在单位或者上级主管部门给予行政处分；情节严重、构成犯罪的，依法追究刑事责任。

第十七条　省、自治区、直辖市人民政府可以根据本办法的规定和当地实际情况，选择部分条件比较成熟的市、县先行试点。

第十八条　已购公有住房和经济适用住房上市出售补交土地收益的具体办法另行规定。

第十九条　本办法由国务院建设行政主管部门负责解释。

第二十条　本办法自 1999 年 5 月 1 日起施行。

9. 房屋登记办法

（中华人民共和国建设部令第 168 号公布，于 2008 年 1 月 22 日经建设部第 147 次常务会议讨论通过，自 2008 年 7 月 1 日起施行）

第一章　总　则

第一条　为了规范房屋登记行为，维护房地产交易安全，保护权利人的合法权益，依据《中华人民共和国物权法》、《中华人民共和国城市房地产管理法》、《村庄和集镇规划建设管理条例》等法律、行政法规，制定本办法。

第二条　本办法所称房屋登记，是指房屋登记机构依法将房屋权利和其他应当记载的事项在房屋登记簿上予以记载的行为。

第三条　国务院建设主管部门负责指导、监督全国的房屋登记工作。

省、自治区、直辖市人民政府建设（房地产）主管部门负责指导、监督本行政区域内的房屋登记工作。

第四条　房屋登记，由房屋所在地的房屋登记机构办理。

本办法所称房屋登记机构，是指直辖市、市、县人民政府建设（房地产）主管部门或者其设置的负责房屋登记工作的机构。

第五条　房屋登记机构应当建立本行政区域内统一的房屋登记簿。

房屋登记簿是房屋权利归属和内容的根据，由房屋登记机构管理。

第六条　房屋登记人员应当具备与其岗位相适应的专业知识。

从事房屋登记审核工作的人员，应当取得国务院建设主管部门颁发的房屋登记上岗证书，持证上岗。

第二章　一般规定

第七条　办理房屋登记，一般依照下列程序进行：

（一）申请；

（二）受理；

（三）审核；

（四）记载于登记簿；

（五）发证。

房屋登记机构认为必要时，可以就登记事项进行公告。

第八条　办理房屋登记，应当遵循房屋所有权和房屋占用范围内的土地使用权权利主体一致的原则。

第九条　房屋登记机构应当依照法律、法规和本办法规定，确定申请房屋登记需要提交的材料，并将申请登记材料目录公示。

第十条　房屋应当按照基本单元进行登记。房屋基本单元是指有固定界限、可以独立使用并且有明确、唯一的编号（幢号、室号等）的房屋或者特定空间。

国有土地范围内成套住房，以套为基本单元进行登记；非成套住房，以房屋的幢、层、间等有固定界限的部分为基本单元进行登记。集体土地范围内村民住房，以宅基地上独立建筑为基本单元进行登记；在共有宅基地上建造的村民住房，以套、间等有固定界限的部分为基本单元进行登记。

非住房以房屋的幢、层、套、间等有固定界限的部分为基本单元进行登记。

第十一条　申请房屋登记，申请人应当向房屋所在地的房屋登记机构提出申请，并提交申请登记材料。

申请登记材料应当提供原件。不能提供原件的，应当提交经有关机关确认与原件一致的复印件。

申请人应当对申请登记材料的真实性、合法性、有效性负责，不得隐瞒真实情况或者提供虚假材料申请房屋登记。

第十二条　申请房屋登记，应当由有关当事人双方共同申请，但本办法另有规定的除外。

有下列情形之一，申请房屋登记的，可以由当事人单方申请：

（一）因合法建造房屋取得房屋权利；

（二）因人民法院、仲裁委员会的生效法律文书取得房屋权利；

（三）因继承、受遗赠取得房屋权利；

（四）有本办法所列变更登记情形之一；

（五）房屋灭失；

（六）权利人放弃房屋权利；

（七）法律、法规规定的其他情形。

第十三条　共有房屋，应当由共有人共同申请登记。

共有房屋所有权变更登记，可以由相关的共有人申请，但因共有性质或者共有人份额变更申请房屋登记的，应当由共有人共同申请。

第十四条　未成年人的房屋，应当由其监护人代为申请登记。监护人代为申请未成年人房屋登记的，应当提交证明监护人身份的材料；因处分未成年人房屋申请登记的，还应当提供为未成年人利益的书面保证。

第十五条 申请房屋登记的，申请人应当使用中文名称或者姓名。申请人提交的证明文件原件是外文的，应当提供中文译本。

委托代理人申请房屋登记的，代理人应当提交授权委托书和身份证明。境外申请人委托代理人申请房屋登记的，其授权委托书应当按照国家有关规定办理公证或者认证。

第十六条 申请房屋登记的，申请人应当按照国家有关规定缴纳登记费。

第十七条 申请人提交的申请登记材料齐全且符合法定形式的，应当予以受理，并出具书面凭证。

申请人提交的申请登记材料不齐全或者不符合法定形式的，应当不予受理，并告知申请人需要补正的内容。

第十八条 房屋登记机构应当查验申请登记材料，并根据不同登记申请就申请登记事项是否是申请人的真实意思表示、申请登记房屋是否为共有房屋、房屋登记簿记载的权利人是否同意更正，以及申请登记材料中需进一步明确的其他有关事项询问申请人。询问结果应当经申请人签字确认，并归档保留。

房屋登记机构认为申请登记房屋的有关情况需要进一步证明的，可以要求申请人补充材料。

第十九条 办理下列房屋登记，房屋登记机构应当实地查看：

（一）房屋所有权初始登记；

（二）在建工程抵押权登记；

（三）因房屋灭失导致的房屋所有权注销登记；

（四）法律、法规规定的应当实地查看的其他房屋登记。

房屋登记机构实地查看时，申请人应当予以配合。

第二十条 登记申请符合下列条件的，房屋登记机构应当予以登记，将申请登记事项记载于房屋登记簿：

（一）申请人与依法提交的材料记载的主体一致；

（二）申请初始登记的房屋与申请人提交的规划证明材料记载一致，申请其他登记的房屋与房屋登记簿记载一致；

（三）申请登记的内容与有关材料证明的事实一致；

（四）申请登记的事项与房屋登记簿记载的房屋权利不冲突；

（五）不存在本办法规定的不予登记的情形。

登记申请不符合前款所列条件的，房屋登记机构应当不予登记，并书面告知申请人不予登记的原因。

第二十一条　房屋登记机构将申请登记事项记载于房屋登记簿之前，申请人可以撤回登记申请。

第二十二条　有下列情形之一的，房屋登记机构应当不予登记：

（一）未依法取得规划许可、施工许可或者未按照规划许可的面积等内容建造的建筑申请登记的；

（二）申请人不能提供合法、有效的权利来源证明文件或者申请登记的房屋权利与权利来源证明文件不一致的；

（三）申请登记事项与房屋登记簿记载冲突的；

（四）申请登记房屋不能特定或者不具有独立利用价值的；

（五）房屋已被依法征收、没收，原权利人申请登记的；

（六）房屋被依法查封期间，权利人申请登记的；

（七）法律、法规和本办法规定的其他不予登记的情形。

第二十三条　自受理登记申请之日起，房屋登记机构应当于下列时限内，将申请登记事项记载于房屋登记簿或者作出不予登记的决定：

（一）国有土地范围内房屋所有权登记，30 个工作日，集体土地范围内房屋所有权登记，60 个工作日；

（二）抵押权、地役权登记，10 个工作日；

（三）预告登记、更正登记，10 个工作日；

（四）异议登记，1 个工作日。

公告时间不计入前款规定时限。因特殊原因需要延长登记时限的，经房屋登记机构负责人批准可以延长，但最长不得超过原时限的一倍。

法律、法规对登记时限另有规定的，从其规定。

第二十四条　房屋登记簿应当记载房屋自然状况、权利状况以及其他依法应当登记的事项。

房屋登记簿可以采用纸介质，也可以采用电子介质。采用电子介质的，应当有唯一、确定的纸介质转化形式，并应当定期异地备份。

第二十五条　房屋登记机构应当根据房屋登记簿的记载，缮写并向权利人发放房屋权属证书。

房屋权属证书是权利人享有房屋权利的证明，包括《房屋所有权证》、《房屋他项权证》等。申请登记房屋为共有房屋的，房屋登记机构应当在房屋所有权证上注明"共有"字样。

预告登记、在建工程抵押权登记以及法律、法规规定的其他事项在房屋登记簿上予以记载后，由房屋登记机构发放登记证明。

第二十六条 房屋权属证书、登记证明与房屋登记簿记载不一致的，除有证据证明房屋登记簿确有错误外，以房屋登记簿为准。

第二十七条 房屋权属证书、登记证明破损的，权利人可以向房屋登记机构申请换发。房屋登记机构换发前，应当收回原房屋权属证书、登记证明，并将有关事项记载于房屋登记簿。

房屋权属证书、登记证明遗失、灭失的，权利人在当地公开发行的报刊上刊登遗失声明后，可以申请补发。房屋登记机构予以补发的，应当将有关事项在房屋登记簿上予以记载。补发的房屋权属证书、登记证明上应当注明"补发"字样。

在补发集体土地范围内村民住房的房屋权属证书、登记证明前，房屋登记机构应当就补发事项在房屋所在地农村集体经济组织内公告。

第二十八条 房屋登记机构应当将房屋登记资料及时归档并妥善管理。

申请查询、复制房屋登记资料的，应当按照规定的权限和程序办理。

第二十九条 县级以上人民政府建设（房地产）主管部门应当加强房屋登记信息系统建设，逐步实现全国房屋登记簿信息共享和异地查询。

第三章 国有土地范围内房屋登记

第一节 所有权登记

第三十条 因合法建造房屋申请房屋所有权初始登记的，应当提交下列材料：

（一）登记申请书；

（二）申请人身份证明；

（三）建设用地使用权证明；

（四）建设工程符合规划的证明；

（五）房屋已竣工的证明；

（六）房屋测绘报告；

（七）其他必要材料。

第三十一条 房地产开发企业申请房屋所有权初始登记时，应当对建筑区划内依法属于全体业主共有的公共场所、公用设施和物业服务用房等房屋一并申请登记，由房屋登记机构在房屋登记簿上予以记载，不颁发房屋权属证书。

第三十二条 发生下列情形之一的，当事人应当在有关法律文件生效或者事实发生后申请房屋所有权转移登记：

（一）买卖；

（二）互换；

（三）赠与；

（四）继承、受遗赠；

（五）房屋分割、合并，导致所有权发生转移的；

（六）以房屋出资入股；

（七）法人或者其他组织分立、合并，导致房屋所有权发生转移的；

（八）法律、法规规定的其他情形。

第三十三条　申请房屋所有权转移登记，应当提交下列材料：

（一）登记申请书；

（二）申请人身份证明；

（三）房屋所有权证书或者房地产权证书；

（四）证明房屋所有权发生转移的材料；

（五）其他必要材料。

前款第（四）项材料，可以是买卖合同、互换合同、赠与合同、受遗赠证明、继承证明、分割协议、合并协议、人民法院或者仲裁委员会生效的法律文书，或者其他证明房屋所有权发生转移的材料。

第三十四条　抵押期间，抵押人转让抵押房屋的所有权，申请房屋所有权转移登记的，除提供本办法第三十三条规定材料外，还应当提交抵押权人的身份证明、抵押权人同意抵押房屋转让的书面文件、他项权利证书。

第三十五条　因人民法院或者仲裁委员会生效的法律文书、合法建造房屋、继承或者受遗赠取得房屋所有权，权利人转让该房屋所有权或者以该房屋设定抵押权时，应当将房屋登记到权利人名下后，再办理房屋所有权转移登记或者房屋抵押权设立登记。

因人民法院或者仲裁委员会生效的法律文书取得房屋所有权，人民法院协助执行通知书要求房屋登记机构予以登记的，房屋登记机构应当予以办理。房屋登记机构予以登记的，应当在房屋登记簿上记载基于人民法院或者仲裁委员会生效的法律文书予以登记的事实。

第三十六条　发生下列情形之一的，权利人应当在有关法律文件生效或者事实发生后申请房屋所有权变更登记：

（一）房屋所有权人的姓名或者名称变更的；

（二）房屋坐落的街道、门牌号或者房屋名称变更的；

（三）房屋面积增加或者减少的；

（四）同一所有权人分割、合并房屋的；

（五）法律、法规规定的其他情形。

第三十七条 申请房屋所有权变更登记，应当提交下列材料：

（一）登记申请书；

（二）申请人身份证明；

（三）房屋所有权证书或者房地产权证书；

（四）证明发生变更事实的材料；

（五）其他必要材料。

第三十八条 经依法登记的房屋发生下列情形之一的，房屋登记簿记载的所有权人应当自事实发生后申请房屋所有权注销登记：

（一）房屋灭失的；

（二）放弃所有权的；

（三）法律、法规规定的其他情形。

第三十九条 申请房屋所有权注销登记的，应当提交下列材料：

（一）登记申请书；

（二）申请人身份证明；

（三）房屋所有权证书或者房地产权证书；

（四）证明房屋所有权消灭的材料；

（五）其他必要材料。

第四十条 经依法登记的房屋上存在他项权利时，所有权人放弃房屋所有权申请注销登记的，应当提供他项权利人的书面同意文件。

第四十一条 经登记的房屋所有权消灭后，原权利人未申请注销登记的，房屋登记机构可以依据人民法院、仲裁委员会的生效法律文书或者人民政府的生效征收决定办理注销登记，将注销事项记载于房屋登记簿，原房屋所有权证收回或者公告作废。

第二节 抵押权登记

第四十二条 以房屋设定抵押的，当事人应当申请抵押权登记。

第四十三条 申请抵押权登记，应当提交下列文件：

（一）登记申请书；

（二）申请人的身份证明；

（三）房屋所有权证书或者房地产权证书；

（四）抵押合同；

（五）主债权合同；

（六）其他必要材料。

第四十四条　对符合规定条件的抵押权设立登记，房屋登记机构应当将下列事项记载于房屋登记簿：

（一）抵押当事人、债务人的姓名或者名称；

（二）被担保债权的数额；

（三）登记时间。

第四十五条　本办法第四十四条所列事项发生变化或者发生法律、法规规定变更抵押权的其他情形的，当事人应当申请抵押权变更登记。

第四十六条　申请抵押权变更登记，应当提交下列材料：

（一）登记申请书；

（二）申请人的身份证明；

（三）房屋他项权证书；

（四）抵押人与抵押权人变更抵押权的书面协议；

（五）其他必要材料。

因抵押当事人姓名或者名称发生变更，或者抵押房屋坐落的街道、门牌号发生变更申请变更登记的，无需提交前款第（四）项材料。

因被担保债权的数额发生变更申请抵押权变更登记的，还应当提交其他抵押权人的书面同意文件。

第四十七条　经依法登记的房屋抵押权因主债权转让而转让，申请抵押权转移登记的，主债权的转让人和受让人应当提交下列材料：

（一）登记申请书；

（二）申请人的身份证明；

（三）房屋他项权证书；

（四）房屋抵押权发生转移的证明材料；

（五）其他必要材料。

第四十八条　经依法登记的房屋抵押权发生下列情形之一的，权利人应当申请抵押权注销登记：

（一）主债权消灭；

（二）抵押权已经实现；

（三）抵押权人放弃抵押权；

（四）法律、法规规定抵押权消灭的其他情形。

第四十九条 申请抵押权注销登记的，应当提交下列材料：

（一）登记申请书；

（二）申请人的身份证明；

（三）房屋他项权证书；

（四）证明房屋抵押权消灭的材料；

（五）其他必要材料。

第五十条 以房屋设定最高额抵押的，当事人应当申请最高额抵押权设立登记。

第五十一条 申请最高额抵押权设立登记，应当提交下列材料：

（一）登记申请书；

（二）申请人的身份证明；

（三）房屋所有权证书或房地产权证书；

（四）最高额抵押合同；

（五）一定期间内将要连续发生的债权的合同或者其他登记原因证明材料；

（六）其他必要材料。

第五十二条 当事人将最高额抵押权设立前已存在债权转入最高额抵押担保的债权范围，申请登记的，应当提交下列材料：

（一）已存在债权的合同或者其他登记原因证明材料；

（二）抵押人与抵押权人同意将该债权纳入最高额抵押权担保范围的书面材料。

第五十三条 对符合规定条件的最高额抵押权设立登记，除本办法第四十四条所列事项外，登记机构还应当将最高债权额、债权确定的期间记载于房屋登记簿，并明确记载其为最高额抵押权。

第五十四条 变更最高额抵押权登记事项或者发生法律、法规规定变更最高额抵押权的其他情形，当事人应当申请最高额抵押权变更登记。

第五十五条 申请最高额抵押权变更登记，应当提交下列材料：

（一）登记申请书；

（二）申请人的身份证明；

（三）房屋他项权证书；

（四）最高额抵押权担保的债权尚未确定的证明材料；

（五）最高额抵押权发生变更的证明材料；

（六）其他必要材料。

因最高债权额、债权确定的期间发生变更而申请变更登记的，还应当提交其他抵押权人的书面同意文件。

第五十六条　最高额抵押权担保的债权确定前，最高额抵押权发生转移，申请最高额抵押权转移登记的，转让人和受让人应当提交下列材料：

（一）登记申请书；

（二）申请人的身份证明；

（三）房屋他项权证书；

（四）最高额抵押权担保的债权尚未确定的证明材料；

（五）最高额抵押权发生转移的证明材料；

（六）其他必要材料。

最高额抵押权担保的债权确定前，债权人转让部分债权的，除当事人另有约定外，房屋登记机构不得办理最高额抵押权转移登记。当事人约定最高额抵押权随同部分债权的转让而转移的，应当在办理最高额抵押权确定登记之后，依据本办法第四十七条的规定办理抵押权转移登记。

第五十七条　经依法登记的最高额抵押权担保的债权确定，申请最高额抵押权确定登记的，应当提交下列材料：

（一）登记申请书；

（二）申请人的身份证明；

（三）房屋他项权证书；

（四）最高额抵押权担保的债权已确定的证明材料；

（五）其他必要材料。

第五十八条　对符合规定条件的最高额抵押权确定登记，登记机构应当将最高额抵押权担保的债权已经确定的事实记载于房屋登记簿。

当事人协议确定或者人民法院、仲裁委员会生效的法律文书确定了债权数额的，房屋登记机构可以依照当事人一方的申请将债权数额确定的事实记载于房屋登记簿。

第五十九条　以在建工程设定抵押的，当事人应当申请在建工程抵押权设立登记。

第六十条　申请在建工程抵押权设立登记的，应当提交下列材料：

（一）登记申请书；

（二）申请人的身份证明；

（三）抵押合同；

（四）主债权合同；

（五）建设用地使用权证书或者记载土地使用权状况的房地产权证书；

（六）建设工程规划许可证；

（七）其他必要材料。

第六十一条 已经登记在建工程抵押权变更、转让或者消灭的，当事人应当提交下列材料，申请变更登记、转移登记、注销登记：

（一）登记申请书；

（二）申请人的身份证明；

（三）登记证明；

（四）证明在建工程抵押权发生变更、转移或者消灭的材料；

（五）其他必要材料。

第六十二条 在建工程竣工并经房屋所有权初始登记后，当事人应当申请将在建工程抵押权登记转为房屋抵押权登记。

第三节 地役权登记

第六十三条 在房屋上设立地役权的，当事人可以申请地役权设立登记。

第六十四条 申请地役权设立登记，应当提交下列材料：

（一）登记申请书；

（二）申请人的身份证明；

（三）地役权合同；

（四）房屋所有权证书或者房地产权证书；

（五）其他必要材料。

第六十五条 对符合规定条件的地役权设立登记，房屋登记机构应当将有关事项记载于需役地和供役地房屋登记簿，并可将地役权合同附于供役地和需役地房屋登记簿。

第六十六条 已经登记的地役权变更、转让或者消灭的，当事人应当提交下列材料，申请变更登记、转移登记、注销登记：

（一）登记申请书；

（二）申请人的身份证明；

（三）登记证明；

（四）证明地役权发生变更、转移或者消灭的材料；

（五）其他必要材料。

第四节 预告登记

第六十七条 有下列情形之一的，当事人可以申请预告登记：

（一）预购商品房；

（二）以预购商品房设定抵押；

（三）房屋所有权转让、抵押；

（四）法律、法规规定的其他情形。

第六十八条　预告登记后，未经预告登记的权利人书面同意，处分该房屋申请登记的，房屋登记机构应当不予办理。

预告登记后，债权消灭或者自能够进行相应的房屋登记之日起三个月内，当事人申请房屋登记的，房屋登记机构应当按照预告登记事项办理相应的登记。

第六十九条　预售人和预购人订立商品房买卖合同后，预售人未按照约定与预购人申请预告登记，预购人可以单方申请预告登记。

第七十条　申请预购商品房预告登记，应当提交下列材料：

（一）登记申请书；

（二）申请人的身份证明；

（三）已登记备案的商品房预售合同；

（四）当事人关于预告登记的约定；

（五）其他必要材料。

预购人单方申请预购商品房预告登记，预售人与预购人在商品房预售合同中对预告登记附有条件和期限的，预购人应当提交相应的证明材料。

第七十一条　申请预购商品房抵押权预告登记，应当提交下列材料：

（一）登记申请书；

（二）申请人的身份证明；

（三）抵押合同；

（四）主债权合同；

（五）预购商品房预告登记证明；

（六）当事人关于预告登记的约定；

（七）其他必要材料。

第七十二条　申请房屋所有权转移预告登记，应当提交下列材料：

（一）登记申请书；

（二）申请人的身份证明；

（三）房屋所有权转让合同；

（四）转让方的房屋所有权证书或者房地产权证书；

（五）当事人关于预告登记的约定；

（六）其他必要材料。

第七十三条 申请房屋抵押权预告登记的，应当提交下列材料：

（一）登记申请书；

（二）申请人的身份证明；

（三）抵押合同；

（四）主债权合同；

（五）房屋所有权证书或房地产权证书，或者房屋所有权转移登记的预告证明；

（六）当事人关于预告登记的约定；

（七）其他必要材料。

第五节 其他登记

第七十四条 权利人、利害关系人认为房屋登记簿记载的事项有错误的，可以提交下列材料，申请更正登记：

（一）登记申请书；

（二）申请人的身份证明；

（三）证明房屋登记簿记载错误的材料。

利害关系人申请更正登记的，还应当提供权利人同意更正的证明材料。

房屋登记簿记载确有错误的，应当予以更正；需要更正房屋权属证书内容的，应当书面通知权利人换领房屋权属证书；房屋登记簿记载无误的，应当不予更正，并书面通知申请人。

第七十五条 房屋登记机构发现房屋登记簿的记载错误，不涉及房屋权利归属和内容的，应当书面通知有关权利人在规定期限内办理更正登记；当事人无正当理由逾期不办理更正登记的，房屋登记机构可以依据申请登记材料或者有效的法律文件对房屋登记簿的记载予以更正，并书面通知当事人。

对于涉及房屋权利归属和内容的房屋登记簿的记载错误，房屋登记机构应当书面通知有关权利人在规定期限内办理更正登记；办理更正登记期间，权利人因处分其房屋权利申请登记的，房屋登记机构应当暂缓办理。

第七十六条 利害关系人认为房屋登记簿记载的事项错误，而权利人不同意更正的，利害关系人可以持登记申请书、申请人的身份证明、房屋登记簿记载错误的证明文件等材料申请异议登记。

第七十七条 房屋登记机构受理异议登记的，应当将异议事项记载于房屋登记簿。

第七十八条 异议登记期间，房屋登记簿记载的权利人处分房屋申请登记的，房屋登记机构应当暂缓办理。

权利人处分房屋申请登记，房屋登记机构受理登记申请但尚未将申请登记事项记载于房屋登记簿之前，第三人申请异议登记的，房屋登记机构应当中止办理原登记申请，并书面通知申请人。

第七十九条　异议登记期间，异议登记申请人起诉，人民法院不予受理或者驳回其诉讼请求的，异议登记申请人或者房屋登记簿记载的权利人可以持登记申请书、申请人的身份证明、相应的证明文件等材料申请注销异议登记。

第八十条　人民法院、仲裁委员会的生效法律文书确定的房屋权利归属或者权利内容与房屋登记簿记载的权利状况不一致的，房屋登记机构应当按照当事人的申请或者有关法律文书，办理相应的登记。

第八十一条　司法机关、行政机关、仲裁委员会发生法律效力的文件证明当事人以隐瞒真实情况、提交虚假材料等非法手段获取房屋登记的，房屋登记机构可以撤销原房屋登记，收回房屋权属证书、登记证明或者公告作废，但房屋权利为他人善意取得的除外。

第四章　集体土地范围内房屋登记

第八十二条　依法利用宅基地建造的村民住房和依法利用其他集体所有建设用地建造的房屋，可以依照本办法的规定申请房屋登记。

法律、法规对集体土地范围内房屋登记另有规定的，从其规定。

第八十三条　因合法建造房屋申请房屋所有权初始登记的，应当提交下列材料：

（一）登记申请书；

（二）申请人的身份证明；

（三）宅基地使用权证明或者集体所有建设用地使用权证明；

（四）申请登记房屋符合城乡规划的证明；

（五）房屋测绘报告或者村民住房平面图；

（六）其他必要材料。

申请村民住房所有权初始登记的，还应当提交申请人属于房屋所在地农村集体经济组织成员的证明。

农村集体经济组织申请房屋所有权初始登记的，还应当提交经村民会议同意或者由村民会议授权经村民代表会议同意的证明材料。

第八十四条　办理村民住房所有权初始登记、农村集体经济组织所有房屋所有权初始登记，房屋登记机构受理登记申请后，应当将申请登记事项在房所在地农村集体经济组织内进行公告。经公告无异议或者异议不成立的，方可予以登记。

第八十五条 发生下列情形之一的，权利人应当在有关法律文件生效或者事实发生后申请房屋所有权变更登记：

（一）房屋所有权人的姓名或者名称变更的；

（二）房屋坐落变更的；

（三）房屋面积增加或者减少的；

（四）同一所有权人分割、合并房屋的；

（五）法律、法规规定的其他情形。

第八十六条 房屋所有权依法发生转移，申请房屋所有权转移登记的，应当提交下列材料：

（一）登记申请书；

（二）申请人的身份证明；

（三）房屋所有权证书；

（四）宅基地使用权证明或者集体所有建设用地使用权证明；

（五）证明房屋所有权发生转移的材料；

（六）其他必要材料。

申请村民住房所有权转移登记的，还应当提交农村集体经济组织同意转移的证明材料。

农村集体经济组织申请房屋所有权转移登记的，还应当提交经村民会议同意或者由村民会议授权经村民代表会议同意的证明材料。

第八十七条 申请农村村民住房所有权转移登记，受让人不属于房屋所在地农村集体经济组织成员的，除法律、法规另有规定外，房屋登记机构应当不予办理。

第八十八条 依法以乡镇、村企业的厂房等建筑物设立抵押，申请抵押权登记的，应当提交下列材料：

（一）登记申请书；

（二）申请人的身份证明；

（三）房屋所有权证书；

（四）集体所有建设用地使用权证明；

（五）主债权合同和抵押合同；

（六）其他必要材料。

第八十九条 房屋登记机构对集体土地范围内的房屋予以登记的，应当在房屋登记簿和房屋权属证书上注明"集体土地"字样。

第九十条 办理集体土地范围内房屋的地役权登记、预告登记、更正登记、异议登记等房屋登记，可以参照适用国有土地范围内房屋登记的有关规定。

第五章 法律责任

第九十一条 非法印制、伪造、变造房屋权属证书或者登记证明，或者使用非法印制、伪造、变造的房屋权属证书或者登记证明的，由房屋登记机构予以收缴；构成犯罪的，依法追究刑事责任。

第九十二条 申请人提交错误、虚假的材料申请房屋登记，给他人造成损害的，应当承担相应的法律责任。

房屋登记机构及其工作人员违反本办法规定办理房屋登记，给他人造成损害的，由房屋登记机构承担相应的法律责任。房屋登记机构承担赔偿责任后，对故意或者重大过失造成登记错误的工作人员，有权追偿。

第九十三条 房屋登记机构工作人员有下列行为之一的，依法给予处分；构成犯罪的，依法追究刑事责任：

（一）擅自涂改、毁损、伪造房屋登记簿；

（二）对不符合登记条件的登记申请予以登记，或者对符合登记条件的登记申请不予登记；

（三）玩忽职守、滥用职权、徇私舞弊。

第六章 附 则

第九十四条 房屋登记簿的内容和管理规范，由国务院建设主管部门另行制定。

第九十五条 房屋权属证书、登记证明，由国务院建设主管部门统一制定式样，统一监制，统一编号规则。

县级以上地方人民政府由一个部门统一负责房屋和土地登记工作的，可以制作、颁发统一的房地产权证书。房地产权证书的式样应当报国务院建设主管部门备案。

第九十六条 具有独立利用价值的特定空间以及码头、油库等其他建筑物、构筑物的登记，可以参照本办法执行。

第九十七条 省、自治区、直辖市人民政府建设（房地产）主管部门可以根据法律、法规和本办法的规定，结合本地实际情况，制定房屋登记实施细则。

第九十八条 本办法自 2008 年 7 月 1 日起施行。《城市房屋权属登记管理办法》（建设部令第 57 号）、《建设部关于修改〈城市房屋权属登记管理办法〉的决定》（建设部令第 99 号）同时废止。

三、二手房买卖相关合同范本

1. 二手房买卖合同（样本）

卖方：_____（简称甲方）身份证号码：_____

买方：_____（简称乙方）身份证号码：_____

根据《中华人民共和国经济合同法》、《中华人民共和国城市房地产管理法》及其他有关法律、法规之规定，甲、乙双方在平等、自愿、协商一致的基础上，就乙方向甲方购买房产签订本合同，以资共同信守执行。

第一条　乙方同意购买甲方拥有的坐落在_____县_____小区_____拥有的房产，建筑面积为_____平方米（详见房屋所有权证第_____号），土地使用面积为_____平方米（详见房屋土地使用权证第_____号）。

第二条　上述房产的交易价格为：人民币_____元整（大写：_____拾_____万_____仟_____佰_____拾_____元整）。本合同签订之日，乙方向甲方支付人民币_____元整作为购房定金。

第三条　付款时间与办法：甲乙双方经协商后同意，乙方承接甲方银行按揭贷款_____万_____仟_____佰_____拾_____元整，剩余房款以一次性付款方式付款，并约定在房地产交易中心缴交税费当日支付首付款（含定金）人民币_____拾_____万_____仟_____佰_____拾_____元整给甲方。

第四条　甲方应于收到乙方全额房款之日起_____天内将交易的房产全部交付给乙方使用，并应在交房当日将_____等费用结清。因不可抗力等非甲方原因造成甲方逾期交房的，则房屋交付时间可据实予以延长。

第五条　税费分担甲乙双方应遵守国家房地产政策、法规，并按规定缴纳办理房地产过户手续所需缴纳的税费。经双方协商，交易税费由_____方承担。

第六条　违约责任：甲、乙双方合同签订后，若乙方中途违约，购房定金归甲方所有。若乙方未按本合同规定的付款方式付款，每逾期一日，按照逾期金额的2‰支付违约金，逾期达一个月以上的，即视为乙方不履行本合同，甲方有权解除合同，届时将由乙方承担此次交易中双方的全部交易税费，并向甲方支付购房款10%违约金。

若甲方中途违约，以乙方所付定金的双倍给乙方。若甲方未按本合同规定将房屋及时交付使用，每逾期一日，按照购房总价的2‰支付违约金，逾期达一个月以上的，即视为甲方不履行本合同，乙方有权解除合同，由甲方承担此次交易中双方的全部交易税费，并向乙方支付房价10%的违约金。

第七条 本合同主体

1. 甲方是_____ _____共_____人。

2. 乙方是_____ _____共_____人。

第八条 本合同发生争议的解决方式：在履约过程中发生的争议，双方可通过协商、诉讼方式解决。

第九条 本合同未尽事宜，甲乙双方可另行约定，其补充约定经双方签章与本合同同具法律效力。

第十条 本合同自甲、乙双方签字之日起生效。

第十一条 本合同一式两份。甲方产权人一份，乙方购房者一份。

第十二条 双方约定的其他事项：

出卖方（甲方）：_____ 购买方（乙方）：_____

身份证号码：_____ 身份证号码：_____

电　　话：_____ 电　　话：_____

日　　期：____年____月____日 日　　期：____年____月____日

2. 房屋买卖居间合同

立约人

甲方（出售方）：　　　　　　　　身份证号：

住址：　　　　　　　　　　　　　联系电话：

乙方（购买方）：　　　　　　　　身份证号：

住址：　　　　　　　　　　　　　联系电话：

丙方（居间方）：

法定代表人：　　　　　　　　　　营业执照注册号：

房地产管理部门备案号：　　　　　公司电话：

地址：

经纪人或经纪人协理：

根据《中华人民共和国合同法》、《中华人民共和国城市房地产管理法》、《房地产经纪管理办法》及其他法律、法规规定，甲、乙、丙三方本着平等、自愿、诚实信用的原则，经协商一致，达成如下协议：

第一条　房屋状况

甲方自愿将其坐落于＿＿＿＿＿＿＿＿＿＿＿＿＿＿＿＿＿＿＿＿＿＿＿＿（房产证号：宛市房权证字第＿＿＿＿＿＿＿号，建筑面积＿＿＿＿＿平方米；储藏室＿＿＿＿＿平方米，车库＿＿＿＿＿平方米）的房产一处卖给乙方。乙方对上述房产已实地看房，做了充分了解，并同意购买上述房产。

第二条　房屋价格及付款办法

1. 房屋价格：甲乙双方商定上述房产以人民币大写＿＿＿＿＿＿＿＿＿元整（小写￥＿＿＿＿＿＿元）成交。

2. 付款办法：在签订本合同时乙方支付人民币大写＿＿＿＿＿＿＿＿＿元整（小写￥＿＿＿＿＿元）作为购房定金，剩余房款人民币大写＿＿＿＿＿＿＿＿＿＿＿＿＿＿＿＿元整

（小写￥＿＿＿＿＿＿元）在办理过户手续当日一次性支付甲方（以甲方收据为准）。

3. 约定：在签订本合同之日起＿＿＿＿日内办理房产过户手续，逾期由违约方承担违约责任（甲方违约，甲方赔偿乙方双倍定金；乙方违约，定金不予返

还）。

第三条　产生的相关费用

1. 过户费用

该房产在办理交易过户手续过程中所产生的一切费用由＿＿＿方全部承担。

2. 服务费（销售佣金）

在签订合同当日，甲方向丙方支付人民币大写＿＿＿＿＿＿＿＿＿＿＿元（小写￥＿＿＿＿＿＿＿＿＿＿元）作为服务佣金（总房款＿＿＿%）；乙方向丙方支付人民币大写＿＿＿＿＿＿＿＿＿＿元（小写￥＿＿＿＿＿＿＿＿元）作为服务佣金（总房款＿＿＿＿＿%）（以丙方收据为准）。

第四条　甲、乙、丙三方义务

（一）甲方权利义务

1. 甲方权利

享有收取购房定金和全部房款的权利，也可委托丙方代为行使该权利。

2. 甲方义务

（1）甲方保证该房产产权无纠纷，属本人合法财产，配合乙方办理房产过户手续，一切债权债务纠纷由甲方承担。

（2）甲方提供该房产过户所需的相关证件及材料的原件和复印件，保证其真实性和合法性，并保证在办理过户交易手续时按时到场、签署相关文书。

（3）若因甲方隐瞒事实而给乙方造成损失者，由甲方承担全部责任，并负责赔偿乙方因此而造成的一切损失，情节严重者要追究其法律责任。

（4）按本合同约定向丙方支付服务佣金。

（二）乙方权利义务

1. 乙方权利

乙方在支付全部房款和过户费用后享有该房产全部产权和实物的权利。

2. 乙方义务

（1）乙方在签订本合同的同时支付购房定金。

（2）乙方提供该房产过户所需的相关证件及材料的原件和复印件，保证其真实性和合法性，并保证在办理过户交易手续时按时到场、签署相关文书。

（3）按本合同约定向丙方支付服务佣金。

（三）丙方权利义务

房地产经纪服务的项目、内容、要求及完成的标准：

1. 见证并监督本合同的执行。

2. 保证该房产顺利过户，协助相关手续办理。

3. 代收乙方支付的定金，并保证该房产所产生的各项费用如：水、电、煤气、物业、供暖等结清。

4. 甲、乙双方发生违约或争执等情形时，应当出面予以协商；协商无效时，应采取中立态度，并证明事实。

第五条　违约责任

1. 乙方支付定金后，若甲方悔约，不将上述房产出售给乙方，甲方同意按上述定金的 2 倍赔偿乙方，并视为丙方居间服务已完成，甲方仍应支付丙方相当于房产成交价 3% 的服务佣金；若乙方违约，不购买上述房产，则无权要求返还已付定金，该定金归甲方所有，并视为丙方居间服务已完成，乙方仍应支付丙方相当于该房产成交价 3% 的服务佣金。三方对此条款均无异议。

2. 在办理过户过程中，若因甲、乙任何一方单方延误而致使其他方遭受损失，则视为延误方违约。

3. 本合同履行期间，因不可抗力或因国家政策调整，致使本合同无法履行或虽能履行但已无实际意义时，本合同自行终止，三方互不承担责任，甲方在本合同终止后将已收房款全额退还，丙方则应将甲、乙双方提交所有证件及相关资料退还。

第六条　本合同在履行过程中发生争议，可选择下列第_____项方式解决。

1. 因履行本合同发生的争议，由甲、乙双方协商解决，协商不成的，提交_____仲裁委员会申请仲裁。

2. 因履行本合同发生的争议，由甲、乙双方协商解决，协商不成的，依法向人民法院起诉。

第七条　本合同附件作为本合同不可分割的部分，具有同等法律效力。

第八条　对于未尽事宜，甲、乙、丙三方可签订补充协议。

第九条　其他约定事项：

第十条　本合同一式三份，三方各持一份。

第十一条　此次交易完毕，本合同自动终止。

甲方签章：　　　　　　　　　　　乙方签章：

甲方代理人：　　　　　　　　　　乙方代理人：

签约时间：_____年___月___日　　签约时间：_____年___月___日

居间方（签章）：

经纪人或经纪人协理：　　　　　　签约时间：_____年___月___日

3.《北京市存量房买卖合同》示范文本
（自行成交版）

出卖人：

买受人：

北京市建设委员会

北京市工商行政管理局

二〇〇七年十二月修订

说 明

1. 本合同文本为示范文本，由北京市建设委员会和北京市工商行政管理局共同制定，适用于本市行政区域内国有土地上的存量房买卖。存量房，即二手房，是指通过办理转移登记取得房屋所有权证的房屋。

2. 签订本合同前，出卖人应当向买受人出示房屋所有权证及其他有关证书和证明文件。

3. 签订本合同前，双方当事人应当仔细阅读合同条款，特别是其中具有选择性、补充性、填充性、修改性的内容。本合同文本【 】中选择内容、空格部位填写及其他需要删除或添加的内容，双方当事人应当协商确定。【 】中选择内容，以划√方式选定；对于实际情况未发生或双方当事人不作约定时，应当在空格部位打×，以示删除。

4. 双方当事人应当按照自愿、公平及诚实信用的原则订立合同，任何一方不得将自己的意志强加给另一方。为体现双方自愿的原则，本合同文本相关条款后留有空白行，供当事人自行约定或补充约定。合同生效后，未被修改的文本打印或印刷文字视为双方当事人同意内容。

5. 本合同文本为买卖双方自行成交所采用的示范文本，通过设立"专用账户"的房地产经纪机构或交易保证机构划转交易结算资金的，所签订的《存量房交易结算资金划转协议》应当作为本合同的附件。

6. 存量房屋所有权转移登记时所涉及的主要税费包括但不限于：契税、印花税、土地出让金（已购公有住房有此项）、综合地价款（经济适用住房有此项）、营业税及附加、所得税、土地增值税等。

7. 双方当事人选择申请仲裁解决争议的，可以向北京仲裁委员会、中国国际经济贸易仲裁委员会或注明全称的其他仲裁委员会申请。

8. 双方当事人可以根据实际情况决定本合同原件的份数，并在签订合同时认真核对，以确保各份合同内容一致。

北京市存量房屋买卖合同

出卖人：_____

【法定代表人】【负责人】：_____ 国籍：_____

【身份证】【护照】【营业执照注册号】【 】：_____

出生日期：_____年_____月_____日，性别：_____

【法定代理人】【委托代理人】：_____国籍：_____

【身份证】【护照】【 】：_____

通讯地址：_____

邮政编码：_____ 联系电话：_____

共有权人：_____

【法定代表人】【负责人】：_____ 国籍：_____

【身份证】【护照】【营业执照注册号】【 】：_____

出生日期：_____年_____月_____日，性别：_____

【法定代理人】【委托代理人】：_____ 国籍：_____

【身份证】【护照】【营业执照注册号】【 】：_____

通讯地址：_____

邮政编码：_____ 联系电话：_____

买受人：_____

【法定代表人】【负责人】：_____ 国籍：_____

【身份证】【护照】【营业执照注册号】【 】：_____

出生日期：_____年_____月_____日，性别：_____

【法定代理人】【委托代理人】：_____国籍：_____

【身份证】【护照】【 】：_____

通讯地址：_____

邮政编码：_____ 联系电话：_____

买受人：_____

【法定代表人】【负责人】：_____　国籍：_____

【身份证】【护照】【营业执照注册号】【　】：_____

出生日期：_____年_____月_____日，性别：_____

【法定代理人】【委托代理人】：_____国籍：_____

【身份证】【护照】【　】：_____

通讯地址：_____

邮政编码：_____　联系电话：_____

根据《中华人民共和国合同法》、《中华人民共和国城市房地产管理法》、《北京市城市房地产转让管理办法》及其他有关法律、法规的规定，出卖人和买受人在平等、自愿、公平、协商一致的基础上就存量房屋买卖事宜达成如下协议：

第一条　房屋基本情况

（一）出卖人所售房屋（以下简称该房屋）为【楼房】【平房】，坐落为：_____【区（县）】_____【小区（街道）】_____【幢】【座】【号（楼）】_____单元·_____号（室）。该房屋所在楼栋建筑总层数为：_____层，其中地上_____层，地下_____层。该房屋所在楼层为_____层，建筑面积共_____平方米。

（二）该房屋规划设计用途为【住宅】【公寓】【别墅】【办公】【商业】【工业】【　】：_____。

该房屋附属设施设备、装饰装修、相关物品清单等具体情况见附件一。

第二条　房屋权属情况

（一）该房屋所有权证证号为：_____，共有权证证号为：_____，填发单位为：_____。

房屋共有权人对出售该房屋的意见见附件二。

（二）土地使用状况

该房屋占用的国有土地使用权以【出让】【划拨】【　】方式获得。土地使用权证号为：_____，填发单位为：_____。

（三）该房屋性质为下列选项中第_____种情形。

1. 商品房；

2. 已购公有住房（若为中央在京单位已购公有住房，《中央在京单位已购公房上市出售登记表》表号：_____）；

3. 向社会公开销售的经济适用住房；

4. 按经济适用住房管理的房屋（危改回迁房、安居房、康居房、绿化隔离地区农民回迁房等房屋）；

5. 其他房屋。

（四）该房屋的抵押情况为：_____。

1. 该房屋未设定抵押；

2. 该房屋已经设定抵押，抵押权人为：_____，抵押登记日期为：_____年____月____日，他项权利证证号为：_____。

该房屋已经设定抵押的，出卖人应于_____年____月____日前办理抵押注销手续。

（五）该房屋的租赁情况为：_____。

1. 出卖人未将该房屋出租。

2. 出卖人已将该房屋出租，【买受人为该房屋承租人】【承租人已放弃优先购买权】。

关于房屋权属情况的说明及房屋抵押和租赁情况的具体约定见附件三。

第三条　出卖人与买受人自行成交达成交易

（未通过任何房地产经纪机构撮合成交、未支付中介服务费用）

第四条　成交价格、付款方式及资金划转方式

（一）经买卖双方协商一致，该房屋成交价格为：人民币_____元（小写），_____元整（大写）。

该房屋附属设施设备、装饰装修等的有关价格另有约定的，具体约定见附件一。

（二）买受人采取下列第_____种方式付款，具体付款方式及期限的约定见附件四。

1. 自行交割，买卖双方签订的《存量房交易结算资金自行划转声明》见附件五。

2. 通过存量房交易结算资金专用存款账户划转，买卖双方签订的《存量房交易结算资金划转协议》见附件五。

（1）买受人【是】【否】向出卖人支付定金，定金金额为人民币____（小写），_____（大写，不高于成交价格的20%），定金支付方式为_____

【直接支付给出卖人】【存入专用账户划转】。

（2）买受人应将房价款人民币＿＿＿＿＿＿＿元（小写）＿＿＿＿＿＿＿元整（大写）存入双方共同委托的＿＿＿＿＿＿＿＿＿＿＿＿＿＿＿（备案的房地产经纪机构或交易保证机构）在＿＿＿＿＿＿＿＿＿＿＿＿＿＿银行设立的存量房交易结算资金专用存款账户（以下简称"专用账户"，定金约定直接支付给出卖人的除外），账号为＿＿＿＿＿＿＿＿＿＿＿＿＿。买受人取得房屋所有权证书后，出卖人持房屋权属登记部门出具的《转移登记办结单》到备案的房地产经纪机构或交易保证机构按照《存量房交易结算资金划转协议》的约定办理资金划转手续。

（三）关于贷款的约定

买受人向【＿＿＿＿＿＿＿＿＿＿＿＿＿＿银行】【公积金管理中心】申办抵押贷款，拟贷款金额为民币＿＿＿＿＿＿＿元（小写），＿＿＿＿＿＿＿＿＿＿元整（大写）。买受人因自身原因未获得银行或公积金管理中心批准的，双方同意按照第＿＿＿＿种方式解决：

（1）买受人自行筹齐剩余房价款，以现金形式支付给出卖人；

（2）买受人继续申请其他银行贷款，至贷款批准，其间产生的费用由买受人自行负担；

（3）本合同终止，买受人支付的定金和房价款应如数返还，双方互不承担违约责任，在申办贷款过程中发生的各项费用由买受人承担。

第五条　房屋产权及具体状况的承诺

出卖人应当保证该房屋没有产权纠纷，因出卖人原因造成该房屋不能办理产权登记或发生债权债务纠纷的，由出卖人承担相应责任。

出卖人应当保证已如实陈述该房屋权属状况、附属设施设备、装饰装修情况和相关关系，附件一所列的该房屋附属设施设备及其装饰装修随同该房屋一并转让给买受人，买受人对出卖人出售的该房屋具体状况充分了解，自愿买受该房屋。

出卖人应当保证自本合同签订之日起至该房屋验收交接完成，对已纳入附件一的各项房屋附属设施设备及其装饰装修保持良好的状况。

在房屋交付日以前发生的【物业管理费】【供暖】【水】【电】【燃气】【有线电视】【电信】【　　】：＿＿＿＿＿＿＿＿＿＿＿＿费用由出卖人承担，交付日以后（含当日）发生的费用由买受人承担。出卖人同意将其缴纳的该房屋专项维修资金（公共维修基金）的账面余额转移给买受人。

第六条　房屋的交付

出卖人应当在＿＿＿＿＿＿＿＿（约定时间或约定条件）前将该房屋交付给买受人。该房屋交付时，应当履行下列第＿＿＿、＿＿＿、＿＿＿、＿＿＿、＿＿＿、＿＿＿项手续：

1. 出卖人与买受人共同对该房屋附属设施设备、装饰装修、相关物品清单等具体情况进行验收，记录水、电、气表的读数，并交接附件一中所列物品；

2. 买卖双方在房屋附属设施设备、装饰装修、相关物品清单上签字；

3. 移交该房屋房门钥匙；

4. ＿＿＿＿＿＿＿＿＿＿＿＿＿＿＿＿＿＿＿＿＿＿＿＿＿＿＿＿＿＿＿＿＿；

5. ＿＿＿＿＿＿＿＿＿＿＿＿＿＿＿＿＿＿＿＿＿＿＿＿＿＿＿＿＿＿＿＿＿；

6. ＿＿＿＿＿＿＿＿＿＿＿＿＿＿＿＿＿＿＿＿＿＿＿＿＿＿＿＿＿＿＿＿＿。

第七条　违约责任

（一）逾期交房责任

除不可抗力外，出卖人未按照第六条约定的期限和条件将该房屋交付买受人的，按照下列第＿＿＿＿＿＿＿种方式处理。

1. 按照逾期时间，分别处理［（1）和（2）不作累加］。

（1）逾期在＿＿＿＿＿＿＿日之内，自第六条约定的交付期限届满之次日起至实际交付之日止，出卖人按日计算向买受人支付已交付房价款万分之＿＿＿＿＿＿＿的违约金，并于该房屋实际交付之日起＿＿＿＿＿＿＿日内向买受人支付违约金，合同继续履行；

（2）逾期超过＿＿＿＿＿＿＿日［该日期应当与第（1）项中的日期相同］后，买受人有权退房。买受人退房的，出卖人应当自退房通知送达之日起＿＿＿＿＿＿＿日内退还全部已付款，并按照买受人全部已付款的＿＿＿＿＿＿＿％向买受人支付违约金。

2. ＿＿＿＿＿＿＿＿＿＿＿＿＿＿＿＿＿＿＿＿＿＿＿＿＿＿＿＿＿＿＿＿＿。

（二）逾期付款责任

买受人未按照附件四约定的时间付款的，按照下列第＿＿＿＿＿＿＿种方式处理。

1. 按照逾期时间，分别处理。［（1）和（2）不作累加］

（1）逾期在＿＿＿＿＿＿＿日之内，自约定的应付款期限届满之次日起至实际支付应付款之日止，买受人按日计算向出卖人支付逾期应付款万分之＿＿＿＿＿＿＿的违约金，并于实际支付应付款之日起＿＿＿＿＿＿＿日内向出卖人支付违约金，合同继续履行；

（2）逾期超过_____日［该日期应当与第（1）项中的日期相同］后，出卖人有权解除合同。出卖人解除合同的，买受人应当自解除合同通知送达之日起____日内按照累计的逾期应付款的_____%向出卖人支付违约金，并由出卖人退还买受人全部已付款。

2. _____。

第八条

出卖人将该房屋出卖给第三人，导致买受人不能取得房屋所有权证的，买受人有权退房，出卖人应当自退房通知送达之日起____日内退还买受人全部已付款，按照_____利率付给利息，并按买受人累计已付房价款的一倍支付违约金。

第九条　税、费相关规定

本合同履行过程中，买卖双方应按照国家及北京市的相关规定缴纳各项税、费，买卖双方承担税费的具体约定见附件六。因一方不按法律、法规规定缴纳相关税费导致交易不能继续进行的，其应当向对方支付相当于房价款_____%的违约金。

本合同履行过程中因政策原因须缴纳新的税费的，由政策规定的缴纳方缴纳；政策中未明确缴纳方的，由【出卖人】【买受人】缴纳。

第十条　权属转移登记

（一）当事人双方同意，自本合同签订之日起_____日内，双方共同向房屋权属登记部门申请办理房屋权属转移登记手续。

（二）买受人未能在_____（约定时间或约定条件）内取得房屋所有权证书的，双方同意按照下列方式处理。

1. 如因出卖人的责任，买受人有权退房。买受人退房的，出卖人应当自退房通知送达之日起_____日内退还买受人全部已付款，并按照_____利率付给利息。买受人不退房的，自买受人应当取得房屋所有权证书的期限届满之次日起至实际取得房屋所有权证书之日止，出卖人按日计算向买受人支付全部已付款万分之_____的违约金，并于买受人实际取得房屋所有权证书之日起_____日内向买受人支付。

2. _____。

（三）出卖人应当在该房屋所有权转移之日起_____日内，向房屋所在地的户籍管理机关办理完成原有户口迁出手续。如因出卖人自身原因未如期将与本房屋相关的户口迁出的，应当向买受人支付_____元的违约金；逾期超过_____日未迁出的，自期限届满之次日起，出卖人应当按日计算向买受人支付全部已付款万分之_____的违约金。

第十一条　不可抗力

因不可抗力不能按照约定履行本合同的，根据不可抗力的影响，部分或全部免除责任，但因不可抗力不能按照约定履行合同的一方当事人应当及时告知另一方当事人，并自不可抗力事件结束之日起_____日内向另一方当事人提供证明。

上述房屋风险责任自该房屋【所有权转移】【转移占有】之日起转移给买受人。

第十二条　争议解决方式

本合同项下发生的争议，由双方协商解决；协商不成的，按照下列第_____种方式解决。

（一）依法向房屋所在地人民法院起诉；

（二）提交_____仲裁委员会仲裁。

第十三条

本合同自双方签字（盖章）之日起生效。双方可以根据具体情况对本合同中未约定、约定不明或不适用的内容签订书面补充协议进行变更或补充。对本合同的解除，应当采用书面形式。本合同附件及补充协议与本合同具有同等法律效力。

第十四条

本合同及附件共___页，一式___份，具有同等法律效力，其中出卖人___份；买受人___份；___份；双方办理转移登记时，应向房屋权属登记部门提交主合同一份，附件二、附件三有实际约定内容的，需一并提交。

出卖人（签章）：　　　　　　　　买受人（签章）：

【法定代表人】：　　　　　　　　【法定代表人】：

【委托代理人】（签章）：　　　　　　　　【委托代理人】（签章）：

签订时间：＿＿＿＿年＿＿＿＿月＿＿＿＿日　　签订时间：＿＿＿＿年＿＿＿＿月＿＿＿＿日

签订地点：　　　　　　　　　　　　　签订地点：

附件一　房屋附属设施设备、装饰装修、相关物品清单等具体情况

（一）房屋附属设施设备：

1. 供水：【自来水】【矿泉水】【热水】【中水】【　】：＿＿＿＿＿＿＿＿

2. 供电：【220V】【380V】【可负荷＿＿＿＿＿＿KW　】：＿＿＿＿＿＿＿＿

3. 供燃气：【天然气】【煤气】【　】：＿＿＿＿＿＿＿

4. 外供暖气：【汽暖】【水暖】【供暖周期】【　】：＿＿＿＿＿＿

5. 自备采暖：【电暖】【燃气采暖】【燃煤采暖】【　】：＿＿＿＿＿＿

6. 空调：【中央空调】【自装柜机＿＿＿＿＿＿台】【自装挂机＿＿＿＿＿＿台】【　】：＿＿＿＿＿＿＿＿

7. 电视馈线：【无线】【有线（数字、模拟）】【　】：＿＿＿＿＿＿＿＿

8. 电话：【外线号码＿＿＿＿＿＿＿＿＿】【内线号码＿＿＿＿＿＿＿＿＿】【　】：＿＿＿＿＿＿＿＿

9. 互联网接入方式：【拨号】【宽带】【ADSL】【　】：＿＿＿＿＿＿＿＿

10. 其他：

（二）房屋家具、电器、用品情况

1. 双人床：

2. 单人床：

3. 床头柜：

4. 梳妆台：

5. 衣柜：

6. 书柜：

7. 写字台：

8. 沙发：

9. 茶几：

10. 椅子：

11. 餐桌：

12. 电视柜：

13. 电视：

14. 冰箱：

15. 洗衣机：

16. 热水器：

17. 空调：

18. 燃气灶：

19. 排油烟机：

20. 饮水机：

21. 电话机：

22. 吸尘器：

23. 其他：

（三）房屋配套物品

1.【房屋钥匙】【单元门钥匙（或磁卡）】【信箱钥匙】【水门钥匙】【电门钥匙】【暖门钥匙】【燃气门钥匙】【　　】【　　】；

2.【《住宅使用说明书》及《住宅质量保证书》】、【《家装装修施工合同》及装修材料的发票】；

3.【水 IC 卡】【电 IC 卡】【气 IC 卡】；

4.【有线电视交费凭证】【电话交费凭证】【ADSL（上网）交费凭证】；

5. _____。

（四）装修装饰情况

（五）关于该房屋附属设施设备、装饰装修等的有关价格的具体约定

（六）该房屋所在楼栋【已完成节能改造】【未进行节能改造】【　　】

附件二　房屋共有权人对出售该房屋的意见

附件三　房屋权属情况的说明及房屋抵押和租赁情况的约定

附件四　付款方式及期限的具体约定

附件五　《存量房交易结算资金划转协议》或《存量房交易结算资金自行划转声明》

附件六　买卖双方承担税费的具体约定

附件七　补充协议及其他约定

（附件二至附件七本书省略）